Schriften zum Vertriebsmanagement

Herausgegeben von
Univ.-Prof. Dr. Ove Jensen, Vallendar, Deutschland

Die Reihe präsentiert praxisnahe Forschung zum Vertrieb. Die Forschungsarbeiten vermitteln einen Überblick der Literatur, strukturieren Praxisphänomene, entwickeln quantitative und konzeptionelle Modelle, führen empirische Studien durch und erarbeiten Gestaltungsempfehlungen. Die Reihe richtet sich an Wissenschaftler, Studierende und wissenschaftlich interessierte Praktiker.

Herausgegeben von
Univ.-Prof. Dr. Ove Jensen
Lehrstuhl für Vertriebsmanagement und Business-to-Business Marketing
WHU – Otto Beisheim School of Management
Vallendar, Deutschland

Lucas W. Heilmann

Finanzielle Nutzenrechnungen im technischen Vertrieb und Marketing

Konzeptionelle Grundlagen und Fallstudien

Mit einem Geleitwort von Univ.-Prof. Dr. Ove Jensen

Lucas W. Heilmann
Vallendar, Deutschland

Diese Arbeit beruht auf einer Dissertation der Wissenschaftlichen Hochschule für Unternehmensführung (WHU) – Otto-Beisheim-Hochschule.

Schriften zum Vertriebsmanagement
ISBN 978-3-658-12102-0   ISBN 978-3-658-12103-7 (eBook)
DOI 10.1007/978-3-658-12103-7

Die Deutsche Nationalbibliothek verzeichnet diese Publikation in der Deutschen Nationalbibliografie; detaillierte bibliografische Daten sind im Internet über http://dnb.d-nb.de abrufbar.

Springer Gabler
© Springer Fachmedien Wiesbaden 2016

Gedruckt auf säurefreiem und chlorfrei gebleichtem Papier

Springer Fachmedien Wiesbaden ist Teil der Fachverlagsgruppe Springer Science+Business Media
(www.springer.com)

Geleitwort

Westliche Industrieunternehmen sind auf den Weltmärkten zumeist im oberen Leistungs- und Preissegment positioniert. Qualitativ hochwertige Produkte und umfangreiche Services bedeuten hohe Kosten, so dass die Fähigkeit, hohe Preise durchzusetzen, über das wirtschaftliche Überleben entscheidet. Die Preisdurchsetzung ist in den letzten 20 Jahren nicht einfacher geworden. Im europäischen und fernen Osten sind neue Wettbewerber hinzugekommen, die den Industriekunden kostengünstige Alternativen bieten. Um die sich bietenden Einsparungspotentiale auszunutzen, haben Industriekunden die Einkaufsfunktion in den letzten 20 Jahren stark professionalisiert. Die Bündelung von Einkaufsmacht durch zentralisierte Einkaufsabteilungen und europaweite, wenn nicht sogar globale Ausschreibungen sind ein Teil dieses Trends. Hinzu kommen elektronische Auktionen und verfeinerte Verhandlungstaktik. Bezüglich der technischen Spezifikation verlassen sich Kunden nicht mehr allein auf die Anbieter, sondern recherchieren selbst, wieviel Qualität für sie gut genug ist. Qualitätsanbieter, die die Spezifikation übererfüllen, haben es äußerst schwer, ihren Qualitätsvorsprung in eine Preisprämie umzumünzen. Wenn es ihnen gelingt, die überlegene Qualität in einen Eurovorteil zu übersetzen, können sie die Spezifikationen besser zu ihren Gunsten beeinflussen.

Dies ist der Punkt, an dem sogenannte finanzielle Nutzenrechnungen ansetzen. Mit ihrer Hilfe rechtfertigen Qualitätsanbieter hohe Preise und weisen einen Wirtschaftlichkeitsvorteil gegenüber dem preisgünstigeren Wettbewerb nach. Der Wirtschaftlichkeitsvorteil bezieht angesichts des Preisnachteils sämtliche Kosten-und Erlösvorteile ein, die dem Kunden aus der Zusammenarbeit mit dem Qualitätsanbieter über den Lebenszyklus der Produkte und Dienstleistungen erwachsen. Derartige finanzielle Nutzenrechnungen werden in der Literatur schon seit längerem unter Schlagworten wie Total Cost of Ownership-Analysis oder Economic Value-Analysis diskutiert. Neu ist die systematische Schaffung von Nutzenkalkulatoren als Werkzeug für den Vertrieb und das technische Marketing. Die Schaffung solcher Instrumente ist die konsequente Umsetzung einer Pull-Strategie, die an den technischen Spezifizierern auf der Kundenseite ansetzt und den horizontalen Preiswettbewerb zu vermeiden strebt. Es ist nicht zu hoch gegriffen, wenn man postuliert, dass die Wettbewerbsfähigkeit gerade der deutschen Industrie sich nicht nur auf dem Feld der Innovation entscheiden wird, sondern auf dem des technischen Vertriebs. Innovationen, Qualität, Service sind die notwendige Bedingung für Profitabilität, doch die Fähigkeit zur Durchsetzung entsprechend hoher Preise ist die hinreichende Bedingung.

Lucas Heilmann legt eine umfangreiche Arbeit zu finanziellen Nutzenrechnungen im technischen Vertrieb vor. Im Herzen seiner Arbeit steht die Frage, wie man die äußerst einleuchtende Idee einer finanziellen Nutzenrechnung in die Praxis umsetzen kann. Anhand von vier Fallstudien in unterschiedlichen Branchen entwickelt Heilmann ein Verfahren, um aus einer Anfangssituation, die entweder von Euphorie oder Skepsis gekennzeichnet ist, zu einem seitens des Vertriebs und des Kunden gleichermaßen akzeptierten Tool zu kommen. Die vier Fallstudien sind für Wissenschaftler wie Praktiker gleichermaßen gut lesbar und aufschlussreich. Die Arbeit von Heilmann steht dem Wissenschaftsansatz der Ingenieurswissenschaften nahe, Verfahren zu entwickeln und pragmatisch zu bewahrheiten. Heilmanns Arbeit schlägt keine Produktionsverfahren und Betriebsabläufe vor, sondern Argumentationsverfahren und Vertriebsabläufe. Die entwickelte Methode hat für die Industrie einen hohen Wert. Ich wünsche der Arbeit daher eine weite Verbreitung.

Ove Jensen

Vorwort

Die vorliegende Arbeit wurde im Juli 2015 als Dissertation an der WHU – Otto Beisheim School of Management angenommen. Sie entstand in meiner Zeit als wissenschaftlicher Mitarbeiter am Lehrstuhl für Betriebswirtschaftslehre, insbesondere Vertriebsmanagement und Business-to-Business Marketing.

Die Fertigstellung der Arbeit wäre ohne die Unterstützung vieler Menschen nicht möglich gewesen, denen ich hierfür herzlich danken möchte. Mein Dank gilt in besonderem Maße meinem Erstbetreuer, Prof. Dr. Ove Jensen. Er hat während meiner Zeit als wissenschaftlicher Mitarbeiter wie kein anderer zu meiner fachlichen Entwicklung beigetragen. Dank seiner stets offen geteilten betriebswirtschaftlichen Expertise, ergänzt um wertvolle Einblicke in die Praxis des Vertriebsmanagement, konnte ich meinen zuvor stärker ingenieurwissenschaftlich geprägten Hintergrund interdisziplinär erweitern. Weiterhin möchte ich Prof. Dr. Stefan Spinler für die Übernahme der Zweitkorrektur danken. Seine Anmerkungen im Rahmen der Verteidigung meines Promotionsvorhabens haben mir bereits zu einem frühen Zeitpunkt sehr hilfreiche Denkanstöße gegeben.

Meinen Kolleginnen und Kollegen am Lehrstuhl von Prof. Jensen sowie darüber hinaus der gesamten Marketing Group möchte ich für eine außergewöhnliche Arbeitsatmosphäre danken, welche stets von sehr freundschaftlichen und fachlich bereichernden Aktivitäten geprägt war. Hervorheben möchte ich hier Bettina Ruppert, Dr. Julian Bastgen, Marlon Braumann, Dr. Arne Gausepohl, Benjamin Klitzke, Dr. Ralf Meyer, Steffen Sachs, Dr. René Schmutzler und Dr. Thomas Weiber, die meine Lehrstuhlzeit am intensivsten begleitet haben. Vielen Dank, dass ihr meinen Freundeskreis nachhaltig bereichert.

Der größte Dank gilt meiner Partnerin, Carolin, und meinen Eltern, die mir während der Erstellung der Arbeit jederzeit mit viel Geduld und tatkräftiger Unterstützung zur Seite gestanden haben. Carolin hat mir mit der Übernahme aller organisatorischen Dinge des Alltags stets bedingungslos den Rücken freigehalten und vor allem am Ende meiner Promotion auf viel persönliche Zeit mit mir verzichten müssen. Ich bin überaus glücklich und dankbar, dass sie während dieser prägenden Zeit meine Ehefrau wurde und unseren Familien unsere geliebten und wundervollen Töchter, Clara und Greta, geschenkt hat. Meine Eltern haben meine Dissertation mit ihrer liebevoll fördernden und stets motivierenden Erziehung erst möglich gemacht. Meiner Mutter danke ich von ganzem Herzen für ihren außergewöhnlichen Einsatz beim Korrekturlesen der Arbeit. Dieser stand für sie, trotz völlig unerwarteter eigener gesundheitlicher Herausforderungen sowie deren beeindruckender Überwindung, zu keiner Zeit in Frage. Meinem Vater gilt mit seiner durchweg positiven Einstellung und charakterstarken Unterstützung in allen Lebenslagen mein ewiger Dank dafür, dass ich diese persönliche Entwicklung und fachliche Ausbildung genießen durfte.

Lucas W. Heilmann

Inhalt

Abbildungsverzeichnis[1]

---

1 Einige Abbildungen werden aufgrund des Druckformats nur in geringer Größe wiedergegeben. Im Springer Internet Portal steht eine kostenpflichtige elektronische Ausgabe (eBook) des Werks zur Verfügung, die eine Vergrößerung der Abbildungen bei gleichbleibend hoher Auflösung ermöglicht.

Tabellenverzeichnis

Abkürzungsverzeichnis

ABC	activity-based costing
B2B	Business-to-Business
B2C	Business-to-Consumer
CE	customer equity
CLV	customer lifetime value
CPV	customer perceived value
CRM	customer relationship management
CV	customer value
CVA	customer value analysis
CVM	customer value mapping
DIN	Deutsches Institut für Normung
EV	economic value
EVA	economic value analysis
EVC	economic value to the customer
EVM	economic value model
IHK	Industrie- und Handelskammer
ISO	Internationale Organisation für Normung
JFP	justified fair price
KKV	komparativer Konkurrenzvorteil
OEM	original equipment manufacturer
PKR	Prozesskostenrechnung
ROI	return on investment

TCO	total cost of ownership
TEV	true economic value
TQM	total quality management
TVO	total value of ownership
VC	value for the customer
VIU	value-in-use

Einleitung 1

1.1 Ausgangslage der Arbeit

Viele westliche Industrieunternehmen positionieren sich im internationalen Wettbewerb als Qualitätsanbieter und differenzieren sich durch überlegenen Kundennutzen. Sie grenzen sich einerseits mit der technischen Überlegenheit und qualitativ hochwertigeren Verarbeitung ihrer Produkte von ihren Wettbewerbern ab. Andererseits bieten sie den Kunden produktbegleitende Dienstleistungen wie kundenspezifische Betreuung, technische Prozess-Expertise, kurze Lieferzeiten, hohe Produktverfügbarkeit oder schnelle Reaktionszeiten (Anderson und Narus 1995; Backhaus et al. 2010; Simon und Damian 1999; Surprenant 1987).

Die hohe Produkt- und Dienstleistungsqualität ist nicht kostenfrei: Westliche Qualitätsanbieter haben in ihren Märkten in der Regel die höchsten Kosten. Dies bedeutet, dass sie für die kostenintensiven Produkte und Dienstleistungen Premium-Preise bei den Kunden durchsetzen müssen, um profitabel zu bleiben.

In den letzten Jahren berichten zahlreiche Autoren jedoch, dass die Durchsetzung von Premium-Preisen für westliche Qualitätsanbieter immer schwieriger geworden ist (D'Aveni 1994; Homburg, Staritz und Bingemer 2008; Jensen 2011; Matthyssens und Vandenbempt 2008). Dies hat wettbewerbs- und kundenseitige Ursachen. Der Wettbewerbsdruck durch günstigere Anbieter aus Fernost führt dazu, dass die Kunden zunehmend das hohe Preisniveau westlicher Qualitätsanbieter hinterfragen. Die Leistung der kostengünstigen Anbieter ist zwar schlechter als die der Qualitätsanbieter, besitzt jedoch oft gemäß der geforderten Spezifikation ein ausreichendes Qualitätsniveau („gut genug"). Weitere wettbewerbsseitige Ursachen für Preisdruck sind Überkapazitäten auf und Commoditisierung von Märkten sowie sinkende Kosten für Logistik und Kommunikation. Die Globalisierung der Märkte verstärkt einen Verdrängungswettbewerb, indem Konkurrenten, statt langfristige Profitabilität anzustreben, darauf abzielen, ihre Marktanteile auf den verlangsamt wachsenden westlichen Märkten kurzfristig zu steigern, und so zusätzlich Preisdruck erzeugen (Jensen 2011; Simon 2004; Simon, Butscher und Sebastian 2003; Simon und Fassnacht 2009).

Kundenseitig resultiert Preisdruck aus der Bildung zentraler Einkaufsorganisationen mit professionellen Beschaffungsmethoden, Branchenkonsolidierungen sowie gestiegenem Kostendruck der Kunden (Jensen 2011; Simon 2004; Simon, Butscher und Sebastian 2003; Simon und Fassnacht 2009). Preisdruck erzeugen die Kunden, indem sie ihren Zentraleinkauf von der Anwendung des Produkts trennen, sodass die Überzeugungskraft produktbezogener Nutzenargumente geschmälert wird. Technisch orientierte Verkaufsgespräche zwischen Entwicklern auf der Verkaufsseite und Ingenieuren auf der Käuferseite finden kaum noch statt (Homburg, Jensen und Schuppar 2004). Methodisch geschulte Einkäufer schreiben einen definierten Qualitätsstandard aus. Sie sind speziell für Preisgespräche und nicht für Produktgespräche ausgebildet. Sie setzen Premium-Preise unter Druck, indem sie die Vertriebsmitarbeiter mit der Austauschbarkeit durch qualitative vergleichbare Wettbewerbsprodukte sowie zu erfüllenden Kostenvorgaben konfrontieren (Jensen 2011, 2013). Vielen Vertriebsleuten fehlen Argumente, um mit solchen professionellen Einkaufsorganisationen auf Augenhöhe zu verhandeln sowie die versuchte Commoditisierung der Produkte zu entkräften.

Das Ergebnis des Wettbewerbs- und Kundendrucks ist bei vielen Unternehmen ein Ungleichgewicht zwischen Nutzengenerierung und Nutzenabschöpfung (Homburg, Jensen und Schuppar 2004). Viele Unternehmen schaffen es nicht, angemessene Preise für ihre angebotenen Produkte und Dienstleistungen zu erzielen:

> „Most companies are good or even very good at value delivery [Nutzengenerierung] but fall short in value extraction [Nutzenabschöpfung] from their customers. Simply put, they fail to harvest the full value of their products" (Simon, Butscher und Sebastian 2003, S. 63).

Die Literatur sieht einen Grund für die Schwächen in der Preisdurchsetzung darin, dass die Anbieter ihren geschaffenen Kundennutzen nicht verstehen oder nicht vermitteln können (Flint, Woodruff und Gardial 1997; Henneberg und Mouzas 2008; Plank und Ferrin 2002; Ulaga und Eggert 2008). Anderson und Narus (1999, S. 53) stellen fest:

> „How do you define value? Can you measure it? What are your products and services actually worth to customers? Remarkably few suppliers in business markets are able to answer these questions."

Hinterhuber (2008b, S. 44) folgert, dass ohne ein genaues Nutzenverständnis beim Anbieter keine Preisbereitschaft beim Kunden geweckt werden könne:

„If the company itself does not know the value of its products or services to customers, how does it know what to charge customers for value?"

Reilly (2003) postuliert, was ein genaues Nutzenverständnis bedeutet: Unternehmen sollten den Nutzen ihres Produkt- und Dienstleistungsangebots darstellen, indem sie die finanzielle Auswirkung der Produkt- und Servicequalität auf den Kundengewinn demonstrieren. Mittels der für den Kunden erzielten Gewinnsteigerung könne man dann den höheren Preis rechtfertigen:

„Are you able to attach a dollar value to the services you offer? Can you calculate the profit impact on the customer's business? How much are you really worth to your customers? [...] Answer these questions, and you'll have your response to 'Your price is too high'" (Reilly 2003, S. 118).

Jensen (2013) sieht eine solche finanzielle Nutzenargumentation als eine Weiterentwicklung traditioneller Nutzenargumente an, die vor allem auf technische Vorteile und auf qualitativen Kundennutzen abstellen. Sie übersetzt die Sprache der Technik in die Sprache des Einkaufs, indem der Qualitätsvorsprung in angemessene Preis-Äquivalente überführt wird. Abbildung 1-1 beschreibt eine mögliche Übersetzung von technischen Stärkenargumenten über numerische Kundenvorteilsargumente hin zu finanziellen Vorteilsargumenten.

Technische Stärkenargumente	Numerische Kundenvorteilsargumente	Finanzielle Vorteilsargumente
„Diese Maschine produziert 10 Stück pro Minute."	„Mit dieser Maschine sparen Sie eine Menge Zeit. Sie können Ihre Produkte in der Hälfte der alten Zeit herstellen."	„Mit dieser Maschine sparen Sie 20.000 € pro Monat im Vergleich zu Ihrer alten Maschine. In nur 15 Monaten hat sich die Anschaffung amortisiert."
„Unsere Düngemittel sind jetzt ummantelt."	„Sie müssen nun seltener Dünger ausbringen, da er nicht so schnell ausgewaschen wird wie Ihr bisheriger."	„Sie sparen 4.000 € pro Monat an Arbeitskosten im Vergleich zu Ihrem bisherigen Dünger."
„Unsere RFID-Tags senden jetzt auf der UHF-Frequenz."	„Mit diesen RFID-Tags steigt Ihre Ersterkennungsrate von 70 % auf 85 %."	„Sie sparen die händische Kontrolle und Nacharbeit von 2,00 € pro Palette, das sind 800.000 € p.a."
„Diese Schleifmittel enthalten nun Diamantpartikel."	„Sie müssen die Schleifscheiben viel seltener auswechseln, da sie 200 % länger halten."	„Sie sparen 15.000 € pro Schleifmaschine pro Jahr, wenn Sie diese Schleifmittel verwenden."

Abb. 1-1 Beispiele einer finanziellen Kundennutzenargumentation
Quelle: in Anlehnung an Jensen 2013, S. 40

Die managementorientierte Literatur schlägt vor, die finanzielle Nutzenargumentation in Form einfach anzuwendender Vertriebswerkzeuge zu implementieren (Anderson, Kumar und Narus 2007; Fox und Gregory 2005a; Gale und Swire 2006a;

Homburg, Schäfer und Schneider 2006; Nagle, Hogan und Zale 2010). Jensen (2011) beobachtet, dass immer mehr Unternehmen einen „Nutzenrechner" programmieren, welcher die spezifischen Produktionsparameter des Kunden erfasst und eine Empfehlung abgibt, welches hausinterne Produkt gegenüber dem Wettbewerbsprodukt die finanziell beste Lösung wäre. Anderson, Narus und van Rossum (2006, S. 96) definieren einen Nutzenrechner („value calculator") wie folgt:

> „Customer value assessment tools typically are spreadsheet software applications that salespeople or value specialists use on laptops as part of a consultative selling approach to demonstrate the value that customers likely would receive from the suppliers' offerings."

Einerseits betont die Literatur die Relevanz finanzieller Nutzenrechner. Andererseits beobachtet sie in der Unternehmenspraxis einen Mangel an solchen Werkzeugen. Tabelle 1-1 stellt Hinweise zur Relevanz und zum Fehlen von Nutzenrechnern zusammen. Vor diesem Hintergrund stehen finanzieller Nutzenrechnungen im Zentrum dieser Arbeit.

Tab. 1-1   Praktische Relevanz finanzieller Nutzenrechnungen

Autor(en) (Jahr)	Einschätzungen
Anderson und Narus (1998, S. 64)	„Knowing that an improvement in some functionality is important does not tell a supplier if the customer is willing to pay for it. Value models provide that information."
Piscopo, Wesley und Bellenger (2008, S. 205)	„However, more often than not, purchasing organizations lack the necessary tools or resources to estimate the overall costs and benefits."
Ritter und Walter (2008, S. 140)	„Firms need to adopt value assessment tools as well as implement value-delivering processes inside and between firms in order to stay competitive."
Woodruff (1997, S. 150)	„Although the philosophy and persuasive arguments for organizations to compete on superior customer value delivery are well developed, the tools of customer value lag behind. Consequently, tremendous opportunity exists to improve on current tools and develop new ones."

1.2 Beispiele finanzieller Nutzenrechnungen in der Management-Literatur

Das Wesen finanzieller Nutzenrechner ist im vorausgegangenen Abschnitt nur grob umrissen worden. Bevor Kapitel 1.3 die wissenschaftliche Positionierung und die genauen Forschungsfragen dieser Arbeit formuliert, ist es an dieser Stelle hilfreich, anhand von Beispielen in der Management-Literatur ein besseres „Arbeitsverständnis" von finanziellen Nutzenrechnungen zu schaffen.

In der Management-Literatur kursieren unterschiedliche Begriffen für methodische Ansätze, die aufzeigen, wie finanzieller Kundennutzen kalkuliert wird (Anderson und Narus 1998; Anderson, Kumar und Narus 2007; Fox und Gregory 2005a; Gale und Swire 2006a; Nagle, Hogan und Zale 2010). Begriffe, welche finanzielle Nutzenrechnungen als Instrument einer kundennutzenorientierten Vertriebsargumentation beschreiben, sind zum Beispiel:

- *customer value model, value case history* (Anderson und Narus 1998; Anderson, Narus und van Rossum 2006),
- *value-in-use*-Analyseverfahren (Anderson, Narus und Narayandas 2009; Flint, Woodruff und Gardial 1997; Forbis und Mehta 1981; Woodside, Golfetto und Gibbert 2008),
- *customer value accounting* (Gale 2002; Gale und Swire 2006a, 2006b; Schröder und Wall 2004) oder
- *total-cost-of-ownership*-Analysen (Ellram 1993, 1994, 1995; Ellram und Siferd 1993, 1998).

Die Literatur präsentiert unterschiedlich detaillierte Fallbeispiele von Nutzenrechnungen unter Begriffen wie

- *economic value* (Hinterhuber 2004, 2008a),
- *dollarization* (Fox und Gregory 2005a),
- *value communication tool* (Nagle, Hogan und Zale 2010),
- *value-added sheet* (Reilly 2003) oder
- *value calculator* (Anderson, Kumar und Narus 2007).

Die Autoren erklären mittels produktspezifischer Fallstudien verschiedene Instrumente, welche Kosteneinsparungen, Differenzierungsnutzen oder Erlössteigerungspotenziale quantifizieren. Unter dem Begriff *customer value model* (Kundennutzenmodell) beschreiben Anderson und Narus (1998) sowie Anderson, Narus und van Rossum (2006), dass eine kleine, aber wachsende Anzahl von Zulieferern in industriellen Märkten ihr Kundenwissen zur Entwicklung von Nutzenrechnungen einsetzt. Die Anbieter verwenden ihre Erfahrung, ihre gesammelten Daten, ihr Know-how sowie ihre Kunden- und Marktinformationen und quantifizieren diejenigen Aspekte, welche der Kunde wertschätzt und die ihm einen Nutzen stiften, in kleinen Berechnungen. Abbildung 1-2 zeigt ein Beispiel eines *customer value model*.

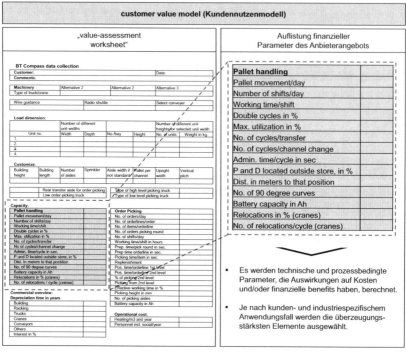

Abb. 1-2   Literaturbeispiel eines customer value model
Quelle: Anderson und Narus 1998, S. 61

Ein *customer value model* basiert auf der Bewertung der Kosten und der benefits eines bestimmten Angebots für eine individuelle Kundenanwendung. Mittels eines Kundennutzenmodells wird dem Kunden vorgerechnet, wie ihm der Einsatz neuer Technologien, Produkte oder Dienstleistungen mehr Nutzen generiert. Auf der Grundlage eines solcherart quantifizierten finanziellen Kundennutzens können Unternehmen höhere Preise besser rechtfertigen. In Abhängigkeit von der

Datenverfügbarkeit sowie der Bereitschaft des Kunden im Informationsaustausch zu kooperieren, entwickelt der Anbieter ein jeweils kunden- oder marktsegmentspezifisches Kundennutzenmodell (Anderson und Narus 1998). *Value case histories* stellen einen Spezialfall eines *customer value model* dar. Nach Anderson und Narus (1998) sowie Anderson, Narus und van Rossum (2006) dokumentieren *value case histories* den Kundennutzen infolge eines Produkteinsatzes in Form von Kosteneinsparungen oder finanziellem Zusatznutzen. Im Gegensatz zum *customer value model* versuchen *value case histories*, finanziellen Nutzen nicht im Vorfeld abzuschätzen, sondern modellieren ihn am Beispiel bereits verwendeter Referenzprodukte. *Value case histories* stellen demnach Nutzenrechnungen dar, welche vergangenheitsorientiert mittels einer existierenden Datenbasis, langjähriger Geschäftsbeziehungen sowie verschiedensten Kundenfeedbacks entwickelt werden. Anderson und Narus (1998) zeigen keine konkreten Berechnungsschritte, erklären aber in einer *value case history*, dass durch geringere Produktbeschädigungen, höhere Verpackungsgeschwindigkeiten sowie geringeren Einsatz von Verpackungsmaterial der Kunde einen finanziellen Vorteil in Form von Kosteneinsparungen erhält.

Um über die Quantifizierung von Produktvorteilen und Kosteneinsparungen zu einem nutzenäquivalenten Preis zu gelangen, verbinden Gale (2002) sowie Gale und Swire (2006a, 2006b) verschiedene Instrumente, wie Preis-Leistungs-Profile, value maps oder value scorecards zu einem integrativen Ansatz, welchen sie *customer value accounting* nennen. Schröder und Wall (2004) verstehen hierunter die Kalkulation von Nutzenbeiträgen für den Kunden. Im *customer value accounting* wird das gesamte Leistungsgeflecht vom ersten Prozessschritt bis zum Kundeneinsatz analysiert. Der Schwerpunkt liegt im Controlling und in der Fragestellung, welche Unternehmensbereiche für die Nutzengenerierung verantwortlich sind. Gale (2002) sowie Gale und Swire (2006a, 2006b) berechnen am Fallbeispiel von Raumlufterfrischern den finanziellen Nutzen eines Produkts. Der *customer-value-accounting*-Ansatz kombiniert Daten wie Betriebs- und Einsatzkosten mit Daten der Leistung und Preiswahrnehmung des Kunden und berechnet daraufhin einen „justified fair price" (Gale und Swire 2006b, S. 32). Ein gerechtfertigter fairer Preis setzt sich nach Gale und Swire (2006b) aus dem Preis des Referenzprodukts zuzüglich der eigenen Produktvorteile und Kosteneinsparungen infolge des Produkteinsatzes zusammen.

Hinterhuber (2004, 2008) argumentiert ähnlich wie Gale (2002) und Gale und Swire (2006a, 2006b), dass im Rahmen nutzenorientierter Preisfindung (value-based pricing) die Quantifizierung finanzieller Produktvorteile sowie die Ermittlung von Kostenvorteilen entscheidend sind. Unter dem Begriff *economic value* gibt Hinterhuber (2004) ein konkretes Fallbeispiel, in welchem ein Maschinenhersteller einen höheren Anschaffungspreis rechtfertigt. Abbildung 1-3 zeigt, wie über

die Kalkulation einzelner Nutzentreiber eine finanzielle Nutzenrechnung infolge
quantifizierter Einsparungsmöglichkeiten entsteht.

- reduced start-up expenses (one-time benefits)	US$5000
- reduced operating expenses (monthly average benefits)	US$3000
- value of 99% of output meeting specifications compared with 95% for the main competitor (monthly average benefits for a medium-sized printing ink manufacturer)	US$2000
- value of reduced change-over time (monthly average benefit)	US$1000
- value of reduced down-time (monthly average benefits)	US$5000
- higher residual value after standard amortization period (one-time benefits)	US$10,000
- retraining of maintenance staff (one-time costs)	US$ - 20,000
- increased energy consumption (monthly average costs)	US$ - 1000
- increased supervision of equipment (monthly average costs for first 6 months of operation)	US$ - 3000
- Net benefits (yearly average)	US$120,000

Abb. 1-3 Literaturbeispiel zur Quantifizierung von Nutzentreibern
Quelle: Hinterhuber 2004, S. 771

Im Beispiel des Maschinenherstellers wird eine Standard-Maschine mit einem Preis
von $80,000 mit einer gleichwertigen Maschine eines Wettbewerbers zum Preis von
$50,000 verglichen. Der um circa 60 Prozent höhere Preis der Standard-Maschine
wird damit verteidigt, dass der Anbieter mit seinem Produkt jährliche Kosteneinsparungen aufgrund geringerer Betriebs-, Ausfall- oder Wartungskosten realisiert,
welche er dem Kunden vorrechnen kann. Der Maschinenhersteller geht so weit,
dass er detaillierte finanzielle Nutzentreiber mit unterschiedlichen Kosten- und
benefit-Komponenten seiner Anlagen gegenüber seinen Wettbewerbern vergleicht
(Hinterhuber 2004, 2008a).

Anderson, Kumar und Narus (2007), Fox und Gregory (2005a), Nagle, Hogan und
Zale (2010) oder Reilly (2003) beschreiben weitere Beispiele finanzieller Nutzenrechnungen. Abbildung 1-4 zeigt vier methodische Ansätze in Fallbeispielen. Die Literaturbeispiele haben trotz verschiedener Bezeichnungen gemeinsam, dass die finanzielle
Nutzenrechnung mittels einer Tabellenkalkulation erfolgt. Zudem fokussieren die
Nutzenrechnungen ausschließlich kundenrelevante Kosteneinsparungen und quantifizieren finanzielle Auswirkungen eines Differenzierungsnutzens für den Kunden.

Kosteneinsparungsrechner
(Fox und Gregory 2005, S. 81)

Number of Bearing Replacements Avoided Due to Aloft		
Frequency of Unplanned Bearing Replacement (per plane per year)		0.2
x Number of Planes		90
= Annual Bearing Replacements		18
x Percentage of Replacements by Aloft		85%
= Annual Bearing Replacements Avoided		15
Flight Interruption Cost per Unplanned Replacement		
Total Time Out of Service (hours) per Bearing Replacement		24
x Average Aircraft Utilization		42%
= Lost Flight Time		10
+ Average Length per Flight (hours)		3
= Canceled Flights per Unplanned Replacement		3.33
x Cost per Canceled Flight	$	30,000
= Cost per Unplanned Bearing Replacement	$	100,000
x Annual Bearing Replacements Avoided		15
= Annual Flight Interruption Cost Savings	$	1,530,000
Cost to Replace Conventional Bearings		
Labor Hours per Bearing Replacement		3
x Cost per Labor Hour	$	25
= Labor Cost per Bearing Replacement	$	375
+ Bearing Purchase Cost per Replacement	$	475
= Total Replacement Cost	$	850
x Annual Bearing Replacements Saved		15
= Bearing Replacement Savings	$	13,005
Cost of Damage to Other Components (e.g. tracks, actuators)		
= Annual Damage to Other Components due to Bearing Failure	$	45,000
TOTAL COST SAVINGS FROM REDUCED BEARING FAILURES		
= Annual Cost for Unplanned Replacements	$	1,588,005
x Useful Life of Aloft Bearings (years)		6
= TOTAL VALUE OVER LIFE OF BEARINGS	$	9,526,030

value communication tool
(Nagle, Hogan und Zale 2010, S. 94)

Variable	ENTER AMOUNTS HERE
ENTER these Inputs:	
Help Desk and/or Customer Service	
Total customers in impacted service area	4000
Avg. no. of trouble calls per day - normal	150
Avg. no. of trouble calls per day - outage incident	200
Duration of outage or network congestion - days	60
Avg. call duration in minutes	3.8
Help Desk wages & benefits - hourly	$ 11.50
Management Time	
No. Managers needed to resolve incident	1
Percent of Management time required	15%
Management loaded salary and benefits	$ 75,000
Other Costs	
Percent calls unresolved or receive bill credits	50%
Avg. billing credit (1 month)	$ 17.95
Percent impacted calls that are long distance	100%
Avg. cost per minute for 800 calls to help desk	$ 0.07
General	
Number of users per port	10
Calculation:	
Total ADDITIONAL man hours customer service	190
Total cost for additional help desk & cust. service labor required	$ 2,185
Total cost for management time	$ 1,875
Total billing credits	$ 26,925
Total 800 call costs	$ 798
Avg. cost per call (less mgt. expense)	$ 9.97
TOTAL COST SAVINGS TO CUSTOMER (per outage incident)	$ 31,783
Estimated number PRI in impacted service area	17
COST SAVINGS PER PRI	$ 1,870

value-added sheet
(Reilly 2003, S. 99)

Item	Calculated value	Extended value
Electronic Data Interchange (EDI)	Customer usage: 121 times/year @ $35 savings/use	
	121 x $35 = $4,235	$4,235.00
Safety Training	Two seminars for customer's employees	
	2 x $1,500 = $3,000	$3,000.00
Profit Enhancement Program	Annual audit of purchasing habits: 2 percent efficiency savings on $120,000 purchase	
	.02 x $120,000 = $2,400	$2,400.00
Equipment Extension of Life Cycle	Six pumps at 12 percent life-cycle extensions: 6 pumps @ $15,000 = $90,000	
	.12 x $90,000 = $10,800	$10,800.00
	Total Value Added Delivered	$20,435.00

value calculator
(Anderson, Kumar und Narus 2007, S. 71)

Abb. 1-4 Literaturbeispiele finanzieller Nutzenrechnungen

In Fallbeispielen, die je nach Unternehmen variieren, beschreiben Fox und Gregory (2005a), wie mittels ihres *dollarization*-Ansatzes Kosteneinsparungen, Amortisationszeiträume, Lebenszyklusvergleiche, Erlös- und Output-Steigerungen oder Prozessverbesserungen in finanziellen Kundennutzen umgerechnet werden. Der *dollarization*-Ansatz ermöglicht eine quantitative Argumentation, die es erlaubt, sich gegenüber dem Wettbewerb zu differenzieren. Fox und Gregory (2005a) veranschaulichen eine finanzielle Nutzenrechnung diesbezüglich am Beispiel eines *Kosteneinsparungsrechners* (vgl. oben links in Abbildung 1-4). In ihrem speziellen Fallbeispiel werden in einer detaillierten Kostenanalyse Einsparungen von ungeplanten Wartungskosten aufgrund eines qualitativ hochwertigeren Produktangebots berechnet. Vergleichbare Beispiele geben Nagle, Hogan und Zale (2010) unter der Bezeichnung *value communication tool* (vgl. oben rechts in Abbildung 1-4). Reilly (2003) verwendet den Begriff *value-added sheet* (vgl. unten links in Abbildung 1-4). Anderson, Kumar und Narus (2007) beschreiben einen *value calculator* (vgl. unten rechts in Abbildung 1-4).

Nagle, Hogan und Zale (2010) zeigen mit dem Beispiel des *value communication tool* einen tabellenkalkulationsbasierten Nutzenrechner. Dieser wird verwendet als

> „[...] value-based selling tool used by sales people to develop customer-specific monetary value estimates with the customer in the course of a sales call" (Nagle, Hogan und Zale 2010, S. 94).

Das *value communication tool* umfasst die Analyse unterschiedlicher Leistungsparameter und bewertet die finanziellen Auswirkungen von Nutzvorteilen, wie umfassenderer Kundenservice (z. B. Helpdesk oder Kunden-Hotline) oder die Reduzierung von Managementzeiten. Insbesondere bei diesen beiden Parametern ist es entscheidend, dass die gesammelten Daten sowie die getroffenen Annahmen in der Nutzenrechnung transparent dokumentiert werden, damit in einem Kundengespräch der finanzielle Kundenvorteil glaubhaft verkauft werden kann.

Reilly (2003) betont in seinem Fallbeispiel des *value-added sheet* die Quantifizierung des finanziellen Nutzens zusätzlicher produktbegleitender Dienstleistungen. Auf einem Arbeitsblatt berechnet er in einzelnen kleinen Rechnungen den nutzenäquivalenten finanziellen Wert differenzierender Zusatzleistungen. Die Summe der einzelnen Dienstleistungsvorteile dokumentiert den *„profit impact on the buyer's situation"* (Reilly 2003, S. 99).

Anderson, Kumar und Narus (2007) erklären am Fallbeispiel eines *value calculator* eines petrochemischen Unternehmens, wie durch den überlegenen Nutzen der angebotenen Polymere der Gewinn des Kunden gesteigert wird, indem dieser pro Tonne des eigenen Produkts einen höheren Preis bei seinem eigenen Kunden realisieren kann. Anderson, Kumar und Narus (2007) geben keinen detaillierten Einblick in die Berechnungsansätze, zeigen in der Zusammenfassung des *value calculator* aber, dass finanzieller Kundennutzen mittels Größen, wie Kosteneinsparungen (cost savings), Reduktion von Zykluszeiten (cycle time reduction), Verpackungsoptimierungen (stacking and destacking) oder zusätzlichen Gewinnen durch neue Anwendungen (additional margin new applications) berechnet wird.

Die geschilderten Beispiele zeigen, dass die Management-Literatur intensiv reflektiert, wie finanzielle Nutzenrechnungen gestaltet werden können. Der folgende Abschnitt schlägt die Brücke von der Praxisliteratur zur wissenschaftlichen

Literatur. Aus der Diskrepanz zwischen Praxisrelevanz und Forschungsstand leitet sich der angestrebte Forschungsbeitrag der vorliegenden Arbeit ab.

1.3 Wissenschaftliche Positionierung und Forschungsziele der Arbeit

Obwohl die Forschung zum Kundennutzen im Marketing an Bedeutung gewonnen hat, haben wenige Wissenschaftler konkrete Berechnungsansätze des Kundennutzens in einer Business-to-Business-Umgebung untersucht (Ulaga 2001; Ulaga und Chacour 2001). Die Literatur weist darauf hin, dass empirische Untersuchungen zu finanziellen Nutzenrechnungen sowie Erkenntnisse zur Implementierung dieser in der Unternehmenspraxis noch unzureichend sind (Anderson und Narus 1998; Anderson, Narus und van Rossum 2006; Hamel und Prahalad 1994; Hinterhuber 2008a, 2008b; Lindgreen und Wynstra 2005; Ritter und Walter 2008; Tzokas und Saren 1999; Woodruff 1997).

Vereinzelte Beispiele aus der Literatur veranschaulichen, was eine Nutzenrechnung enthalten könnte. Diese umfassen aber keine empirischen Untersuchungen, wie eine finanzielle Nutzenrechnung entwickelt wird und was begünstigende oder hemmende Faktoren während der Implementierung sind (Anderson, Kumar und Narus 2007; Ellram 1995; Fox und Gregory 2005a; Gale und Swire 2006a; Hinterhuber 2004). Ungeachtet der Bedeutung, Kundennutzen genauer zu verstehen, befindet sich die Forschung zur Modellierung des finanziellen Kundennutzens sowie die Konzeption entsprechender Nutzenrechnungen im Business-to-Business-Kontext daher in einem Anfangsstadium (Flint, Woodruff und Gardial 2002). Drei Punkte unterstreichen die wissenschaftliche Relevanz, Kundennutzen zu beleuchten:

1. Das *Journal of the Academy of Marketing Science* hat im Februar 1997 eine Ausgabe mit dem Themenschwerpunkt „Kundennutzen" veröffentlicht (Parasuraman 1997; Slater 1997; Woodruff 1997). Die Beiträge beleuchten die Konzeption des Kundennutzens vor dem Hintergrund, dass Kundennutzen als entscheidende Quelle zukünftiger Wettbewerbsvorteile angesehen wird.

2. Im Jahre 2008 erschien mit der vierzehnten Ausgabe der wissenschaftlichen Fachzeitschrift *Advances in Business Marketing und Purchasing* unter dem Titel „Customer Value: Theory, Research, and Practice" eine Sonderausgabe zum Themenschwerpunkt „Kundennutzen". Die Beiträge umfassen unter anderem die Untersuchung von Nutzendimensionen und Konzeptionen des Nutzens (Baxter 2008; Henneberg und Mouzas 2008; Ritter und Walter 2008; Woodsi-

de, Golfetto und Gibbert 2008) oder strategische Fragestellungen, wie Nutzen generiert wird (Baraldi und Strömsten 2008; Cova und Salle 2008; Golfetto, Zerbini und Gibbert 2008). Meines Wissens wurden hier erstmalig mehrere Beiträge zur Nutzenmessung (Busacca, Costabile und Ancarani 2008; Piscopo, Wesley und Bellenger 2008; Ulaga und Eggert 2008) sowie operative Aspekte zur Nutzenerfassung (Hinterhuber 2008a; Matthyssens, Vandenbempt und Weynes 2008) in der wissenschaftlichen Literatur gebündelt veröffentlicht.

3. Das *Marketing Science Institute* hat 1997 „value-related"-Themen als Forschungspriorität identifiziert. Zudem ist auf akademischen Konferenzen zum Schwerpunkt „customer value" (z. B. *Annual Conference of the Academy of Marketing Science* in Norfolk, Virgina oder *Annual Conference of the Industrial Marketing and Purchasing Group*, IMP, in Turku, Finnland) dem Themengebiet des Kundennutzens größere Aufmerksamkeit geschenkt worden (Ulaga und Chacour 2001), um die Konzeption des Kundennutzens mit wissenschaftlichen Methoden weiter zu beleuchten.

Tabelle 1-2 verdeutlicht mittels weiterer Einschätzungen, warum die Untersuchung von Kundennutzen im Business-to-Business Marketing wissenschaftlich relevant ist. Auffällig ist, dass die wissenschaftliche Literatur kaum konkrete Beispiele finanzieller Nutzenrechnungen diskutiert. Vielmehr betonen die Arbeiten die strategische Bedeutung eines konzeptionellen Verständnisses des Kundennutzens.

Die in Tabelle 1-2 aufgelisteten Arbeiten untersuchen, wie Kundennutzen im Business-to-Business-Kontext konzipiert wird, wo Kundennutzen entsteht, wovon dieser beeinflusst wird oder was Unternehmen aus der Konzeption des Kundennutzens lernen können (Flint, Woodruff und Gardial 1997, 2002; Gale und Wood 1994; Macdonald et al. 2011; Payne und Holt 1999; Ulaga und Eggert 2006b, 2008; Woodruff und Gardial 1996). Ulaga und Eggert (2008) argumentieren vergleichbar mit Anderson und Narus (1999), Slater (1997) sowie Woodruff (1997), dass Unternehmen langfristig erfolgreich sind, wenn sie überlegenen Kundennutzen kreieren.

Vor diesem Hintergrund ist es das übergreifende Forschungsanliegen der vorliegenden Arbeit, die Entwicklung finanzieller Nutzenrechnungen sowie deren Umsetzungsbedingungen zu untersuchen. Die Arbeit zielt darauf ab, Kundennutzen zu konzipieren, um darauf aufbauend mit finanziellen Nutzenrechnungen neue Wege in der Vertriebsargumentation zu beschreiten (Seiter et al. 2008). Die vorliegende Arbeit verfolgt daher drei Forschungsziele: „Nutzen verstehen", „Nutzen berechnen" und „Nutzenrechnungen umsetzen". Vor dem Hintergrund der Implementierung finanzieller Nutzenrechnungen schlagen verschiedene Autoren vor, definitorische und konzeptionelle Grundlagen des (Kunden-)Nutzens näher zu betrachten (Anderson, Narus und van Rossum 2006; Plank und Ferrin 2002; Ritter und

Tab. 1-2 Wissenschaftliche Relevanz von Kundennutzen

Grund wissenschaftlicher Relevanz	Autor(en) (Jahr)	Einschätzungen
Grundsätzlicher Forschungsbedarf zum (Kunden-)Nutzen	Hinterhuber (2008a, S. 381)	„After pioneering, but insular, work on the conceptualization and measuremer costumer value in business markets undertaken in the 80s and 90s, interest this topic is substantial since the beginning of this decade. Despite this recer interest, marketing scholars concur that value in business markets is still an under-researched subject."
	Plank und Ferrin (2002, S. 457)	„[…] however, the concept of value and how to measure it is somewhat vague
	Ulaga und Chacour (2001, S. 526)	„Many researchers have investigated the (value) construct, focusing in the pa mainly on consumer products and services. Research in the context of busin to-business markets, however, has been limited."
	Ulaga und Eggert (2006b, S. 120)	„Yet despite its importance, research on customer value in business markets still in an early stage."
Komplexität des (Kunden-)Nutzenkonzepts	Woodruff (1997, S. 150)	„We need richer customer value theory that delves deeply into customer's wo product use in their situations."
	Anderson und Narus (1998, S. 55)	„Gaining a comprehensive understanding of the value of a market offering in particular customer setting may appear monumentally difficult."
	Henneberg und Mouzas (2008, S. 121)	„The present paper contributes to a better conceptual understanding of the determinants of value which are arguably still in their infancy. By deconstruct the notion of value, this study demonstrates the need of more conceptual cla and more systemic operationalization of value for the wider field of marketing specifically for business-to-business marketing."
	Lepak, Smith und Taylor (2007, S. 180)	„[…] while one would be hard pressed to find a management scholar who wor disagree that value creation is important, one also would find it equally difficu find agreement among such scholars regarding (1) what value creation is, (2 process by which value is created, and (3) the mechanisms that allow the cre of value to capture the value."
(Kunden-)Nutzen als zentrales Marketing-Konzept	Tzokas und Saren (1999, S. 53)	„Value is a cornerstone concept in the marketing discipline. There is wide agreement that the raison detre of marketing is to assist the firm to create va for its customers that is superior to competition."
	Webster (1994, S. 24)	„The new consumer is much more likely to judge products and services in ter their fundamental value, defined simply as the ratio of benefits to cost/price, including cost-in-use. The concept of customer value is at the heart of the ne marketing concept and must be the central element of all business strategy."
Verständniserweiterung, wie sich Unternehmen differenzieren	Matthyssens und Vandenbempt (2008, S. 316)	„However, business organizations are confronted with the phenomenon of commoditization in their quest for above normal returns. All products and ser reach a commodity status sooner or later. […] Hence, the question is how companies can cope with a situation in which it is increasingly difficult to implement differentiation strategies."
	Ulaga und Eggert (2006b, S. 119)	„As product and price become less important differentiators, suppliers of routi purchased products search for new ways to differentiate themselves in a buy seller relationship."

Walter 2008; Ulaga und Chacour 2001). Abbildung 1-5 fasst die Forschungsziele der Arbeit zusammen und formuliert Forschungsfragen sowie angestrebte Ergebnisse.

	Ziel 1: „Nutzen verstehen"	Ziel 2: „Nutzen berechnen"		Ziel 3: „Nutzenrechnungen umsetzen"
Übergeordnete Forschungsfrage	Was ist Kundennutzen?	Wie ist Nutzen zu berechnen?		Wie sind Nutzenrechnungen umzusetzen?
Unterfragen	• Wie definiert die Literatur Nutzen? • Worin unterscheiden und/oder ähneln sich die Definitionen? • Inwieweit helfen die Begriffe „benefits" und „sacrifices" bei der Erklärung von Kundennutzen? • Welches Nutzenverständnis ist hilfreich, um finanzielle Nutzenrechnungen zu entwickeln? • Welche Ansätze und Möglichkeiten diskutiert die Literatur, um Nutzen zu konzipieren?	• Wie ist konzeptioneller Nutzen in finanziellen Nutzen zu übersetzen? • Gibt es Beispiele von Nutzenrechnungen in der Literatur? • Welche Instrumente helfen, Nutzen zu berechnen?	• Wie wird finanzieller Nutzen in der Unternehmenspraxis berechnet? • Welche Argumente werden in einer finanziellen Nutzenrechnung quantifiziert? • Sind Muster in der Entwicklung einer Nutzenrechnung zu entdecken?	• Werden in der Unternehmenspraxis bisher Nutzenrechnungen eingesetzt? • Wenn ja, welche möglichen Implementierungshürden existieren? • Welche Unternehmensprozesse und Schnittstellen sind bei einer Implementierung betroffen? • Welche Herausforderungen sind in der Umsetzung zu bewältigen? • Wovon hängt eine erfolgreiche Implementierung einer Nutzenrechnung ab?
Beschreibung in der Arbeit	Kapitel 2	Kapitel 2 und 3	Kapitel 5	Kapitel 5 und 6
Art der Untersuchung	literaturbasiert, konzeptionell	literaturbasiert, konzeptionell	qualitativ-empirisch	qualitativ-empirisch
Angestrebte Ergebnisse	• Herausarbeiten einer Nutzendefinition • Aufdecken von Unterschieden und Gemeinsamkeiten • Aufbau eines eigenen konzeptionellen Nutzenverständnisses als Grundlage zur Entwicklung finanzieller Nutzenrechnungen	• Abgrenzung relevanter Instrumente der Nutzenquantifizierung • Identifizierung eines generischen Prozesses zur Entwicklung von Nutzenrechnungen	• Analyse von Mustern in Nutzenrechnungen	• Identifizierung von Herausforderungen in der Entwicklung von Nutzenrechnungen • Aufdecken von Einwänden und Ableitung von Handlungsempfehlungen zur Implementierung finanzieller Nutzenrechnungen

Abb. 1-5　Forschungsziele und angestrebte Ergebnisse der Arbeit

Das erste Forschungsziel umfasst die Beleuchtung definitorischer und konzeptioneller Grundlagen von (Kunden-)Nutzen als theoretischen Bezugsrahmen finanzieller Nutzenrechnungen mittels Literaturauswertung. Angestrebte Beiträge in der Beantwortung der übergeordneten Forschungsfrage (Was ist Kundennutzen?) sind die Abgrenzung von Definitionen des (Kunden-)Nutzens, die Beleuchtung von Gemeinsamkeiten und Unterschieden in deren Konzeption sowie die Entwicklung eines Nutzenkonzepts als theoretisches Fundament finanzieller Nutzenrechnungen.

Das zweite Forschungsziel untersucht, wie (Kunden-)Nutzen in finanziellen Nutzenrechnungen quantifiziert wird sowie welche Instrumente hierzu verwendet werden. Auf der Grundlage eines fundierten Verständnisses von (Kunden-)Nutzen umfasst Forschungsziel 2 eine literaturbasierte und qualitativ-empirische Untersuchung. Dazu gibt die vorliegende Arbeit eine konzeptionelle Einführung in die finanzielle Nutzenrechnung und beleuchtet, welche Methoden zur Berechnung des finanziellen Nutzens relevant sind. Darüber hinaus werden mittels qualitativ-empirischer Feldarbeit Beobachtungen gesammelt, wie (Kunden-)Nutzen in der Unternehmenspraxis verstanden wird und wie finanzielle Nutzenrechnungen mittels konkreter Fallbeispiele entwickelt werden. Vor dem Hintergrund der übergeordneten Forschungsfrage (Wie ist Nutzen zu berechnen?) werden Instrumente der Nutzenquantifizierung abgegrenzt. Darauf aufbauend beleuchtet ein detailliertes fiktives Nutzenrechnungsbeispiel die Konzeption finanzieller Nutzenrechnungen genauer. Meine empirischen Beobachtungen sollen dazu beitragen, Gemeinsamkeiten und Unterschiede in der Modellierung des finanziellen Nutzens zu entdecken, mit dem Ziel, daraus einen generischen Entwicklungsprozess finanzieller Nutzenrechnungen abzuleiten

Das dritte Forschungsziel bezieht sich auf die Implementierung finanzieller Nutzenrechnungen in der Unternehmenspraxis. Mittels qualitativ-empirischer Feldarbeit untersucht Forschungsziel 3 in vier Fallstudien die Hintergründe der Implementierung. Die vorliegende Arbeit analysiert die betrieblichen Einsatzbedingungen finanzieller Nutzenrechnungen im technischen Vertrieb und Marketing. Es wird untersucht, wovon eine erfolgreiche Entwicklung einer Nutzenrechnung in der Unternehmenspraxis abhängt und welche Herausforderungen bei der Implementierung gemeistert werden müssen. Mit der Beantwortung der übergeordneten Forschungsfrage (Wie sind Nutzenrechnungen umzusetzen?) sollen Erkenntnisse über zu bewältigende Herausforderungen sowie Einwände und Handlungsempfehlungen zur Entwicklung finanzieller Nutzenrechnungen gewonnen werden.

1.4   Aufbau der Arbeit

Insgesamt ist die Arbeit in sieben Kapitel gegliedert. Kapitel 1 umreißt die Ausgangslage der Arbeit, bringt Beispiele finanzieller Nutzenrechnungen in der Management-Literatur, positioniert die Arbeit in der wissenschaftlichen Forschung
und erläutert die Forschungsziele im Detail. Es endet mit einem Ausblick auf den
Aufbau der vorliegenden Arbeit. Abbildung 1-6 zeigt den Aufbau der Arbeit.

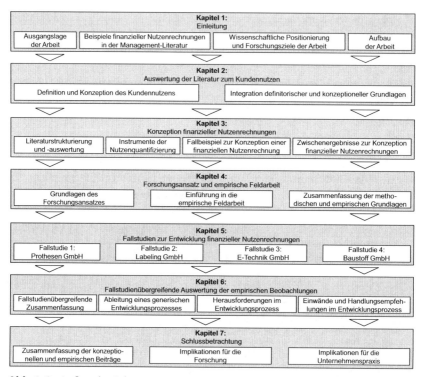

Abb. 1-6   Aufbau der Arbeit

Kapitel 2 wertet die Literatur zum Kundennutzen aus. Dazu werden Definitionen des Kundennutzens voneinander abgegrenzt und dessen Konzeption erläutert. Darauf aufbauend erfolgt vor dem Hintergrund finanzieller Nutzenrechnungen eine Integration der definitorischen und konzeptionellen Grundlagen zu einem konzeptionellen Nutzenverständnis.

Kapitel 3 erläutert die Konzeption finanzieller Nutzenrechnungen. Dazu wird die relevante Literatur strukturiert und ausgewertet. Anschließend werden ausgewählte Instrumente der Nutzenquantifizierung genauer beschrieben. Darauf aufbauend veranschaulicht ein fiktives Nutzenrechnungsbeispiel im Detail, wie finanzielle Nutzenrechnungen konzipiert werden. Am Ende werden die Zwischenergebnisse zur Konzeption finanzieller Nutzenrechnungen zusammengefasst.

Kapitel 4 schlägt eine Brücke zwischen der Literaturauswertung zum Kundennutzen und der Konzeption von Nutzenrechnungen sowie der qualitativ-empirischen Forschung, indem es den Forschungsansatz und die empirische Feldarbeit vorstellt. Hierzu werden die Grundlagen des Forschungsansatzes beschrieben sowie eine inhaltliche Einführung in die empirische Feldarbeit vorgenommen. Am Ende werden die methodischen und empirischen Grundlagen zusammengefasst.

Kapitel 5 enthält den Kern der qualitativ-empirischen Untersuchung und umfasst die Beschreibung der Fallstudien zur Entwicklung finanzieller Nutzenrechnungen. Die vier Fallstudien mit der Prothesen GmbH, der Labeling GmbH, der E-Technik GmbH sowie der Baustoff GmbH folgen einer identischen Struktur, welche im Detail in Kapitel 4.2 vorgestellt wird.

Kapitel 6 umfasst die fallstudienübergreifende Auswertung der empirischen Beobachtungen. Die qualitativ-empirischen Untersuchungen werden ergebnisorientiert zusammengefasst, um einen generischen Prozess zur Entwicklung finanzieller Nutzenrechnungen abzuleiten. Aufbauend darauf werden Herausforderungen sowie Einwände und Handlungsempfehlungen zur Entwicklung finanzieller Nutzenrechnungen diskutiert.

Kapitel 7 nimmt die Schlussbetrachtung der Arbeit vor. Dazu werden die konzeptionellen und empirischen Beiträge zusammengefasst sowie die anfangs gestellten Forschungsfragen beantwortet. In Ergänzung werden abschließend Implikationen für die Forschung und die Unternehmenspraxis diskutiert.

Auswertung der Literatur zum Kundennutzen 2

2.1 Definition und Konzeption des Kundennutzens

Die Literatur unterscheidet zwei Perspektiven des Kundennutzens: eine anbieter- und eine kundenseitige Perspektive. *Kundennutzen aus der Anbieterperspektive* beschreibt den ökonomischen Wert eines Kunden, welcher das Ergebnis erfolgreicher Maßnahmen gesteigerter Kundenloyalität und -bindung ist (Krafft 1999, 2007). Walter, Ritter und Gemünden (2001) verstehen unter einem anbieterseitigen Kundennutzen denjenigen Wert, den ein Kunde für das Unternehmen hat. Im Vordergrund steht die Profitabilität der Geschäftsbeziehung, das heißt, welchen Erlös das anbietende Unternehmen mit welchen Kunden erwirtschaftet. Berger et al. (2006), Gupta et al. (2006) sowie Schröder und Wall (2004) sprechen von einem *customer lifetime value* (CLV). Berger et al. (2002) und Seiter et al. (2008) verwenden den Begriff eines anbieterseitigen *customer value* (CV). Ahlert et al. (2008), Holbrook (1994), Krafft (2007), Kumar und George (2007), Kumar, Lemon und Parasuraman (2006) sowie Woodruff (1997) nennen Kundennutzen aus der Anbieterperspektive *customer equity* (CE). Alle drei Bezeichnungen erklären Kundennutzen als ökonomische Bedeutung eines Kunden für einen Anbieter sowie dessen Beitrag zur Zielerreichung des Anbieters (Cornelsen und Diller 2000).

Die kundenseitige Perspektive betrachtet ebenfalls ökonomische Größen. *Kundennutzen aus der Kundenperspektive* beschreibt den vom Kunden wahrgenommenen Nutzen einer Unternehmensleistung. Ahlert et al. (2008) und Seiter et al. (2008) analysieren aus Sicht des Kunden *customer value* (CV). Monroe (2003), Schröder und Wall (2004), Ulaga (2001) sowie Zeithaml (1988) sprechen vom *customer perceived value* (CPV). Fokus der Kundenperspektive ist die individuelle Wahrnehmung materieller und immaterieller benefits durch den Kunden sowie deren ökonomische Bewertung (Kotler und Bliemel 2006). Für meine Arbeit steht der *customer value* aus Kundenperspektive im Vordergrund, da ich nicht den Wert eines Kunden beleuchten möchte. Vielmehr interessieren mich Instrumente, welche den vom Kunden wahrgenommenen Nutzen in finanziellen Größen quantifizieren. In der Literatur existieren unterschiedlichste Definitionen des Kundennutzens (Ritter und Walter 2008). Anderson, Kumar und Narus (2007) ergänzen, dass Kundennutzen im Business-to-Business-Kontext vielfältig konzipiert wird, da der Begriff des Kundennutzens in unterschiedlichsten Themenfeldern verwendet wird (Dodds 1991; Lai 1995; Woodruff 1997). Die volkswirtschaftliche Nutzenlehre (utility), die diskutierten anbieter- und kundenseitigen Nutzenperspektiven (CLV und CV) oder moral-ethische Wertvorstellungen des Menschen (values) werden mit dem value-Begriff in Verbindung gebracht (Beutin 2000). Tabelle 2-1 grenzt Kundennutzendefinitionen im Kontext finanzieller Nutzenrechnungen voneinander ab.

Tab. 2-1 Definitionen des (Kunden-)Nutzens

Inhalt-licher Schwer-punkt	Autor(en) (Jahr)	Zentrales Konstrukt	Definition	Gegenüber-gestellte Elemente	Wett-be-werbs-bezug
	**Definitionen, welche die Kundenwahrnehmung des Trade-off von benefits und sacrifices betonen**				
Wahrneh-mung des Kunden	Ahlert et al. (2008, S. 474)	Kunden-nutzen	„Ganz allgemein wird der Kundennutzen als subjektiv wahrgenommener Nutzen definiert, der sich aus einem Preis-Leistungs-Verhältnis einer konkreten Unternehmensleistung ergibt."	• Preis • Leistung	-
	Gale (2002, S. 5)	customer value	„Customer value is market perceived quality adjusted for the relative price of your product."	• Wahrge-nommene Qualität • Relativer Preis	-
	Kotler und Bliemel (2006, S. 141)	customer perceived value	„Customer perceived value is the difference between the prospective customer's evaluation of all benefits and all costs of an offering and the perceived alternatives."	• Bewertung aller benefits • Bewertung aller Kosten	Wahr-genom-mene Alter-nativen
	Schröder und Wall (2004, S. 670)	Kunden-wert	„Der Kundenwert ist die vom Kunden wahrgenommene Diskrepanz zwischen dem (mehrdimensionalen) wahrgenommenen Nutzen und den (mehrdimensionalen) wahrgenommenen Kosten im Vergleich zur Konkurrenz."	• Wahrge-nommener Nutzen • Wahrge-nommene Kosten	Kon-kur-renz
Trade-off von benefits und sacrifices	Backhaus (2006, S. 7)	Kunden-vorteil	„Der Kundenvorteil ist dann gegeben, wenn der Nutzen, den ein Nachfrager aus dem Leistungsangebot zieht, größer ist als der Preis, den er dafür zahlen muss."	• Nutzen als Leistungs-angebot • Preis	-
	Hinterhuber (2008a, S. 388)	value to the customer	„Value to the customer can be described as customer's value threshold, as the sum of combined benefits that accrue to the customer as a result of purchasing a given offering."	• Benefit-Summe • Kauf eines Angebots	-
	Flint, Woodruff und Gardial (1997, S. 171)	customer value judge-ment	„[...] a value judgement is the customer's assessment that has been created for them by a supplier given the trade-offs between all relevant benefits and sacrifices in a specific situation."	• Alle rele-vanten benefits • Individu-elle Opfer	-

Inhalt-licher Schwer-punkt	Autor(en) (Jahr)	Zentrales Konstrukt	Definition	Gegenüber-gestellte Elemente	Wett-be-werbs-bezug
Wahrneh-mung des Kunden und Trade-off aus benefits und sacrifices	Baker, Marn und Zawada (2010, S. 46)	customer value	„Customer value equals the difference in perceived benefits and perceived price."	• Benefits • Preis	-
	Monroe (2003, S. 104)	perception of value	„Buyer's perceptions of value represent a trade-off between the quality or benefits they perceive in the product relative to the sacrifice they perceive by paying the price."	• Wahrge-nommene benefits • Wahrge-nommener Preis	-
	Ulaga und Chacour (2001, S. 530)	customer perceived value	„Customer perceived value in industrial markets is the trade-off between the multiple benefits and sacrifices of a supplier's offering, as perceived by key decision makers in the customer's organization, and taking into consideration the available alternative suppliers' offerings in a specific use situation."	• Vielfältige benefits • Vielfältige sacrifices	Verfüg-bares Alter-nativ-ange-bot
Wahrneh-mung des Kunden und Trade-off aus benefits und sacrifices	Walter, Ritter und Gemünden (2001, S. 366)	value	„Value is the perceived trade-off between multiple benefits and sacrifices gained through a customer relationship by key decision makers in the supplier's organization."	• Vielfältige benefits • Vielfältige sacrifices	-
	Woodall (2003, S. 2)	value for the customer	„Value for the customer (VC) is any demand-side, personal perception of advantage arising out of a customer's association with an organisation's offering, and can occur as reduction in sacrifice; presence of benefits (perceived as either attributes or outcomes); the resultant of any weighed combination of sacrifice and benefit (determined and expressed either rationally or intuitively); or an aggregation, over time, of any or all of these."	• Redu-zierung von sacrifices • Vorhan-densein von benefits	-
	Woodruff (1997, S. 142)	customer value	„Customer value is a customer's perceived preference for and evaluation of those product attributes, attribute performances, and consequences arising from use that facilitate (or block) achieving the customer's goals and purposes in use situations."	-	-
	Zeithaml (1988, S. 14)	value	„Value is the customer's overall assessment of the utility of a product based on perceptions of what is received and what is given."	• Etwas, das man erhält • Etwas, das man aufgibt	-
Definitionen, welche die Berechnung des Nutzens betonen					
Nutzen-quantifi-zierung	Anderson, Jain und Chintagunta (1993, S. 5); Anderson und Narus (1998, S. 54)	value	„Value in business markets is the worth in monetary terms of the technical, economic, service and social benefits a customer firm receives in exchange for the price it pays for a market offering."	• Verschie-dene Arten von benefits • Preis	-
	DeMarle (1970, S. 136)	value	„The value of a thing equals the relative importance of this thing divided by the relative cost of this thing."	• Relative Wichtig-keit • Relative Kosten	-
	Gerhardt (2006, S. 26)	value	„Value is maximized by optimizing the equation: Value = Function/Cost."	• Funktion • Kosten	-
	Rackham und DeVincentis (1999, S. 12)	value	„Value equals benefits minus cost."	• Benefits • Kosten	-
	Reilly (2003, S. 14)	value	„Value equals the difference of price and cost plus adding the impact."	• Auswir-kung • Preis und Kosten	-

Inhalt-licher Schwer-punkt	Autor(en) (Jahr)	Zentrales Konstrukt	Definition	Gegenüber-gestellte Elemente	Wett-be-werbs-bezug
Direkter Vergleich mit anderen Angeboten	Backhaus und Voeth (2009, S. 36)	Kompa-rativer Konkur-renz-vorteil	„Ein Unternehmen mit einem komparativen Konkurrenzvorteil (KKV) wird in seinem Leistungsangebot von den Nachfragern in ihrer subjektiven Wahrnehmung gegenüber allen relevanten Konkurrenzangeboten als überlegen eingestuft (notwendige Bedingung) und erzeugt gleichzeitig einen Ergebnisüberschuss (hinreichende Bedingung)."	• Leistungs-angebot • Konkur-renzan-gebot	Konkur-renzan-gebot
	Kleinaltenkamp und Plinke (2000, S. 78)	Nutzen-vorteil	„Der relative Nutzenvorteil (Nettonutzendiffe-renz) ist die Differenz der Nettonutzen zweier Anbieter. Der Nettonutzen jedes Anbieters ist eine Nutzen-Kosten-Differenz und ergibt sich aus der Differenz von Nutzen und Kosten des Angebots."	• Nutzen • Kosten	Ver-gleich von An-bietern
	Nagle und Holden (2002, S. 74)	economic value	„A product's economic value is the price of the customer's best alternative – reference value – plus the value of whatever differentiates the offering from the alternative differentiation value."	• Nutzen aus einer Differen-zierung • Preis der besten Alternative	Nächst-beste Alter-native des Kunden
Gegenüber-stellung von Preis und Leistung	Fox und Gregory (2005a, S. 64)	net value	„Net value equals the dollarized value minus the cost of risk and the price."	• Dollarisier-ter Nutzen • Kosten und Preis	-
	Gale und Swire (2006a, S. 32)	justified fair price (JFP)	„The justified fair price equals the price of the reference product plus the value of your product advantages plus the cost savings in using or owning your product."	• Nutzen der Produkt-vorteile • Preis des Referenz-produkts	Refe-renz-produkt
	Hinterhuber (2008a, S. 389)	customer value	„Customer value is the maximum amount a customer would pay to obtain a given product, that is, the price that would leave the customer indifferent between the purchase and foregoing the purchase."	• Maximale Zahlungs-bereit-schaft • Indiffe-renzpreis	Ver-gleich mit der Option des Nicht-kaufens
	Parolini (1999, S. 108)	net value	„The net value received by final customers: this can be defined as the difference between the value that customers attribute to a product and the price actually paid for it."	• Nutzen des Produkts • Preis des Produkts	-
	Shillito und DeMarle (1992, S. 10)	customer value	„Customer value is expressed by the ratio of performance and price."	• Leistung • Preis	-
Finanzielle Größen	Anderson, Kumar und Narus (2007, S. 5)	superior value	„Increasingly, to get an equitable or fair return, suppliers must be able to persuasively demonstrate and document the superior value their offerings deliver to customers. By 'demonstrate', we mean showing prospective customers convincingly beforehand what cost savings or added value they can expect from using the supplier's offering to the next-best alternative."	• Faire (finan-zielle) Rendite • Kosten-einspa-rungen	Nächst-beste Alter-native
	Busacca, Costabile und Ancarani (2008, S. 158)	value for the customer	„Consequently, this paper regards value for the customer as a synthetic cognitive construct originating from the ratio between the functional and symbolic benefits that the product offers in given usage situations, and the various costs that the customer bears to obtain these benefits."	• Funktio-nale und symbo-lische benefits • Verschie-dene Kosten	-

Inhalt-licher Schwer-punkt	Autor(en) (Jahr)	Zentrales Konstrukt	Definition	Gegenüber-gestellte Elemente	Wett-be-werbs-bezug
Finanzielle Größen	Cornelsen und Diller (2000, S. 37)	Kunden-wert aus Nach-fragesicht	„Der Kundenwert aus Nachfragesicht [customer value] ist der Indikator des Ausmaßes, in dem ein Anbieter dazu beiträgt, die monetären bzw. nicht-monetären Ziele des betrachteten Kunden zu erfüllen."	• Kunden-wert • Finanzielle Zieler-füllung	-
	Dolan (2003, S. 5)	true economic value (TEV)	„The true economic value equals the cost of the alternative plus the value of the performance differential."	• Leistungs-differen-zierung • Kosten der Alternative	Alter-native
	Forbis und Mehta (1981, S. 32)	economic value to the customer (EVC)	„Economic value to the customer can be described as the relative value a given product offers to a specific customer in a particular application – that is the maximum amount a customer should be willing to pay, assuming that he is fully informed about the product and the offerings of competitors."	• Zahlungs-bereit-schaft des Kunden • Konkur-renzan-gebot	Konkur-renzan-gebote
	Smith und Nagle (2005, S. 43)	value	„In common usage, the term value refers to the total savings or satisfaction that the customer receives from the product."	-	-

Trotz unterschiedlicher inhaltlicher Schwerpunkte haben die Definitionen des (Kunden-) Nutzens Gemeinsamkeiten. Die inhaltliche Schnittmenge im Verständnis des (Kunden-) Nutzens ist in fünf Punkten zusammenzufassen. Demnach ist Nutzen

1. etwas, das der Kunde wahrnimmt,
2. das Resultat einer Geschäftsbeziehung zwischen Anbieter und Kunde,
3. meistens an den Besitz oder die Benutzung eines Produkts geknüpft,
4. vorwiegend ein Trade-off zwischen dem, was der Kunde erhält (benefits), und dem, was er Kunde aufgibt (sacrifices), sowie
5. eine relative Größe, insofern der Nutzen einen Bezug zu einer Alternative enthält.

Definitionen, welche die Kundenwahrnehmung des Trade-off von benefits und sacrifices betonen

Einige Autoren (Backhaus 2006; Flint, Woodruff und Gardial 1997; Ulaga und Chacour 2001; Walter, Ritter und Gemünden 2001; Zeithaml 1988) betonen in ihrer Definition den Trade-off zwischen benefits und sacrifices. Zeithaml (1988, S. 14) definiert Nutzen als

„[…] the customer's overall assessment of the utility of a product based on perceptions of what is received and what is given".

Walter, Ritter und Gemünden (2001, S. 366) erklären die Gegenüberstellung von benefits („what is received", Zeithaml 1988, S. 14) und sacrifices („what is given", Zeithaml 1988, S. 14), indem sie Nutzen wie folgt verstehen:

„Value is the perceived trade-off between multiple benefits and sacrifices gained
through a customer relationship by key decision makers in the supplier's organization."

Demnach liegt Nutzen in einer Geschäftsbeziehung mit dem Kunden begründet.
Gemeinsam haben die Definitionen, dass der Kunde bei jedem Kontaktpunkt mit
den angebotenen Produkten oder Dienstleistungen zwischen allen wahrgenomme-
nen benefits und sacrifices abwägt. Der Kunde bestimmt seinen Nutzen in einem
Prozess aus separat zu lösenden Trade-offs (Flint, Woodruff und Gardial 1997).
Die meisten Definitionen in der Literatur betrachten Qualität oder Leistung versus
Preise und Kosten als zentrale Größen dieses Trade-off (Ahlert et al. 2008; Backhaus 2006; Monroe 2003; Zeithaml 1988). Die Autoren betonen darüber hinaus
die Wahrnehmung des Kunden in ihren Nutzendefinitionen (Ahlert et al. 2008;
Backhaus und Voeth 2009; Baker, Marn und Zawada 2010; Monroe 2003; Schröder
und Wall 2004; Woodruff 1997; Zeithaml 1988). Monroe (2003, S. 104) bezeichnet
den vom Kunden wahrgenommenen Nutzen als

„[…] trade-off between the quality or benefits they perceive in the product relative
to the sacrifice they perceive by paying the price".

Baker, Marn und Zawada (2010, S. 46) greifen diesen Ansatz auf, verkürzen ihre
Definition vom wahrgenommenen Kundennutzen jedoch als

„[…] difference in perceived benefits and perceived price".

Gemeinsam haben beide Definitionen, dass Nutzen etwas Subjektives ist. Die
Kunden bestimmen und bewerten Nutzen mittels ihrer subjektiven Wahrnehmung
(Flint, Woodruff und Gardial 1997). Kunden haben unterschiedliche Präferenzen
und beurteilen Wettbewerbsprodukte nicht gleichermaßen. Sie nehmen Nutzen
als das Ergebnis eines individuellen Trade-off aus benefits und sacrifices wahr
(Ulaga und Chacour 2001). Der Trade-off zwischen dem, was der Kunde erhält,
und dem, was er als ökonomisches Opfer erbringen muss, ist in den seltensten
Fällen etwas vom Verkäufer objektiv Messbares. Das Ergebnis ist abhängig von der
persönlichen Bewertung des Kunden (Woodruff 1997). Die Literatur spricht vom
customer perceived value (z. B. Kotler und Bliemel 2006; Monroe 2003; Ulaga 2001).
Die Autoren stellen den Aspekt der Wahrnehmung heraus, da der Nutzenvorteil
eines Marktangebots im direkten Vergleich zum Wettbewerb erst für den Kunden
relevant ist, wenn der Kunde diesen Nutzenvorteil für seine Situation wahrnimmt.

Definitionen, welche die Berechnung des Nutzens betonen

Andere Arbeiten erweitern die Idee des wahrgenommenen Trade-off, indem sie die Quantifizierung des Nutzens in den Vordergrund ihrer Betrachtung stellen. Tabelle 2-2 greift ausgewählte Definitionen aus Tabelle 2-1 auf und leitet die Quantifizierung des Nutzens ab.

Tab. 2-2 Definitionen zur Quantifizierung von Nutzen

Quantifizierung	Autor(en) (Jahr)	Definition	Abzuleitende Quantifizierung
Subtraktion	Anderson, Jain und Chintagunta (1993, S. 5); Anderson und Narus (1998, S. 54)	„Value in business market is the worth in monetary terms of the technical, economic, service and social benefits a customer firm receives in exchange for the price it pays for a market offering."	Nutzen = finanzieller Wert der benefits – Preis
	Reilly (2003, S. 14)	„[…] the difference of price and cost plus adding the impact"	Nutzen = Preis – Kosten + Auswirkung
Division	DeMarle (1970, S. 136)	„The value of a thing equals the relative importance of this thing divided by the relative cost of this thing."	Nutzen = relative Wichtigkeit / relative Kosten
	Gebhardt, Carpenter und Sherry (2006, S. 26)	„Value is maximized by optimizing the equation of function divided by cost."	Nutzen = Funktion / Kosten

Einige Autoren (Anderson, Jain und Chintagunta 1993; Anderson, Kumar und Narus 2007; Anderson und Narus 1998; Anderson, Narus und Narayandas 2009; Dolan 2003; Fox und Gregory 2005a; Gale 2002; Gale und Swire 2006a; Hinterhuber 2004; Kleinaltenkamp und Plinke 2000; Rackham und DeVincentis 1999; Reilly 2003; Smith und Nagle 2005) definieren Nutzen mittels eines Vergleichs von Leistung und Kosten. Nutzen wird vorwiegend als Differenz aus dem finanziellen Wert der benefits im Gegensatz zu dem zu zahlenden Preis, den sacrifices, dargestellt. Reilly (2003, S. 14) formuliert Nutzen in einer Gleichung, in der er Nutzen definiert als

„[…] the difference of price and cost plus adding the impact".

In der Literatur oft zitierte Definitionen des Nutzens sind die von Anderson, Jain und Chintagunta (1993) sowie die von Anderson, Narus und Narayandas (2009), welche die knappe Beschreibung nach Reilly (2003) ergänzen. Anderson, Jain und Chintagunta (1993, S. 5) sowie Anderson und Narus (1998, S. 54) erläutern Nutzen folgendermaßen:

„Value in business market is the worth in monetary terms of the technical, economic, service and social benefits a customer firm receives in exchange for the price it pays for a market offering."

Sie stellen benefits und sacrifices gegenüber, indem sie deren finanzielle Bewertung betonen. Andere Autoren argumentieren, dass Nutzen als Quotient berechnet wird. Nutzen ist das Ergebnis der Division von benefits und sacrifices. (Alexandre et al. 2007; Busacca, Costabile und Ancarani 2008; DeMarle 1970; Gerhardt 2006; Shillito und DeMarle 1992; Smith und Nagle 2005). Der Kundennutzen wird aus dem Verhältnis von Leistung zu den entstandenen Kosten ermittelt. DeMarle (1970, S. 136) beschreibt den Nutzenquotienten wie folgt:

> „The value of a thing equals the relative importance of this thing divided by the relative cost of this thing."

Gebhardt, Carpenter und Sherry (2006, S. 26) geben als Maximierungsbedingung des Nutzens an:

> „Value is maximized by optimizing the equation of function divided by cost."

Gemeinsam haben die Quantifizierungsansätze, dass die Definitionen die finanzielle Kalkulation des Nutzens betonen und einen Wettbewerbsbezug enthalten. Der Wettbewerbsbezug ist wichtig, da Nutzen eine Vergleichsgröße ist. Unter einem Wettbewerbsbezug wird eine direkte Gegenüberstellung mit der nächstbesten Alternative, das heißt einem Referenzprodukt, verstanden. Nagle und Holden (2002, S. 74) betonen diesen Aspekt, indem sie ökonomischen Nutzen (economic value) beschreiben als

> „[...] the price of the customer's best alternative – reference value – plus the value of whatever differentiates the offering from the alternative differentiation value [...]".

Anders ausgedrückt: Gelingt es einem Unternehmen, eine bessere Nutzenkombination aus Produkt- und Dienstleistungen als die aktuelle Referenzlösung anzubieten, hat das Unternehmen einen Nutzenvorteil im Vergleich zum Wettbewerb. Grundlage eines Wettbewerbsvorteils ist demnach ein höherer Kundennutzen gegenüber dem nächstbesten Konkurrenten (Ulaga und Chacour 2001).

Die Definitionen von Anderson, Jain und Chintagunta (1993, S. 5) sowie Anderson und Narus (1998, S. 54) lassen sich direkt in Bezug zu finanziellen Nutzenrechnungen setzen, da sie ein ökonomisches Verständnis des Nutzens betonen. Die Analyse des finanziellen Werts der benefits („*worth in monetary terms*"), die Gegenüberstellung zum Preis („*in exchange for the price*") sowie der Bezug zu einem klaren Produkt („*for a market offering*") trennen deutlich zwischen Nutzen und Preis. Die Differenz aus benefits und sacrifices beschreiben Anderson, Jain und Chintagunta (1993) sowie

Anderson und Narus (1998) als Kaufanreiz des Kunden für ein Produkt. Hinterhuber (2008a, 2008b) spricht von der maximalen Zahlungsbereitschaft des Kunden. Gale und Swire (2006a) quantifizieren finanziellen Nutzen unter der Bezeichnung „justified fair price" (Gale und Swire 2006a, S. 6). Das einheitliche Verständnis des Nutzens zielt auf eine Größe aus benefits und sacrifices ab. In anderen Worten: Anderson, Jain und Chintagunta (1993) sowie Anderson und Narus (1998) suchen einen kalkulierbaren Kundennutzen eines Marktangebots. Ulaga und Chacour (2001) sowie Nagle und Holden (2002) ergänzen diesen Ansatz, indem sie in ihren Definitionen einen Wettbewerbsbezug berücksichtigen:

- „[…] taking into consideration the available alternative supplier's offerings in a specific use situation" (Ulaga und Chacour 2001, S. 530).
- „[…] the value of whatever differentiates the offering from the alternative differentiation value" (Nagle und Holden 2002, S. 74).

Kapitel 2.1 hat gezeigt, dass finanzieller Kundennutzen in der Literatur vorwiegend mittels des Trade-off aus benefits und sacrifices sowie dessen Wahrnehmung mit einem Wettbewerbsbezug definiert wird (Hurkens und Wynstra 2006). Basierend auf den definitorischen Grundlagen des Kundennutzens analysieren die nächsten Kapitel benefits und sacrifices als zentrale Einflussgrößen eines konzeptionellen Nutzenverständnisses. Busacca, Costabile und Ancarani (2008, S. 165) fassen zusammen, dass

„[…] no attempt to measure customer value can be effective if it lacks a preliminary introduction to customer value's qualitative dimensions".

2.1.1 Verständnis von benefits

Das Konzept des Kundennutzens enthält zwei zentrale Faktoren. Auf der einen Seite des Trade-off stehen benefits. Benefits sind diejenigen Faktoren, welche dem Kunden nützen. Die Literatur umschreibt benefits mit anderen Begriffen wie utility, worth, advantage oder features (Woodruff 1997). Allgemein ausgedrückt, sind benefits diejenigen Faktoren, welche der Kunde mit dem Produktkauf erhält und die eigene Situation verbessern. Einige Forscher verstehen unter benefits ausschließlich Qualitätsmerkmale (Sivakumar und Raj 1997). Andere haben ein breiteres Blickfeld und beleuchten alle für den Kunden vorteilhaften Produktattribute (Anderson und Narus 1998). Eine genauere Betrachtung des benefit-Begriffs ist für die Konzeption des Kundennutzens daher zielführend. Tabelle 2-3 fasst die unterschiedlichen Beschreibungen des benefit-Begriffs zusammen und strukturiert sie mittels Erklärungsansätzen, inhaltlichen Schwerpunkten und Beispielen.

Tab. 2-3   Literaturübersicht zur Erklärung des benefit-Begriffs

Autor(en) (Jahr)	Erklärungsansatz des benefit-Begriffs	Inhaltliche Schwerpunkte	Interpretation / Beispiele
Ahlert et al. (2008, S. 475)	„Der subjektiv wahrgenommene Nutzen ergibt sich aus dem Preis-Leistungs-Verhältnis einer Unternehmensleistung."	• Wahrnehmung • Verhältnis von Leistung und Preis	• Leistung des Produkts • Identisch mit der Definition des Kundennutzens
Alexandre et al. (2007, S. 2)	„[...] Befriedigung von Bedürfnissen oder Funktionen durch ein Produkt- oder einen Prozesseinsatz [...]"	Bedürfnisbefriedigung	• Funktion eines Produkts • Funktion eines Prozesses
Ancarani (2009, S. 36)	„[...] less consensus regarding whether accrued benefits should be perceived as product attributes (e. g. quality, performance), or as outcomes (use, convenience), or as both [...]"	• Wahrnehmung • Produktattribute • Resultat	• Beispiele für Produkt-attribute: Qualität, Leistung • Beispiele für Resultate: Verwendung, Annehmlichkeit
Anderson, Jain und Chintagunta (1993, S. 5); Anderson, Kumar und Narus (2007, S. 22); Anderson und Narus (1998, S. 54); Anderson, Narus und Narayandas (2009, S. 6)	„[...] perceived worth in monetary units of the set of economic, technical, service, and social benefits a customer company receives [...]"	• Wahrgenommener Wert • Produktattribute	• Durch den Produkteinsatz erhaltene finanzielle Vorteile für den Kunden • Wirtschaftliche, technische, dienstleistungsorientierte und soziale Vorteile, ausgedrückt in Geldeinheiten • Identisch mit der Definition des Kundennutzens
Backhaus (2006, S. 7); Backhaus und Voeth (2009, S. 36); Backhaus et al. (2010, S. 13)	„[...] Kundenvorteile, das heißt Einzigartigkeit und Alleinstellungs-merkmale eines Leistungsangebots [...]"	Produktattribute	Leistung des Produkts
Baker, Marn und Zawada (2010, S. 46)	„[...] advantages perceived by the customer and provided by the supplier"	• Wahrnehmung • Vorteile	Identifizierte Vorteilsdimensionen: Funktion, Prozess und Beziehung
DeMarle (1970, S. 136)	„[...] relative importance of a thing"	Relative Wichtigkeit	Schätzung der Wichtigkeit eines Merkmals dividiert durch die Gesamtwichtigkeiten aller Merkmale
Dolan (2003, S. 5)	„[...] value of perceived performance differential"	• Wahrnehmung • Differenzierung	• Leistung • Leistungsunterschiede
Flint, Woodruff und Gardial (1997, S. 171)	„Essentially, customers are seeking, in an abstract sense, to ensure the benefits they experience (e. g., ease of doing business, lack of necessary follow-up, consistent material throughout) are worth the sacrifices they make (e. g., monetary, psychological, time)."	Merkmale der Geschäftsbeziehung	• Erfahrungen in der Geschäftsbeziehung • Beispiele: Leichtigkeit, Mangel notwendiger Folgemaßnahmen, einheitliches Material
Forbis und Mehta (2000, S. 48)	„[...] product or service features that customers care about most [...]"	Produktattribute	Die für den Kunden bedeutendsten Produkt- oder Dienstleistungsfaktoren
Fox und Gregory (2005a, S. 15)	„[...] the benefits received, and therefore how much should be invested in the product or service"	Finanzielle Auswirkung	Beispiele: Steigerung des Marktanteils, Mengenerhöhung, verbesserte Preisdurchsetzung
Kleinaltenkamp und Plinke (2000, S. 12)	„Nutzen als positive Wertkomponente ist zu verstehen als die Summe aller von einer Partei erwarteten, subjektiv empfundenen Wirkungen des Austauschs, durch die sie sich besser gestellt fühlt."	• Erwartete, subjektive, empfundene Wirkungen • Besserstellung	Verbesserung des subjektiv empfundenen Zielerreichungsgrades

Autor(en) (Jahr)	Erklärungsansatz des benefit-Begriffs	Inhaltliche Schwerpunkte	Interpretation / Beispiele
Monroe (2003, S. 29)	„By benefits we mean the tasks or functions performed by the product for the customer, the problems the customer solves by using the product, and the pleasure the customer derives from acquiring and using the firm's offering."	• Leistungs- und Funktionser-füllung • Produkt- und Dienstleistungs-attribute • Anschaffungs-preis	• Beispiele: physikalische und qualitätsbezogene Attribute, Dienstleistungsattribute, technischer Support • Um Nutzen zu stiften, muss ein Produkt oder eine Dienstleistung in der Lage sein, bestimmte Aufgaben und Funktionen zu erfüllen oder identifizierte Probleme zu lösen.
Nagle und Holden (2002, S. 74)	„[...] value of whatever differentiates the offering from the alternative offering [...]"	• Produktattribute • Differenzierung • Vergleichsprodukt	Wenn dem Käufer die differen-zierenden Attribute gefallen (missfallen), ist der Differen-zierungsnutzen positiv (negativ).
Pindyck und Rubinfeld (2009, S. 119)	„[...] numerische Wert für die einem Konsumenten aus einem Warenkorb erwachsende Befriedigung"	Befriedigung	• Einsatz von Nutzenfunk-tionen und Konsumenten-rente • Identisch mit der Definition des Kundennutzens
Rackham und DeVincentis (1999, S. 12)	„[...] new customer benefits that don't already exist in your products or services"	Neuartige Produkt- und Serviceattribute	Beispiele: Verbesserung der Problemlösungsfähigkeiten, technischer Support, kunden-spezifische Anpassungen des Produkts
Reilly (2003, S. 14)	„Impact is what the product does for the customer. This includes the immediate benefits from using something and the long-range opportunity value of some-thing."	• Auswirkung, Einfluss • Produktnutzung	Kurzfristige Auswirkung und langfristige Möglichkeit, Nutzen infolge eines Produkteinsatzes zu erhalten
Smith und Nagle (2005, S. 43)	„[...] differentiation value, i. e. the identification of all factors that differentiate the firm's product from the competitive reference product [...]"	• Differenzierung • Vergleich mit Referenzprodukt	Der Wert jedes Differenzie-rungsfaktors wird durch eine Quantifizierung der Einspa-rungen und Gewinne ge-schätzt, die der Kunde gegen-über einem Referenzprodukt erzielt.
Ulaga und Chacour (2001, S. 528)	„Perceived benefits are a combination of physical attributes, services attributes, and technical support available in relation to a particular use situation."	• Wahrnehmung • Produkt- und Dienstleistungs-attribute	Vorteilhafte Produkt- oder Dienstleistungsattribute in einer bestimmten Einsatz-situation
Varian (2007, S. 63)	Beschreibung der Präferenz eines Konsumenten	Präferenz des Konsumenten	Darstellung mittels von Nut-zenfunktionen und Konsumen-tenrente
Woodruff (1997, S. 142)	„[...] evaluation of product attributes, attribute performances, and consequences arising from facilitate achieving the customer's goals and purposes in use situations"	• Bewertung • Produktattribute • Leistung • Konsequenzen	• Faktoren, die es dem Kun-den erleichtern, seine Ziele und Absichten zu erreichen • Identisch mit der Definition des Kundennutzens
Zeithaml (1988, S. 14)	„The benefit components of value include salient intrinsic attributes, extrinsic attributes, perceived quality, and other relevant high level abstractions."	• Intrinsische und extrinsische Attribute • Wahrnehmung	Hervorstechende Leistungs-merkmale (z. B. Qualität)

Viele Autoren stützen ihre Erklärung von benefits auf die Eigenschaften des Produkt- und Dienstleistungsangebots. Forbis und Mehta (2000) beschreiben benefits ganz allgemein als Produkt- oder Dienstleistungseigenschaften, ohne dies weiter zu spezifizieren. Ihrer Auffassung nach ist es vielmehr entscheidend, dass die angebotenen Eigenschaften für den Kunden wichtig und relevant sind.

Ulaga und Chacour (2001) sowie Ulaga (2001) sind in ihrem Verständnis von benefits umfassender. Sie beschreiben benefits als eine Kombination physikalischer

Attribute, Servicemerkmale sowie verfügbaren technischem Support in Bezug auf eine bestimmte Anwendungssituation. Im Gegensatz zu Forbis und Mehta (2000) erläutern Ulaga und Chacour (2001) sowie Ulaga (2001) den benefit-Begriff ausführlicher, lassen aber offen, ob benefits von den Präferenzen des Kunden oder einer spezifischen Problemstellung abhängig sind.

Ulaga (2001) sowie Monroe (2003) beziehen gleichermaßen den Aspekt der Wahrnehmung in ihr Verständnis von benefits ein. Monroe (2003) erweitert das Verständnis von Ulaga (2001) indem er benefits als Qualitätsmerkmale definiert, welche aus der Kombination von Produkt-, Dienstleistungs- und Supporteigenschaften resultieren. Darüber hinaus erklärt Monroe (2003), dass benefits diejenigen unterstützenden Produkt- oder Dienstleistungseigenschaften sind, welche zuvor identifizierte Anforderungen erfüllen und Probleme lösen.

Monroe (2003) geht noch einen Schritt weiter und betrachtet zudem den Anschaffungspreis als eine mögliche benefit-Dimension. Er argumentiert, dass ein hoher Preis als Indikator für Qualität wahrgenommen wird. Die Integration des Preises als ökonomisches Element schlägt die Brücke zu Arbeiten, die benefits mit einem finanziellen Wert beschreiben. Fox und Gregory (2005a) bezeichnen die finanziellen Auswirkungen für ein Unternehmen als benefits. Hierfür nennen sie als Beispiele die Steigerung von Marktanteilen, die Erhöhung von Absatzmengen oder die Verbesserung der Preisqualität. Anderson, Jain und Chintagunta (1993), Anderson und Narus (1998), Anderson und Narus (1999) sowie Anderson, Narus und van Rossum (2006) stellen in ihrer Beschreibung von benefits den finanziellen Wert eines Marktangebots in den Vordergrund. Sie erklären, dass finanzielle benefits wirtschaftliche, technische, dienstleistungsbezogene und soziale Dimensionen haben.

Darüber hinaus assoziieren viele Autoren benefits mit Aspekten der Differenzierung (Dolan 2003; Hinterhuber 2008a; Lapierre 2000a, 2000b; Nagle und Holden 2002; Smith und Nagle 2005). Dolan (2003) versteht unter benefits einen vom Kunden wahrgenommenen Leistungsunterschied im Vergleich zum Wettbewerb. Nagle und Holden (2002) konkretisieren diesen Ansatz, indem sie benefits als Differenzierungsnutzen eines Produkts gegenüber dem Nutzen eines Wettbewerbsprodukts darstellen. Sie illustrieren, dass der Differenzierungsnutzen positiv (negativ) ist, wenn dem Kunden die differenzierenden Produktattribute gefallen (missfallen). Smith und Nagle (2005) teilen diese Meinung, da sie unter Differenzierungsnutzen die Identifizierung aller Produktfaktoren zur Abgrenzung von einem wettbewerbsfähigen Referenzprodukt verstehen. Der benefit jedes Differenzierungsfaktors entspricht quantifizierten Einsparungen und zusätzlichen Gewinnen, welche der Kunde beim Kauf des Produkts im Vergleich zum Referenzprodukt erzielt. Hinterhuber (2008a) unterstützt den Gedanken von Nagle und Holden (2002) sowie Smith und Nagle (2005). Er beschränkt seine Beschreibung von benefits aber nicht auf Produktattribute. Demnach setzen sich benefits aus allen Aspekten eines Leistungsangebots für einen Kunden zusammen, mit denen sich das Unternehmen vom nächstbesten Wettbewerbsangebot unterscheidet. Zur Differenzierung gegenüber einem Referenzangebot beschreiben einige Autoren benefits ganz allgemein als Vorteil. Baker, Marn und Zawada (2010) sprechen von benefits als vom Kunden wahrgenommene Vorteile, welche der Lieferant seinem Kunden anbietet. Backhaus (2006), Backhaus und Voeth (2009) sowie Backhaus et al. (2010) verstehen unter benefits jegliche Vorteilsmerkmale, welche die Einzigartigkeit eines Produkts bedingen. Sie sprechen von Alleinstellungsmerkmalen eines Leistungsangebots.

Die Literatur gibt unterschiedliche Beispiele einer benefit-Strukturierung (vgl. Tabelle 2-4). Ulaga (2003) sowie Ulaga und Eggert (2006a) arbeiten in einer qualitativen Studie mit zehn Einkaufsmanagern US-amerikanischer Industrieunternehmen sechs benefit-Dimensionen heraus. Hinterhuber (2008a) modifiziert die identifizierten Dimensionen leicht und spricht von benefit-Kategorien, welche er mittels Beispielen verdeutlicht. Shapiro und Jackson (1978) sprechen von industriellen benefits, die vorwiegend im Business-to-Business-Bereich vorkommen. Woodside, Golfetto und Gibbert (2008) ordnen benefits nach der Wahrnehmung des Kunden.

Tab. 2-4   Strukturierung von benefits

Autor(en) (Jahr)	Benefit-Strukturierung					
Ulaga (2003); Ulaga und Eggert (2006a)	Anbieter können beim Kunden einen benefit erzeugen, indem sie einer der sechs benefit-Dimensionen im Sinne des Kunden positiv beeinflussen:					
	(1) Produkt-qualität	(2) Liefer-leistung	(3) Service-unterstützung	(4) Persönliche Interaktion	(5) Know-how des Zulieferers	(6) Zeit bis zur Marktein-führung des Produkts
Hinterhuber (2008a)	Beispiele von benefit-Kategorien:					
	(1) Produkt-qualität	(2) Liefer-leistung	(3) Service-unterstützung	(4) Einfachheit einer Ge-schäfts-beziehung	(5) Fähigkeiten des Ver-käufers	(6) Selbstwert-gefühl
	Übereinstim-mung mit geforderter Spezifikation, Zuverlässig-keit, Haltbar-keit, Umwelt-einfluss, Sicherheit	Lieferfähig-keit, Liefer-geschwindig-keit, Lieferzu-verlässigkeit, Lieferflexi-bilität	Installation, Anwendungs-unterstützung, kundenindi-viduelle Anpassung, Wartung, Reparatur, Garantien	Aufwand der Bestellung, Antwort-verhalten auf Bestellan-fragen, Er-reichbarkeit, Beschwerde-management	Know-how, Verkaufstalent und Lösungs-orientiertheit des Ver-käufers	Sozialer Status, Prestige, persönliches Zielstreben
Shapiro und Jackson (1978)	Industrielle benefits, die vorwiegend im Business-to-Business-Bereich vorkommen:					
	(1) Funktionale benefits (z. B. technische Nutzenaspekte für Forschung und Entwicklung)		(2) Operationale benefits (z. B. Zu-verlässigkeit und Lebensdauer für die Produktion)		(3) Finanzielle benefits (z. B. Umsatz und Absatzmengen für Einkauf und Controlling)	
Woodside, Golfetto und Gibbert (2008)	Strukturierung von benefits nach der Wahrnehmung des Kunden:					
	(1) Produktbezogene benefits		(2) Dienstleistungsbezogene benefits		(3) Markenbezogene und emotionale benefits	
	Alle physischen und technischen Eigenschaften eines Produkts		Benutzer-, Reparatur- oder Installationsfreundlichkeit		Reputation, Image, Bekanntheit, Charaktereigenschaften	

Eigenes Verständnis von benefits für die Konzeption des Kundennutzens

Die Strukturierung der benefits zeigt, dass trotz der Vielfalt im Verständnis von benefits inhaltliche Schnittmengen zu entdecken sind: Benefits sind immer fallspezifisch. Viele Autoren unterstreichen, dass benefits der Kundenwahrnehmung unterliegen, aus den Eigenschaften des Produkt- und Dienstleistungsangebots resultieren sowie einen Differenzierungsvorteil gegenüber dem Wettbewerb enthalten.

Nach meinem Verständnis sind diejenigen benefit-Erklärungen für finanzielle Nutzenrechnungen zielführend, welche die Aspekte der (Leistungs-)Differenzierung gegenüber einem Wettbewerbsangebot betonen. Mit Blick auf finanzielle Nutzenrechnungen verstehe ich unter benefits die in finanziellen Einheiten quantifizierten Ressourcen, welche der Kunde infolge des Besitzes, Einsatzes oder Wiederverkaufs eines Marktangebots erhält. Mein benefit-Verständnis lehnt sich an Beschreibungen von Anderson und Narus (1998), Anderson und Narus (1999), Nagle und Holden (2002) sowie Smith und Nagle (2005) an, da hier Differenzierung, Quantifizierung von Einsparungen und zusätzlichen Gewinnen sowie finanzielle Werte eines Marktangebots betont werden. Für die Konzeption des Kundennutzens unterscheidet Abbildung 2-1 benefits in finanzielle und nicht finanzielle benefits.

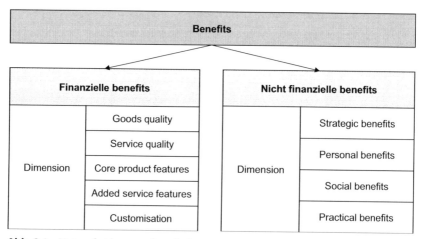

Abb. 2-1 Unterscheidung von benefit-Dimensionen
Quelle: in Anlehnung an Seiter et al. 2008, S. 8; Woodall 2003, S. 14

Abbildung 2-1 trifft mit der Einteilung in finanzielle und nicht finanzielle benefits eine zielführende Abgrenzung für die Modellierung des finanziellen Kundennutzens. Finanzielle Nutzenrechnungen quantifizieren den finanziellen benefit von Dimensionen wie Produkt- und Dienstleistungsqualität (goods quality, service quality), Produktattributen (core product features) oder Differenzierungsmerkmalen (customization, added service features). Die Quantifizierung nicht finanzieller benefits, wie strategische, personelle, soziale und praktische benefits, ist nicht Gegenstand finanzieller Nutzenrechnungen. Dennoch sollten diese bei der Konzeption des Nutzens nicht ignoriert werden, da sie auch Einfluss auf finanzielle benefit-Dimensionen wie Produktqualität haben können.

2.1.2 Verständnis von sacrifices

Die Definitionen des Kundennutzens haben gezeigt, dass benefits sacrifices gegenüberstehen. Sacrifices umschreiben diejenigen Faktoren, die ein Kunde aufgibt (ökonomisches Opfer), damit er die angebotenen benefits erhält. Die Literatur setzt sacrifices oft mit Preisen gleich. In Bezug auf die Konzeption des finanziellen Kundennutzens ist dies aber eine zu knappe Beschreibung. Tabelle 2-5 fasst unterschiedliche Erklärungsansätze zusammen und differenziert zwischen finanziellen und nicht finanziellen Ressourcen von sacrifices im Hinblick auf ein ökonomisches Opfer.

Tab. 2-5 Literaturübersicht zur Erklärung des sacrifice-Begriffs

Autor(en) (Jahr)	Sacrifices (Bezugnahme auf ein ökonomisches Opfer)	Erklärung / Beispiele	
		finanzielle Ressourcen	nicht finanzielle Ressourcen
Ahlert et al. (2008, S. 475)	„Der subjektiv wahrgenommene Nutzen ergibt sich aus dem Preis-Leistungsverhältnis einer Unternehmensleistung."	Preis	-
Alexandre et al. (2007, S. 2)	„[...] resources used in achieving that satisfaction"	-	Rohmaterial, Energie, Wasser, Arbeitskraft, Zeit, Verschwendung
Ancarani (2009, S. 36)	„[...] or whether accrued sacrifices are entirely practical/cognitive (e. g. cost), entirely of the senses/affective (disappointment), or a binary amalgam [...]"	Kosten	Enttäuschung
Anderson, Jain und Chintagunta (1993, S. 5); Anderson und Narus (1998, S. 54)	„[...] price to be paid for the product [...]"	Preis	-
Anderson, Kumar und Narus (2007, S. 22); Anderson, Narus und Narayandas (2009, S. 72)	„[...] price the customer pays in exchange for received benefits of a market offering"	Preis im Gegenzug zu den zu erhaltenen benefits	-
Backhaus (2006, S. 7); Backhaus und Voeth (2009, S. 35); Backhaus et al. (2010, S. 13)	Zu zahlender Preis und entstehende Kosten	Preis zuzüglich aller entstehenden Kosten (z. B. Beschaffungs-, Implementierungs-, Betriebs-, Wartungs- und Entsorgungskosten)	

Autor(en) (Jahr)	Sacrifices (Bezugnahme auf ein ökonomisches Opfer)	Erklärung / Beispiele finanzielle Ressourcen	nicht finanzielle Ressourcen
Baker, Marn und Zawada (2010, S. 44)	Perceived price paid for a product	Wahrgenommener Produktpreis	-
DeMarle (1970, S. 136)	Relative cost of a thing	• Relative Kosten • Beispiele: Summe der assoziierten Material- und Fertigungskosten	-
Dolan (2003, S. 5)	Perceived cost of alternative	Wahrgenommene Kosten der Alternative	-
Flint, Woodruff und Gardial (1997, S. 171)	„Essentially, customers are seeking, in an abstract sense, to ensure the benefits they experience (e. g., ease of doing business, lack of necessary follow-up, consistent material throughout) are worth the sacrifices they make (e. g., monetary, psychological, time)."	Finanzielle Opfer	• Psychologische Opfer • Zeiteinsatz
Forbis und Mehta (1981, S. 33)	All associated costs	• Alle assoziierten Kosten • Beispiel: Lebenszykluskosten, Start-up-Kosten, Kosten nach der Anschaffung	-
Fox und Gregory (2005a, S. 5)	„[...] understanding the financial impacts of a product or service has on its buyer [...] this involves the idea of total cost of ownership [...]"	Finanzielle Auswirkungen eines Produkts oder einer Dienstleistung (z. B. TCO)	-
Kleinaltenkamp und Plinke (2000, S. 12)	„Die Kosten sind zu verstehen als die Summe aller von einer Partei subjektiv erwarteten Wirkungen des Austauschs, durch die sie sich schlechter gefühlt stellt."	Kosten	Verschlechterung des subjektiven Zielerreichungsgrades
Monroe (2003, S. 194)	„Marketers must realize that price or purchase cost is not the only relevant cost of a product; cost actually has numerous components. Traditionally, costs include search, risk of non-performance, service, maintenance, and any other life cycle cost involved in the purchase and use of the product."	• Einkaufspreis • Start-up-Kosten (z. B. Anschaffungs-, Transport-, Installations- oder Handling-Kosten) • Kosten nach der Anschaffung (z. B. Reparatur, Wartung, mögliche Fehlerkosten oder Kosten wegen schwacher Leistung)	-
Nagle und Holden (2002, S. 74)	„[...] cost of whatever competing product the customer views as the best substitute for the product being evaluated [...]"	• Preis des Wettbewerbsprodukts • Kosten	-
Rackham und DeVincentis (1999, S. 12)	Cost	Kosten	-
Reilly (2003, S. 194)	„[...] the sum of all costs and sacrifices that customers incur to acquire and use the product or service"	• Beschaffungskosten: Preis • Kosten: Total cost of ownership oder Lebenszykluskosten • Beispiele: Wartung, Betrieb, Disposition	-
Smith und Nagle (2005, S. 43)	Price to be paid for the product	Preis	-
Woodruff (1997, S. 142)	„Customer's perceived preference for an evaluation of those product attributes, attribute performances, and consequences arising from facilitate (or block) achieving the customer's goals and purposes in use situations."	-	Konsequenzen, die ein Erreichen der Ziele und Absichten des Kunden verhindern oder blockieren.
Zeithaml (1988, S. 14)	„The sacrifice components of perceived value include monetary prices and nonmonetary prices."	Preis	Nicht finanzieller Preis

Nur wenige Autoren beschreiben sacrifices ausschließlich mittels nicht finanzieller Ressourcen (Alexandre et al. 2007; Flint, Woodruff und Gardial 1997). Vereinzelte Autoren erklären, was sie unter nicht finanziellen Ressourcen in Bezug auf sacrifices verstehen. Alexandre et al. (2007) vergleichen nicht finanzielle Ressourcen zum Beispiel mit dem Verbrauch von Rohmaterial, Energie, Wasser, Arbeitskraft, Zeit oder Verschwendung. Auch bei Ancarani (2009) steht der Verbrauch von Ressourcen im Vordergrund. Er versteht unter nicht finanziellen Ressourcen ganz allgemein Enttäuschung. Flint, Woodruff und Gardial (1997) assoziieren mit nicht finanziellen Ressourcen in Bezug auf sacrifices ein psychologisches Opfer das vor allem die eingesetzte Zeit berücksichtigt. Zeithaml (1988) spricht ebenfalls von Zeit im Sinne eines Arbeits- und Energieeinsatzes als nicht finanzielle Ressource, welche der Kunde für einen Nutzengewinn erbringt. Die verschiedenen Erklärungen nicht finanzieller Ressourcen haben gemein, dass sie keine finanziellen Auswirkungen quantifizieren, sondern überwiegend einen Ressourceneinsatz beschreiben.

Die meisten Autoren stützen sich in ihrer Erklärung des sacrifice-Begriffs auf finanzielle Ressourcen (Anderson, Jain und Chintagunta 1993; Anderson und Narus 1998; Anderson, Kumar und Narus 2007; Fox und Gregory 2005a; Lapierre 2000a, 2000b; Smith und Nagle 2005; Zeithaml 1988), das heißt, sie setzen sacrifices mit Preisen und Kosten gleich. Einige Autoren verstehen unter sacrifices den vom Kunden wahrgenommenen Preis (Ahlert et al. 2008; Baker, Marn und Zawada 2010). Andere assoziieren mit sacrifices ganz allgemein Kosten, ohne diese genauer zu beschreiben (Ancarani 2009; DeMarle 1970; Rackham und DeVincentis 1999). Viele Autoren verstehen unter finanziellen Ressourcen in Bezug auf sacrifices jedoch den Preis zuzüglich aller entstandener Kosten (Backhaus 2006; Backhaus und Voeth 2009; Backhaus et al. 2010; Monroe 2003; Reilly 2003). Anderson und Narus (1999), Anderson, Narus und van Rossum (2006) sowie Smith und Nagle (2005) setzen den Preis in Beziehung zu der Anschaffung eines Produkts. Der Preis ist ein ökonomischer Gegenwert für die erhaltenen benefits. Das heißt, der Kunde setzt finanzielle Ressourcen ein und leistet im Sinne des sacrifice-Begriffs ein finanzielles Opfer, woraufhin er benefits erhält. Die Höhe des Preises ist abhängig von den Produkt- und Dienstleistungseigenschaften und damit das direkte Gegenstück im Trade-off aus benefits und sacrifices.

Forbis und Mehta (1981), Fox und Gregory (2005a) sowie Reilly (2003) beschreiben über den Anschaffungspreis hinausgehend weitere Kosten als finanzielle Ressourcen. Während Reilly (2003) ganz allgemein von Kosten als sacrifices spricht, erklären Forbis und Mehta (1981, S. 33), dass sacrifices „all associated costs" sind. Typische Aspekte finanzieller Ressourcen sind demnach Lebenszykluskosten, Start-up-Kosten sowie Folgekosten nach der Anschaffung. Fox und Gregory (2005a, S. 5) teilen diese Ansicht und bezeichnen sacrifices als

„[…] financial impacts of a product or service […] on its buyer […]“.

Backhaus und Voeth (2009), Backhaus et al. (2010) sowie Monroe (2003) konkretisieren diesen Ansatz. Backhaus und Voeth (2009) sowie Backhaus et al. (2010) verstehen unter sacrifices zu opfernde finanzielle Ressourcen, welche den zu zahlenden Produktpreis zuzüglich aller weiteren relevanten Kosten, wie Beschaffungs-, Implementierungs-, Betriebs-, Wartungs- und Entsorgungskosten, enthalten. Monroe (2003) findet ebenfalls im Kontext finanzieller Nutzenrechnungen eine passende Erklärung von sacrifices, indem er finanzielle Opfer wie folgt definiert:

> „[…] perceived total sacrifice to the buyer equals purchase price plus start-up costs (acquisition costs, transportation, installation, order handling) plus post purchase costs (repairs and maintenance, risk of failure or poor performance)“ (Monroe 2003, S. 194).

Dolan (2003) sowie Nagle und Holden (2002) erweitern mit ihrem Verständnis von sacrifices die Sichtweise des finanziellen Opfers um einen Referenzbezug. Ähnlich den benefits sind auch sacrifices relative Größen. Die Kosten des vom Kunden als nächstbeste Alternative wahrgenommenen Wettbewerbsprodukts verdeutlichen nach Dolan (2003), dass sacrifices ebenfalls mittels eines Vergleichs zu einer Referenzlösung bestimmt werden.

Eigenes Verständnis von sacrifices für die Konzeption des Kundennutzens

In Anlehnung an die Diskussion des benefit-Begriffs unterscheidet Abbildung 2-2 zwischen finanziellen und nicht finanziellen sacrifices.

Abbildung 2-2 strukturiert sacrifices entlang finanzieller und nicht finanzieller Dimensionen. Die Mehrheit der Autoren betrachtet den Preis als zentrales Element des finanziellen Opfers. Eine darüber hinausgehende Integration weiterer Kosten variiert je nach Kontext. Demnach wären zum Beispiel Such-, Akquisitions-, Opportunitäts-, Verteilungs-, Lern-, Betriebs-, Wartungs- oder Entsorgungskosten für die Quantifizierung von sacrifices zu bestimmen. Vergleichbar mit den in Abbildung 2-2 dargestellten sacrifice-Dimensionen gliedern Woodside, Golfetto und Gibbert (2008) sacrifices in fünf Kategorien. Ausgangspunkte für die Quantifizierung von sacrifices sind

1. der zu bezahlende Preis,
2. die Kosten der Anschaffung,
3. die Kosten des Besitzes (z. B. Inventar- sowie interne Handling- und Transportkosten),
4. die Kosten der Wartung und des Einsatzes sowie
5. die Kosten der Entsorgung.

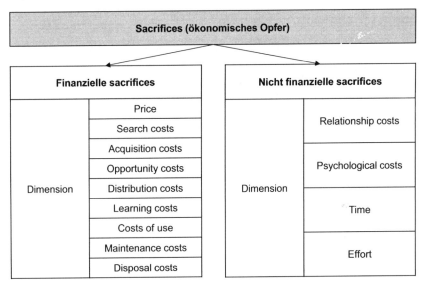

Abb. 2-2 Unterscheidung von sacrifice-Dimensionen
Quelle: in Anlehnung an Seiter et al. 2008, S. 8; Woodall 2003, S. 14

Vereinzelt diskutiert die Literatur nicht finanzielle sacrifices (Woodruff 1997; Zeithaml 1988) mittels ausgewählter sacrifice-Beispielen (z. B. Zeit und Anstrengung), die nicht direkt in finanziellen Größen gemessen werden können. Auch daraus eventuell resultierende Kosten (z. B. Beziehungskosten und psychologische Kosten) können unter nicht finanziellen sacrifices zusammengefasst werden, da diese mittels „[…] time, effort and potential worries associated with a customer's commitment or a particular product" (Woodall 2002, S. 12) begründet werden. Das Beispiel zeigt, dass nicht finanzielle sacrifices in finanziell messbaren Konsequenzen resultieren können. Eine durchgängig überschneidungsfreie Abgrenzung finanzieller und nicht finanzieller sacrifices ist nicht möglich (Seiter et al. 2008). Eine genauere Betrachtung nicht finanzieller sacrifices ist im Kontext finanzieller Nutzenrechnung daher weniger geeignet, da allein finanzielle sacrifice-Dimensionen, beginnend mit dem Anschaffungspreis sowie allen assoziierten Kosten (Ancarani 2009; Shapiro und Jackson 1978), eine quantitative und finanzielle Konzeption des Kundennutzens ermöglichen.

2.1.3 Konzeption des Kundennutzens

Die Literatur untersucht die Konzeption des Kundennutzens (Lindgreen und Wynstra 2005; Möller und Törrönen 2003; Ulaga und Eggert 2006a), da Kundennutzen eine zentrale Voraussetzung für Kundenzufriedenheit und -bindung darstellt (Cooper 2001; Henneberg und Mouzas 2008; Seiter et al. 2008; Woodall 2003). Kundennutzen hat einen direkten Einfluss auf den wirtschaftlichen Unternehmenserfolg (Eggert und Ulaga 2002). Die Konzeption des Kundennutzens beleuchtet das komplexe Wechselspiel zwischen Anbietern und Nachfragern auf Business-to-Business-Märkten und ermöglicht es, die Einflussgrößen des Kundennutzens herauszuarbeiten (Anderson, Jain und Chintagunta 1993; Parasuraman 1997; Ulaga und Eggert 2006a, 2006b; Wilson und Jantrania 1994). Anderson, Narus und Narayandas (2009, S. 4) betonen die Relevanz, Kundennutzen zu konzipieren als

> „[…] the cornerstone of business markets management because of the predominant role of that functionality or performance plays in business markets".

In Kontext finanzieller Nutzenrechnungen beschreibt die Literatur Kundennutzen mittels kalkulierbarer Größen, welche zur Berechnung des finanziellen Kundennutzens eines Produkt- und Dienstleistungsangebots führen (Fekete 1987; Reilly 2003; Smith 1987; Zeithaml 1988). Der finanzielle Kundennutzen resultiert aus einem Vergleich von benefits und sacrifices. Sind die angebotenen benefits größer (kleiner) als die zu erbringenden Kosten, liegt ein positiver (negativer) Kundennutzen vor (Reilly 2003). Zeithaml (1988) beschreibt in ihrem vielfach zitierten Artikel Nutzen mittels des Vergleichs von Preisen und (Kosten-) Auswirkungen. Nutzen wird hier in Bezug auf benefits und sacrifices als Trade-off zwischen Qualität (benefits) und Preis (sacrifices) konzipiert.

Eine genauere Betrachtung des Trade-off von benefits und sacrifices zeigt, dass die Literatur Kundennutzen als berechenbare Größe darstellt (Beutin 2000). Kundennutzen wird berechnet, indem das Verhältnis aus quantifizierten benefits und sacrifices in einer Gleichung formuliert wird. In dieser finanziellen Nutzengleichung werden die erhaltenen finanziellen benefits mit der Summe aus Preis, Kosten und Ressourcenaufwand (finanzielle sacrifices) verrechnet. Das Ergebnis ist ein in finanziellen Einheiten gemessener Kundennutzen. Ein aus Kundensicht optimaler Nutzen liegt vor, wenn gleichzeitig eine benefit-Maximierung und sacrifice-Minimierung stattfindet (Ahlert et al. 2008; Kumar, Petersen und Leone 2013). Ein optimaler Nutzen ist die Basis für gesteigerte Produktakzeptanz und Erstkaufbereitschaft des Kunden sowie für höhere Kundenbindung und Marktanteile (Best 2008; Woodside, Golfetto und Gibbert 2008). Woodside, Golfetto und Gibbert (2008, S. 4 ff.) konzipieren Nutzen für den Kunden in vier alternativen Gleichungen:

(Gl. 2.1) $$Value = \frac{relative\ sum\ of\ weighted\ benefits\ perceived}{relative\ total\ costs\ perceived}$$

(Gl. 2.2) $$Value = relative\ sum\ of\ weighted\ benefits\ perceived - relative\ total\ costs\ perceived$$

(Gl. 2.3) $$Value = \frac{relative\ sum\ of\ total\ consequences}{relative\ total\ costs\ perceived}$$

(Gl. 2.4) $$Value = relative\ sum\ of\ total\ consequences - relative\ total\ costs\ perceived$$

Die Gleichungen (2.1) bis (2.4) operationalisieren Nutzen als berechenbares und mehrdimensionales Konzept, welches sich im Berechnungsansatz unterscheidet. Nutzen wird mittels Division (vgl. Gleichung 2.1 und 2.3) oder Subtraktion (vgl. Gleichung 2.2 und 2.4) berechnet. Ancarani (2009) konzipiert Kundennutzen in vergleichbarer Weise. Der einzige Unterschied zu Woodside, Golfetto und Gibbert (2008) ist, dass Ancarani (2009) von der Division (Heskett, Sasser und Schlesinger 1997) oder Subtraktion (Lai 1995) der benefits und sacrifices spricht, ohne diese weiter zu erläutern.

Unabhängig vom Berechnungsansatz wird für die Konzeption des Kundennutzens die Summe aller wahrgenommenen und finanziell quantifizierten benefits der Summe aller wahrgenommenen Kosten gegenübergestellt. Die Gleichungen (2.1) bis (2.4) enthalten relative Werte für benefits, Konsequenzen und Kosten. Das Einbeziehen relativer Größen verdeutlicht, dass Nutzen eine Vergleichsgröße ist (Woodside, Golfetto und Gibbert 2008). Abbildung 2-3 fasst die Konzeption des Kundennutzens zusammen.

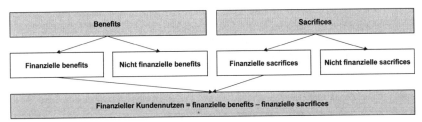

Abb. 2-3 Kundennutzen als berechenbare Größe aus finanziellen benefits und finanziellen sacrifices

Quelle: in Anlehnung an Seiter et al. 2008, S. 8; Woodall 2003, S. 14

Abbildung 2-3 integriert das benefit- und sacrifice-Verständnis zu einem Konzept des Kundennutzens, indem aus der Differenz der finanziellen Dimensionen finanzieller Kundennutzen berechnet wird. In Übereinstimmung mit den zuvor beschriebenen Gleichungen stellen finanzielle sacrifices die Summe aus Preis und Kosten dar. Demnach werden für die Konzeption des Kundennutzens zusätzlich zum Anschaffungspreis Such-, Akquisitions-, Opportunitäts-, Distributions-, Lern-, Einsatz-, Wartungs- oder Entsorgungskosten berechnet. Diese werden von quantifizierten finanziellen benefits aufgrund überlegener Produkt- und Dienstleistungsqualität, zusätzlicher Dienstleistungen oder kundenspezifischer Anpassungen subtrahiert. Ein positiver Nutzen für den Kunden liegt vor, wenn die Summe der im Ergebnis berechneten finanziellen benefits größer ist als die vom Anbieter geforderten finanziellen sacrifices (Belz und Bieger 2006). Tabelle 2-6 stellt die Konzeption des Kundennutzens auf eine breitere Literaturbasis. Hierzu vergleicht Tabelle 2-6 weitere Ansätze, wie Kundennutzen in der Literatur konzipiert wird.

Tab. 2-6   Literaturübersicht zur Konzeption des Kundennutzens

Autor(en) (Jahr)	Konzeption des (Kunden-)Nutzens	Inhaltliche Schwerpunkte	Forschungs-ansatz	Hauptaussagen
Anderson, Jain und Chintagunta (1993); Anderson und Narus (1999); Anderson, Narus und Narayandas (2009)	• Der Nutzen eines Produkts ist aus der Differenz von benefits und dem zu zahlenden Preis zu bestimmen. • Kundennutzen resultiert aus dem Vergleich des jeweiligen Nutzens zweier Produkte.	• Beschreibung und Definition von Kundennutzen • Entwicklung eines Modells zur Ermittlung des Kundennutzens	• Qualitativ • Konzeptionell	• Verständnis und Dokumentation von Nutzen ist die Grundlage einer profitablen Geschäftsbeziehung. • Demonstration eines überlegenen Nutzens ist erfolgreicher als ausschließlicher Verkauf über Preisargumente.
Busacca, Costabile und Ancarani (2008)	Kundennutzen ist das Verhältnis der Leistungen der benefits dividiert durch die wahrgenommenen Kosten jeder Produktkomponente.	Bestimmung des Kundennutzens: (1) kritische Rolle des Kundennutzens in B2B-Märkten, (2) konzeptionelles Verständnis von Kundennutzen, (3) Bestimmungsprozess und geeignete Methoden zur Ermittlung des Kundennutzens	• Konzeptionell • Review-Artikel	• Zentrale Komponenten des Kundennutzens sind benefits und Kosten. • Kundennutzen ist (1) aus Kundensicht immer eine relative Größe, (2) multidimensional, (3) subjektiv und (4) dynamisch.
Butz und Goodstein (1996)	Emotionale Verbindung zwischen Kunde und Hersteller nach Produkteinsatz	• Kundenverständnis als strategischer Vorteil • Kundennutzen als Befriedigung der Kundenbedürfnisse	Konzeptionell	Das Verständnis von Kundennutzen ist von Art und Ausmaß des Vertrauens der beteiligten Parteien abhängig.
Christopher (1982)	Kaufentscheidung ist ein Trade-off zwischen wahrgenommenen benefits und allen involvierten Kosten, die aus der Beschaffung resultieren.	• Preisfindung als „value-in-use"-Ansatz • Benefit-Bewertung mittels Conjoint-Analyse	• Konzeptionell • Qualitativ	Value-in-use-Preisfindung führt zu höherer Profitabilität, da die Wahrnehmung des Nutzens im Vordergrund steht.

Autor(en) (Jahr)	Konzeption des (Kunden-)Nutzens	Inhaltliche Schwerpunkte	Forschungs-ansatz	Hauptaussagen
Flint, Woodruff und Gardial (1997)	• Kundennutzen besteht aus (1) values, (2) desired values und (3) value judgements. • Value judgement beschreibt den Trade-off zwischen benefits und sacrifices.	• Kundennutzen in einer Geschäftsbeziehung und dessen dynamische Entwicklung • Konzeptionelles Modell, wie sich der wahrgenommene Kundennutzen in industriellen Geschäftsbeziehungen mit der Zeit ändert	Konzeptionell	• Anbieter-, kunden- oder umweltbedingte Veränderungen (Trigger-Ereignisse) initiieren eine Veränderung in dem von Kunden wahrgenommenen Nutzen. • Veränderungen im wahrgenommenen Nutzen beeinflussen die Kundenzufriedenheit und -bindung.
Henneberg und Mouzas (2008)	• Nutzen ist eine Mischung aus der subjektiven Wahrnehmung von benefits und sacrifices. • Nutzen hat transaktionale und relationale Elemente.	Beschreibung, welcher Nutzenaustausch für Unternehmen in einem Business-Netzwerk am relevantesten ist.	Konzeptionell	• Voraussetzung ist ein tiefgreifendes Verständnis der Nutzenabwägung des Endkundens. • Nutzen wird unternehmensübergreifend ermittelt und verknüpft.
Hinterhuber (2008a)	Kundennutzen ist ein Trade-off aus benefits (z. B. Produktqualität, Lieferfähigkeiten, Service, Einfachheit der Geschäftsbeziehung, Verkäufersituation) und Kosten (z. B. direkte Kosten, Beschaffungs- und Betriebskosten).	• Umfrage über verwendete Pricing-Ansätze • Framework für die Nutzenkommunikation und nutzenorientierte Preisfindung	• Konzeptionell • Qualitativ	• Konzeption des Nutzenbegriffs sollte die Einfachheit der Geschäftsbeziehung, Aspekte des self-enhancement (z. B. sozialer Status, Prestige) enthalten und zukunftsorientiert sein. • Individuelle Untersuchung, welche Nutzendimensionen kundenrelevant sind.
Ritter und Walter (2008)	• Nutzen entsteht in einer Geschäftsbeziehung zwischen Lieferanten und Kunden. • Nutzen ist abhängig von direkten und indirekten Funktionen in der Geschäftsbeziehung.	• Nutzenstiftung in Geschäftsbeziehungen • Analyse der Funktionen von Geschäftsbeziehungen und dessen Analyse des Einflusses der Wahrnehmung auf Nutzen	• Quantitativ 303 Fragebögen • Industrien: Maschinenbau, Elektronik, Chemie	• Direkte Faktoren (Bezahlung, Qualität, Menge) und indirekte Faktoren (Innovation, Zugang, Talentsuche) sind entscheidend für die Nutzenstiftung. • Direkte Faktoren haben einen stärkeren Einfluss.
Seiter et al. (2008)	Nettonutzen (net value to the customer) entspricht der Differenz aus benefits (Attribute und Resultate) und sacrifices (finanzielle und nicht finanzielle).	• Analyse der Kundenannahmen bezüglich des Kundennutzens • Kategorisierung und Operationalisierung des Nutzenbegriffs • Instrumente der Nutzenquantifizierung • Nutzenorientierte Preisfindung	• Konzeptionell • Quantitativ	• Nutzenargumentationen betonen eine Risikoreduktion beim Kunden, obwohl in der Praxis vielmehr Kostensenkungsaspekte im Vordergrund stehen. • Voraussetzungen für den Einsatz sind Einfachheit der Anwendung und Datenverfügbarkeit. • Komplexe und datenintensive Instrumente finden kaum Einsatz.
Shapiro und Jackson (1978)	• Abwägung von benefits und Kosten • Benefits sind produkt- und leistungsbezogen, das heißt physisch und dienstleistungsorientiert. • Kosten werden vom Kunden wahrgenommen (z. B. Risiko- oder Produktfehlerkosten).	• Framework zur Preisfindung • Preisstrategien: Kosten-, wettbewerbs- oder kundenorientiert • Methoden zur Kalkulation von benefits und Kosten	Konzeptionell	• Pricing sollte auf der Basis der Wahrnehmung des Kunden über Kosten und benefits stattfinden. • Entscheidender Punkt ist der Erzielung von Kundennutzen ist der Trade-off aus Kosten und benefits.

Autor(en) (Jahr)	Konzeption des (Kunden-)Nutzens	Inhaltliche Schwerpunkte	Forschungs-ansatz	Hauptaussagen
Ulaga und Chacour (2001)	Wahrgenommener Kundennutzen ist eine Funktion von Qualität und Preis.	• Literaturüberblick zum Kundennutzen • Konzept des wahrge-nommenen Kunden-nutzens • Methode zur Messung und Darstellung des Kundennutzens: Customer value auditing	• Konzep-tionell • Qualitativ	• Kundennutzen ergibt sich aus Qualität und Preis • Qualität setzt sich aus (1) produktbezogenen, (2) dienstleistungsbezogen und (3) promotionsbezo-genen Komponenten zu-sammen.
Ulaga und Eggert (2008)	• Kundennutzen als Trade-off von benefits und Kosten in einer Ge-schäftsbeziehung • Benefits: produktbezogen (core benefits), Be-schaffung (sourcing), Betrieb (operations) • Kosten: direkte Kosten, Beschaffungs- und Betriebskosten	• Verknüpfung von Kundennutzen und Kundenanteil in Ge-schäftsbeziehungen • Relationship-Marketing im B2B-Kontext	• Quantitativ • Quer-schnitts-studie unter Einkaufs-managern produzie-render US-Unter-nehmen	• Benefits der Geschäftsbe-ziehungen haben einen größeren Einfluss auf den Kundenanteil als Kosten der Geschäftsbeziehung. • Es existiert eine positive Verknüpfung zwischen Kundennutzen und Kun-denanteil.
Wilson und Jantrania (1994)	Nutzen einer Beziehung ist anhand (1) strategischer, (2) ökonomischer und (3) verhaltensbezogener Dimensionen zu konzipieren.	• Elemente einer erfolg-reichen Geschäfts-beziehung • Nutzenerzeugung in Geschäftsbeziehungen • Konzeption von Nutzen	Konzeptionell	• Aspekte einer Geschäftsbe-ziehung sind zum Beispiel Vertrauen, Zufriedenheit, Investitionen, soziale und strukturelle Bindung oder Vergleich mit dem Alter-nativangebot. • Ängste von Anbieter und Käufer in einer Geschäfts-beziehung sind zum Beispiel die Abhängigkeit zwischen Partnern oder die Gefahr, eine Chance auf-grund eingegangener Ver-pflichtungen zu verpassen.
Woodside, Golfetto und Gibbert (2008)	• Nutzen als Verhältnis zwischen gewichteter wahrgenommener benefits und relativer wahrgenommener Gesamtkosten • Nutzen als Differenz aus der Summe aller relativen Konsequenzen und relativen wahrgenom-menen Gesamtkosten	• Darstellung theore-tischer Grundlagen zum Kundennutzen • Bestimmungsansätze von benefits und Kosten	• Konzep-tionell • Review-Artikel	• Benefits und Kosten sind zentrale Größen für die Konzeption von Nutzen. • Benefits lassen sich mit Conjoint- und Trade-off-Analysen bestimmen.

Die Literatur konzipiert Kundennutzen mit dem Ziel, Kundenzufriedenheit und Kundenbindung sowie den Trade-off aus benefits und sacrifices genauer zu beleuchten. In Bezug auf Kundenzufriedenheit werden mittels der Konzeption des Kundennutzens deren Einflussfaktoren untersucht (Ulaga und Eggert 2006a). Kundennutzen entsteht in direkten Faktoren (z. B. Produktqualität) oder in indirekten Faktoren (z. B. Innovation) (Ritter und Walter 2008). Weitere Einflussgrößen der Kundenzufriedenheit sind zum Beispiel Vertrauen, Zufriedenheit oder Investitionen (Wilson und Jantrania 1994). Die Konzeptionen des Kundennutzens verdeutlichen darüber hinaus, dass Kundennutzen von unterschiedlichen Einflussgrößen abhängt, deren Bedeutung und Wirkungszusammenhänge finanziellen Kundennutzen beeinflussen (Butz und Goodstein 1996; Henneberg und Mouzas 2008; Ritter und Walter 2008; Walter, Ritter und Gemünden 2001; Wilson und Jantrania 1994).

Arbeiten, welche Kundennutzen mittels des benefit- und sacrifice-Trade-off darstellen, schaffen eine konzeptionelle Grundlage für die Modellierung des finanziellen Kundennutzens (Christopher 1982; Henneberg und Mouzas 2008; Hinterhuber 2008a; Flint, Woodruff und Gardial 1997; Shapiro und Jackson 1978; Ulaga und Chacour 2001; Ulaga und Eggert 2008). Christopher (1982, S. 39) argumentiert, dass Kundennutzen in einer Kaufentscheidung folgendermaßen konzipiert wird:

> „[...] it can be argued that the decision to purchase is a trade-off between all the costs involved on the one hand and the perceived benefits resulting from acquisition on the other".

Anderson, Jain und Chintagunta (1993), Anderson und Narus (1998) sowie Anderson, Narus und Narayandas (2009) erweitern diese Nutzenkonzeption und betonen, dass ein Kundenvorteil eine mehrdimensionale Vergleichsgröße zweier Kundennutzen darstellt. Kundennutzen ist damit ein dynamisches und mehrdimensionales Konzept, weil der Kundennutzen des einen Anbieters mit dem der nächstbesten Alternative verglichen wird. Erst mittels des direkten Wettbewerbsvergleichs zweier angebotener Kundennutzen wird finanzielle Vorteilhaftigkeit für den Kunden quantifiziert.

In der deutschen Literatur konzipieren insbesondere Backhaus (2006), Backhaus und Voeth (2009), Backhaus et al. (2010) sowie Kleinaltenkamp und Plinke (2000) Nutzen. Backhaus und Voeth (2009) entwickeln in Anlehnung an Kleinaltenkamp und Plinke (2000) mittels des Konzepts des relativen Kundenvorteils den Nutzenbegriff. Sie bezeichnen den von Kleinaltenkamp und Plinke (2000) beschriebenen Nettonutzen-Vorteil als Kundenvorteil. Nach Backhaus (2006), Backhaus und Voeth (2009) sowie Backhaus et al. (2010) liegt ein Kundenvorteil vor, wenn der Nutzen, den ein Nachfrager aus dem Leistungsangebot zieht, größer ist als der Preis, den er dafür zahlen muss. Diesen Kundenvorteil bezeichnen Kleinaltenkamp und Plinke (2000) als Nettonutzen-Vorteil oder positiven Nettonutzen. Der Kundenvorteil ist eine notwendige Bedingung für eine Kaufentscheidung eines Käufers. Da die Betrachtung des Nettonutzen-Vorteils eines einzelnen Produkts in einem dynamischen Wettbewerbskontext mit Konkurrenzprodukten nicht ausreicht, erweitern Kleinaltenkamp und Plinke (2000) das Konzept des Nettonutzen-Vorteils um den Vergleich der Nettonutzen-Vorteile konkurrierender Angebote. Übersteigt der Nettonutzen des eigenen Produkts den des nächstbesten Wettbewerbsprodukts und nimmt der Nachfrager diesen wahr, sprechen Kleinaltenkamp und Plinke (2000) von einer positiven Nettonutzen-Differenz. Nach Backhaus (2006), Backhaus und Voeth (2009) sowie Backhaus et al. (2010) ist eine positive Nettonutzen-Differenz ein relativer Kundenvorteil und die hinreichende Bedingung einer Kaufentscheidung. Mit dem

Konzept des relativen Kundenvorteils setzen Backhaus und Voeth (2009) den Nutzenbegriff sowohl in Bezug zu Alleinstellungsmerkmalen eines Leistungsangebots (Nettonutzen-Vorteil) als auch zu einer Wettbewerbssituation (Nettonutzen-Differenz). Hinterhuber (2008a, S. 389 ff.) fasst die Konzeption des Kundennutzens in Anlehnung an Busacca, Costabile und Ancarani (2008), Ulaga und Chacour (2001) sowie Ulaga (2003) mittels sechs Eigenschaften zusammen. Demnach ist Nutzen (1) ein subjektives Konzept, (2) eine Trade-off-Größe aus benefits und sacrifices, (3) multidimensional, da ein vielfältiges und individuelles Verständnis von benefits und sacrifices existiert, (4) relativ zu einem Wettbewerbsprodukt, (5) kunden- und segmentspezifisch sowie (6) zukunftsorientiert, da Nutzen eine erwartete und unsichere Größe ist.

2.2   Integration definitorischer und konzeptioneller Grundlagen

Die Literaturauswertung hat verdeutlicht, dass die Konzeption des Kundennutzens immer eine fallspezifische Betrachtung ist. Fallspezifisch ist sie, weil die Konzeption mittels der Gegenüberstellung individueller benefits und sacrifices erfolgt. Je nach Anwendungsfall werden unterschiedliche benefit- oder sacrifice-Dimensionen quantifiziert, um Kundennutzen in finanziellen Einheiten zu berechnen. Die Literatur beschreibt die Ermittlung des Nutzens als einen Prozess, der vom Verhalten des Kunden abhängt (Henneberg und Mouzas 2008; Zeithaml 1988). Anfangs grenzt der Kunde in einer mentalen Nutzenberechnung die von ihm wahrgenommenen benefits im Vergleich zu anderen Angeboten (Anderson und Narus 1998; Ulaga 2001) sowie gemessen an seinen eigenen Mindestanforderungen ab (Parolini 1999). Darauf aufbauend vergleicht der Kunde die von ihm wahrgenommenen benefits und sacrifices. Er trifft eine Präferenzentscheidung, ob er das Produkt besitzen möchte oder nicht (Kothandaraman und Wilson 2001; Woodruff und Gardial 1996).

Die Literatur unterscheidet zwischen relationalen und transaktionalen benefits und sacrifices (Bagozzi 1995; Grönroos 1997; Hogan 2001; O'Malley und Tynan 2000; Payne und Holt 1999, 2001; Payne, Holt und Frow 2001; Ravald und Grönroos 1996; Ulaga 2003; Ulaga und Eggert 2005). Relational bedeutet in diesem Zusammenhang, dass Kundennutzen nicht auf ein einzelnes Unternehmen oder eine zeitlich begrenzte Transaktion beschränkt ist. Transaktional bedeutet, dass ein unternehmensinterner oder -externer Austausch von Anbieter und Nachfrager stattfindet, damit finanzieller Kundennutzen berechnet werden kann (Hogan 2001; Ravald und Grönroos 1996; Tzokas und Saren 1999). Diesbezüglich werden auch Opportunitätskosten quantifiziert. Das heißt, es wird derjenige entgangene Nutzen kalkuliert, der mit einem Alternativangebot erzielt worden wäre, wenn die eigenen Ressourcen nicht für das aktuelle Angebot aufgebracht worden wären (Henneberg und Mouzas 2008).

Die Literaturauswertung hat zudem gezeigt, dass für die Konzeption des finanziellen Kundenvorteils der Kundennutzen des eigenen Marktangebots mit dem Kundennutzen eines Referenz- oder Konkurrenzangebots verglichen wird (Backhaus 2006; Backhaus und Voeth 2009; Backhaus et al. 2010; Fornell et al. 1996; Kleinaltenkamp und Plinke 2000). Mittels des Vergleichs zweier Kundennutzen entsteht ein dynamisches und mehrdimensionales Nutzenkonzept, welches von Innovationen, konkurrierenden Produktangeboten und Kundenbeziehungen beeinflusst wird (Hogan 2001; Ravald und Grönroos 1996). Aufbauend auf der Literaturauswertung entwickelt Kapitel 3 vor dem Hintergrund finanzieller Nutzenrechnungen eine Konzeption des finanziellen Kundennutzens. Abbildung 2-4 fasst diese zusammen.

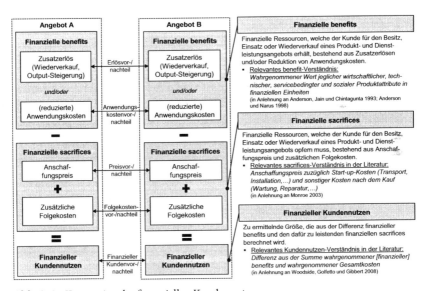

Abb. 2-4 Konzeption des finanziellen Kundennutzens

Abbildung 2-4 schafft ein grundlegendes Verständnis von Kundennutzen. Die hier dargestellte Konzeption des Kundennutzens dient als Bezugsrahmen für die Entwicklung finanzieller Nutzenrechnungen. Demnach ist Kundennutzen eine in finanziellen Einheiten kalkulierte Größe, welche fallspezifisch aus finanziellen benefits abzüglich zu leistenden finanziellen sacrifices errechnet wird (Woodside, Golfetto und Gibbert 2008). Finanzielle benefits enthalten Zusatzerlöse und Einsparungen bei Anwendungskosten. Zusatzerlöse resultieren aus dem Wiederverkauf eines Produkts oder aus Preissteigerungspotenzialen, wenn der Geschäftspartner ein Händler ist. Ist der Geschäftspartner ein Hersteller, resultieren Zusatzerlöse aus einer Output-Steigerung. Quantifizierte Einsparungen bei Anwendungskosten stellen weitere finanzielle benefits dar. Zu kalkulieren sind Größen wie Kosteneinsparungen in Prozessen, stabilere oder beschleunigte Wertschöpfungsschritte oder geringere Ausschussquoten. Mein Verständnis von finanziellen benefits für Nutzenrechnungen ist folgendermaßen zusammenzufassen: Finanzielle benefits sind finanzielle Ressourcen, welche der Kunde für den Besitz, Einsatz oder Wiederverkauf eines Produkt- und Dienstleistungsangebots erhält, bestehend aus Zusatzerlösen und/oder einer Reduktion von Anwendungskosten. Mein konzeptionelles Verständnis finanzieller benefits orientiert sich dabei an den Definitionen von Anderson, Jain und Chintagunta (1993) und Anderson und Narus (1998).

Den finanziellen benefits stehen finanzielle sacrifices gegenüber. Diese setzen sich aus einem zu bezahlenden Anschaffungspreis sowie zusätzlichen Folgekosten zusammen. Während der Preis den vom Anbieter geforderten Gegenwert für den Erhalt eines Marktangebots darstellt, werden zusätzliche Folgekosten fallspezifisch identifiziert. Monroe (2003) beschreibt diese mittels Start-up-Kosten (z. B. Transport, Installation) sowie sonstiger Kosten nach dem Kauf (z. B. Wartung, Reparatur). Nach meinem Verständnis umfassen finanzielle sacrifices diejenigen Kosten, welche ein Kunde für den Besitz, Einsatz, Erhalt oder Wiederverkauf eines Produkt- und Dienstleistungsangebots opfern muss (Ahlert et al. 2008; Anderson und Narus 1998; Monroe 2003; Woodruff 1997; Zeithaml 1988). Shapiro und Jackson (1978) erklären, dass die benefits die sacrifices überwiegen sollten sowie das betrachtete Produkt die beste Beziehung von benefits und sacrifices im Vergleich zu einer Alternativlösung bieten sollte, damit der Kauf des Produkts für den Kunden in Frage kommt.

Abbildung 2-4 verdeutlicht hierzu, dass finanzieller Kundennutzen eine Vergleichsgröße ist. Die direkten Gegenüberstellungen der jeweiligen benefits und sacrifices der Angebote A und B stellen einen Wettbewerbsbezug her. Es wird von Fall zu Fall entschieden, ob das Referenzangebot ein unternehmensexternes oder -internes Vergleichsprodukt darstellt. Mittels des direkten Vergleichs zweier konkurrierender Angebote werden Vor- und Nachteile bezüglich möglicher Zusatzerlöse, Anwendungskosten, dem Anschaffungspreis sowie zusätzlicher Folgekosten berechnet. Aus der Integration der einzelnen Vor- und Nachteilsvergleiche resultiert ein finanzieller Kundenvorteil. Das übergreifende Ziel der Kalkulation des finanziellen Kundenvorteils ist, den Kunden vom Kauf des eigenen Produktangebots quantitativ zu überzeugen. Die Überzeugungskraft einer finanziellen Nutzenrechnung steigt daher mit der Genauigkeit der Quantifizierung der finanziellen benefits und sacrifices. Idealerweise kalkuliert eine finanzielle Nutzenrechnung, wie viel höher der finanzielle Kundennutzen von Angebot A im Vergleich zu Angebot B ist.

Einige Autoren bekräftigen die hier beschriebene Konzeption des Kundennutzens. Henneberg und Mouzas (2008) erklären bezüglich des Kundennutzens, dass ein Austausch zwischen Anbieter und Kunde nur dann stattfindet, wenn die Gegenüberstellung der benefits und sacrifices ein positives Ergebnis für den Kunden liefert. Dies ist der Fall, wenn deren Differenz größer als null ist (Eggert und Ulaga 2002; Engel, Blackwell und Miniard 1993; Simpson, Siguaw und Baker 2001). Hurkens und Wynstra (2006) beschreiben, dass Kundennutzen direkt oder indirekt beeinflusst wird. Eine direkte Beeinflussung liegt vor, wenn das Marktangebot einen unmittelbaren Einfluss auf die Anwendungskosten eines Unternehmens hat (vgl. Anwendungskostenvor-/nachteil in Abbildung 2-4). Eine indirekte Beeinflussung ist gegeben, wenn die Anwendungskosten vom Kunden des Kunden verändert werden. Einen weiteren Ansatzpunkt indirekter Nutzenbeeinflussung stellen Umsatzsteigerungspotenziale dar (vgl. Erlösvor-/nachteil in Abbildung 2-4). Umsatzsteigerungen aufgrund von Output-Steigerungen oder profitablen Wiederverkäufen ermöglichen im Vergleich zum Referenzprodukt zusätzliche Erlöse und damit einen Erlösvorteil (Anderson und Wynstra 2010). Homburg, Jensen und Schuppar (2004) beschreiben, dass der objektive Kundennutzen mittels Kosteneinsparungen und Erlössteigerungen gemessen wird (vgl. Integration von Anwendungskosten-, Folgekosten- und Erlösvor-/nachteil in Abbildung 2-4). Verkäufer müssen sich daher intensiv in die Kosten- und Umsatzstrukturen ihrer Kunden hineindenken, wenn sie finanziellen Kundennutzen und daraus folgend einen finanziellen Kundenvorteil in Nutzenrechnungen quantifizieren möchten.

Konzeption finanzieller Nutzenrechnungen 3

3.1 Strukturierung und Auswertung der Literatur zu finanziellen Nutzenrechnungen

Aufbauend auf den unterschiedlichen Literaturbeispielen finanzieller Nutzenrechnungen (vgl. Kapitel 1.2) strukturiert Kapitel 3.1 Instrumente zur Quantifizierung von Nutzen aus der Management-Literatur, mit dem Ziel, die Konzeption finanzieller Nutzenrechnungen genauer zu beleuchten. Schröder und Wall (2004) bestätigen, dass die Kalkulation des finanziellen Kundennutzens eines Produkts oder einer Dienstleistung den Einsatz vielschichtiger und interdisziplinärer Instrumente erfordert. Für die Entwicklung finanzieller Nutzenrechnungen empfiehlt die Literatur praxisorientierte Management-Methoden, mit denen physische Produktleistungsmerkmale finanziell bewertet sowie die Nutzenvorteile produktbegleitender Dienstleistungen in Kosten- und Erlösauswirkungen für den Kunden umgerechnet werden (Ahlert et al. 2008; Alexandre et al. 2007; Anderson, Narus und Narayandas 2009; Homburg, Jensen und Schuppar 2005; Schröder und Wall 2004; Seiter et al. 2008; Surprenant 1987). Geeignete Instrumente der Nutzenquantifizierung sind zum Beispiel Kalkulationen von Material- oder Prozesskostenreduzierungen (Seiter et al. 2008). Homburg, Jensen und Schuppar (2005) erklären, dass die Quantifizierung des Kundennutzens Teil eines erfolgreichen Preismanagement ist und finanzielle Nutzenrechnungen demnach Prozesskosten- und Wirtschaftlichkeitsanalysen enthalten sollten. Seiter et al. (2008, S. 12 ff.) ergänzen, dass finanzielle Nutzenrechnungen Elemente von Lebenszykluskostenrechnungen, statischen und dynamischen Investitionsrechnungen, Nutzwertanalysen, Return-on-Investment-Rechnungen oder Prozesskostenrechnungen umfassen.

Finanzielle Nutzenrechnungen werden demnach abgegrenzt von Kundenbewertungsmodellen (z. B. Kundenerfolgsrechnungen, customer-lifetime-Rechnungen), welche als Zielgröße den Wert eines Kunden für ein Unternehmen ermitteln. Kundenbewertungsmodelle sind für die vorliegende Arbeit insofern nicht relevant, als sie keinen finanziellen Kundennutzen quantifizieren, sondern aus einer Anbieterperspektive den Wert eines Kunden für ein Unternehmen ermitteln (Schröder und Wall 2004). Entsprechend werden hier vor dem Hintergrund der Konzeption finanzieller Nutzenrechnungen methodische Ansätze zur Quantifizierung des Nutzens unterschieden. Im Gegensatz zu Kundenbewertungsmodellen erlauben finanzielle Nutzenrechnungen Einblicke in Umsatzanalysen, Erfolgs- und Lebenszykluskostenrechnungen auf Produkt- und Dienstleistungsebene. Zur Konzeption finanzieller Nutzenrechnungen strukturiert Abbildung 3-1 in der Literatur diskutierte Instrumente, welche helfen, finanziellen Nutzen in kundenrelevanten Parametern zu quantifizieren.

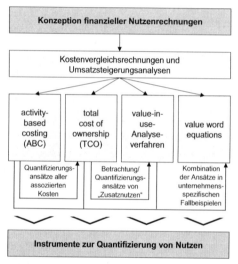

Abb. 3-1   Literaturstrukturierung zur Konzeption finanzieller Nutzenrechnungen

Seiter et al. (2008) belegen mittels einer Studie zur Nutzenquantifizierung produktbegleitender Dienstleistungen, dass für die Entwicklung finanzieller Nutzenrechnungen managementorientierte Methoden genutzt werden. Die Literatur beschreibt, dass finanzielle Nutzrechnungen mittels Instrumenten zur Quantifizierung von Nutzen konzipiert werden, welche sich an Kostenvergleichsrechnungen und Umsatzsteigerungsanalysen orientieren. In der Literatur lassen sich vier methodische Ansätze als Quantifizierungsinstrumente zur Konzeption finanzieller Nutzenrechnungen unterscheiden: *Activity-based costing, total cost of ownership, value-in-use-*

Analyseverfahren sowie *value word equations*. Mittels *activity-based costing* (vgl. Kapitel 3.2.1) werden nutzenstiftende (nutzenmindernde) Aktivitäten identifiziert sowie die entsprechenden Erlöstreiber (Kostentreiber) quantifiziert (Barth und Barth 2008; Cooper und Kaplan 1988, 1991; Kaplan und Cooper 1999; Lay 2003; Narong 2009). *Total-cost-of-ownership*-Analysen (vgl. Kapitel 3.2.2) erweitern diese Quantifizierung und modellieren finanziellen Nutzen mittels der Kalkulation aller mit der Beschaffung, dem Einsatz und der Entsorgung assoziierten Kosten eines Produkts (Ellram 1993, 1994, 1995; Ellram und Siferd 1993, 1998; Ferrin und Plank 2002; Hurkens und Wynstra 2006). *Value-in-use*-Analyseverfahren (vgl. Kapitel 3.2.3) verfeinern eine rein kostenorientierte Nutzenrechnung. Mittels der Quantifizierung des *value-in-use* wird der gesteigerte Nutzenvorteil eines Marktangebots (z. B. Erlösvorteile, Output-Steigerungen, Differenzierungs- und Alleinstellungsmerkmale) in finanziellen Nutzenrechnungen abgebildet (Ahlert et al. 2008; Anderson, Narus und Narayandas 2009; Busacca, Costabile und Ancarani 2008; Forbis und Mehta 1981; Monroe 2003; Woodside, Golfetto und Gibbert 2008). Mittels *value word equations* (vgl. Kapitel 3.2.4) werden in praxisorientierten Fallbeispielen qualitative Nutzenargumente über die Formulierung von „Wortgleichungen" in mathematische Grundrechenoperationen übersetzt, sodass im Ergebnis eine quantitative und finanzielle Nutzargumentation aufgebaut wird (Anderson, Kumar und Narus 2007; Anderson, Narus und Narayandas 2009; Fox und Gregory 2005a; Reilly 2003).

Die Strukturierung der Literatur zur Konzeption finanzieller Nutzenrechnungen nach methodischen Ansätzen hat gezeigt, dass je nach Anwendungsfall und Zielsetzung der Nutzenrechnung unterschiedliche Quantifizierungsinstrumente eingesetzt werden (Busacca, Costabile und Ancarani 2008). Unter den vier identifizierten Instrumenten (vgl. Abbildung 3-1) wertet Tabelle 3-1 die Literatur im Hinblick auf relevante Instrumente zur Konzeption finanzieller Nutzenrechnungen aus.

Einige Autoren (Dolan 2003; Ellram 1994; Forbis und Mehta 1981; Fox und Gregory 2005a; Gale und Swire 2006b; Hinterhuber 2004, 2008b; Reilly 2003) erläutern am Beispiel des spezifischen Instruments zur Nutzenquantifizierung, wie dieses dazu beitragen kann, eine finanzielle Nutzenrechnung zu konzipieren. Sie beschreiben, welche allgemeinen Prozessschritte auch in anderen Anwendungssituationen zu durchlaufen wären, um finanziellen Kundennutzen zu identifizieren und in finanziellen Nutzenrechnungen zu quantifizieren. Andere Autoren (Hurkens und Wynstra 2006; Khozein, Dankoob und Barani 2011; Lay 2003; Sachdev 2010; Smith und Nagle 2005) erläutern stärker die einzelnen Instrumente zur Nutzenquantifizierung, ohne allgemeine Prozessschritte zur Konzeption finanzieller Nutzenrechnungen zu diskutieren. Sie beschreiben, mit welchen Instrumenten Nutzen quantifiziert wird, und betrachten mit einer reinen TCO-Analyse zum Beispiel nur einen Ausschnitt in der Konzeption finanzieller Nutzenrechnungen.

Tab. 3-1 Literaturauswertung zur Konzeption finanzieller Nutzenrechnungen

Autor(en) (Jahr)	Inhaltliche Schwerpunkte	Einschätzung des Instruments zur Quantifizierung von Nutzen
Activity-based costing		
Jelsy und Vetrivel (2012)	• Generelle Schritte der Implementierung eines ABC-Systems • Entwicklungsgründe von ABC-Systemen • Untersuchung, wie ABC die finanzielle Leistung eines Unternehmens steigert	• Durch ABC sind Herstellkosten eines Produkts präziser vorherzusagen. • ABC ist einzusetzen, um verlustgenerierende Produkte zu identifizieren. • ABC ist hilfreich bei der Leistungsmessung.
Khozein, Dankoob und Barani (2011)	• Zentrale Faktoren, welche die Einführung und Implementierung eines ABC-Systems beeinflussen • Identifizierung von fünf zentralen Implementierungsfaktoren	• Die Implementierung eines ABC-Systems hängt ab von (1) organisatorischen, (2) managementbedingten, (3) umweltbedingten, (4) individuellen und (5) technischen Faktoren. • Um Herausforderungen der Implementierung zu meistern, sind die Arbeitnehmer zu trainieren und Vorteile/Ergebnisse des ABC zu betonen.
Lay (2003)	• Vorstellung praktikabler Instrumente und Bausteine, die Kostentreiber produktbegleitender Dienstleistungen identifizieren und berechnen • Prozesskostenrechnung als Ansatz zum Controlling produktbegleitender Dienstleistungen	• Prozesskostenrechnung ist ein geeignetes Instrument, das Gemeinkostenblöcke verursachungsgerecht umlegt und kostenrechnerisch erfasst. • Prozesskostenrechnung als Controlling-System deckt bisher intransparente Kostenfaktoren auf.
Mansor, Tayles und Pike (2012)	• Untersuchung, wie nützlich ABC-Systeme zur Informationsbeschaffung und Entscheidungsfindung für Manager sind	• Befürworter argumentieren, dass ABC-Systeme Prozessverbesserungen bringen, nicht wertschöpfende Aktivitäten eliminieren, Gesamtkosten reduzieren und das Betriebsergebnis steigern. • ABC-Systeme haben keinen großen Einfluss auf die Entscheidungsfindung von Managern. • ABC kann interne Transferpreise kalkulieren.
Narong (2009)	• Kombination von ABC- und TQM-Ansätzen, um Kosten präziser als traditionelle Kostenrechnungssysteme zu allokieren • Vergleich von ABC und traditionellen Kostenrechnungssystemen, um Unterschiede in der Sammlung, Zuweisung, Zusammenfassung und Ausweisung direkter, indirekter und qualitätsbezogener Kosten aufzuzeigen	• ABC-Systeme sind für Unternehmen hilfreich, um interne Effizienz, Qualität und Profitabilität pro Produkt- oder Dienstleistungsangebot verursachungsgerecht zu bewerten. • ABC strukturiert und dokumentiert Kosten in Aktivitäten und Prozessen, um eine genaue finanzielle Bewertung des Produkts oder der Dienstleistung für den Kunden zu erhalten.
Velmurugan (2010)	• Erfolgs- und Misserfolgsgründe für die Implementierung von ABC- Systemen • Vorschläge für eine erfolgreiche Adaption von ABC-Systemen	• ABC wird seit der ersten Vorstellung in den 1980er Jahren nur selten in Organisationen angewendet. • Administrative und technische Komplexität sind die Hauptgründe der Ablehnung.
Total cost of ownership		
Ellram (1993)	• Erklärung und Entstehung des TCO-Konzepts • Identifizierung von Aktivitäten und Einsatzmöglichkeiten der Beschaffung für einen TCO-Ansatz • Implementierungsschritte von TCO-Modellen	• Durch Fokussierung auf Aktivitäten und assoziierte Kostentreiber identifiziert der Einkauf Produkte und Dienstleistungen mit geringsten TCO. • TCO steigert die Leistung des Einkaufs und damit die Wettbewerbsfähigkeit des Unternehmens. • TCO dient als Ergänzung des activity-based-costing-Ansatzes.
Ellram (1994)	• Diskussion der Einsatzgründe, Vorteile und Barrieren von TCO-Analysen • Klassifizierung von TCO-Modellen: standardisierte und individualisierte TCO-Modelle	• TCO-Analysen helfen beim Verständnis von Kosten und Bewertung der Lieferantenleistung. • Barrieren der Implementierung sind Unternehmenskultur, Training und Ressourcenmangel.
Hurkens und Wynstra (2006)	• Erweiterung von TCO-Analysen zum Konzept der total-value-of-ownership-Analysen (TVO) • Erklärung, wie Manager Informationen sammeln, interpretieren und verwenden, um TVO-Konzepte zu entwickeln.	• TCO-Analysen vernachlässigen Aspekte wie Umsatzsteigerungen. • Total-value-of-ownership-Ansätze kombinieren Kostenkalkulationen mit finanziellen Auswirkungen für Kunden, sodass der Produktnutzen umfassender ausgedrückt wird.
Plank und Ferrin (2002)	• Untersuchung von TCO-Modellen als professionelle Werkzeuge im Beschaffungsmanagement • Identifikation und Analyse zentraler Kostentreiber in TCO-Modellen • Kategorisierung zentraler Kostentreiber von TCO-Modellen	• Führende Unternehmen verwenden TCO-Modelle, um das Beschaffungsmanagement zu professionalisieren. • Generische TCO-Modelle sind nur schwer zu entwickeln. • TCO-Modelle sollten möglichst allgemeine Kostentreiber enthalten, sind aber, je nach Situation, um spezifische Kostentreiber zu erweitern.

Autor(en) (Jahr)	Inhaltliche Schwerpunkte	Einschätzung des Instruments zur Quantifizierung von Nutzen
Sachdev (2010)	• TCO und value analysis als Methode zur Identifizierung und Eliminierung von Verschwendung auf Inter-Firm-Level (ineffiziente Kosten) und Intra-Firm-Level (Transferpreise)	• TCO-Modelle sind effektive Informations- und Verhandlungswerkzeuge, um die Lieferantenkosten für die Beschaffung zu bestimmen. • Die Kostentreiber aller Produkte sind auf der Grundlage aktivitätsbezogener Kostengrößen zu messen.
Wouters, Anderson und Wynstra (2005)	• Hintergründe der Adaption von TCO-Analysen als Unterstützungswerkzeug für Beschaffungsentscheidungen verstehen • Entwicklung eines konzeptionelles Frameworks von acht Faktoren, (z. B. Top-Management-Unterstützung, value-analysis-Erfahrung, Wettbewerbsintensität im Kundenmarkt), welche die Adaption von TCO-Analysen erklären	• TCO unterstützt Einkaufsmanager, indem der gesamte erhaltene finanzielle Nutzen, nicht nur der Preis, als Entscheidungsgrundlage dient. • TCO-Analysen erweitern ABC-Systeme und quantifizieren die Trade-offs verschiedener Kostentreiber, die das Einkaufsmanagement in einer Beschaffungsentscheidung vergleichen. • TCO-Modelle sind zu TVO-Modellen zu erweitern, um den Nutzen höherpreisiger Angebote zu bestimmen.
	Value-in-use-Analyseverfahren	
Ahlert et al. (2008)	• Erläuterung dreier Instrumente zur Quantifizierung des Kundennutzens: (1) customer value map, (2) value-in-use-Analyseverfahren, (3) Conjoint-Analyseverfahren • Preisfindung bei hybriden Produkten • Drei grundlegende Nutzenarten: produktbasierter, servicebasierter und hybridbasierter Nutzen	• Produktbegleitende Dienstleistungen werden oft kostenfrei oder zu nicht kostendeckenden Preisen abgegeben. • Anwendung der Instrumente liegt nicht nur in der Verantwortung der Vertriebsmitarbeiter, sondern auch in der des Controllings.
Anderson, Jain und Chintagunta (1993); Anderson und Narus (1999); Anderson, Narus und Narayandas (2009)	• Methoden zur Quantifizierung von Kundennutzen: (1) interne Beurteilung durch das Engineering, (2) Felduntersuchungen zum value-in-use, (3) indirekte Umfrage, (4) Fokusgruppen, (5) direkte Umfragen, (6) Conjoint- oder Trade-off-Analysen, (7) Benchmarks, (8) kompositorischer (selbsterklärender) Ansatz, (9) Wichtigkeitsratings • Untersuchung, welche Methoden in der Praxis eingesetzt werden und welche Methoden für welche Anwendungen geeignet sind	• Am meisten werden Fokusgruppen und Wichtigkeitsratings eingesetzt. • Conjoint-Analysen werden seltener eingesetzt, versprechen aber die höchste Anwendungsgenauigkeit.
Christopher (1982)	• Preisfindung als „value-in-use"-Ansatz • Benefit-Bewertung in sechs Schritten: (1) Identifikation der benefit-komponenten, (2) Quantifizierung der benefit-Werte, (3) Bestimmung eines nutzenäquivalenten Preises, (4) Rating der alternativen Produkte, (5) Quantifizierung des „value-in-use", (6) Fixierung des Preises	• „Value-in-use"-Preisfindung führt zu höherer Profitabilität, da die strategischen Dimensionen Wahrnehmung und Nutzen im Vordergrund stehen.
Dolan (2003)	• Nutzenbasierte Preisfindung • Bewertung von Produktnutzen für den Kunden • Kalkulation des true economic value (TEV) = Kosten der Alternativen + Nutzen der Leistungsdifferenzierung	• Nutzen ist aus einem Verständnis der Kostenstruktur des Kunden oder aus Umfragen zu ermitteln. • Die Nutzenwerte variieren stark und sind immer eine fallspezifische Kalkulation.
Forbis und Mehta (1981, 2000)	• Quantifizierung des zusätzlichen Nutzens, den ein Kunde durch ein Produkt erhält, im Vergleich zum Nutzen des aktuellen Produkts • Kalkulation des economic value to customer (EVC): (1) Auswahl des Kundensegments, (2) Auswahl eines Referenzprodukts, (3) Identifizierung der Produkteigenschaften, die das Produkt vom Referenzprodukt differenzieren (Funktionalität, Start-up- und post-purchase-Kosten)	• Das EVC-Modell unterstützt bei der Preisfindung, da die Zielgröße die Zahlungsbereitschaft des Kunden ist. • Das EVC-Modell eignet sich für B2B-Märkte, auf denen die Einkäufer signifikante Start-up Kosten haben und Investitionskosten vergleichen.
Gale (2002); Gale und Swire (2006a, 2006b)	• Abschätzung eines fairen Nutzenpreises • Optimierung der Preisfindung mittels „value accounting": (1) Preis-Leistungs-Profil, (2) Gegenüberstellung von Preisen und Leistungspunkten, (3) value map, (4) Berechnung des Differenzierungsnutzens und fairen Nutzenpreises, (5) value scorecard, (6) Ableitung nutzenbasierter Strategien	• Value accounting gibt finanzielle Abschätzungen der Nutzenattribute eines Produkts durch einen Vergleich von Kunden wahrgenommenen benefits und Preise im Vergleich zum Wettbewerbsangebot. • Value accounting unterstützt bei der Preisfindung von Produkten sowie der Abschätzung der Kunden- und Wettbewerberreaktion.

Autor(en) (Jahr)	Inhaltliche Schwerpunkte	Einschätzung des Instruments zur Quantifizierung von Nutzen
Hinterhuber (2004)	• Umfassender Framework, welcher die Entschei- dung der Preisfindung unterstützt • Economic value analysis (EVA): (1) Identifizierung der Kosten des Wettbewerbsprodukts, das der Kunde als die beste Alternative ansieht, (2) Seg- mentierung des Marktes, (3) Identifizierung aller Faktoren, die das Produkt gegenüber dem Wettbewerbsprodukt differenzieren, (4) Ein- schätzung des Nutzens der differenzierenden Faktoren (5) Summierung der differenzierenden Nutzenwerte zur Bestimmung des finanziellen Nutzens	• Fundiertes Verständnis und Quantifizierung des Kundennutzens ist der Schlüssel zu einer profi- tablen Preisfindung. • EVA ist ein nützliches Werkzeug, wenn die Pro- dukte geringfügig differenziert sind. • Verständnis, Offenlegung und Bewertung differen- zierender Produkteigenschaften hilft bei der Positionierung des Produkts und der Abschöpfung der maximalen Zahlungsbereitschaft des Kunden.
Hinterhuber (2008a, 2008b)	• Konzeption des Kundennutzens • Umfrage über verwendete Pricing-Ansätze • Framework für die Nutzenkommunikation und nutzenorientierte Preisfindung: (1) Definition und Kommunikation der Ziele, (2) Erzeugung und Lieferung von Nutzen, (3) Kommunikation von Nutzen, (4) Bestimmung des Preislevels (economic value analysis), (5) Implementierung der nutzenbasierten Pricing-Strategie	• Pricing-Framework unterstützt bei der Neupro- duktentwicklung und Preisfindungsentscheidung. • Ein umfassendes Verständnis und eine möglichst genaue Quantifizierung des Kundennutzens er- möglicht es, gezielt Preise zu erhöhen und neue Produkte passend zu positionieren.
Monroe (2003)	• Value-in-use-Analyse als Werkzeug einer Kundennutzenanalyse • Darstellung, wie der VIU zu ermitteln ist, um, mittels eines vom Kunden wahrgenommenen, relativen finanziellen Nutzens, nutzenäquivalente Preise zu finden	• VIU als Preisfindungsansatz setzt (1) eine Identi- fikation eines Referenzprodukts, (2) Berechnung kundenbezogener Lebenszykluskosten und (3) Quantifizierung eines „Verbesserungsnutzens" voraus. • Zentrale Schwierigkeit des VIU-Ansatzes ist es, einen relativen „Verbesserungsnutzen" in finan- ziellen Größen zu berechnen.
Seiter et al. (2008)	• Quantifizierung des Nutzens produktbegleitender Dienstleistungen im Industriegüter-Marketing • Vorstellung und Einsatzhäufigkeit von Instru- menten zur Quantifizierung von Kundennutzen: Kostenvergleichsrechnungen (z. B. Prozesskos- tenrechnung) und Wirtschaftlichkeitsanalysen (z. B. Lebenszykluskosten-, Investitions- und ROI- Rechnungen, Nutzwertanalysen)	• Mit value-in-use-Analyseverfahren versuchen Anbieter, den Kundennutzen im Vorfeld zu quantifizieren. • Wesentliche Determinante des Instrumentenein- satzes ist die Einfachheit der Anwendung und die Datenverfügbarkeit. • Eine erfolgreiche finanzielle Nutzenargumentation quantifiziert meistens die Risikoreduktion des Kunden.
Smith und Nagle (2005)	• Gegenüberstellung von customer value mapping (CVM) und economic value modeling (EVM), um quantifizierten Nutzen als Grundlage einer Preissetzung und Preisstrategie zu verwenden.	• Beim CVM ist Nutzen als wahrgenommene Quali- tät pro Stückpreis, das heißt der Nutzen ist bestimmt durch Stück pro Preis. • Beim EVM ist Nutzen als ökonomische Einspa- rung und Gewinn infolge eines Produktkaufs zu interpretieren, das heißt der Preis ist bestimmt durch den Nutzen. • EVM ist im Vergleich zum CVM aussagekräftiger, da finanzielle Einsparungen und Gewinne zu berechnen sind und der Differenzierungsvorteil in ökonomischen Nutzenwerten zu quantifizieren ist.
Value word equations		
Fox und Gregory (2005a, 2005b)	• „Dollarisierungs-Technik" als Berechnungsme- thode finanzieller Auswirkungen eines Produkt- oder Dienstleistungsangebots für den Kunden • Ermittlung der finanziellen Auswirkungen, die über TCO hinausgehen, noncost benefits (z. B. Erhö- hung des Marktanteils, Steigerung der Umsatz- menge, Durchsetzung höherer Preise)	• Zentrale „Dollarisierungs"-Schritte: (1) Bestim- mung, welche Faktoren des Angebots in finan- ziellen Kundennutzen umzurechnen sind, (2) Da- tensammlung und -recherche zur Quantifizierung finanzieller Nutzentreiber und (3) Integration der „Dollarisierung" in die Unternehmensstrategie • Daten zur Dollarisierung von benefits sollten (1) Leistungsvorteile quantifizieren und (2) quanti- fizierte Leistungsvorteile finanziell bewerten.
Reilly (2003, 2010)	• Identifizierungsmöglichkeiten von Differen- zierungsvorteilen: economic value analysis • Ansätze, wie Kundennutzen zu dokumentieren und zu verkaufen ist: value-added sheet	• Differenzierungsvorteile resultieren aus den Eigenschaften eines Produkts (Qualität, Verfüg- barkeit o. Ä.) eines Unternehmens (Reputation, Einfachheit der Geschäftsbeziehung o. Ä.) oder eines Vertriebsmitarbeiters (Wissen, Zielorien- tierung o. Ä.). • Die Quantifizierung des Kundennutzens einer Produktleistung demonstriert die Gewinn- und Kostenauswirkungen beim Kunden.

Gemeinsam haben die Autoren, dass sie die Konzeption finanzieller Nutzenrechnungen anhand konkreter Praxisbeispiele erklären. Kundennutzen wird hier mittels der Kalkulation von Kosteneinsparungspotenzial, Differenzierungsmöglichkeiten, Prozessverbesserungen oder finanziellen Produktleistungsmerkmalen in finanziellen Nutzenrechnungen quantifiziert. Gemeinsame Zielsetzung ist, mit der Konzeption einer finanziellen Nutzenrechnung ein Werkzeug für eine nutzenorientierte Vertriebsargumentation zu entwickeln, mit der beispielsweise folgendermaßen argumentiert werden kann:

> „Relative to the average air cleaner, the best performing [X] model saves $3 in energy and $71 in filter usage over a two-year period. Based on the cost-in-use differences the [X] model is worth $283 – $74 more than the average model" (Gale und Swire 2006b, S. 30).

3.2 Instrumente der Nutzenquantifizierung

3.2.1 Activity-based costing

Das Konzept des activity-based costing (ABC) wurde in den USA im verarbeitenden Gewerbe in den 1970er Jahren eingeführt und gilt als Vorläufer der Prozesskostenrechnung (Barth und Barth 2008, S. 316). Cooper und Kaplan (1988, S. 97) haben ABC entwickelt und beschreiben es als

> „[…] tool of corporate strategy […] and formal accounting system".

In Anlehnung an diese Beschreibung definiert Narong (2009, S. 12) ABC folgendermaßen:

> „[ABC is a] total management tool for cost and performance measurement of activities, resources, and cost object (i.e., product and services)."

Motivation der Entwicklung des ABC sind unpräzise Gemeinkostenzuschlagsätze in der Vollkostenrechnung. Dolan (2003) argumentiert, dass Gemeinkosten für eine verursachungsgerechte Verteilung nicht über Mengentreiber verteilt werden sollten. Aufgrund der Vielfalt und dem Individualisierungsgrad der Produkte vermitteln traditionelle Kostenrechnungsmethoden, das heißt mengenbasierte Zuschlagsmodelle, keine genauen Kosteninformationen (Jelsy und Vetrivel 2012). Traditionelle Kostenrechnungssysteme bilden die Kostensituation in modernen

Unternehmen nicht mehr realitätstreu ab, da sie indirekte Kosten[1] mittels eines Prozentsatzes der direkten Kosten (Material und Lohnkosten) berechnen. Demnach erhält der Entscheider ein verzerrtes Bild der tatsächlichen Kostensituation und missinterpretiert die Kosten des Produkts oder der Dienstleistung (Narong 2009). Mittels ABC werden Produkte zu wettbewerbsfähigen Kosten entwickelt und verlustgenerierende Produkte eliminiert. Idee des ABC ist es,

• dass der Produktherstellung quantifizierbare Aktivitäten zugwiesen werden,
• dass für Aktivitäten Ressourcen eingesetzt werden sowie
• dass verbrauchte Ressourcen zur Identifikation von nutzenstiftenden (value adding) und nicht nutzenstiftenden (non-value adding) Aktivitäten führen (Wickramasinghe und Alawattage 2007).

Verteilen Unternehmen indirekte Kosten über in Anspruch genommene Aktivitäten, erhalten sie ein realistischeres Bild der internen Effizienz, Qualität und Profitabilität pro Produkt (Narong 2009). Die mittels ABC gewonnenen Informationen ermöglichen es, verschiedene Technologien im Hinblick auf ihre finanzielle Vorteilhaftigkeit zu bewerten (Schönsleben 2007).

Jelsy und Vetrivel (2012, S. 44 ff.) fassen die Bedeutung einer ABC-Rechnung in fünf Punkten zusammen und verdeutlichen damit deren Relevanz für die Entwicklung finanzieller Nutzenrechnungen. Demnach dient ABC zur

1. Transparenzsteigerung der Kostenvorhersage,
2. Identifikation deckungsbeitragsreduzierender Produkte,
3. Reduzierung von Kosten,
4. Leistungsermittlung von Wertschöpfungsprozessen in finanziellen Einheiten sowie
5. Bildung einer quantitativen Entscheidungsunterstützung für Qualitäts- und Profitabilitätsziele.

ABC ist für die Entwicklung finanzieller Nutzenrechnungen relevant, da die Beziehung zwischen notwendigen Aktivitäten und Kostenpositionen in finanziellen Werten aufgedeckt wird. Es werden Produkte und Dienstleistungen quantitativ verglichen, die einen ökonomischen Nutzen für das Unternehmen haben (Horngren, Datar und Foster 2005; Khozein, Dankoob und Barani 2011). Jelsy und Vetrivel (2012) belegen mittels einer Fallstudie, dass nach der Implementierung eines ABC-Systems die

---

1 Narong (2009, S. 13) definiert indirekte Kosten als „expenses required to support the process of the activity that can be associated directly with final products or services".

ermittelten Herstellkosten des analysierten Produkts geringer als vor dessen Implementierung sind. Grund hierfür ist die genauere Beschreibung der Aktivitäten sowie deren präzisere Kostenzuweisung. Konkret sprechen Jelsy und Vetrivel (2012) von einer circa 70-prozentigen Verbesserung der finanziellen Leistung, indem nicht nutzenstiftende Aktivitäten identifiziert und reduziert werden (Jelsy und Vetrivel 2012, S. 44). Unternehmen setzten ABC deshalb als Kalkulationsgrundlage zur Ermittlung nutzenäquivalenter Preise, Identifizierung von Verbesserungspotenzialen in Wertschöpfungsprozessen sowie Spezifikation kostenoptimaler Produktkombinationen ein (Cooper und Kaplan 1991; Cooper und Turney 1989; Khozein, Dankoob und Barani 2011; Mansor, Tayles und Pike 2012; Turney 1991).

Das Beispiel einer Prozesskostenrechnung (PKR) im Dienstleistungsbereich eignet sich, um den methodischen Ansatz von ABC als Instrument der Nutzenquantifizierung zu erläutern. Eine Rechnung mit Prozesskostensätzen ermöglicht Einblicke, wie finanzieller Kundennutzen in Form produktbegleitender Dienstleistungen quantifiziert wird. Mit einer PKR werden deren aktivitätsbedingte Kosten kalkuliert und so im Wertschöpfungsprozess finanzielle Nutzentreiber identifiziert. Ein geeignetes Fallbeispiel einer PKR gibt Lay (2003) mit der produktbegleitenden Dienstleistung „Kundenschulung". Lay (2003, S. 19 ff.) unterteilt die PKR in fünf Schritte:

1. Tätigkeitsanalyse in Gemeinkostenbereichen, die bei der Erbringung produktbegleitender Dienstleistungen involviert sind
2. Verbindung von Teilprozessen aus mehreren Gemeinkostenbereichen zu Hauptprozessen
3. Identifizierung der Kostentreiber der Hauptprozesse als Verrechnungsgrundlage der Gemeinkosten
4. Festlegung der geplanten Prozessmengen
5. Berechnung der Prozesskostensätze aus Prozessmengen und Prozesskosten

Abbildung 3-2 veranschaulicht am Beispiel der produktbegleitenden Dienstleistung „Kundenschulung", dass im Rahmen der Tätigkeitsanalyse neben dem zu quantifizierenden Hauptprozess „Kundenschulung" drei Gemeinkostenbereiche (Forschung und Entwicklung, Produktmanagement und Vertrieb) involviert sind. Der erste Schritt der PKR (Tätigkeitsanalyse) definiert die einzelnen Teilprozesse, die in den jeweiligen Gemeinkostenbereichen anfallen, und bringt diese in eine korrekte Prozessreihenfolge. Im Gemeinkostenbereich „Forschung und Entwicklung" fallen zum Beispiel die untergeordneten Teilprozesse „Erarbeitung der Schulungsinhalte und Schulungsmaterialen" und „Durchführung der Schulungsveranstaltung" im übergeordneten Hauptprozess „Kundenschulung" an. Alle anfallenden Kosten im Gemeinkostenbereich „Forschung und Entwicklung" werden auf dort stattfindende Teilprozesse quantitativ aufgeteilt, um eine Prozesskostenübersicht dieses Gemeinkostenbereichs zu erhalten (Reckenfelderbäumer 1995). In vergleichbarer Weise wird der Einfluss der „Kundenschulung" in den anderen beiden Gemeinkostenbereichen (Produktmanagement und Vertrieb) strukturiert.

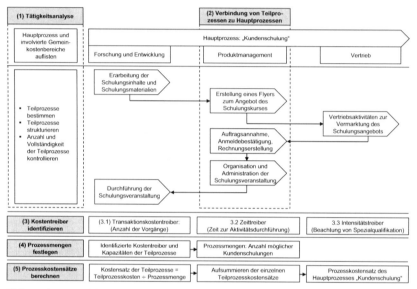

Abb. 3-2 Entwicklung einer Prozesskostenrechnung für produktbegleitende Dienstleistungen

Quelle: in Anlehnung an Lay 2003, S. 20

Der zweite Schritt (Verbindung von Teilprozessen zu Hauptprozessen) ist in Abbildung 3-2 im gestrichelten Rahmen dargestellt. Der Hauptprozess „Kundenschulung" gliedert sich in sechs Teilprozesse, von denen drei Teilprozesse (1. Erstellung eines Flyers zum Angebot des Schulungskurses, 2. Auftragsannahme, Anmeldebestätigung und Rechnungserstellung sowie 3. Organisation und Administration der Schulungsveranstaltung) dem Gemeinkostenbereich „Produktmanagement" zugeordnet werden.

Im dritten Schritt identifiziert die PKR die Kostentreiber des Hauptprozesses. Diese dienen dazu, eine Verrechnungsgrundlage der Gemeinkostenbereiche für den betrachteten Kostenträger zu schaffen (Lay 2003). Für die unterschiedlichen Gemeinkostenbereiche bieten sich drei Arten von Kostentreibern an (Kaplan und Cooper 1999):

1. Transaktionstreiber, das heißt Anzahl der Vorgänge (z. B. Anzahl geplanter und durchgeführter Kundenschulungen)
2. Zeittreiber, das heißt benötigte Zeit zur Durchführung der Aktivität (z. B. Zeit zur Durchführung der Kundenschulung)
3. Intensitätstreiber, das heißt Berücksichtigung eventuell benötigter Spezialqualifikationen (z. B. Schulung ist nur durch spezielle Unterstützung durchführbar)

Der vierte Schritt der PKR legt die Prozessmengen fest. Auf der Grundlage der identifizierten Kostentreiber und möglichen Kapazitätsbeschränkungen der Teilprozesse wird die Anzahl möglicher durchzuführender Schulungen als Prozessmenge bestimmt. Die Berechnung der Prozesskostensätze ist der fünfte und letzte Schritt der PKR. Hierzu werden aus der Division von Teilprozesskosten (Schritt 1) und Prozessmengen (Schritt 4) die Kostensätze der Teilprozesse berechnet. Aus der Summe der einzelnen Teilprozesskostensätze resultiert der Prozesskostensatz des Hauptprozesses „Kundenschulung". Dieser gibt Auskunft darüber, was die durchschnittlichen Kosten einer einmaligen Durchführung einer „Kundenschulung" sind (Lay 2003). Die Kalkulation des dienstleistungsbezogenen Nutzentreibers „Kundenschulung" hat gezeigt, dass ABC ein Instrument zur Quantifizierung von Nutzen ist. Mittels einer Prozessanalyse schätzen Unternehmen ab, was nutzenstiftende oder nutzenvernichtende Aktivitäten sind.

3.2.2 Total cost of ownership

Total-cost-of-ownership-Analysen werden aus verschiedenen Gründen eingesetzt. Die meisten beziehen sich auf Szenarien der Lieferantenbewertung, des Lieferantenvergleichs, der Lieferantenentwicklung sowie unterstützen bei der Identifizierung und Kommunikation relevanter Kosten während der Lieferantenauswahl (Ellram 1993, 1994, 1995; Ellram und Siferd 1993, 1998). Mittels TCO-Rechnungen werden alle mit einer Anschaffung assoziierten Kosten quantifiziert, sodass zwischen konkurrierenden Angeboten die kostengünstigere Alternative ermittelt werden kann (Hurkens und Wynstra 2006). Ellram und Siferd (1993, S. 183) verstehen unter dem TCO-Ansatz

> „[...] a progressive, systematic approach to understanding, analyzing, managing, and reducing the total cost of ownership of material, services, capital goods, or any purchased item".

Ferrin und Plank (2002, S. 25) identifizieren zwölf Kategorien von Kostentreibern, welche mittels TCO-Analyse quantifiziert werden: (1) Betriebskosten, (2) Qualität,

(3) Logistik, (4) technologischer Vorteil, (5) Fähigkeiten und Zuverlässigkeit des Zulieferers, (6) Wartung, (7) Inventarkosten, (8) Transaktionskosten, (9) Lebenszyklus und -dauer, (10) Listenpreis, (11) Kundenbezug sowie (12) Opportunitätskosten. Vier Aspekte verdeutlichten, warum TCO-Rechnungen als Instrument der Nutzenquantifizierung für die Entwicklung finanzieller Nutzenrechnungen relevant sind. Die folgende Darstellung orientiert sich an Ellram (1993, 1994, 1995) sowie Ellram und Siferd (1993, 1998).

1. TCO-Rechnungen kommen in der Lieferantenbewertung zum Einsatz, um über „make or buy"-Optionen zu entscheiden. Hier wird die Leistung des Lieferanten abgeschätzt. Der Anbieter und sein Know-how werden möglichst früh in eine Beschaffungsentscheidung involviert, damit die finanziellen Auswirkungen von Angeboten umfassend bewertet werden können.
2. Steht der Vergleich von konkurrierenden Lieferanten im Vordergrund, unterstützen TCO-Rechnungen bei einer finanziellen Gegenüberstellung der Lieferantenleistungen, der Quantifizierung von Leistungs- oder Angebotsverbesserungen, der Identifizierung von einheitlichen Kosten- und Leistungsgrößen oder der Bewertung von laufenden Geschäftsbeziehungen.
3. TCO-Analysen werden zudem zur Entwicklung und Förderung von Lieferanten eingesetzt. Liegt der Schwerpunkt der Analyse auf der Bewertung von Leistungssteigerungen des Anbieters, der Identifizierung und Reduzierung von Kostentreibern, der Quantifizierung von Prozessverbesserungen, der finanziellen Einschätzung effizienterer neuer Maschinen oder der Aufdeckung von Verbesserungsmaßnahmen für kritische Wertschöpfungsbereiche, liefern TCO-Rechnungen quantitative Informationen für den Zulieferer. Demnach kalkulieren sie finanziellen Kundennutzen.
4. TCO-Analysen eignen sich als Werkzeug zur Identifizierung und Kommunikation relevanter Kosten für den Kunden. Mittels TCO-Rechnungen werden Mitarbeiter geschult, Ideen vermarktet oder Produktspezifika und Kostenvergleiche quantifiziert. TCO-Analysen bieten eine Argumentationshilfe an der Schnittstelle von Beschaffung und Anbieter, indem sie kundenrelevante Kostenvorteile dokumentieren und somit finanziellen Kundennutzen transparent machen.

Ellram und Siferd (1993, S. 164) bestätigen im Sinne einer finanziellen Nutzenrechnung aus der Perspektive der Beschaffung:

„[…] while firms can show that quality has improved and cycle time, labor content, and inventory levels have been reduced, few have learned how to measure the bottom line effect of such improvements".

Ellram (1994) sucht mittels ausgewählter Fallstudien nach generischen Mustern in TCO-Rechnungen. Das Ergebnis ist eine Strukturierung von TCO-Modellen in standardisierte und individualisierte TCO-Modelle. Abbildung 3-3 stellt diese anhand zweier Fallbeispiele gegenüber. Abbildung 3-3 zeigt, dass ein standardisiertes TCO-Modell von grundlegenden Annahmen ausgeht und bekannte Kostentreiber, wie Einkaufspreis, Installation, Verpackung oder Transport, zweier Anbieter gegenübestellt.

Standardisiertes TCO-Modell (Fallbeispiel: Beschaffung eines Investitionsguts)		
Standard Assumptions		
Fully Burdened Labor Rates		
Exempt: Manager	$36.00	
Exempt: Engineer, etc.	36.00	
Programmer	24.00	
SNE: Technician	40.00	
Hourly: Operator	12.00	
SNE: Administrative	15.00	
Facilities Standards		
Space Valuation per Foot	$2,650	
# of Weeks to Operate per Year	52	
	(max = 52)	
Financial Standards		
Useful Life	4	
Cost of Funds	12.8%	
Tax Rate	38.0%	
Equipment Costs		
Capitalized Costs	**Supplier A**	**Supplier B**
Purchase Price	$657,059	$746,785
Options & Upgrades	2,915	479
Service Contract	14,815	14,815
Installation	229,630	229,630
Freight/Duty	70,000	70,000
Packing	14,815	14,815
Other	---	---
Amortization Period (yrs.)	4	4
Capitalized Costs per Year	$247,309	$269,131
Expended Costs - 1st Year	**Supplier A**	**Supplier B**
Engineering Expense	---	---
Spares Costs	$ 8,400	$ 48,000
Buy-Off Costs	39,000	39,000
Training & Training Development	---	---
Travel	20,000	20,000
Other Expended Costs	---	---
Equipment Expense - 1st Year	$ 67,400	$107,000

Individualisiertes TCO-Modell (Fallbeispiel: Mietvertrag eines Leihwagens)		
COST ELEMENT	**SUPPLIER A**	**SUPPLIER B**
Daily Rental	$33.5	$26.00
Weekly Disc.	(1.00)	---
Promotions	(1.00)	(.50)
Daily Insurance	0.00	1.00
Fuel Surcharge	2.55	2.00
Drop Off Charge	0.75	---
Hourly Overtime	0.45	.60
Mileage Surcharge	1.52	2.00
Average Daily Price	**$36.77**	**$31.10**
SERVICE		
Number of Stops at Counter	.50	1.00
Location Relative to Airport	.25	0.75
Automation	.05	0.25
Billing Process	.05	0.25
Guarantees	.06	0.76
Problem Resolution	.06	0.65
Total Service	**$2.05**	**$3.66**
QUALITY		
Complaint Record	0.11	.18
Management	---	.05
Employee Empowerment	---	.05
Total Quality	**$.11**	**$.28**
ADMINISTRATIVE		
Standard Management Reports	---	.10
Customize Reports	---	.10
On Demand Reports	---	.07
Reservation Procedure	.06	.10
Total Administative	**$.06**	**$.37**
FINANCIAL STABILITY		
Stakeholders	---	.05
Foreign Investors	.04	.10
Total Financial	**$.04**	**$.15**
TOTAL COST ANALYSIS		
DAILY TOTAL COST	**$39.03**	**$35.56**

Anwendung: Bei der Erfassung häufig wiederkehrender, kritischer Kostentreiber von verschiedenen Produkten und vergleichbaren Einkaufssituationen

Vorteile: Einfache Bedienung, hohe Übertragbarkeit, hohe Akzeptanz bei Mitarbeitern, standardisierte/bekannte Kostenpositionen

Nachteile: Mangelnde Flexibilität und Individualisierbarkeit für unterschiedliche Kostentreiber, möglicher Ausschluss wesentlicher Kostenpositionen

Anwendung: Bei mangelnder Verallgemeinerungsfähigkeit relevanter Kostentreiber und Heterogenität der Einkaufssituationen

Vorteile: Hohe Flexibilität für unterschiedliche Kostentreiber, kein Ausschluss wesentlicher Kostenpositionen, detailgetreue Kosteninformationen

Nachteile: Aufwendige Bedienung, keine Übertragbarkeit, geringe Akzeptanz bei Mitarbeitern, hohe Spezialisierung und unbekannte Kostenpositionen

Abb. 3-3 Vergleich standardisierte und individualisierte TCO-Modelle
Quelle: in Anlehnung an Ellram 1994, S. 183 ff.

Mittels der Auflistung der TCO werden diejenigen Kostentreiber herausgearbeitet, welche Kostenunterschiede verursachen. Im konkreten Fallbeispiel sind es der Preis in der Kategorie der Beschaffungskosten sowie die Ersatzteilkosten in der Kategorie der erweiterten Kosten. Mittels TCO-Analysen könnten Einkaufsmanager Anbieter B in diesem konkreten Fallbeispiel fragen (vgl. linker Teil in Abbildung 3-3), warum er einen deutlich höheren Anschaffungspreis verlangt und zudem mit mehr als den fünffachen Ersatzteilkosten kalkuliert, während die restlichen Kostentreiber bis auf die Position „Options and Upgrades" identisch sind.

Ellram (1994) empfiehlt standardisierte TCO-Modelle, wenn häufig wiederkehrende Kostentreiber (z. B. Preis, Installation, Verpackung, Transport oder Ersatzteilkosten) anfallen, die bei verschiedenen Produkten oder in unterschiedlichen Einkaufssituationen vergleichbar sind (Ellram 1994, 1995; Ellram und Siferd 1993). Standardisierte TCO-Modelle sind einfach zu bedienen, leicht auf verschiedene Szenarien zu übertragen und haben wegen ihrer geringen Komplexität und Kalkulation meistens transparenter Kostentreiber eine hohe Anwendungswahrscheinlichkeit. Nachteilig ist ihre mangelnde Flexibilität und Individualisierbarkeit, die es ermöglichen würden, unterschiedliche Kostentreiber in die Berechnung zu integrieren, sowie die Gefahr, dass wesentliche Kostentreiber deshalb ausgeschlossen werden (Ellram 1994, 1995; Ellram und Siferd 1993).

Individualisierte TCO-Rechnungen werden bei heterogenen Einkaufssituationen entwickelt. Die relevanten Kostentreiber sind fallspezifisch und treten nur selten in vergleichbarer Form erneut auf. Abbildung 3-3 zeigt im rechten Teil das Fallbeispiel eines individuellen Mietvertrages eines Leihwagens. In der TCO-Gegenüberstellung zweier Anbieter werden neben dem durchschnittlichen Tagespreis fallspezifische Größen, wie Service-, Qualitäts-, Administrations- und finanzielle Stabilitätskosten, kalkuliert. Das Fallbeispiel zeigt, dass TCO-Analysen nicht nur in Beschaffungsentscheidungen von Investitionsgütern, sondern auch bei Dienstleistungen, wie einem Kraftfahrzeug-Mietvertrag, zum Einsatz kommen. Im konkreten Fall lautet die finanzielle Nutzenargumentation aus der Perspektive des Anbieters B, dass seine Service-, Qualitäts-, Administrations- und finanziellen Stabilitätskosten gegenüber Wettbewerber A höher sind und er aufgrund dieser Sicherheiten einen geringeren durchschnittlichen Tagespreis anbietet. Betrachtet der Kunde am Ende die TCO-Analyse, so verursacht Anbieter B im direkten Vergleich geringere Gesamtkosten und dokumentiert einen höheren finanziellen Kundennutzen. Individualisierte TCO-Modelle zeichnen sich durch eine hohe Flexibilität für unterschiedliche Kostentreiber aus. Sie geben detailgetreue Kosteninformationen, ohne Gefahr zu laufen, wesentliche Kostenpositionen auszuschließen. Nachteilig sind der hohe Entwicklungsaufwand sowie die mangelnde Übertragbarkeit auf verschiedene Beschaffungsszenarien. Individualisierte TCO-Modelle werden daher seltener eingesetzt, weil viele fallspezifische und damit meist nicht offensichtliche Kostenpositionen kalkuliert werden müssen (Ellram 1994, 1995; Ellram und Siferd 1993).

3.2.3 Value-in-use-Analyseverfahren

Schwerpunkt von ABC und TCO ist die Identifikation wesentlicher Kostentreiber in Wertschöpfungsprozessen sowie die Berechnung aller mit einer Produktanschaffung verbundenen Kosten. Beide Ansätze betrachten hauptsächlich die Ausgabenseite (Sostrom 2000; Wouters, Anderson und Wynstra 2005). Die Erlösseite in Form von Umsatzsteigerungspotenzialen, welche aus der Anschaffung eines Produkts oder dem Einsatz einer Dienstleistung resultieren, sollte aber ebenfalls in eine finanzielle Nutzenrechnung integriert werden. Kapitel 3.2.3 diskutiert daher mittels value-in-use-Analyseverfahren Konzepte, wie eine reine Kostenanalyse um die Betrachtung von Erlöstreibern ergänzt wird. Die Literatur definiert den Begriff value-in-use unterschiedlich. Tabelle 3-2 gibt einen Überblick über die verschiedenen Definitionen.

Tabelle 3-2 strukturiert die unterschiedlichen Definitionen des value-in-use nach zwei Schwerpunkten: Wahrnehmung (Flint, Woodruff und Gardial 1997; Macdonald et al. 2011; Seiter et al. 2008) und finanzielle Bewertung von Nutzentreibern (Ahlert et al. 2008; Anderson, Narus und Narayandas 2009; Smith und Nagle 2005; Wilson und Jantrania 1994).

Liegt der inhaltliche Schwerpunkt auf der Wahrnehmung der Nutzentreiber, beschreibt die Literatur value-in-use als subjektiven Einsatznutzen. Im Vordergrund der Analyse steht die Kundenwahrnehmung bezüglich der Produktattribute und -eigenschaften, nicht aber die finanziellen Auswirkungen für den Kunden. Liegt der inhaltliche Schwerpunkt auf der finanziellen Bewertung von Nutzentreibern, beschreibt die Literatur value-in-use als objektiven, in finanziellen Einheiten zu berechnenden Kundennutzen. Kundennutzen resultiert hier ebenfalls aus dem Einsatz eines Produkts oder einer Dienstleistung. Anderson, Narus und Narayandas (2009, S. 113) definieren dementsprechend:

„Value-in-use represents the difference in value minus the difference in price that a supplier's offering provides a customer firm relative to a competitive offering."

Tab. 3-2   Definitionen des value-in-use

Autor(en) (Jahr)	Verwendete Terminologie	Definition	Weiterführende Erklärung	Schwer-punkt
Ahlert et al. (2008, S. 477)	value-in-use-Analyseverfahren	„[…] Instrumente zur monetären Bemessung des Nutzens"	• Zahlungsbereitschaft der Kunden erhöhen • Höhere Preise für hybride Produkte am Markt durchsetzen • Beispiel: economic value to the customer	Finanzielle Bewertung von Nutzen-treibern
Anderson, Narus und Narayandas (2009, S. 113)	value-in-use (VIU)	„Value-in-use represents the difference in value minus the difference in price that a supplier's offering provides a customer firm relative to a competitive offering."	• Ermittlung und Bewertung des überlegenen Nutzens eines Marktangebots • Ermittlung eines nutzenfairen Preises	Finanzielle Bewertung von Nutzen-treibern
Flint, Woodruff und Gardial (1997, S. 170)	value in use	„Value in use reflects the use of the product or service in a situation to achieve a certain goal or set of goals."	Produkte sind Mittel zum Erreichen eines Ziels	Wahrneh-mung von Nutzen-treibern
Lee (1978, S. 60)	value-in-use	„Calculated worth of an alternative (or „candidate") product when substituted for the product now in use (die „incumbent")."	Differenz zweier Wettbewerbs-produkte als zu kalkulierender Nutzenwert	Finanzielle Bewertung von Nutzen-treibern
Macdonald et al. (2011, S. 671)	value-in-use	„[…] customer's outcome, purpose or objective that is achieved through service"	Identifikation der Verbindung zwischen Servicequalität und Resultaten einer Geschäftsbeziehung	Wahrneh-mung von Nutzen-treibern
Seiter et al. (2008, S. 4)	value-in-use-Analyseverfahren	„[…] Anbieter versuchen, den Nutzen für die Kunden im Voraus zu quantifizieren"	Vergrößerung des vom Kunden wahrgenommenen Nutzens eines Produkts oder einer Dienstleistung	Wahrneh-mung von Nutzen-treibern
Smith und Nagle (2005, S. 41)	use value, value in use	„[…] is the monetary worth of a product's set of benefits actually received by the customer as a result of using the product or service"	• Erhaltene Nutzen eines Produkts • Value in use resultiert aus dem gesamten Lebenszyklus eines Produkts oder einer Dienstleistung • Alle assoziierten Einsparungen und benefits infolge von Produktleis-tungen (z. B. Installations- oder Wartungskosteneinsparungen)	Finanzielle Bewertung von Nutzen-treibern
Wilson und Jantrania (1994, S. 60)	use value, value in use	„It is the properties of a product or service that accomplish or contribute towards accomplishing a task or work."	• Kalkulation des finanziellen Werts eines alternativen Produkts, wenn dieses das aktuelle, eingesetzte Produkt ersetzt • Beispiel: economic value to the customer	Finanzielle Bewertung von Nutzen-treibern

Mittels *value-in-use*-Analyseverfahren diskutiert die Literatur methodische Ansätze, wie infolge einer quantitativ-ökonomischen Nutzenargumentation die Zahlungs-bereitschaft der Kunden gesteigert werden kann (Ahlert et al. 2008; Anderson, Jain und Chintagunta 1993; Hinterhuber 2004, 2008a). Anbieter verwenden die trans-parente Darstellung finanzieller Produkt- und Dienstleistungsvorteile, damit sie die Nutzenwahrnehmung des Kunden beeinflussen und nutzenäquivalente Preise am Markt durchsetzen können (Hinterhuber 2004, 2008a, 2008b; Reinecke 1997; Shapiro und Jackson 1978; Simon, Butscher und Sebastian 2003).

Eine entscheidende Rolle kommt der Quantifizierung des Kundennutzens in finanziellen Einheiten zu (Ahlert et al. 2008). Hierzu konzipieren value-in-use-Analyseverfahren unterschiedliche Berechnungsansätze in Gleichungen, um finanziellen Kundennutzen zu modellieren (Seiter et al. 2008; Wilson und Jantrania 1994). Tabelle 3-3 erläutert die verschiedenen Berechnungsansätze des value-in-use.

Tab. 3-3 Berechnungsansätze des value-in-use

Autor(en) (Jahr)	Bezeichnung	Berechnungs-ansatz	Erläuterungen
Ahlert et al. (2008, S. 477)	economic value to the customer (EVC)	EVC = LZK + IV − (SK + BK)	EVC = Economic value to the customer LZK = Lebenszykluskosten SK = Start-up-Kosten BK = Betriebskosten
Anderson, Narus und Narayandas (2009, S. 113)	value-in-use	$VIU = (Value_f - Value_a) - (Price_f - Price_a)$	$Value_f$ ($price_f$) = Value (price) of a focal firm's market offering$_f$ $Value_a$ ($price_a$) = Value (price) of next best alternative market offering$_a$
Busacca, Costabile und Ancarani (2008, S. 189)	economic value to the customer analysis (EVC)	EVC = P − R + M + S + G	EVC = Economic value to the customer P = Initial investment (synthesized by the prices) R = Residual value M = Current value of maintenance costs S = Current value of replacement costs G = Value of operating costs
Dolan (2003, S. 5)	true economic value (TEV)	TEV = Cost of the Alternative + Value of Performance Differential	
Forbis und Mehta (1981, S. 34)	economic value to the customer (EVC)	$EVC_x = LC_Y - SC_x - PPC_x + IV_x$	EVC_x = Economic value to the customer of given product X LC_Y = Life cycle costs of a reference product Y SC_x = Start-up costs of given product X PPC_x = Post purchase costs of given the product X IV_x = Incremental value of given product X
Gale und Swire (2006a, S. 9; 2006b, S. 32)	justified (fair) price	Justified (Fair) Price = Price of reference product + Value of your product advantages + Cost savings in using or owning your product	
Lee (1978, S. 61)	annual use cost	Annual Use Cost = $(QC + C_p + C_f + ...) \div L$	Q = Quantity of incumbent material per unit quantity or finished product C = Purchase price of incumbent material per unit quantity C_p = Processing cost per unit quantity of finished product, using the incumbent material C_f = Finishing cost per unit of finished product, using the incumbent material L = Useful life of finished product, using the incumbent material
Monroe (2003, S. 205)	maximaler Preis	$P_{max\,y} = LLC_x + IV_y - (PPC_y + SUC_y)$	$P_{max\,y}$ = Maximum acceptable price for product Y LLC_x = Life cycle costs of the reference product IV_y = Improvement value for the „new" product PPC_y = Discounted post purchase costs for the „new" product SUC_y = Start-up costs for the „new" product
Smith und Nagle (2005, S. 42)	economic value (EV)	EV = Reference value + positive differentiation value − negative differentiation value	

Tabelle 3-3 zeigt, dass die Literatur value-in-use überwiegend mittels des „economic value to the customer"-Konzepts (EVC) von Forbis und Mehta (1981) beschreibt. Andere Berechnungsansätze (z. B. Dolan 2003; Gale und Swire 2006a, 2006b; Monroe 2003; Smith und Nagle 2005) sprechen nicht direkt von EVC, greifen aber die grundlegende Idee des EVC-Konzepts in leicht angepasster Form auf. Forbis und Mehta (1981, S. 32) definieren EVC wie folgt:

„EVC may be defined as the relative value a given product offers to a specific customer in a particular application – that is, the maximum amount a customer should be willing to pay, assuming that he is fully informed about the product and the offerings of competitors."

Folglich beschreibt die Literatur EVC als kalkulierbaren Kundennutzen. Der Kundennutzen resultiert aus der Gegenüberstellung von Kosten und benefits sowie einem direkten Wettbewerbsvergleich (Busacca, Costabile und Ancarani 2008). Mittels des EVC-Konzepts finden Unternehmen heraus, wie viel mehr oder weniger ein Kunde in einer Kaufentscheidung zwischen zwei Produkten bereit ist zu zahlen (Lilien et al. 2010). Smith und Nagle (2005) führen die unterschiedlichen Zahlungsbereitschaften der Kunden auf die wahrgenommene Differenzierung gegenüber Wettbewerbsangeboten zurück. In Anlehnung an Forbis und Mehta (1981) sprechen sie vom economic value (EV) als

„[...] the price of the customer's best alternative (the reference value) plus the value of what differentiates the offering from the alternative (differentiation value)" (Smith und Nagle 2005, S. 41).

Demnach stellen Smith und Nagle (2005) Kundennutzen als Differenzierungsnutzen dar, mit dem sich Unternehmen messbar von einem wettbewerbsfähigen Referenzprodukt abgrenzen. Damit ist eine Brücke zu finanziellen Nutzenrechnungen geschlagen: Die Quantifizierung des finanziellen Nutzens aller Differenzierungsfaktoren infolge von Einsparungen und Zusatzgewinnen im direkten Wettbewerbsvergleich entspricht der Idee finanzieller Nutzenrechnungen. Abbildung 3-4 stellt das ursprüngliche EVC-Konzept von Forbis und Mehta (1981) einer jüngeren Konzeption des Kundennutzens, der customer value analysis (CVA) von Woodside, Golfetto und Gibbert (2008), gegenüber. Sie zeigt, dass Forbis und Mehta (1981) im EVC-Konzept aus der Kundenperspektive das Produkt eines Anbieters (X) mit einem Referenzprodukt (Y) mittels der Berechnung von Lebenszykluskosten vergleichen. Woodside, Golfetto und Gibbert (2008) stellen in der CVA ebenfalls zwei Produktalternativen gegenüber, argumentieren aber mittels cost- und benefit-Auswirkungen verschiedener Technologiestandards.

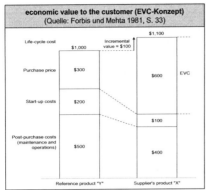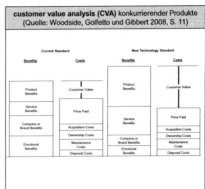

Abb. 3-4 EVC und CVA als Beispiele für value-in-use-Analyseverfahren

Die Quantifizierung von EVC beziehungsweise die Durchführung einer CVA sind für die Entwicklung finanzieller Nutzenrechnungen gleichermaßen relevant, da beide einen nutzenbasierten Kundenvorteil in finanziellen Einheiten ermitteln. Der methodische Ansatz von EVC und CVA kommt der Idee einer finanziellen Nutzenrechnung nahe und kann in drei Schritten zusammengefasst werden:

1. Beide Ansätze haben gemein, dass sie ein relevantes Referenzprodukt auswählen. Für die Auswahl sollte der Betrachtungsradius groß genug sein, das heißt, Unternehmen sollten alle möglichen Produkte in Betracht ziehen, welche Kundenbedürfnisse befriedigen oder Probleme beim Kunden lösen (Forbis und Mehta 1981). Das Referenzprodukt muss nicht zwangsläufig das Produkt eines bekannten Wettbewerbers oder der bisherige Industriestandard sein. Manchmal ist auch ein Vergleich mit einem überarbeiteten Produkt aus wettbewerbsfremden Marktsegmenten oder eine bisher unbekannte Technologie zielführend. Wird ein eigenes Produkt weiterentwickelt (z. B. Modellwechsel oder Variantenanpassung), dient das unternehmensinterne Produkt als Referenzprodukt (Forbis und Mehta 1981).

2. Um den EVC zu bestimmen beziehungsweise eine CVA durchzuführen, werden alle relevanten Kosten bestimmt. Beide Ansätze haben gemein, dass die gesamten Kosten über den Lebenszyklus ermittelt werden. Forbis und Mehta (1981, 2000) sprechen von den Lebenszykluskosten, wogegen Woodside, Golfetto und Gibbert (2008) nur zwischen einzelnen Kostenblöcken, wie bezahlter Preis, Akquisitions-, Besitz-, Wartungs- und Entsorgungskosten, differenzieren. Für die Ermittlung der einzelnen Kostenblöcke des EVC und der CVA empfiehlt

die Literatur zum Beispiel ABC und/oder TCO (Ahlert et al. 2008; Monroe 2003). Die EVC-Kostenblöcke ähneln denen der CVA und setzen sich aus dem Anschaffungspreis, Start-up-Kosten und dem Kauf nachgelagerter Kosten beziehungsweise Betriebskosten zusammen. Der Anschaffungspreis umfasst neben dem reinen Produktpreis Kosten für Fracht, Versicherung oder Finanzierung. Unter Start-up-Kosten werden Kostentreiber kalkuliert, die über die Positionen der Anschaffung hinausgehen, zum Beispiel Kosten für kundenspezifische Anpassungen und Modifikationen der Produkte, Installationskosten oder technisches Training. Unter „dem Kauf nachgelagerte Kosten" (post-purchase costs) werden anfallende Betriebskosten im Produkteinsatz zusammengefasst. Mögliche Kostenpositionen sind hier zum Beispiel Wartung, Reparatur, Roh-, Hilfs- und Betriebsmittel, Strom, Lagerhaltung oder Entsorgung.

3. Danach wird der Zusatznutzen bestimmt. Forbis und Mehta (1981, S. 33) nennen diesen „incremental value". Andere Autoren sprechen vom „improvement value" (Ahlert et al. 2008, S. 476; Monroe 2003, S. 204) oder vom „differentiation value" (Smith und Nagle 2005, S. 41). Alle Autoren vereint, dass es um die Quantifizierung zusätzlicher benefits geht, also um diejenigen Positionen, die ABC- oder TCO-Rechnungen nicht betrachten. Woodside, Golfetto und Gibbert (2008) differenzieren in der CVA benefits nach produkt-, dienstleistungs-, unternehmens-, markenbezogenen oder emotionalen benefits. Forbis und Mehta (1981) nennen spezielle Produkteigenschaften, bessere Funktionalität, ergänzende Dienstleistungen, Zuverlässigkeit oder Markennamen als Beispiele für Zusatznutzen. Woodside, Golfetto und Gibbert (2008) kategorisieren Zusatznutzen mittels vier benefit-Kategorien: (1) längere Lebenszeit (Produkt-benefit), (2) Einfachheit der Installation (Service-benefit), (3) Reputation des Anbieters bezüglich Qualität (Unternehmens- und Marken-benefit) und (4) Kompetenz (emotionaler benefit).

Die Literatur zum value-in-use ist an dem für die Entwicklung finanzieller Nutzenrechnungen entscheidenden Punkt, der finanziellen Quantifizierung des Zusatznutzens, nicht besonders detailliert: Weder Forbis und Mehta (1981) noch Woodside, Golfetto und Gibbert (2008) erklären konkrete methodische Ansätze, wie finanzieller Zusatznutzen bewertet werden kann, obwohl sie diesen mittels value-in-use umfassend analysieren und für finanzielle Nutzenrechnungen zielführend konzipieren. Kapitel 3.2.4 wird daher mittels value word equations eine Möglichkeit aufzeigen, wie der finanzielle Gegenwert eines angebotenen Zusatznutzens quantifiziert wird (Ahlert et al. 2008; Monroe 2003).

3.2.4 Value word equations

Anderson, Kumar und Narus (2007), Anderson, Narus und van Rossum (2006) sowie Anderson, Narus und Narayandas (2009) betonen, dass die Umrechnung aller technischen, ökonomischen, dienstleistungsbezogenen und sozialen benefits in finanzielle Werte die zentrale Herausforderung finanzieller Nutzenrechnungen darstellt. Sie beschreiben mittels value word equations eine Methodik, wie Unternehmen unterschiedlichste benefits und Zusatznutzen in finanziellen Nutzenrechnungen umrechnen. Fox und Gregory (2005a) sowie Reilly (2003, S. 13) beschreiben mittels dollarization sowie value-added selling vergleichbare Ansätze. Abbildung 3-5 zeigt anhand ausgewählter Fallbeispiele von value word equations, dass diese ein geeignetes Instrument der Nutzenquantifizierung darstellen.

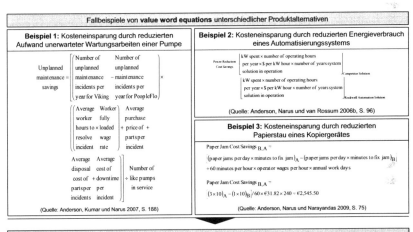

Abb. 3-5 Fallbeispiele von value word equations

Value word equations formulieren in Worten und mathematischen Grundrechenoperationen (Addition, Subtraktion, Multiplikation und Division), wie Unterschiede in Funktionalität und Leistung zweier Produktalternativen quantitativ
berechnet werden und welche finanziellen Auswirkungen aus den Unterschieden
für den Kunden resultieren. Abbildung 3-5 gibt hierzu im oberen Teil drei konkrete Fallbeispiele, welche die Relevanz von value word equations für finanzielle
Nutzenrechnungen verdeutlichen.

Für jeden nutzenstiftenden Differenzierungsfaktor wird eine eigene value word
equation formuliert. Die Formulierung dieser separaten Gleichungen verdeutlicht,
welche Daten Unternehmen recherchieren sollten und wie die Daten mittels mathematischer Grundrechenoperationen finanziellen Kundennutzen kalkulieren (Anderson,
Narus und Narayandas 2009). Wichtig ist, dass in der Formulierung jeder value word
equation die Differenzierungsfaktoren durch möglichst präzise Worte und Prozessschritte beschrieben werden. Die Aufstellung von value word equations folgt einem
Muster: Auf der linken Seite der Gleichung steht der zu quantifizierende Nutzentreiber, das heißt derjenige Differenzierungsfaktor, welcher in Kosteneinsparungen
oder Profitsteigerungen für den Kunden umgerechnet werden soll. Abbildung 3-5
nennt folgende Beispiele: Einsparungen an ungeplanten Wartungen (vgl. Beispiel 1
in Abbildung 3-5) sowie Kosteneinsparungen infolge eines reduzierten Energiever-
brauchs (vgl. Beispiel 2 in Abbildung 3-5) oder eines reduzierten Papierstaus (vgl.
Beispiel 3 in Abbildung 3-5). Demgegenüber stehen auf der rechten Seite der Gleichung diejenigen äquivalenten Komponenten, welche den Differenzierungsfaktor
begründen (Anderson, Kumar und Narus 2007). Die entsprechenden Fallbeispiele
in Abbildung 3-5 wären unter anderem: Anzahl ungeplanter Wartungsvorfälle pro
Jahr (vgl. Beispiel 1 in Abbildung 3-5), verbrauchte kWh-Betriebsstunden des Systems
pro Jahr (vgl. Beispiel 2 in Abbildung 3-5) oder Anzahl der Minuten zur Entfernung
des aufgestauten Papiers (vgl. Beispiel 3 in Abbildung 3-5).

Nachdem die Gegenüberstellung von Nutzentreibern und Differenzierungsfaktoren abgeschlossen ist, folgt die Formulierung einer Wortgleichung (value word
equation). Hier werden die Nutzenargumente durch beschreibende Worte und
mathematische Operationen ersetzt. Die beschreibenden Worte werden danach
durch entsprechende Daten substituiert und die Differenzierungsfaktoren in
Euro-Äquivalente umgerechnet. Fallbeispiel 3 in Abbildung 3-5 verdeutlicht diesen Schritt am besten. Der direkte Vergleich zweier Kopiergeräte (A und B) zeigt,
dass mit Produkt B gegenüber Produkt A beim Differenzierungsfaktor „Kosten
durch Papierstau" jährlich 2.545,60 Euro eingespart werden (Anderson, Narus und
Narayandas 2009). Somit ist eine Komponente (Nutzentreiber „Kosteneinsparung
durch weniger Papierstau") des gesamten Kundennutzens für eine Nutzenrechnung
in finanziellen Einheiten quantifiziert. Fox und Gregory (2005a) beschreiben unter

dem Begriff dollarization einen mit value word equations vergleichbaren Ansatz. Unter „Dollarisierung" verstehen sie

> „[...] the translation of the benefits a product or service delivers to a customer into dollar-and-cents financial impact to that customer" (Fox und Gregory 2005a, S. 5).

Ähnlich der Methode der value word equations folgt dollarization von benefits einem generischen Muster. Fox und Gregory (2005a, S. 203) diskutieren fünf Schritte mit der Zielsetzung „how to dollarize any benefit":

1. Zuerst wird die Wettbewerbssituation geklärt. Unterschiedliche Fragestellungen helfen bei der Identifikation des relevanten Wettbewerbers. Typische Fragen, die sich Unternehmen stellen sollen, sind zum Beispiel: Gegen wen müssen wir uns durchsetzen? Befinden wir uns in einem traditionellen Business-to-Business-Wettbewerb? Ist die Referenzlösung der Status quo? Konkurriert unser angebotenes Produkt gegen ein neu entwickeltes Produkt des Wettbewerbers oder sollten wir unser Produkt mit einer anderen unternehmensinternen Lösung vergleichen?

2. Im zweiten Schritt werden alle benefits, das heißt Differenzierungsmerkmale, aufgelistet. Fox und Gregory (2005a) nennen als Beispiele: unerfüllte Bedürfnisse des Kunden, Unterstützungsmöglichkeiten des Kunden bei einer Problemlösung, Unterschiede und Schwächen gegenüber einem Wettbewerbsangebot, strategische Änderungen der Wettbewerbssituation, Kernkompetenzen des eigenen Unternehmens oder technisches Know-how in der eigenen Organisation. Wichtig ist, dass während der Identifikation der benefits eine möglichst umfassende Liste erstellt wird. Unternehmen analysieren alle, vom Kernprodukt bis hin zu produktbegleitenden Dienstleistungen reichenden, benefits.

3. Der dritte „Dollarisierungs"-Schritt erklärt, inwiefern die aufgelisteten benefits dem Kunden einen (Zusatz-)Nutzen stiften. Hier sollten sich die Unternehmen selbst fragen, wie die angebotenen benefits dem Kunden helfen, warum sie dem Kunden helfen, welche Probleme des Kunden gelöst werden oder was die Konsequenzen sind, wenn der Kunde nicht von den angebotenen benefits profitiert (Fox und Gregory 2005a).

4./5. Im vierten und fünften Schritt werden die benefits quantifiziert beziehungsweise „dollarisiert". Diese beiden Schritte können nicht strikt voneinander getrennt werden. Mit der Quantifizierung der benefits ist deren Übersetzung in Zahlenwerte gemeint. Die „Dollarisierung" umfasst daran anschließend die Übersetzung der Zahlenwerte in Dollar- und Cent-Werte, das heißt in finanziellen Kundennutzen. Möglichkeit 2 im unteren Teil von Abbildung 3-5 nennt als einen benefit (vgl. zweite Zeile der Tabelle) zum Beispiel reduzierte Ausfallzeit (reduced downtime). Die Quantifizierung dieses benefit führt zu einem Zahlenwert von 30 Minuten ungeplanter Ausfallzeit pro Produktionsschicht. Die Dollarisierung findet im letzten Schritt statt. Der quantifizierte benefit resultiert in einer Kosteneinsparung von 15.000 Dollar pro Schicht. Fox und Gregory (2005a) betonen, dass bei der Suche nach notwendigen Daten zur Quantifizierung und Dollarisierung der benefits eine enge Interaktion mit dem Kunden sowie ein genauer Informationsaustausch innerhalb des eigenen Unternehmens wichtig sind. Es bedarf einer gewissen Kreativität des Nutzenquantifizierers, damit er diejenigen Daten herausfiltert, die einen Leistungsvorteil quantifizieren, sodass er dessen finanzielle Auswirkungen für den Kunden dokumentieren kann.

Für die Entwicklung einer finanziellen Nutzenrechnung werden am Ende alle value word equations oder „Dollarisierungs"-Gleichungen zu einem gesamten Modell integriert. Die Literatur verwendet für diese ganzheitlichen Modelle verschiedene Begriffe. Abbildung 3-5 gibt ausgewählte Beispiele von Nutzenrechnungen: Anderson, Narus und van Rossum (2006), Anderson, Kumar und Narus (2007) sowie Anderson, Narus und Narayandas (2009) sprechen übergreifend von Kundennutzenmodellen und geben als Fallbeispiel eine Effizienz-Kostenmatrix an, welche die gesamten jährlichen Kosten aus einzelnen value word equations berechnet, um finanziellen Kundennutzen zu quantifizieren.

Fox und Gregory (2005a) geben ein Beispiel, das über eine reine Kostenbetrachtung hinausgeht. Die Idee der value word equations dient ihnen dazu mittels „quantifying and dollarizing benefit results" (Fox und Gregory 2005a, S. 207) eine finanzielle Nutzenrechnung zu entwickeln. Der finanzielle Nutzen setzt sich hier aus Ertragssteigerungen, reduzierter Ausfallzeit, verbesserter Produktivität und gesteigerter Leistung zusammen.

Reilly (2003, S. 99) integriert einzelne value word equations in einem value-added sheet, welches am Ende den gesamten Zusatznutzen des Kunden in Form eines finanziellen Nutzens ermittelt. Der mittels eines value-added sheet quantifizierte finanzielle Kundennutzen besteht in diesem Beispiel aus Kosteneinsparungen im elektronischen Datenaustausch, angebotenen Sicherheitstrainings, Gewinnsteigerungsprogrammen und Verlängerung des Lebenszyklus. Das value-added sheet listet alle nutzenstiftenden und zusätzlichen Dienstleistungen für den Kunden auf, welche er beim Produktkauf erhält. Ein value-added sheet kann in Verkaufsgesprächen als Vertriebswerkzeug eingesetzt werden, welches Anbieter und Kunde gleichermaßen leicht verständlich dokumentiert, was der Dollar- oder Euro-Wert der zusätzlichen Dienstleistungen ist (Reilly 2003).

Bei der Integration einzelner value word equations oder „Dollarisierungs"-Gleichungen zu einer ganzheitlichen finanziellen Nutzenrechnung sollten Unternehmen beachten, dass die Praktikabilität der Nutzenrechnung wichtiger ist als die absolute Korrektheit oder vollständige Detaillierung der einzelnen Rechnungen. Sobald die einzelnen Nutzenrechnungen gegenüber dem Kunden im Detail rekonstruiert und erklärt werden müssen, verfehlt die Nutzenrechnung ihr Ziel, Nutzen verständlich zu dokumentieren (Anderson, Kumar und Narus 2007). Anderson, Kumar und Narus (2007, S. 53) sowie Anderson, Narus und Narayandas (2009, S. 74) sprechen diesbezüglich von einer „spreadsheet mania". Sie vertreten die Meinung, dass überladene und zu komplex dimensionierte Tabellenkalkulationen finanziellen Nutzenrechnungen schaden, da hier der finanzielle Kundennutzen nicht übersichtlich vorgerechnet wird.

3.3 Fallbeispiel zur Konzeption einer finanziellen Nutzenrechnung

Kapitel 3.3 ergänzt mittels eines fiktiven Fallbeispiels die Erläuterungen zur Konzeption finanzieller Nutzenrechnungen. Das Zahlengerüst entstammt einem Beitrag von Jensen (2013) und wird um zusätzliche Betrachtungen ergänzt. Die beispielhafte Nutzenrechnung vergleicht drei Motoröle. Abbildung 3-6 zeigt die Ausgangslage sowie erste Schritte der finanziellen Nutzenrechnung bezüglich der konkurrierenden Motoröle.

Ausgangslage	Einheit	Variante 1 Leichtlauf-Motoröl	Variante 2 Longlife-Motoröl	Variante 3 Hochleistungs-Motoröl	
Kanistergröße	Liter (l / Kanister)	5	1	6	1. Blick
Kanisterpreis	EUR / Kanister	76,50 €	25,25 €	69,50 €	
Empfohlener Ölwechsel nach	km	22.000	25.000	17.500	
Kosten des Ölwechsels	EUR / l	14,90 €	14,90 €	14,90 €	2. Blick
Finanzielle Nutzenrechnung					
Nominalpreis	EUR / Kanister	76,50 €	25,25 €	69,50 €	3. Blick
Preis pro Input-Einheit	EUR / l	15,30 €	25,25 €	11,58 €	
Preis pro Kunden-Output-Einheit	EUR / (l*1.000km)	0,70 €	1,01 €	0,66 €	
Werkstattkosten pro Kunden-Output-Einheit	EUR / (l*1.000km)	0,68 €	0,60 €	0,85 €	4. Blick (inkl. Werkstattkosten)
Gesamtkosten pro Kunden-Output-Einheit	EUR / (l*1.000km)	1,37 €	1,61 €	1,51 €	

Abb. 3-6 Beispiel einer finanziellen Nutzenrechnung – Gesamtkosten pro Kunden-Output-Einheit

Quelle: Jensen 2013, S. 44

Die Nutzenrechnung vergleicht die verschiedenen Motorölvarianten unter der Annahme, dass kein Restinhalt in der Flasche verbleibt und die Motoren der Personenkraftwagen, bei denen das Öl zum Einsatz kommt, technisch äquivalent sind sowie identischen Anforderungen unterliegen. Die Ausgangslage der Nutzenrechnung beschreibt die produktspezifischen Daten der konkurrierenden Motoröle: Kanistergröße (Inhalt in Liter), Kanisterpreis (Preis in Euro pro Kanister), Lebensdauer (Laufleistung in km bis zum empfohlenen Ölwechsel) sowie jeweils identische Kosten des Ölwechsels in Euro pro Liter (EUR/l). Eine finanzielle Nutzenrechnung würde mit dieser Ausgangslage folgendermaßen beginnen:

Auf den ersten Blick wäre zu vermuten, dass Kunden Motorölvariante 2 (Longlife-Motoröl) bevorzugen, da dieses den geringsten Nominalpreis hat. Auf den zweiten Blick würden die Kunden aber Variante 3 (Hochleistungs-Motoröl) bevorzugen, wenn sie einen mengenbereinigten Preis, das heißt den Preis pro Input-Einheit (EUR/l), betrachten. Berechnet der Kunde den Anschaffungspreis pro Kunden-Output-Einheit (EUR/l*1.000 km), ist Motorölvariante 3 (Hochleistungs-Motoröl) die kostengünstigste Alternative der drei Produkte (vgl. dritter Blick in Abbildung 3-6). Für einen Nutzenvergleich müssen aber die zusätzlich beim Kunden anfallenden Kosten eines Ölwechsels einkalkuliert werden. Bei der Berechnung der Werkstattkosten pro Kunden-Output-Einheit fällt auf, dass Motorölvariante 2 (Longlife-Motoröl) die geringsten Werkstattkosten verursacht. Addiert der Kunde am Ende Anschaffungskosten (Preis) und Betriebskosten (Werkstattkosten des Ölwechsels) zu Gesamtkosten pro Kunden-Output-Einheit (EUR/l*1.000 km), so erhält er ein überraschendes Ergebnis (vgl. vierter Blick in Abbildung 3-6): Motorölvariante 1 (Leichtlauf-Motoröl) bietet am Ende in Kombination aller Faktoren die geringsten Gesamtkosten pro Kunden-Output-Einheit. Dies ist überraschend, da Motorölvariante 1 erstens den mit Abstand höchsten Nominalpreis (EUR/Kanister) hat, zweitens den zweithöchsten mengenbereinigten Preis pro Input-Einheit (EUR/l) ausweist sowie drittens nicht die geringsten Werkstattkosten pro Kunden-Output-Einheit (EUR/l*1.000 km) verursacht. Das Ergebnis der finanziellen Nutzenrechnung empfiehlt auf der Grundlage der Gesamtkosten pro Kunden-Output-Einheit folgende nutzenbasierte Kaufreihenfolge: Motorölvariante 1 (Leichtlauf-Motoröl) vor Alternative 2 (Longlife-Motoröl) und Alternative 3 (Hochleistungs-Motoröl). Abbildung 3-7 fasst die unterschiedlichen Perspektiven grafisch zusammen.

Abbildung 3-7 zeigt, dass die finanzielle Vorteilhaftigkeit der angebotenen Produkte je nach gewählter Perspektive variiert. Die Preis-Leistungs-Linien in der ersten Perspektive von Abbildung 3-7 (vgl. linker Teil, die Leistung entspricht hier der angebotenen Motorölmenge) demonstrieren, dass aus der Perspektive der Nominalpreise pro Input-Einheit Motorölvariante 2 (Longlife-Motoröl) trotz des geringsten absoluten Preises (siehe Einkreisung) mit 25,25 EUR/l die höchste Steigung der drei Preis-Leistungs-Kurven aufweist. Die Preis-Leistungs-Kurven der Motorölvarianten 1 (Leichtlauf-Motoröl) und 3 (Hochleistungs-Motoröl) verlaufen unterhalb derjenigen der zweiten Produktvariante (Longlife-Motoröl). Die

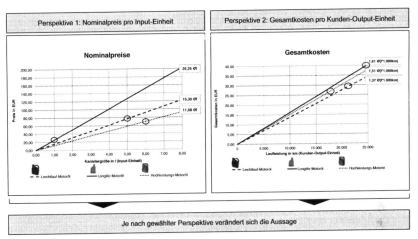

Abb. 3-7 Beispiel einer finanziellen Nutzenrechnung – Nutzenpositionierungen je nach Perspektive des Kunden

geringeren Steigungen von 15,30 EUR/l beziehungsweise 11,58 EUR/l im Vergleich zu 25,25 EUR/l verdeutlichen, dass der finanzielle Kundennutzen der Motorölvariante 2 um 25,25 – 15,30 = 9,95 EUR/l beziehungsweise von Motorölvariante 3 um 25,25 – 11,58 = 13,67 EUR/l höher ist, da der Kunde in der Modellbetrachtung im Vergleich zu Motorölvariante 1 geringere Preise bezahlten müsste.

In der zweiten Perspektive (vgl. rechter Teil in Abbildung 3-7) werden die Gesamtkosten pro Kunden-Output-Einheit (EUR/l*1.000 km) kalkuliert. Folglich ändert sich der Verlauf der Preis-Leistungs-Linien (hier entspricht die Leistung der Laufleistung des Motoröls). Aufgrund der nun geringsten Steigung von 1,37 EUR/l*1.000 km der Motorölvariante 1 (Leichtlauf-Motoröl) ist das anfänglich teuerste Produkt am Ende jenes, welches beim Kunden die geringsten Kosten verursacht und damit den höchsten finanziellen Nutzen stiftet. Die Quantifizierung des finanziellen Kundennutzens setzt den Vergleich der mengenbereinigten Angebotspreise und ein detailliertes Verständnis für die Anwendungs- und Betriebsprozesse des Kunden voraus. Erst durch die Kalkulation der anfallenden Betriebskosten und einer kundenorientierten Rechnung in Kosten pro Kunden-Output-Einheit (EUR/l*1.000 km) wird dem Kunden verdeutlicht, welches Kosteneinsparungspotenzial (d. h. finanzieller Nutzen) ihm jede Produktvariante bietet.

Eine finanzielle Nutzenrechnung ist an dieser Stelle aber noch nicht abgeschlossen. Neben der Ermittlung von Kosteneinsparungsmöglichkeiten wird die Nutzenrechnung um die Berechnung nutzenäquivalenter Preise erweitert. Abbildung 3-8 veranschaulicht die nächsten Schritte der beispielhaften finanziellen Nutzenrechnung (vgl. hierzu Jensen 2013, S. 45). Auf der Basis der ermittelten Gesamtkosten pro Kunden-Output-Einheit (EUR/l*1.000 km) werden Kostendifferenzen der jeweils zu vergleichenden Produktalternativen berechnet.

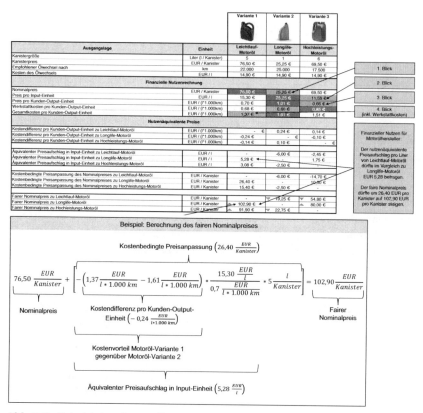

Abb. 3-8   Beispiel einer finanziellen Nutzenrechnung – Berechnung nutzenäquivalenter Preise

Quelle: Jensen 2013, S. 44 f.

Bei der Bestimmung nutzenäquivalenter Preise, die Abbildung 3-8 als faire Nominal-preise bezeichnet, werden die Differenzen der Gesamtkosten in nutzenäquivalente Preisaufschläge auf die Nominalpreise umgerechnet. Unter nutzenäquivalenten

Preisen oder fairen Nominalpreisen werden Preise verstanden, die ein Motoröl-Anbieter im direkten Vergleich zu einem Wettbewerber gegenüber seinen Kunden durchsetzen könnte, falls er geringere Gesamtkosten pro Kunden-Output-Einheit als der Wettbewerber verursacht. Demnach wäre der Kunde bei einem nutzenäquivalenten Nominalpreis aus finanzieller Sicht in seiner Kaufentscheidung indifferent.

Abbildung 3-8 veranschaulicht die Kalkulation des fairen Nominalpreises der Motorölvariante 1 (Leichtlauf-Motoröl). Der nutzenäquivalente Preis wird mittels der kalkulierten Differenzen der Gesamtkosten pro Kunden-Output-Einheit berechnet. Der direkte Vergleich zweier Motorölvarianten erlaubt es dem Motorölhersteller, seinen Kostenvorteil (negative Kostendifferenz) oder seinen Kostennachteil (positive Kostendifferenz) gegenüber dem entsprechenden Referenzprodukt in einen fairen Nominalpreis umzurechnen.

Hierzu wird die Kostendifferenz pro Kunden-Output-Einheit (EUR/l*1.000 km) in einen (kosten-)äquivalenten Preisaufschlag pro Input-Einheit (EUR/l) umgerechnet. In unserem konkreten Beispiel beträgt der Kostenvorteil (negative Kostendifferenz) von Motorölvariante 1 (Leichtlauf-Motoröl) gegenüber der Motorölvariante 2 (Longlife-Motoröl) – 0,24 EUR/(l*1.000 km), was einem äquivalenten Preisaufschlag in Input-Einheiten (EUR/l) von 5,28 EUR/l entspricht.

Danach wird der äquivalente Preisaufschlag in die Einheit des Nominalpreises (EUR/l) umgerechnet. Am Beispiel der Motoröle bedeutet das, dass der Preisaufschlag in Input-Einheiten (EUR/l) mit der Kanistergröße (hier: 5 l/Kanister) multipliziert wird, um die kostenbedingte Preisanpassung des Nominalpreises (EUR/Kanister) von 26,40 Euro zu kalkulieren. Für das Fallbeispiel bedeutet dieser Euro-Wert, dass der Hersteller der Motorölvariante 1 seinen Preis um 26,40 EUR/Kanister anheben dürfte, solange die Ausgangssituation des direkten Wettbewerbers (Motorölvariante 2) bezüglich Preis und Leistung konstant bleibt.

Der letzte Rechenschritt enthält die finale Preisanpassung. Im hier gewählten Beispiel wird der Nominalpreis von 76,50 EUR/Kanister um einen nutzenäquivalenten Preisaufschlag von 26,40 EUR/Kanister angepasst, woraus im Ergebnis der faire Nominalpreis in Höhe von 102,90 EUR/Kanister resultiert. Anders ausgedrückt: Der finanzielle Nutzen des Anbieters der Motorölvariante 1 (Leichtlauf-Motoröl) beträgt einen um 26,40 EUR/Kanister gesteigerten Nominalpreis, was einer circa 34,51-prozentigen Preiserhöhung entspricht. Im Umkehrschluss müsste der faire Nominalpreis von Motorölvariante 2 (Longlife-Motoröl) im direkten Vergleich zur konstanten Ausgangslage der Alternative 1 (Leichtlauf-Motoröl) um 6,00 EUR/Kanister auf 19,25 EUR/Kanister reduziert werden, was einer circa 24,75-prozentigen Preisreduktion entspricht. Bei einem fairen Nominalpreis von 19,25 EUR/Kanister sind Kunden bei ihrer Kaufentscheidung zwischen Longlife-Motoröl (Variante 2) und Leichtlauf-Motoröl (Variante 1) finanziell indifferent.

Der finanzielle Nutzen für Motorölhersteller 2 ist in diesem Fall negativ, da dieser Preis im Vergleich zum Nominalpreis der Ausgangslage (25,25 EUR/Kanister) eine Preisminderung darstellt.

Zur Überprüfung der finanziellen Nutzenrechnung wird der kalkulierte faire Nominalpreis als Probe in die Ausgangssituation, das heißt als Kanisterpreis (EUR/Kanister), eingesetzt. Abbildung 3-9 zeigt die Ergebnisse der Rechnung sowie die veränderten Verläufe der Preis-Leistungs-Linien.

Abbildung 3-9 zeigt im oberen Teil mittels der gestrichelt umrandeten Felder, dass der berechnete faire Nominalpreis der Motorölvariante 1 (Leichtlauf-Motoröl) im direkten Vergleich zur Variante 2 (Longlife-Motoröl) zu identischen Gesamtkosten pro Kunden-Output-Einheit in Höhe von 1,61 EUR/(l*1.000 km) führt. Das Ergebnis der finanziellen Nutzenrechnung ist eine Kostendifferenz von 0,00 EUR/(l*1.000 km). Aus einer Kostendifferenz von 0,00 EUR/(l*1.000 km) resultiert in der Berechnung der nächsten Schritte, dass der äquivalente Preisaufschlag in Input-Einheit (EUR/l) sowie die kostenbedingte Preisanpassung des Nominalpreises (EUR/Kanister) ebenfalls null beträgt. Als Ergebnisbestätigung liefert die finanzielle Nutzenrechnung den berechneten fairen Nominalpreis in Höhe von 102,90 EUR/Kanister. Dies gilt, solange der direkte Wettbewerber (Motorölvariante 2) seinen Preis bei 25,25 EUR/Kanister konstant hält und die anderen Parameter der Ausgangssituation ebenfalls unverändert bleiben.

Darüber hinaus zeigt Abbildung 3-9 im unteren Teil die Verschiebung der Preis-Leistungs-Linien. Perspektive 1 (Nominalpreis pro Input-Einheit) zeigt, dass die Steigung der Preis-Leistungs-Linie von 15,30 EUR/l auf 20,58 EUR/l um 5,28 EUR/l zunimmt. Diese Zunahme bedeutet, dass der Anbieter der Motorölvariante 1 (Leichtlauf-Motoröl) pro angebotenen Liter den Preis seines Produkts um 5,28 Euro im direkten Vergleich zum Referenzprodukt (Motorölvariante 2) steigern dürfte. Perspektive 2 (Gesamtkosten pro Kunden-Output-Einheit) zeigt, dass der Verlauf der Preis-Leistungs-Linien beider Motoröle nun identisch ist. Beide zeigen mit einer Steigung von 1,61 EUR/(l*1.000 km) und einem Schnittpunkt im Ursprung einen identischen Geradenverlauf. Der identische Geradenverlauf veranschaulicht, dass die Kostendifferenz der beiden Produktalternativen gleich null ist, da beide Gesamtkosten pro Kunden-Output-Einheit in Höhe von 1,61 EUR/(l*1.000 km) verursachen und der Kunde in der Modellbetrachtung aus finanzieller Sicht indifferent zwischen Motorölvariante 1 (Leichtlauf-Motoröl) und Motorölvariante 2 (Longlife-Motoröl) sein müsste.

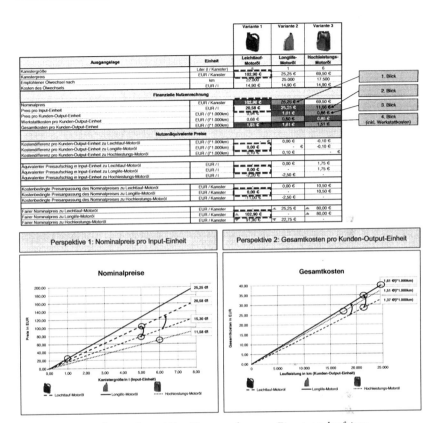

Abb. 3-9 Beispiel einer finanziellen Nutzenrechnung – Einsetzen des fairen Nominalpreises

Die Berechnungen sowie die identischen Verläufe der Preis-Leistungs-Linien verdeutlichen, dass der Anbieter von Leichtlauf-Motoröl im Vergleich zur Ausgangslage einen um 26,40 EUR/Kanister (auf 102,90 EUR/Kanister) gesteigerten fairen Nominalpreis gegenüber Wettbewerber 2 verlangen könnte. Verlangt er einen minimal geringeren Nominalpreis als 102,90 EUR/Kanister, überzeugt er aus Kundenperspektive mit finanziellen, anstatt mit technischen Produktargumenten. Die finanzielle Nutzenrechnung und die Kalkulation des nutzenäquivalenten Preises ermöglichen es, Kunden mit finanziellen Argumenten zu gewinnen und damit nutzenäquivalente Preise zu rechtfertigen.

3.4 Zwischenergebnisse zur Konzeption finanzieller Nutzenrechnungen

Die Literatur beschreibt verschiedene methodische Ansätze, welche die Konzeption finanzieller Nutzenrechnungen unterstützen. Die unterschiedlichen Methoden werden in Instrumenten der Nutzenquantifizierung strukturiert. Für die Konzeption von finanziellen Nutzenrechnungen ist ein übergreifendes Verständnis sowie die Kombination der Instrumente der Nutzenquantifizierung (activity-based costing, total cost of ownership, value-in-use-Analyseverfahren und value word equations) hilfreich. Mittels activity-based costing werden in einer Prozessanalyse nutzenstiftende Aktivitäten sowie Prozesskosten aufgedeckt und quantifiziert. Total-cost-of-ownership-Analysen dokumentieren die umfassende Kalkulation aller Kostentreiber sowie die Abgrenzung gegenüber einem Wettbewerber in einer Einkaufssituation. Value-in-use-Analyseverfahren helfen bei der Identifizierung von Erlöstreibern und konzipieren die Leistungsdifferenzierung konkurrierender Angebote. Value word equations zeigen, wie mittels mathematischer Wortgleichungen Nutzenargumente in finanzielle Werte umgerechnet werden. Aus der Integration einzelner Wortgleichungen wird am Ende eine finanzielle Nutzenrechnung aufgebaut.

Finanzielle Nutzenrechnungen haben gemein, dass sie immer eine Vergleichsrechnung darstellen. Demnach dokumentieren sie den Kundenvorteil eines Marktangebots gegenüber dem Status quo oder der nächstbesten Alternative in finanziellen Einheiten. Da Kundennutzen von Fall zu Fall variiert, unterliegt auch die Konzeption einer finanziellen Nutzenrechnung einer fallspezifischen Anpassung. Diesbezüglich kommen auch unterschiedliche Instrumente der Nutzenquantifizierung zum Einsatz, um mittels Kostenvergleichsrechnungen und Umsatzsteigerungsanalysen den finanziellen Kundennutzen des Produkt- und Dienstleistungsangebots in der kundenrelevanten Output-Einheit zu kalkulieren.

Forschungsansatz und empirische Feldarbeit

Kapitel 4 schlägt eine Brücke zwischen der Literaturauswertung zum Kundennutzen und der Konzeption finanzieller Nutzenrechnungen zu den qualitativ-empirischen Untersuchungen der vorliegenden Arbeit. Mittels vier ausgewählter Forschungskooperationen werden in Unternehmensfallstudien Beobachtungen gesammelt, welche die anfangs formulierten Forschungsziele beleuchten. Insbesondere die Forschungsfragen des Forschungsziels 2 („Nutzen berechnen") und des Forschungsziels 3 („Nutzenrechnungen umsetzen") werden mit den Action-Research-Kooperationen untersucht, indem mit den Kooperationspartnern jeweils finanzielle Nutzenrechnungen entwickelt sowie die Implementierungsbedingungen analysiert werden.

4.1 Grundlagen des Forschungsansatzes

4.1.1 Definition und Zielsetzung des Action-Research-Ansatzes

Definition des Action-Research-Ansatzes

Kurt Lewin (1946) erwähnt erstmalig den Begriff „Action Research". In seinem Grundlagenartikel beschreibt er seine Motivation, komplexe und kontextbezogene Probleme der Sozialwissenschaften zu beleuchten, sowie Gründe, warum traditionelle Forschungsmethoden hier nicht zielführend sind. Forschungsfelder, in denen Action Research angewendet wird, umfassen zum Beispiel Sozial- und Gesellschaftsforschung (Herr und Anderson 2005; Ketterer, Price und Politser 1980; Ozanne und Saatcioglu 2008), Forschung zur Entwicklung von Organisationen und Unternehmensprozessen (Coughlan und Coghlan 2002; Lüscher und Lewis 2008), Untersuchungen zur Transformation von Bildungseinrichtungen und -praktiken (van Burg 2008; Holter und Schwartz-Barcott 1993) sowie weitere methodische und theoretische Diskussionen sozialwissenschaftlicher Forschung (Argyris 1980). Die Literatur verwendet für Action Research unterschiedliche Begriffe, wie action learning (Grønhaug und Olson 1999; Perry und Gummesson 2004), action science (Argyris und Schön 1991), action inquiry (Eden und Huxham 1996), participatory action research (Whyte 1991, 1995), oder beschreibt Action Research als teilnehmende Forschung, kollaborative Untersuchung oder kontextbezogene Forschung (Adelman 1993; Argyris 1993; O'Brien 2001). Tabelle 4-1 verdeutlicht die Definitionsvielfalt zum Action Research.

Gemeinsam haben die unterschiedlichen Definitionen, dass die Autoren vergleichbare Merkmale beschreiben, um Action Research zu definieren. Einige Autoren betonen in ihrer Definition als zentrales Merkmal den zyklischen Prozess, dem ein Action-Research-Projekt folgen sollte (Checkland und Holwell 1998; Drummond und Themessl-Huber 2007; French und Bell 1990, 1999). Andere Autoren heben hervor, dass Action Research in der untersuchten Organisation mittels Interaktion Veränderungen herbeiführt und praxisrelevante Probleme löst (Coughlan und Coghlan 2002; Eden und Huxham 1996; Kaplan 1998; Ozanne und Saatcioglu 2008). Wieder andere Autoren erklären in ihrer Definition der Action-Research-Methode stärker den Gedanken der Kollaboration (Adelman 1993; Eden und Huxham 1996; Gummesson 2000; Lewin 1946; Peters und Robinson 1984; Rapoport 1970; Reason und Bradbury 2011). Konsens der meisten Definitionen ist, dass Action Research mittels eines zyklischen Arbeitsprozesses eine enge Zusammenarbeit von Forscher und Interaktionspartner (Ansprechpartner im Unternehmen) ermöglicht. Im Ergebnis werden für unternehmensrelevante Fragestellungen praktische Lösungen gefunden, mit welchen die Theorie verfeinert oder weiterentwickelt wird. Die vorliegende Arbeit folgt der Action-Research-Definition nach Rapoport (1970):

> „Action research aims to contribute both to the practical concerns of people in an immediate problematic situation and to the goals of social science by joint collaboration within a mutually acceptable ethical framework" (Rapoport 1970, S. 449).

Tab. 4.1 Definitionen des Action-Research-Ansatzes

Autor(en) (Jahr)	Definition	Schwerpunkt der Definition
Adelman (1993, S. 9)	„Action research must include the active participation by those who have to carry out the work in the exploration of problems that identify and anticipate."	• Aktive Partizipation • Problemidentifizierung
Checkland und Holwell (1998, S. 20)	„Action Research must at least achieve a situation in which their research process is recoverable by interested outsiders."	• Forschungsprozess • Reproduzierbarkeit
Coughlan und Coghlan (2002, S. 220)	„As the name suggests, AR [Action Research] is an approach to research that aims both at taking action and creating knowledge or theory about that action."	• Ziel 1: Aktionen oder Handlungen durchführen • Ziel 2: Wissensaufbau und Theorieentwicklung
Drummond und Themessl-Huber (2007, S. 430)	„Action Research is normally described as both a cyclical process and a participatory (democratic/egalitarian) undertaking."	• Zyklischer Forschungsprozess • Partizipatorisch
Eden und Huxham (1996, S. 75)	„[...] an involvement with members of an organization over a matter which is of genuine concern to them"	• Beteiligung von Organisationsmitgliedern • Praktisches Anliegen
Elden und Chisholm (1993, S. 124)	„Action research aims at producing new knowledge that contributes both to practical solutions to immediate problems and to general knowledge."	• Ziel 1: Wissensproduktion • Ziel 2: Praxiswissen sowie allgemeiner Erkenntnisgewinn
French und Bell (1990, S. 110)	„Wir definieren Aktionsforschung folgendermaßen: Aktionsforschung ist der Prozess der systematischen Sammlung empirischer Daten über ein System in Bezug auf dessen Ziele und Bedürfnisse; aus dem Feedback dieser Daten an das System und aufgrund zusätzlicher Hypothesen werden Aktionen zur Veränderung einzelner Systemvariablen entwickelt; durch erneute Datensammlung werden die Ergebnisse dieser Aktionen überprüft und ausgewertet."	Beschreibung von Ablauf und Struktur eines systematischen Forschungsprozesses
Gummesson (2000, S. 17)	„Participant observation constitutes the core of anthropology/ethnography, and participation with active intervention is known as action research or action science."	• Partizipatorische Beobachtung • Aktive Intervention
Hart und Bond (1995, S. 13)	„[Action Research is] a way of generating knowledge about a social system while, at the same time, attempting to change it."	• Wissensgenerierung • Veränderung eines sozialen Systems
Holter und Schwartz-Barcott (1993, S. 298)	„Action Research was designed specifically to bridge the gap between theory, research and practice and incorporates both humanistic and naturalistic scientific methods."	Verknüpfung von Praxis, Theorie und Forschung
Kaplan (1998, S. 89)	„Action research engages the researcher in an explicit program to develop new solutions that alter existing practice and then test the feasibility and properties of the innovation."	• Neue Lösungsansätze • Anwendung und Überprüfung der Ansätze
Lewin (1946, S. 35)	„The research needed for social practice can best be characterized as research for social management or social engineering. It is a type of action-research, a comparative research on the conditions and effects of various forms of social action, and research leading to social action."	• Forschung der Sozialwissenschaften • Komparative Forschung
Lüscher und Lewis (2008, S. 221)	„Action research involves researchers working with members of an organization over a matter which is of genuine concern to them and in which there is an intent by the organizational member to take action based on the intervention."	• Beteiligung eines Organisationsmitglieds • Praktisches Anliegen • Maßnahmen der Organisationsmitglieder
Ozanne und Saatcioglu (2008, S. 427)	„Action research is creating knowledge about an organization while trying to change it."	• Wissensaufbau über eine Organisation • Veränderungsversuch
Peters und Robinson (1984, S. 118)	„Overall agreement exits that action research is collaborative and that this characteristic helps to distinguish the approach from other forms of social research."	• Unterscheidung von anderen Ansätzen mittels Kollaboration
Rapoport (1970, S. 499)	„Action research aims to contribute both to the practical concerns of people in an immediate problematic situation and to the goals of social science by joint collaboration within a mutually acceptable ethical framework."	• Praktisches Anliegen der Kooperationspartner • Zielsetzung der Sozialwissenschaft
Reason und Bradbury (2011, S. 4)	„[Action research] seeks to bring together action and reflection, theory and practice, in participation with others, in the pursuit of practical solutions to issues of pressing concern to people, and more generally the flourishing of individual persons and their communities."	• Verknüpfung von Aktion und Reflexion sowie Theorie und Praxis • Zusammenarbeit mit Partnern zur praxisnahen Lösungsfindung

Zielsetzung des Action-Research-Ansatzes

Die in der Definition von Rapoport (1970) beschriebenen Zielsetzungen, dass Action Research eine problematische Situation löst (praxisorientierte Zielsetzung) und einen konzeptionellen Rahmen entwickelt (theoretische Zielsetzung), gehen auf Lewin (1946) zurück. Hart und Bond (1995) greifen die Grundidee von Lewin (1946, 1947) sowie Lewin und Weiss (1948) auf und beschreiben die Zielsetzung des Action-Research-Ansatzes als

„[...] a way of generating knowledge about a social system, at the same time, attempting to change it" (Hart und Bond 1995, S. 13).

Elden und Chisholm (1993) betonen ebenfalls die Kombination praktischer und theoretischer Zielsetzungen. Ozanne und Saatcioglu (2008) schließen sich der umfassenden Zielsetzung von Elden und Chisholm (1993) an und betonen, dass Action-Research-Forscher das zu untersuchende Forschungsprojekt beobachten, analysieren und verändern, um eine Theorie für die organisatorische Praxis zu entwickeln, die jenseits des spezifischen Forschungskontextes relevant ist (Kaplan 1998; Lüscher und Lewis 2008; Ozanne und Saatcioglu 2008). Die meiste Zeit verbringt der Forscher mit der Verfeinerung seiner methodischen Ansätze, um konzeptionelle Erkenntnisse zu gewinnen sowie Gemeinsamkeiten und Unterschiede herauszuarbeiten. Der Action-Research-Forscher taucht in alltägliche Unternehmenssituationen ein und versucht, diese zu verbessern sowie in einem übergreifenden Vergleich mit weiteren Action-Research-Projekten sein eigenes Wissen und Verständnis bezüglich der Phänomene auszuweiten. Action Research kommt zum Einsatz, wenn in Organisationen ein praktisches Problem gelöst werden soll, es den Entscheidungsträgern aber an methodischem Hintergrundwissen mangelt (O'Brien 2001). Lüscher und Lewis (2008, S. 223) zitieren Reason und Bradbury (2001), um die Zielsetzung des Action-Research-Ansatzes zusammenzufassen:

„Action research seeks to bring together action and reflection, theory and practice, in participation with others, in the pursuit of practical solutions to issues of pressing concern to people" (Reason und Bradbury 2001, S. 4).

4.1.2 Abgrenzung des Action-Research-Ansatzes

Eden und Huxham (1996) diskutieren an zwölf Punkten (z. B. methodischer Ablauf, Datensammlung, Möglichkeit der Theoriebildung oder Generalisierbarkeit) die Besonderheit des Action-Research-Ansatzes. Sie fassen zusammen, dass gemeinsam mit anderen qualitativen Forschungsmethoden (Gummesson 2000; Miles, Huberman und Saldaña 2014; Strauss und Corbin 1998) die Bedeutung von Action Research als anwendungs- und managementorientierte Forschungsmethode zunimmt:

> „Action research has become increasingly prominent among management researchers as an espoused paradigm used to justify the validity of a range of research outputs" (Eden und Huxham (1996, S. 75).

Tabelle 4-2 dokumentiert weitere Besonderheiten des Action-Research-Ansatzes und grenzt diesen von den wichtigsten qualitativen Forschungsansätzen ab (Denzin und Lincoln 2005; Gephart 2004; Homburg und Jensen 2008; Janesick 2005; Miles und Huberman 1994; Yin 2013).

Tab. 4-2   Abgrenzung des Action-Research-Ansatzes

Ansatz	Inhaltlicher Schwerpunkt	Daten-erhebung	Einfluss auf ein praktisches Phänomen	Möglichkeit der Theoriebildung	Ausgewählte Literatur
Grounded Theory	Untersuchung der Interaktion des Sozialverhaltens und der Erfahrungen von Menschen	Beobachtungen, Literatur	Gering, da wenig Interaktion mit und keine Veränderung des Untersuchungsobjekts	Hoch, da iterativer und induktiver Prozess der Theoriebildung	▪ Flint, Woodruff und Gardial (2002) ▪ Isabella (1990)
Interviewbasierter Ansatz	Entdeckungsorientierung mittels konstanter Interaktion zwischen Feldbeobachtungen und vorhandener Literatur	Expertengespräche	Mittel, da kein Veränderungsanspruch des Untersuchungsobjekts, aber praktische Erkenntnisse aus Ableitung von Clustern, Taxonomien, Kategorien	Hoch, da umfassende Untersuchung breiter und bisher unstrukturierter Themenfelder	▪ Kohli und Jaworski (1990) ▪ Workman, Homburg und Gruner (1998)
Ethnografie	Beschreibung von Kulturen durch Eintauchen in die zu untersuchende Kultur	(Feld-)Beobachtungen	Gering, da wenig Interaktion mit und keine Veränderung des Untersuchungsobjekts	Gering, da Konzentration auf eine spezifische Kultur	▪ Arnould und Wallendorf (1994) ▪ Perlow, Okhuysen und Repenning (2002)
Teilnehmende Beobachtung	Beteiligung von sozialer Interaktion innerhalb der Feldforschung	Feldbeobachtungen	Mittelmäßig bis hoch, da viel Interaktion zwischen Forscher und Untersuchungsobjekt	Gering bis mittelmäßig, da Beobachtungen nur bedingt auf andere Kontexte zu übertragen sind	▪ Barker (1993) ▪ Yakura (2002)
Fallstudienforschung	Untersuchung eines oder weniger Ereignisse, um zu untersuchen, wie etwas getan wird	Archivierende und dokumentierende Quellen (z. B. Archivdaten, Befragungen, Interviews)	Mittelmäßig bis hoch, da Forschungsergebnisse Verbesserungsvorschläge für die Praxis ergeben	Mittelmäßig, wenn mehrere Fallstudien einen Vergleich erlauben	▪ Galunic und Eisenhardt (1996) ▪ Gebhardt, Carpenter und Sherry (2006)
Action Research (AR)	Versuch, Handlung und Reflektion sowie Theorie und Praxis durch Interaktion, Partizipation und kollaborative Zusammenarbeit zu verknüpfen.	Variabel tiefgreifende Interaktion (z. B. Workshops, Expertengespräche, Interviews, Gruppendiskussionen)	Hoch, da aus Interaktion von Forscher und Untersuchungsobjekt eine Veränderung der Praxis sowie die Lösung eines Praxisproblems angestrebt ist	Mittelmäßig, da Theoriebildung ein ungewisses Ergebnis iterativer Prozesszyklen von Forschung, Handlung, Reflektion und weiterer Forschung ist	▪ Huxham und Vangen (2000) ▪ Lüscher und Lewis (2008)

Der Action-Research-Ansatz grenzt sich von anderen qualitativ-empirischen Forschungsansätzen dadurch ab, dass unterschiedliche Methoden der Datenerhebung in enger Zusammenarbeit mit einem direkten Interaktionspartner vor Ort im Unternehmen für die Lösung eines praktischen Problems verwendet werden (Carson et al. 2001; Gummesson 2000; Lüscher und Lewis 2008). Das Ausmaß der Interaktion variiert, je nach Untersuchungsobjekt und Kooperationspartner. Das Spektrum reicht von minimaler Interaktion (vereinzelte Gespräche) über mehrmalige Kontaktpunkte im Unternehmen mit gemeinsamer Interpretationsarbeit bis hin zur maximalen Interaktion in Form längerfristiger Kooperationen sowie Teilnahme an alltäglichen Geschäftsprozessen (Breuer 1996).

Action Research ist mit dem Ansatz der Fallstudienforschung vergleichbar, da beide Forschungsmethoden untersuchen, wie und warum bestimmte Aktionen eine Veränderung in der Praxis herbeiführen (Coughlan und Coghlan 2002). Fallstudienforschung und Action Research erlauben es, dass sich der Forscher im Feld ein Bild von Eigenarten, Regularien und Strukturen des zu erklärenden Phänomens beziehungsweise des zu lösenden Problems macht. Aus der Möglichkeit, die Betroffenen aktiv in die Untersuchung einzubeziehen, werden Phänomen und Problemlösung in Umfang, Detail und Komplexität umfassender aufgearbeitet.

4.1.3 Gründe für die Auswahl des Action-Research-Ansatzes

Innerhalb qualitativ-empirischer Forschungsmethoden bietet Action-Research die höchste Zweckmäßigkeit für die Beleuchtung meiner Forschungsfragen. Kaplan (1998) erläutert am Beispiel der Einführung eines activity-based-costing-Systems, warum der Action-Research-Ansatz zweckmäßig und erkenntnisbringend ist. Die Einführung von activity-based costing ist vergleichbar mit der Implementierung finanzieller Nutzenrechnungen. Beides sind neu im Unternehmen umzusetzende Prozesse, welche ein praktisches Problem lösen sollen. Die Gründe für die Auswahl des Action-Research-Ansatzes bei Kaplan (1998) ähneln meinen empirischen Untersuchungen zur Entwicklung finanzieller Nutzenrechnungen:

> „[…] we initially documented a major limitation in contemporary practice, then identified a new concept to overcome this limitation, and continued to apply and improve the concept through publication, teaching, and active intervention in companies. In this innovation action research cycle, the researcher enhances the underlying theory and, in the process, also becomes a skilled implementer of the new concept" (Kaplan 1998, S. 89).

Vergleichbar mit den empirischen Methoden von Kaplan (1998) oder Storbacka et al. (2009) erfordern meine Forschungsfragen ebenfalls eine aktive Rolle und gegenstandsbezogene Auseinandersetzung mit dem Untersuchungsobjekt. Eine kollaborative Interaktion von Forscher und Untersuchungsobjekt ermöglicht es, eine prozessorientierte Problemlösung für die Praxis zu finden. Die Literatur diskutiert darüber hinaus weitere Merkmale des Action-Research-Ansatzes, welche verdeutlichen, warum für die vorliegende Arbeit Action Research als Forschungsmethode gewählt wurde. Tabelle 4-3 strukturiert die Merkmale in fünf Kategorien, gibt erklärende Beispiele und nennt Autoren, welche die Merkmale beschreiben.

Tab. 4-3   Merkmale des Action-Research-Ansatzes

Kategorie	Beispiele	Autor(en) (Jahr)
(1) Ablauf und Besonderheiten des Forschungsprozesses	• Praktische Maßnahmenergreifung und Aktionendurchführung • Interaktive Zusammenarbeit, Kollaboration von Forscher und Praktiker • In Echtzeit ohne Retroperspektive • Longitudinales und schrittweises Lernen und Verbessern • Heterogene Interaktionspartner mit diversen Erfahrungen und Kapazitäten • Involvierung des Forschers • Systematischer, zyklischer und iterativer Prozessablauf	• Carson et al. (2001) • Checkland und Holwell (1998) • Coughlan und Coghlan (2002) • Elden und Levin (1991) • Gray (2009) • Greenwood und Levin (2005) • Gummesson (2000) • Holter und Schwartz-Barcott (1993) • O'Brien (2001) • Peters und Robinson (1984)
(2) Datensammlung und Datenanalyse	• Kombination verschiedener Forschungsmethoden • Enger Austausch von Forscher und Organisationsmitgliedern • Partizipatorischer Entscheidungsprozess • Reflektion und kritische Auseinandersetzung • Beteiligung verschiedener, interdisziplinärer Interaktionspartner • Überschneidung von Phasen der Datensammlung und -analyse	• Argyris, Putnam und Smith (1985) • Checkland und Holwell (1998) • Denzin und Lincoln (2005) • Gray (2009) • Gummesson (2000) • Holter und Schwartz-Barcott (1993) • Lewin (1946) • Lüscher und Lewis (2008) • O'Brien (2001) • Peters und Robinson (1984)
(3) Anwendungsgebiete	• Verständnis, Planung und Implementierung von praktischen Problemlösungsprozessen in Unternehmen und Organisationen • Holistische Aufbereitung eines komplexen und praxisrelevanten Sachverhalts • Forscher und Praktiker beabsichtigen einen Wandel in der Organisation oder im Unternehmen • Kombination von theoretischem Kontext und praktischem Problem, die den Einsatz anderer quantitativer oder qualitativer Methoden erschwert	• Carson et al. (2001) • Checkland und Holwell (1998) • Eden und Huxham (1996) • Gummesson (2000) • Holter und Schwartz-Barcott (1993) • Lewin (1946)
(4) Angestrebte Ergebnisse	• Wissenschaftlicher und praktischer Beitrag • Entwicklung von Konzepten und methodischen Ansätzen • Inkrementelle und sukzessive Theorieentwicklung, -erweiterung und -ergänzung durch praktische Beteiligung • Verbesserungsprozesse in der Praxis • Information anderer Kontexte und übergreifende Implikationen • Detailliertes und tief greifendes Verständnis von Veränderungsprozessen	• Carson et al. (2001) • Checkland und Holwell (1998) • Drummond und Themessl-Huber (2007) • Eden und Huxham (1996) • Elden und Levin (1991) • Gummesson (2000) • Holter und Schwartz-Barcott (1993) • Lüscher und Lewis (2008) • O'Brien (2001) • Ozanne und Saatcioglu (2008) • Peters und Robinson (1984) • Winter und Burroughs (1989)
(5) Herausforderungen	• Abhängigkeit von Zusammenarbeit von Forscher und Praktiker • Generalisierbarkeit der Ergebnisse • Wiederholbarkeit von Action-Research-Studien und fragwürdige Rigorosität • Gleichzeitige Entwicklung von Wissen für theoretischen Beitrag sowie Veränderungs- und Verbesserungsprozesse in der unternehmerischen Praxis	• Checkland und Holwell (1998) • Eden und Huxham (1996) • Gray (2009) • Ozanne und Saatcioglu (2008) • Stringer (2007)

Tabelle 4-3 zeigt, dass die Literatur vorwiegend (1) Ablauf und Besonderheiten des Forschungsprozesses, (2) Datensammlung und Datenanalyse sowie (4) angestrebte Ergebnisse zur Erklärung des Action-Research-Ansatzes diskutiert. Action Research zeichnet sich durch eine flexible, aber direkte Interaktion und Zusammenarbeit von Wissenschaftler und Praktiker aus, um gemeinschaftlich Kontext, Problemfindung, Datensammlung und -auswertung sowie Problemlösung voranzutreiben (Holter und Schwartz-Barcott 1993; Peters und Robinson 1984). Darüber hinaus strebt Action Research aus der Intervention von Forscher und Interaktionspartner mittels unterschiedlicher qualitativer und quantitativer Methoden eine Veränderung der unternehmerischen Praxis an, um existierende organisatorische Prozesse zu verbessern sowie praktische Probleme zu lösen (Lüscher und Lewis 2008). Action Research folgt einer Serie zyklischer und iterativer Prozessschritte der Faktenfindung, Datenauswertung, Aktionsplanung, Implementierung und Evaluierung (Coughlan und Coghlan 2002). Hieraus sowie aus dem aus seinen empirischen Beobachtungen gewonnenen Wissen leitet der Forscher Konzepte, Musterprozesse oder Theorien ab, die über eine spezifische Action-Research-Studie hinausgehend relevant sind (Ozanne und Saatcioglu 2008).

Insbesondere die angestrebten Forschungsergebnisse sowie der Ablauf des Forschungsprozesses begründen die Wahl des Action-Research-Ansatzes in der vorliegenden Arbeit. Argyris (1993) sowie Lüscher und Lewis (2008) verdeutlichen bezüglich der angestrebten Ergebnisse, warum die vorliegende Arbeit dem Action-Research-Ansatz folgt:

- „The skills, competencies, and theories of effective action that we help individuals to use within one organization can also be used in managing these other organizations and networks" (Argyris 1993, S. 5).
- „Action research offers exceptional access to and support of organizational sensemaking" (Lüscher und Lewis 2008, S. 221).

Die besondere Art und Weise des Forschungsprozesses, den Mohrman, Gibson und Mohrman (2001) sowie Ozanne und Saatcioglu (2008) beschreiben, machen darüber hinaus deutlich, warum in der vorliegenden Arbeit der Action-Research-Ansatz zur Beantwortung der Forschungsfragen gewählt wurde:

- „This exploratory investigation supports the overarching proposition that practitioners view research results as useful when they are jointly interpreted with researchers and are informative to self-design activities. These findings support the frequently voiced contention that collaborative processes in research contribute to its usefulness" (Mohrman, Gibson und Mohrman 2001, S. 369).

- „Action researcher seek change across individual, group, and national behaviors and develop solutions in collaboration with consumers that are also sensitive to their needs and desires" (Ozanne und Saatcioglu 2008; S. 424).

Die empirische Untersuchung der vorliegenden Arbeit orientiert sich an Lüscher und Lewis (2008), Malnight (1995) sowie Storbacka et al. (2009), welche die mittels Action-Research-Projekten gesammelten Datenpunkte aufbereiten und als einzelne Fallstudien niederschreiben. Die fallstudienorientierte Forschung setzt, vergleichbar zum Action-Research-Ansatz, verschiedene Methoden der Datenerhebung ein (Eisenhardt 1989; Yin 2013). Die Literatur empfiehlt hier folgende Quellen der Datenerhebung zu verwenden: Expertengespräche, Interviews, Workshops, Gruppendiskussionen, Geschehensaufzeichnungen, Transkriptionen, Archivdaten, direkte und teilnehmende Beobachtungen oder Umfragen (Bryman 2006; Johnson und Gray 2010). Anderson, Jain und Chintagunta (1993) sowie Hinterhuber (2008a) verwenden zum Beispiel Gespräche in Fokusgruppen sowie direkte und indirekte Befragungen, um Argumente finanzieller Nutzenrechnungen zu bewerten. Eisenhardt (1989, S. 539) bestätigt:

> „Thus, if a new data collection opportunity arises or if a new line of thinking emerges during research, it makes sense to alter data collection, if such an alteration is likely to better ground the theory or to provide new theoretical insight. This flexibility is not a license to be unsystematic. Rather, this flexibility is controlled opportunism in which researchers take advantage of the uniqueness of a specific case and the emergence of new themes to improve resultant theory."

Die vorliegende Arbeit beschreibt daher verschiedene Action-Research-Projekte mit vergleichbarer Methodik und schafft so eine Grundlage für die nachgelagerte Theorieentwicklung (Eisenhardt und Graebner 2007; Yin 2013). Aus der Integration von Literaturauswertung sowie aggregierten Action-Research-Erkenntnissen (Bonoma 1985) leitet die vorliegende Arbeit eine generische Methodik ab, wie finanzielle Nutzenrechnungen unabhängig von Unternehmen und Industriezweig entwickelt und implementiert werden (Eisenhardt 1989; Workman, Homburg und Gruner 1998). Die fallstudienübergreifende Analyse der einzelnen Action-Research-Projekte verbessert die Generalisierbarkeit und Transfermöglichkeit der Ergebnisse auf andere Kontexte, indem Unterschiede, Gemeinsamkeiten und Spannungsfelder aufgedeckt werden, welche im generischen Entwicklungsprozess finanzieller Nutzenrechnung auftreten können.

4.1.4 Prozess des Action-Research-Ansatzes

Um Aktion und Reflektion sowie Theorie und Praxis in einem kollaborativen Forschungsansatz zu vereinen, schlägt Lewin (1946, 1947) einen zyklischen Prozess
vor. Die meisten Autoren betonen, dass der zyklische und iterative Prozess des
Action-Research-Ansatzes von fundamentaler Bedeutung ist (Carson et al. 2001;
Cunningham 1976; French und Bell 1999; Gray 2009; Kemmis, Anderson und Blakers
1981; Miles und Huberman 1994; Susman 1983), gliedern diesen aber nicht einheitlich:

- Lewin (1947) sowie Lewin und Weiss (1948) unterteilen Action Research in vier
  Phasen: Planung, Aktionen, Beobachtungen und Auswertung der Beobachtungen. Die Durchführung der Phasen erfolgt nicht sequentiell, sondern kann sich
  überlappen oder parallel verlaufen (Gray 2009).
- Ozanne und Saatcioglu (2008) beschreiben Action Research als zyklischen Prozess,
  der mit einem ersten Datenüberblick zur Problemidentifikation beginnt, mit der
  Planung der Feldstudie inklusive Datensammlung und -analyse fortgesetzt wird,
  bevor mittels der Datenauswertung Problemlösungsansätze bestimmt werden.
- Ähnlich gliedern Susman und Evered (1978) Action Research in fünf Phasen:
  (1) Diagnose, (2) Aktionsplanung, (3) Aktionsergreifung, (4) Evaluierung und
  (5) Spezifizierung des Gelernten.
- Miles und Huberman (1994, S. 280) beschreiben einen vergleichbaren Prozess, sprechen aber von Schritten der „reconnaissance, planning action and
  re-reconnaissance".
- Lüscher und Lewis (2008) folgen in ihrer Action-Research-Studie einem festen
  Ablauf und unterteilen ihren Forschungsprozess in Phasen der Grundlagenarbeit, Intervention sowie Theoriebildung unter Einbeziehung unterschiedlichster
  Datenquellen und Perspektiven.

Coughlan und Coghlan (2002) geben im Vergleich zu anderen Autoren (Drummond
und Themessl-Huber 2007; Greenwood und Levin 2005; Lewin 1946) die detaillierteste
Beschreibung des Action-Research-Ansatzes. Abbildung 4-1 veranschaulicht den
zyklischen Ablauf eines Action-Research-Prozesses in Anlehnung an Coughlan und
Coghlan (2002, S. 230). Abbildung 4-1 zeigt, dass der Ablauf eines Action-Research-
Prozesses auf drei Ebenen stattfindet. Die *erste Ebene* enthält die Beschreibung von
Kontext und Zweck einer Action-Research-Studie. Auf der *zweiten Ebene* wird der
in sechs Teilschritten (generelle Datensammlung, Daten-Feedback, Datenanalyse
mit genauer Datenrecherche, Aktionsplanung, Implementierung und Evaluierung)
einzuteilende zyklische Action-Research-Prozess durchlaufen. Auf der *dritten Ebene*
erfolgt abschließend eine übergreifende Theorieentwicklung und -erweiterung.

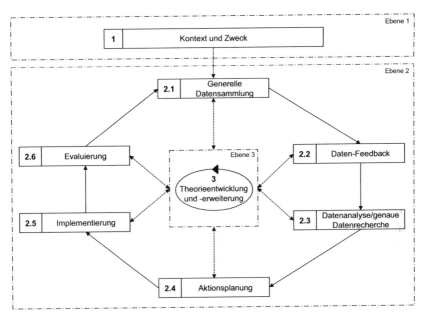

Abb. 4-1 Ablauf des Action-Research-Prozesses
Quelle: in Anlehnung an Coughlan und Coghlan 2002, S. 230)

Action Research beginnt auf der *ersten Ebene* damit, Kontext und Zweck der Action-Research-Studie zu beschreiben. Der Forscher erläutert, zu welchem wissenschaftlichen Kontext die Fallstudie passt und welche praktische Problemstellung die Action-Research-Studie rechtfertigt. Hier wird erklärt, inwieweit die Action-Research-Studie forschungsrelevant ist, warum Action Research die geeignete Forschungsmethode und was der angestrebte theoretische und konzeptionelle Beitrag ist (Coughlan und Coghlan 2002).

Auf der *zweiten Ebene* beginnt der Durchlauf des sechsteiligen Action-Research-Prozesses. Je nach Forschungsobjekt sind die Schritte unterschiedlich ausgeprägt. Obwohl der zyklische Prozess eines der zentralen Merkmale des Action-Research-Ansatzes ist, stellt die praktische Anwendung in Forschungskooperationen eine signifikante Herausforderung für Forscher und Interaktionspartner dar (Drummond und Themessl-Huber 2007). Die Beschreibungen der sechs Prozessschritte erläutern, warum das so ist:

1. Die *generelle Datensammlung* erfolgt mit verschiedenen Methoden, um ein fundiertes Verständnis für Kontext und Zweck der Forschung aufzubauen. Gray (2009, S. 318) nennt diesen ersten Schritt „reconnaissance". Während der Datenerhebung kommen unterschiedliche qualitative und quantitative Methoden zum Einsatz, welche die Ausgangslage sowie das Problem der Forschungskooperation aus möglichst vielen Blickwinkeln beleuchten (Greenwood und Levin 2005). Der Multi-Methoden-Ansatz umfasst die Sammlung quantitativer Daten, wie Statistiken, Betriebs- und Produktionskennzahlen oder finanzielle Berichte, sowie weichere qualitative Daten, das heißt Beobachtungen, Diskussionen oder Interviews (Coughlan und Coghlan 2002). Die Datensammlung erfolgt aus der Interaktion mit dem Untersuchungsobjekt sowie der direkten Beteiligung der jeweiligen Kooperationspartner. Die generelle Datensammlung stellt eine Explorations- oder Diagnosephase (Susman 1983) dar, in welcher die Ausgangssituation beleuchtet wird sowie tiefere Einblicke in die Problemstellung gewonnen werden (O'Brien 2001).

2. Während des *Daten-Feedbacks* spielt der Forscher die zuvor gesammelten und neu strukturierten Daten an den Interaktionspartner zurück. Gemeinsam werden Parameter definiert (Coughlan und Coghlan 2002), welche die anfängliche Fragestellung spezifizieren (O'Brien 2001). Im Daten-Feedback wird festgelegt, welche Aktivitäten notwendig sind, welche Aktionen durchgeführt werden, wer für einzelne Aktivitäten verantwortlich ist sowie wann diese beginnen oder enden (Stringer 2007). Mumford (2001) schlägt vor, ein Aktionsdokument zu verwenden, welches die Prozessspezifikationen und Zielvorgaben zwischen Forscher und Kooperationspartner dokumentiert. Avison, Baskerville und Myers (2001, S. 30) nennen dieses Startdokument „action warrants", da es Verantwortlichkeiten und zu ergreifende Aktionen definiert.

3. Die anschließende *Datenanalyse* und *genaue Datenrecherche* erfolgt kollaborativ zwischen Forscher und Interaktionspartnern (Coughlan und Coghlan 2002). Mittels der Datenanalyse leitet der Forscher ab, welche Daten noch detaillierter spezifiziert werden müssen. Er sammelt Informationen und Fakten, um darauf aufbauend Aktionen anzustoßen sowie deren Ergebnisse zu beobachten (Carson et al. 2001). Die Datenanalyse und genaue Datenrecherche sollte detailliert und umfangreich sein, damit ein möglichst genauer Aktionsplan erstellt werden kann. Für die Erstellung des Aktionsplans wird demnach eine große Bandbreite an Datenerhebungsmethoden verwendet (Gray 2009), zum Beispiel: strukturierte und unstrukturierte Interviews, Checklisten, Portfolios, unternehmensindividuelle Dokumente, informelle Notizen, Gespräche in Fokusgruppen, Workshops, Gruppendiskussionen partizipierende und nicht partizipierende Beobachtungen, Diskussionsdokumente, Präsentationsunterlagen, Audio- und Videoaufnahmen

oder Umfragen (Carson et al. 2001; Coghlan und Brannick 2010; O'Brien 2001). Nach Yin (2013) ist es nicht entscheidend, welche Methoden der Datenerhebung in der Forschungskooperation Anwendung finden. Vielmehr ist maßgebend, dass mehrere Quellen der Beweisführung verwendet werden, sodass eine fallstudienorientierte Datenbank entwickelt werden kann, auf deren Grundlage eine logische Beweiskette aufgebaut werden kann. Stringer (2007) schlägt vor, allen Beteiligten einen Überblick über die Forschungskooperation zu geben, interpretative Fragestellungen zu formulieren sowie Problemidentifikation und -analyse gemeinsam mit den Interaktionspartnern durchzuführen. Die Datenanalyse und -recherche sind eng miteinander verknüpft (Gustavsen 2003). Daten werden im laufenden Forschungsprozess gleichermaßen recherchiert und analysiert. Der Forscher nimmt die Rolle eines Methodik-Experten, Datenermittlers, Beobachters und Auswerters ein (Coughlan und Coghlan 2002; Lüscher und Lewis 2008; O'Brien 2001). In Action-Research-Kooperationen kommen oft Workshops mit interdisziplinären Teams zum Einsatz, um die Komplexität des Problems in einem gemeinsamen Dialog aus verschiedenen Blickwinkeln zu beleuchten (Ozanne und Saatcioglu 2008).

4. Die *Aktionsplanung* umfasst die Entscheidung, Dokumentation und Planung, welche Aktionen auf der Grundlage der Datenanalyse und genauen Datenrecherche durchgeführt werden sollen (Coughlan und Coghlan 2002). Forscher und Interaktionspartner erstellen einen Plan zur Problemlösung (Carson et al. 2001). Typische Fragestellungen sind hier zum Beispiel, was zu verändern ist, welche Teile der Organisation betroffen sind, welche Unterstützung notwendig ist und wo mit Einsatzbereitschaft oder Widerstand gegenüber dem Aktionsplan zu rechnen ist (Beckhard und Harris 1987). Der Aktionsplan löst das Problem nicht, fördert aber ein gemeinsames Verständnis und gibt Lösungsfindungsprozess eine Struktur.

5. Während der *Implementierung* werden die im Aktionsplan beschlossenen Maßnahmen umgesetzt (Carson et al. 2001). Häufig übernimmt der Interaktionspartner die Implementierung. Die Interventionen des Forschers verstärken den Veränderungsprozess und helfen, die gewünschten Prozesse zur Problemlösung durchzuführen (Coughlan und Coghlan 2002). Für eine erfolgreiche Implementierung sollte allen Beteiligten Grund sowie angestrebtes Ziel der Action-Research-Studie bekannt sein (O'Brien 2001). Während der Implementierung beleuchtet der Forscher die Hintergründe der Umsetzung der beschlossenen Maßnahmen und sammelt Beobachtungen sowie Datenpunkte, welche über den praktischen Problemlösungsprozess hinausgehen.

6. Die abschließende *Evaluierung* reflektiert die Ergebnisse der implementierten Aktionen. Die durchlaufenen Schritte eins bis fünf werden rückblickend bewertet,

um weitere Action-Research-Zyklen zu optimieren (Coughlan und Coghlan 2002). Die Evaluierung ist der Schlüssel für einen fallstudienübergreifenden Erkenntnisgewinn und Lernprozess. Während der Evaluierung lässt der Forscher Revue passieren, was in der Action-Research-Studie geschehen ist und was daraus für einen anderen Kontext oder eine vergleichbare Problemsituation zu lernen ist (Carson et al. 2001). Mittels der Evaluierung wird das Action-Research-Projekt in einer Fallstudie schriftlich fixiert, damit Beobachtungen und Analyse für Forscher und Interaktionspartner gleichermaßen transparent sind. Eine Niederschrift der Fallstudie sollte Beschreibungen über Problem, Ablauf, Struktur, Zielsetzung und Ergebnisse der Action-Research-Studie enthalten (Gray 2009). Die Reflektion beschreibt, wie das Problem gelöst wurde, was der Nutzen der Forschungskooperation ist oder ob die Anwendung vergleichbarer Ansätze in einem anderen Kontext möglich ist. Die Fallstudiendokumentation zeigt, wie der Forscher an den Action-Research-Schritten mitwirkte, welche Daten gesammelt wurden, wie Analysen und Annahmen verarbeitet wurden, wie unterschiedliche Blickwinkel im Lösungsprozess einbezogen oder wie die Ergebnisse mit Theorien verknüpft wurden. (Coghlan und Brannick 2010). Nach Miles, Huberman und Saldaña (2014) sowie Yin (2013) werden zur abschließenden Evaluierung des Forschungsprojekts zum Beispiel Daten aus Interviews gegenübergestellt oder Zitate aufgeführt, um die Entwicklung des Forschungsprozesses nachvollziehbar zu belegen. Weitere Auswertungsmöglichkeiten sind Darstellungen in Matrizen, Kategorisierung von Datenpunkten, Erstellung von Flussdiagrammen, grafische Aufbereitungen der empirischen Beobachtungen, Tabellarisierung der Frequenz der Interaktionspunkte oder Niederschrift der Informationen in zeitlich chronologischer Reihenfolge.

Auf der *dritten Ebene* erfolgt die Theorieentwicklung und -erweiterung, indem die Kontextbeschreibung sowie die empirischen Beobachtungen und Ergebnisse integriert werden. Coughlan und Coghlan (2002, S. 230) sprechen hier von einem „meta-step to monitor". Rückwirkend wird für jeden Schritt des Action-Research-Prozesses reflektierend hinterfragt, wie Forschung zu Handlung, Handlung zu Analyse und Analyse zur Theoriebildung führt (Lüscher und Lewis 2008). Jeder Action-Research-Zyklus führt zu einem weiteren Action-Research-Zyklus und zu fortlaufender Datenerhebung, Aktionsplanung, Implementierung und Evaluierung. Der zyklische Ablauf bietet die Möglichkeit eines kontinuierlichen Lernprozesses, der Grundlage für Theorieentwicklung und -erweiterung ist. In einem validen und transparenten Action-Research-Prozess werden die einzelnen Schritte daher überwacht und dokumentiert.

Theorieentwicklung ist möglich, wenn transparent ist, welche Annahmen getroffen, wie und welche Daten gesammelt wurden oder wie die Interaktion mit den Kooperationspartnern abgelaufen ist (Coughlan und Coghlan 2002). Da der Forscher nicht nur an der praktischen Problemlösung interessiert ist, werden während der Theorieentwicklung Verlauf, Struktur und Ergebnisse der Action-Research-Studie hinterfragt sowie konzeptionell ausgewertet. Action Research ermöglicht theoriebildende Erkenntnisse, wenn für Außenstehende nachvollziehbar dargelegt wird, wie die Ergebnisse konzeptionell und auf andere Situationen zu übertragen sind (Checkland und Holwell 1998). Aus dem kollaborativen Zusammenspiel zwischen Forscher und Interaktionspartner sowie dem Prozess der kritischen Untersuchung und Veränderung einer praxisnahen Problemstellung leitet Action Research theoretische Erkenntnisse ab und gelangt so vom Einzelfall zum Typus (Argyris, Putnam und Smith 1985; Checkland und Holwell 1998; Kelle und Kluge 2010).

4.1.5 Qualität des Action-Research-Ansatzes

Die zuvor beschriebenen Merkmale des Action-Research-Ansatzes bestimmen dessen Qualitätsdiskussion, welche die Literatur unter dem Stichwort „Rigorosität versus Relevanz" erörtert (Beverland und Lindgreen 2010; Eisenhardt 1991; Gibbert, Ruigrok und Wicki 2008; Vermeulen 2005). Kritikpunkte am Action-Research-Ansatz sind eine mangelnde wissenschaftliche Rigorosität sowie eine zu starke Fokussierung auf die Lösung praktischer Problemstellungen (Coughlan und Coghlan 2002; Eden und Huxham 1996; Grønhaug und Olson 1999). Action Research wird daher manchmal als Beratungs- anstatt als valide Forschungsmethode diskreditiert. Gummesson (2000) erwidert jedoch, dass Action Research gegenüber Beratungsansätzen mehr Rigorosität in der Untersuchung und Dokumentation verlangt, Forscher eine theoretische Rechtfertigung und Reflektion ihrer Ergebnisse anstreben, Berater unter verhandelten Zeit- und Budgetrestriktionen auf einer Verkäufer- und Kundenebene arbeiten sowie Action Research keine linear abgeschlossene Methode, sondern ein iterativer Zyklus ist, in dem die Theorie die Praxis mitgestaltet und die Praxis die Theorie verfeinert (O'Brien 2001; Winter 1998). O'Brien (2001) ergänzt, dass Action Research nicht mit Unternehmensberatung gleichzusetzen ist, da der Forscher das Problem als unternehmensexterner, nicht bezahlter Dritter untersucht und dadurch gewährleistet, dass seine Interventionen von theoretischem, methodischem und konzeptionellem Erkenntnisgewinn motiviert sind. Eden und Huxham (1996) schließen sich dem Widerspruch mangelnder Rigorosität an und argumentieren, dass Action Research im Vergleich zu anderen Forschungsmethoden mittels höherer Detailfülle, Tiefe und Reichhaltigkeit an Praxiseinblicken wertvollere Forschung ermöglicht (Rowan und Reason 1981; Whyte 1991). Eden und Huxham (1996, S. 80) begründen die Qualität des Action-Research-Ansatzes folgendermaßen:

> „The value of action research can therefore be seen in developing and elaborating theory from practice."

In Ergänzung dazu beschreibt Argyris (1997, S. 817) die Qualität des Action-Research-Ansatzes in Anlehnung an Lewin (1946, 1947) sowie Lewin und Weiss (1948) folgendermaßen:

> „If social scientists truly wish to understand certain phenomena, they should try to change them. Creating, not predicting is the most robust test of validity-actionability."

Grenzen und Schwächen des Action-Research-Ansatzes diskutierten Eden und Huxham (1996), Lüscher und Lewis (2008) sowie Ozanne und Saatcioglu (2008). Grund für den Vorwurf mangelnder Rigorosität ist die Schwierigkeit, die Ergebnisse zu generalisieren und damit die Qualität und Übertragbarkeit des wissenschaftlichen Beitrags zu garantieren (Lüscher und Lewis 2008). Mangelnde Rigorosität und Wissenschaftlichkeit des Action Research (Grønhaug und Olson 1999) sind Folgen eines instabilen und unsicheren Forschungsprozesses (Eden und Huxham 1996). Dieser ist nicht standardisiert, a priori festgelegt und nur bedingt wiederholbar (Coughlan und Coghlan 2002).

Action Research kämpft mit dem Konflikt zwischen wissenschaftlicher Theoriebildung und der Entwicklung managementorientierter Konzepte und Modelle (Ozanne und Saatcioglu 2008), die Praktikern in alltäglichen Situationen nützen (Fals-Borda 2011). Demnach sind Publikationen mit Action Research als empirische Forschungsmethode selten in renommierten wissenschaftlichen Fachzeitschriften zu finden (Lüscher und Lewis 2008; Ozcan und Eisenhardt 2009). Die kontextbezogene Komplexität der individuellen Problemstellungen erschwert es, ein quantitatives Forschungsdesign zu verwenden, welches mehr Klarheit über die Bestätigung oder Widerlegung von Hypothesen schaffen würde (Eden 1995; Sandford 1981).

Trotz der scheinbar schwer zu überwindenden Rivalität von „Rigorosität und Relevanz" liegt hier nicht zwangsläufig ein Dilemma vor (Kieser und Leiner 2012; Lüscher und Lewis 2008; Ozanne und Saatcioglu 2008). Action Research steht als qualitative Forschungsmethode nicht zwangsläufig im Gegensatz zu quantitativen Studien. Sie kann vielmehr als Ergänzung betrachtet werden:

> „Action Research efforts are not very likely to pose a threat to traditional academic, scholarly research. Instead, action research can be seen as a complementary approach

that will reinforce rather than weaken the more traditional field of management research" (Styhre 2009, S. 30).

Rigorosität und Relevanz sind gleichermaßen Kriterien für hochwertige qualitative Forschung (Eden und Huxham 1996, 2006), die beide auf den Action-Research-Ansatz zutreffen. Action Research ist rigoros, da der methodische interaktive und explorative Ansatz gut geeignet ist, um latente, dynamische Faktoren und Prozessabläufe einer Organisation aufzudecken (Argyris 1993). Rigorosität ist demnach kein Gegen-, sondern ein Ergänzungsspieler der Relevanz. Da der Forscher ein aktiver Interventionspartner ist, müssen Forscher und Forschungsbeteiligte ihre Perspektiven, Beobachtungen und Erkenntnisse rigoros offenlegen (Lüscher und Lewis 2008). Die Relevanz von Action Research ist damit zu begründen, dass die Resultate für das zu untersuchende Objekt nützlich sein müssen. Action Research ist für Forscher und Praktiker gleichermaßen relevant, da infolge des zyklischen Prozesses stimulierende Ideen für alternative Methoden und Konzepte entwickelt werden (Ozanne und Saatcioglu 2008) sowie „organizational sensemaking" (Lüscher und Lewis 2008, S. 221) unterstützt wird.

4.2 Einführung in die empirische Feldarbeit

4.2.1 Kontaktaufnahme und Zielsetzung der Fallstudien

Kontaktaufnahme

Ein Erstkontakt zu den Unternehmen resultierte aus der Teilnahme an Seminaren, Workshops, Industrietagungen oder Fachkonferenzen. Ich habe drei Interaktionsmöglichkeiten genutzt, um Kontakt zu potenziellen Forschungskooperationspartnern aufzubauen:

1. Der Inhaber des Lehrstuhls für Vertriebsmanagement an der WHU – Otto Beisheim School of Management und Erstbetreuer dieser Arbeit leitete Workshops und Fortbildungsseminare. Der Austausch zwischen Wissenschaft und Praxis gab mir die Möglichkeit, mit Unternehmensvertretern, die an dem Konzept finanzieller Nutzenrechnungen im Vertrieb interessiert sind, zu sprechen.
2. Eine Vorstellung des Lehrstuhls für Vertriebsmanagement und der lehrstuhlnahen Forschungsprojekte auf Konferenzen und Tagungen mittelständischer Unternehmen der Region ermöglichte es mir, direkt mit Unternehmern und Vertriebsleitern zu sprechen. Die Frage der praktischen Relevanz als Einstieg

nutzend, diskutierte ich mit den Vertretern der Industriegüterunternehmen eine mögliche Forschungskooperation.

3. Eine jährlich vom Lehrstuhl für Vertriebsmanagement ausgerichtete Fachkonferenz, der Campus for Sales, bietet eine weitere Möglichkeit der Interaktion von Wissenschaft und Praxis. Auf der Konferenz bin ich mit Führungskräften und Entscheidungsträgern aus Vertrieb und Marketing bezüglich meines Dissertationsthemas ins Gespräch gekommen.

Während dieses Erstkontakts konnte ich den Unternehmen mittels einer Präsentationsunterlage einen Gesamtüberblick über mein Forschungsprojekt geben. Anschließend habe ich mit den Interessenten ein Telefongespräch vereinbart und die Möglichkeiten einer gemeinsamen Forschungskooperation ausgelotet. Wenn Vorstellungen und Erwartungshaltung beider Parteien übereinstimmten, folgte als nächster Schritt ein Besuch im Unternehmen. Ab dann begannen die einzelnen Action-Research-Kooperationen, welche die vorliegende Arbeit in Kapitel 5.1 bis 5.4 genauer beschreibt.

Zielsetzung der Fallstudien

Meine praxisrelevante Zielsetzung ist es, gemeinsam mit den Unternehmen eine finanzielle Nutzenrechnung zu entwickeln. Demnach soll die Nutzenargumentation im Vertrieb mittels einer praktikablen Nutzenrechnung professionalisiert werden, indem technische Nutzenargumente in finanzielle Nutzenargumente für den Kunden übersetzt werden. Meine forschungsbezogene Zielsetzung ist es, aus der Aggregation der Fallstudien einen generischen Idealprozess abzuleiten. Dieser soll beschreiben, wie finanzielle Nutzenrechnungen unabhängig von Unternehmen, Industriezweig oder Produkt entwickelt werden können. Aus der Perspektive des Forschers liegt der Schwerpunkt demnach nicht auf dem praxisorientierten Endergebnis (Konstruktion eines finanziellen Nutzenrechners), sondern auf fallstudienspezifischen und -übergreifenden Beobachtungen während des Entwicklungsprozesses der Nutzenrechnung. In der Auswertung der Fallstudien beleuchtet die vorliegende Arbeit, was hemmende und fördernde Faktoren bei der Entwicklung und Implementierung finanzieller Nutzenrechnungen sind. Zudem werten die Fallstudien die Reaktionen der beteiligten Organisationsmitglieder sowie meine Beobachtungen bezüglich Vertrautheit, Akzeptanz, Parametrisierung, Umsetzbarkeit oder Praktikabilität finanzieller Nutzenrechnungen aus.

Voraussetzung einer gemeinsamen Fallstudienkooperation war, dass der technische Nutzen des Produkts klar ist. Offen sollte nur der Punkt der Übersetzung der technischen Vorteile in finanzielle Werte sein. Als Minimalziel (Idealziel) für das Unternehmen habe ich mich mit meinem Ansprechpartner auf eine strukturierte Aufbereitung und Ergänzung der Verkaufsargumente (einen quantifizierten Euro-Wert des Kundennutzens) verständigt. Mein Minimalziel ist, dass ich die Vertriebspraxis des Unternehmens kennenlerne sowie die aktuelle Nutzenargumentation strukturiere. Mein Idealziel ist es, die gesammelten Beobachtungen bezüglich der gemeinsamen Entwicklung einer finanziellen Nutzenrechnung in einer anonymisierten Form in der vorliegenden Arbeit als Fallstudie aufzuschreiben.

Gemeinsam haben die ausgewählten Fallstudien, dass es sich bei den Kooperationspartnern um mittelständische Unternehmen handelt. Alle Unternehmen waren von Anfang an interessiert an neuen Konzepten, wie die Nutzenkommunikation im Vertrieb professionalisiert werden kann. Die Unternehmen wurden von mir bewusst ausgewählt, weil sie alle gegenüber ihren Kunden Nutzenvorteile kommunizieren, aber Schwierigkeiten in der finanziellen Quantifizierung der Kundennutzens haben. Keines der Unternehmen hatte daher im Vorfeld unserer Kooperation eine finanzielle Nutzenrechnung im Einsatz. Alle beteiligen Interaktionspartner sind unvoreingenommen in die Kooperation gestartet und haben gemäß des Action-Research-Ansatzes gemeinsam mit mir an der Entwicklung einer Nutzenrechnung gearbeitet. Alle Unternehmen sind zudem fast ausschließlich im Business-to-Business-Bereich tätig.

4.2.2 Umfang und Gestaltung der Datenerhebung

Umfang der Datenerhebung

Aus Datenschutzgründen beschreibt die vorliegende Arbeit die Fallstudien in anonymisierter Form. Unternehmensnamen, Unternehmensdaten sowie Personennamen sind für die Auswertung der Fallstudien verfremdet und codiert. Einige Daten sind unkenntlich in die Fallstudiendokumentation eingeflossen, da die Anonymisierung eine Bedingung der Forschungskooperation war. Tabelle 4-4 dokumentiert den Umfang der empirischen Untersuchung (Anzahl und Stunden) und benennt die in den Fallstudien verwendeten Codierungen.

Insgesamt hatte ich während meiner empirischen Untersuchung 50 direkte Kontaktpunkte mit möglichen Action-Research-Kooperationspartnern. In Summe resultieren daraus circa 79,0 Stunden direkter Interaktionspunkte zur Recherche von Daten, Sammlung von Beobachtungen und Dokumentation der Reaktionen meiner Interaktionspartner. Bei nicht ausgewählten Action-Research-Kooperationen (Dämm GmbH, Schmiede GmbH, Druck GmbH, Leichtbau GmbH) verstehe ich unter „direkten Kontaktpunkten" persönliche Treffen und Telefonate. Bei ausgewählten Action-Research-Kooperationen (Prothesen GmbH, Labeling GmbH, E-Technik GmbH, Baustoff GmbH) stellen „direkte Kontaktpunkte" Felduntersuchungen im Unternehmen dar.

Tab. 4-4   Umfang und Codierung der empirischen Untersuchung

Unter-nehmen	Position	Codierung	Direkte Kontaktpunkte	
			Anzahl	Summe (Std.)
Keine Selektion für eine Action-Research-Kooperation im Dissertationsprojekt				
Dämm GmbH	Geschäftsführung	DämmGF	2	1,0
Schmiede GmbH	Geschäftsführung	SchmiedeGF	3	1,5
Druck GmbH	Vertriebsleitung, kaufmännischer Leiter	DruckVL	2	1,0
Leichtbau GmbH	Vertriebsleitung, Leitung Gebiet Nord	LeichtbauVL1	3	1,0
	Vertriebsleitung, Leitung Gebiet Süd	LeichtbauVL2		
Selektion für eine Action-Research-Kooperation im Dissertationsprojekt				
Prothesen GmbH	Geschäftsführender Gesellschafter	ProthGF	13	23
	Mitglied der Geschäftsführung, Leiter Produktion und neue Technologien	ProthPL*		
	Mitglied der Geschäftsführung, Leiter Vertrieb	ProthVL		
Labeling GmbH	Mitglied der Geschäftsführung	LabelGF	9	17,5
	Mitglied der Geschäftsführung	LabelPROKU		
	Vertriebsleitung, Vertriebsdirektor	LabelVD*		
E-Technik GmbH	Geschäftsführender Gesellschafter, Leiter Vertrieb und Marketing	E-TechGF1	8	16,5
	Geschäftsführender Gesellschafter, Leiter Produktion und Logistik	E-TechGF2		
	Vertriebsleitung, VP Vertrieb und Customer Service	E-TechVP*		
	Projektleiter (wichtiger Kunde der E-Technik GmbH)	E-TechKundePL		
Baustoff GmbH	Verkaufsleitung EU, Commercial Director	BauVL	10	17,5
	Leitender Controlling-Manager	BauCM		
	Produktmanager	BauPM*		
	Marketing-Direktor	BauMD		
	Leiter Anwendungstechnik	BauLAT		
		Summe	**50**	**79,0**

*Ansprechpartner und Projektverantwortlicher der Kooperation

Während der 50 direkten Kontaktpunkte habe ich Protokoll geführt, meine Beobachtungen dokumentiert sowie Reaktionen, Äußerungen und Einschätzungen der Interaktionspartner festgehalten. Die gesammelten Unterlagen habe ich in Projektpräsentationen und Datenbanken strukturiert, mit dem Ziel, Projektfortschritte sowie gemeinsame Erkenntnisse zusammenzufassen. Neben einer ausführlichen Präsentationsunterlage des Projektfortschritts baute ich über einen Zeitraum von insgesamt 13 Monaten (Mai 2012 bis Juni 2013) eine Datenbank auf, welche circa 490 Zelleneinträge mit rund 16.500 Wörtern, Zitaten, Beobachtungen, Anmerkungen, Feststellungen oder Äußerungen meiner Interaktionspartner umfasst. Die Datenpunkte habe ich in den verschiedenen Prozessschritten der Entwicklung einer finanziellen Nutzenrechnung zusammengetragen. Der gemeinsame Entwicklungsprozess einer Nutzenrechnung wird mittels dieser Datenpunkte ausgewertet.

Gestaltung der Datenerhebung

Während meiner qualitativ-empirischen Untersuchungen habe ich unterschiedliche Instrumente der Datenerhebung, wie *Workshops, Expertengespräche, Tiefeninter-*

views, *Gruppendiskussionen* oder *Unternehmensdokumente*, genutzt. Gemäß des Action-Research-Ansatzes überlappen sich teilweise die Phasen der Datenerhebung und Datenauswertung.

Workshops habe ich eher zu Beginn einer Forschungskooperation genutzt. Anfangs galt es, bei Treffen mit Mitgliedern der Geschäftsführung und möglichen Interaktionspartnern sich persönlich kennenzulernen und mein Dissertationsprojekt vorzustellen. Mittels Workshops erklärte ich Idee und Konzept finanzieller Nutzenrechnungen. Gemeinsam wurde die Relevanz von Nutzenrechnungen diskutiert sowie die Zielsetzung der Forschungskooperation erarbeitet.

Expertengespräche stellten nach der Projektfreigabe durch die Geschäftsführung ein weiteres Instrument der Datenerhebung dar. Mein direkter Ansprechpartner im Unternehmen war meist ein Vertriebsleiter oder ein leitender Produktmanager an der Schnittstelle zwischen Technik und Vertrieb. Telefonische oder persönliche Expertengespräche halfen, das Produkt, dessen Kosten- und Nutzentreiber sowie die Vertriebs- und Kundenstruktur besser zu verstehen. Insbesondere die detailorientierten Diskussionen mit Experten unterschiedlicher Fachdisziplinen entlang der Entwicklung der Nutzenrechnung halfen mir, meine praxis- und forschungsrelevanten Fragestellungen zu beleuchten. Experten zeigten sich in Einzelgesprächen häufig offener und direkter als in Gruppendiskussionen oder Workshops mit der Geschäftsführung.

Tiefeninterviews dienten dazu, ausgewählte Fragestellungen im Detail genauer zu untersuchen. Tiefeninterviews mit ausgewählten Gesprächspartnern waren hilfreich bei der Identifizierung spezieller Verkaufsargumente sowie der Recherche der entsprechenden Daten. Im Ergebnis wurden entscheidende Produktparameter sowie relevante notwendige Daten aufgedeckt.

Gruppendiskussionen erlaubten es, interdisziplinärer zu diskutieren. In der Diskussion wurden mittels unterschiedlicher Sichtweisen verschiedener Fachexperten neue Nutzenargumente identifiziert, praktikable Möglichkeiten der Nutzenquantifizierung entwickelt sowie abteilungsübergreifend Akzeptanz für Nutzenrechnungen geschaffen. In Koordination mit meinem direkten Ansprechpartner sammelte ich in Gruppendiskussionen Verkaufsargumente, lernte die aktuelle Situation der Nutzenargumentation kennen, arbeitete kundenrelevante und kundenirrelevante Vorteilsargumente heraus und analysierte technische und kaufmännische Differenzierungsmerkmale gegenüber einem Wettbewerbsprodukt.

Unternehmensdokumente unterstützten bei der Vor- und Nachbereitung von Workshops. Unternehmensdokumente waren zum Beispiel: Präsentationen zum Produktportfolio, zur Kundenstruktur oder Vertriebsorganisation. In Expertengesprächen halfen Produktkataloge, Produktionskennzahlen oder vom Unternehmen gesammelte industriespezifische Kennziffern, Produktvorteile zu quantifizieren.

4.2.3 Ausblick auf Struktur und Aufbau der Fallstudien

Zu Beginn jeder Fallstudie habe ich der Geschäftsführung und meinen Interaktionspartnern eine mögliche Projektstrukturierung der Forschungskooperation vorgeschlagen. Abbildung 4-2 zeigt die vorgeschlagene Projektstruktur.

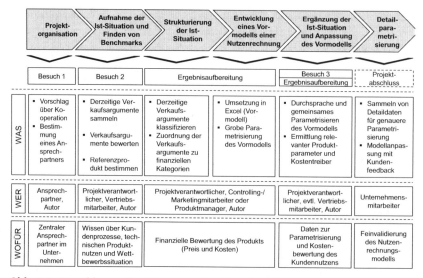

Abb. 4-2 Vorschlag zur Strukturierung einer Forschungskooperation

Die vorgeschlagene Projektstruktur war in allen Action-Research-Kooperationen identisch. Die einzelnen Projektschritte überlappen sich oder haben, je nach inhaltlichem Schwerpunkt der Fallstudie, eine unterschiedliche Bedeutung. In meiner Rolle als „unternehmensexterner Sparringspartner" schlug ich vor, die Forschungskooperation in folgende Schritte zu unterteilen:

- Projektorganisation
- Aufnahme der Ist-Situation und Finden von Benchmarks
- Strukturierung der Ist-Situation
- Entwicklung eines Vormodells einer Nutzenrechnung
- Ergänzung der Ist-Situation und Anpassung des Vormodells
- Detailparametrisierung

Der Strukturierungsvorschlag diente als Orientierung im Projektverlauf. Die individuelle Ausgestaltung variierte von Fallstudie zur Fallstudie stark und wird in den Kapiteln 5.1 bis 5.4 genauer beschrieben. Während der Gespräche diskutierte ich mit den Beteiligten Konzept und Idee einer finanziellen Nutzenrechnung. Abbildung 4-3 zeigt das vereinfachte Konzept einer finanziellen Nutzenrechnung, auf dessen Grundlage Erwartungshaltungen und Machbarkeitseinschätzungen der Interaktionspartner bezüglich finanzieller Nutzenrechnungen ausgetauscht wurden.

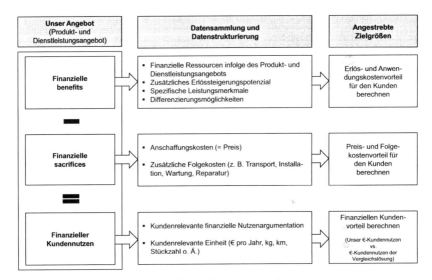

Abb. 4-3 Konzept und Idee einer finanziellen Nutzenrechnung

Am Beispiel des Nutzenrechnungskonzepts habe ich erklärt, was mögliche nächste Schritte bei der Entwicklung finanzieller Nutzenrechnungen wären: Die Entwicklung beginnt mit der Identifikation und Quantifizierung finanzieller benefits für den Kunden. Demgegenüber sind Daten zur Berechnung finanzieller sacrifices zu sammeln, bevor am Ende aus der Differenz von benefits und sacrifices finanzieller Kundennutzen berechnet wird.

Im Detail war jedes Action-Research-Projekt in Bezug auf die Entwicklung einer finanziellen Nutzenrechnung individuell. Dennoch folgten die Fallstudien einem ähnlichen Ablauf. Projektübergreifend werden die Forschungskooperationen daher in eine vergleichbare Struktur gegliedert. Abbildung 4-4 zeigt die Struktur der Fallstudien, welche der Gliederung der Kapitel 5.1 bis 5.4 entspricht.

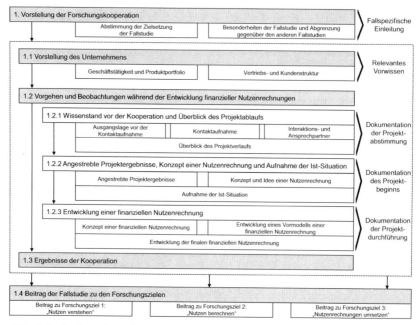

Abb. 4-4 Struktur der Fallstudien

Abbildung 4-4 zeigt, dass die Fallstudien nach einer einleitenden Vorstellung der Forschungskooperationen in vier Hauptkapitel gegliedert werden: (1.1) Vorstellung des Unternehmens, (1.2) Vorgehen und Beobachtungen während der Entwicklung finanzieller Nutzenrechnungen, (1.3) Zusammenfassung der Ergebnisse der Kooperation und (1.4) Beitrag der Fallstudie zu den Forschungszielen. Kern jeder Fallstudie ist das zweite Kapitel (1.2), in dem gemeinsam mit den Organisationsmitgliedern eine finanzielle Nutzenrechnung entwickelt wird sowie qualitativ-empirische Beobachten und Datenpunkte gesammelt werden.

4.3   Zusammenfassung der methodischen und empirischen Grundlagen

Die wesentlichen Punkte dieses Kapitels sind folgendermaßen zusammenzufassen:

- Grund für die Auswahl des Action-Research-Ansatzes ist der iterative und zyklische Prozess. Dieser Forschungsprozess, bestehend aus Datensammlung, Datenanalyse, Aktionsplanung, Implementierung und Evaluierung, eignet sich dazu die Implementierung finanzieller Nutzenrechnungen in Unternehmen zu beleuchten. Eine transparente Dokumentation der Action-Research-Projekte in einzelnen abgeschlossenen Fallstudien bietet sich an, sodass die Ergebnisse für nicht beteiligte Personen offengelegt sowie die Erkenntnisse auf andere Kontexte übertragen werden können.
- Neben dem zyklischen Action-Research-Prozess sind insbesondere Kollaboration, Praxisveränderung und Theorieentwicklung wesentliche Merkmale des Action-Research-Ansatzes. Action Research begünstigt demnach eine enge und direkte Kollaboration mit Interaktionspartnern, hat den Anspruch, eine Veränderung oder einen Wandel in der Praxis anzustoßen, und ermöglicht, empirische Erkenntnisse im Kontext theoriebildend auszuwerten. Die Qualität von Action Research liegt darin, dass eine praxisnahe Lösung für eine definierte Problemstellung gefunden wird und mittels der Erkenntnisse aus dem Lösungsfindungsprozess für eine Theorieerweiterung genutzt werden können.

Aufbauend auf den methodischen Grundlagen hat Kapitel 4.2 eine Einführung in die empirische Feldarbeit meines Dissertationsprojekts gegeben. Meine qualitativ-empirischen Erhebungen umfassen vier bewusst ausgewählte Action-Research-Projekte, in denen ich die Entwicklung und Implementierung einer finanziellen Nutzenrechnung untersuche. Meine Forschungskooperationen sind die Prothesen GmbH, die Labeling GmbH, die E-Technik GmbH und die Baustoff GmbH. In allen vier Action-Research-Projekten nutzte ich parallel unterschiedliche Datenquellen (z. B. Workshops, Expertengespräche, Gruppendiskussionen, Archivdaten, Kundenbefragungen) zur Untersuchung meiner Forschungsfragen. Ich folgte einer ähnlichen Struktur, damit sich meine Beobachtungen fallstudienübergreifend vergleichen sowie die Erkenntnisse auf andere Kontexte übertragen lassen.

Fallstudien zur Entwicklung finanzieller Nutzenrechnungen 5

5.1   Prothesen GmbH

Die Prothesen GmbH ist ein Dental-Labor, welches zahnmedizinische Produkte für Zahnarztpraxen fertigt sowie produktbegleitende Dienstleistungen für Praxisinhaber und Patienten anbietet. Die Fallstudie „Prothesen GmbH" beschreibt die Entwicklung einer finanziellen Nutzenrechnung in der Dental-Branche, in der kundenindividuelle Spezialprodukte im Austausch mit Praxisinhabern und Patienten schrittweise angepasst werden. Die Kooperation mit der Prothesen GmbH erstreckte sich über einen Zeitraum von vier Monaten und ist in der zeitlichen Abfolge meiner empirischen Untersuchungen die erste Fallstudie.

Abstimmung der Zielsetzung der Fallstudie

Zielsetzung der Fallstudie ist die Implementierung einer Nutzenrechnung, welche den finanziellen Kundennutzen einer exklusiven Kooperation mit der Prothesen GmbH dokumentiert. Die Nutzenrechnung soll zeigen, dass es für Praxisinhaber, das heißt für die Kunden der Prothesen GmbH, nicht wirtschaftlich ist, ein eigenes Praxislabor zu betreiben. Demnach werden die Vorteile aus der exklusiven Zusammenarbeit mit der Prothesen GmbH anstelle der Zusammenarbeit mit einem alternativen gewerblichen Labor quantifiziert. In der Forschungskooperation wird die Verschlankung des Produktportfolios, die vereinfachte Nutzenkommunikation verschiedener Produktalternativen sowie die Vorteilhaftigkeit des exklusiven Betreuungs- und Dienstleistungsangebots eines großen gewerblichen Laborpartners finanziell bewertet. Der Geschäftsführer und Inhaber der Prothesen GmbH beschreibt die Zielsetzung und Motivation der Fallstudie folgendermaßen:

► *„Unser Problem ist es nicht, dass wir Top-Kunden verlieren, sondern dass wir mit der Kommunikation unserer Vorteile Schwierigkeiten haben, neue Kunden zu gewinnen"* (ProthGF).

► *„Es wäre gut, wenn wir es schaffen würden, dem Kunden mal aufzuzeigen, welchen Mehrwert wir ihm bieten"* (ProthGF).

Besonderheiten der Fallstudie und Abgrenzung gegenüber den anderen Fallstudien

In der viermonatigen Fallstudie erhielt ich Einblicke, wie die Prothesen GmbH zukünftig Umsatzwachstum erwirtschaften möchte. Im Vergleich zu den anderen Fallstudien zeichnet sich die Kooperation mit der Prothesen GmbH dadurch aus, dass die Nutzenargumentation nicht nur auf Business-to-Business-Ebene (B2B), sondern auch auf Business-to-Consumer-Ebene (B2C) stattfindet. Eine Nutzenrechnung überzeugt daher direkte Kunden (hauptsächlich B2B) und indirekte Kunden (hauptsächlich B2C, d. h. Patienten der Praxisbetreiber) von der finanziellen Vorteilhaftigkeit des Produkt- und Dienstleistungsangebots der Prothesen GmbH. Ansprechpartner der Prothesen GmbH sind daher keine klassischen industriellen Einkäufer, sondern Inhaber von Zahnarztpraxen sowie Patienten. Gegenüber Patienten ist eine rein von technischen Produktvorteilen dominierte Nutzenrechnung nur bedingt geeignet, da der Endkunde eher mit emotionalen und designorientierten Argumenten und weniger mit euroäquivalenten Nutzenargumenten überzeugt wird.

Ich arbeitete intensiv mit der gesamten Geschäftsführung zusammen. Bei der Prothesen GmbH dominierte die Interaktion in Workshops mit drei bis vier Geschäftsführern verschiedener Verantwortungsbereiche. Der Inhaber und Geschäftsführer der Prothesen GmbH war stark in die Kooperation involviert. Er nahm an den Workshops teil, um Produkt- und Dienstleistungsvorteile zu sammeln, begutachtete das Konzept einer Nutzenrechnung und unterstützte proaktiv bei der Datenrecherche. In mehreren Workshops haben wir während der Entwicklung der finanziellen Nutzenrechnung unterschiedlichste Nutzenargumente zusammengetragen sowie einen Produkt- und Kostenvoranschlagsrechner konzipiert. Mittels der ausführlichen Analyse der Ist-Situation sowie unterschiedlicher Konzeptionen einer finanziellen Nutzenrechnung bei der Prothesen GmbH beobachtete ich erstmals in der Unternehmenspraxis,

- welche Fragestellungen bei der Identifikation finanzieller Nutzentreiber hilfreich sind,
- wie Kundennutzen und darauf aufbauend eine Nutzenrechnung konzipiert wird sowie

- welche Schritte in welcher Reihenfolge bei der Entwicklung einer finanziellen Nutzenrechnung durchlaufen werden.

5.1.1 Vorstellung der Prothesen GmbH

Geschäftstätigkeit und Produktportfolio

Die Prothesen GmbH wurde im Jahre 1976 gegründet. Es handelt sich um ein gewerbliches Labor zur Herstellung von Zahnersatz, -prothesen und -kronen sowie zahnmedizinischer/-ästhetischer Arbeiten und produktbegleitender Dienstleistungen für Zahnarztpraxen und Patienten. Die Prothesen GmbH beschäftigte im Jahre 2009 rund 70 Mitarbeiter und wuchs jährlich um circa zehn Mitarbeiter. Mit rund 100 Mitarbeitern in spezialisierten Technikbereichen im Jahre 2012 gehört das Dental-Labor zu einem der größten Labore der Region. Die Prothesen GmbH bietet maßgeschneiderte Lösungen mit höchster Präzision aus den Bereichen der Implantat-Prothetik, navigierter Implantation, vollkeramischer Kronen- und Brückentechnik, Veneer-Technik, Kombinationstechnik und Galvanotechnik. Vier Technikermeister managen Partner-Praxen und leiten das Prothesen-GmbH-Netzwerk der Kundenbetreuung. Zum Kundenstamm der Prothesen GmbH zählen über 100 Partner, die sich aus Praxen, Universitätskliniken sowie führenden Unternehmen der Branche zusammensetzen. Die Prothesen GmbH versorgt jährlich über 12.000 Patienten im Umkreis von 100 bis 150 Kilometern und hat über die letzten Jahre mehr als 10.000 Implantate verarbeitet. Sie verfügt über ein Total-Quality-Management-System und ist Referenzlabor und Kompetenzzentrum verschiedener Industriepartner und Dentalunternehmen. Neben qualitativ hochwertigen und innovativen Produktlösungen bietet die Prothesen GmbH eine Kompetenz-Plattform mit Unterstützung im Praxis-Management und -Marketing sowie patientenindividuelle Behandlung im Labor. Sie führt hauseigene Schulungsveranstaltungen durch und verfügt über ein exklusives Know-how-Netzwerk für Weiterbildung auf Kongressen und in Kooperation mit Fortbildungsinstituten. Weiteres Markenzeichen sind eine moderne Arbeitsorganisation in der Kundenbetreuung sowie eigene Kundenzeitungen.

Vertriebs- und Kundenstruktur

Seit 1998 existiert folgende Teamstruktur: Vier Geschäftsführer bilden ein Leitungsteam, das zehn eigenverantwortliche Teams mit jeweils unterschiedlichen Arbeitsschwerpunkten führt. Abbildung 5-1 veranschaulicht die Organisation der Teamstruktur der Prothesen GmbH.

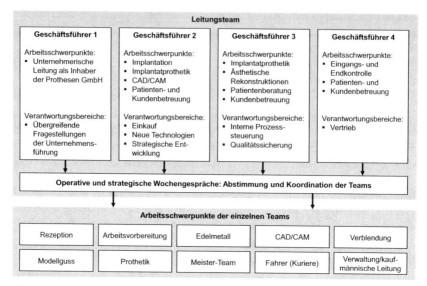

Abb. 5-1   Teamstruktur der Prothesen GmbH

Die Geschäftsführer des Leitungsteams haben unterschiedliche Arbeitsschwerpunkte und Verantwortungsbereiche. Eine explizite Trennung zwischen Vertrieb, Technik, Produktion, Qualitätsüberwachung oder Kundenbetreuung ist nicht möglich. Die Kunden (Praxisinhaber und Patienten) verlangen einen direkten und gleichbleibenden Ansprechpartner, der das technische Detail des kundenindividuellen Produkts versteht sowie kaufmännische Aufgaben (d. h. krankenkassenkonforme Kostenvoranschläge und Abrechnungssysteme für kundenindividuelle Arbeiten) erledigt. Geschäftsführer 4 hat daher zum Beispiel den Verantwortungsbereich „Vertrieb" inne, ist aber nicht alleiniger Vertriebsleiter. Er koordiniert auch die Arbeitsschwerpunkte und Verantwortungsbereiche anderer Teams und unterstützt zum Beispiel im Wertschöpfungsprozess der Produktfertigung.

Das Leitungsteam entscheidet in Wochengesprächen über operative Fragestellungen des täglichen Laborbetriebs sowie strategische Weichenstellungen der Unternehmensentwicklung. Typische Aufgaben jedes Geschäftsführers sind die Betreuung seiner ihm zugeordneten Kunden, das heißt, er hält engen Kontakt zu den Praxisinhabern, erklärt diesen die technische Arbeiten und Produktvorteile, stellt Praxisinhabern Produktinnovationen vor, führt mit Patienten eine Finish-Betreuung durch oder administriert Abrechnungsprozesse. Die enge Kundenbetreuung ermöglicht es, Kundenprofile zu erstellen. Mittels umfassender Kundenprofile wird eine optimale Kundenbetreuung gewährleistet, welche die Arbeitsorganisation der einzelnen Teams optimiert sowie Grundlage der Abbildung des Wertschöpfungsprozesses im Total-Quality-Management-System darstellt. Die Prothesen GmbH klassifiziert ihre Kunden nach Umsatz. Das Umsatz-Ranking identifiziert die Top15-Kunden, welche circa 75 Prozent des Umsatzes generieren. Zukünftig plant die Prothesen GmbH ihre Kunden nach Deckungsbeiträgen zu ordnen, sodass umsatzstarke, aber deckungsbeitragsschwache Kunden des Top15-Kundenstamms identifiziert werden können. Die Kunden der Prothesen GmbH befinden sich überwiegend in einem Radius von rund 100 Kilometern um den Firmensitz. Geplant ist, im Umkreis von rund 150 Kilometern weitere Kunden zu akquirieren oder von Wettbewerbern abzuwerben. Entscheidungsrelevant wird hierzu zukünftig der Deckungsbeitrag und nicht mehr der Kundenumsatz sein.

Die Prothesen GmbH bedient mit ihrem breiten Produktportfolio unterschiedlichste Standard- (z. B. Implantatprothetik, vollkeramische Kronen- und Brückentechnik, navigierte Implantation) und Spezialanfragen (z. B. Veneertechnik, Kombinationstechnik, Galvanotechnik) des Kunden. Sie versorgt demnach einen Kundenstamm eines vergleichsweise homogenen Industriezweigs, dessen einzelne Kunden jedoch heterogene Produktanforderungen und kundenindividuelle Zielvorgaben haben. Die Prothesen GmbH arbeitet nah am Endverbraucher und erbringt Patienten-Dienstleistungen (z. B. Finish-Betreuung im Labor, Farbberatung oder Pflegeschulungen) im eigenen Labor, wenn der Kunde (Praxisbetreiber) diese nicht anbietet. Die Kunden der Prothesen GmbH sind demnach stark in den Arbeitsprozess des Labors eingebunden. Selbst eine qualitativ hochwertige Arbeit der Prothesen GmbH wird erst durch handwerkliches Geschick des Praxisbetreibers für den Patienten perfekt. Die Prothesen GmbH und ihre Kunden haben beide direkten Einfluss auf die Zufriedenheit des Endkunden und sind daher auf eine gegenseitig einwandfrei funktionierende Wertschöpfung angewiesen. Ein Großteil der Kunden der Prothesen GmbH sind langjährige Bestandskunden. Diese scheuen die Unsicherheiten eines Laborwechsels, da sie auf die Produktqualität des Dental-Labors vertrauen und die zusätzliche Prozessunterstützung schätzen.

5.1.2 Vorgehen und Beobachtungen während der Entwicklung einer finanziellen Nutzenrechnung

5.1.2.1 Wissensstand vor der Kooperation und Überblick über den Projektablauf

Ausgangslage vor der Kontaktaufnahme

Die Prothesen GmbH war mir im Vorfeld der Zusammenarbeit nicht bekannt, ebenso wenig wie die Dentallabor-Branche. Überrascht war ich von der Höhe der Mitarbeiteranzahl, den produzierten Stückzahlen, dem Standardisierungsgrad der Wertschöpfungsprozesse sowie der Verwendung eines Total-Quality-Management-Systems.

Kontaktaufnahme

Erster Kontaktpunkt mit der Prothesen GmbH war Ende Juni 2012 während eines Seminars zum Thema Preispolitik, welches der Erstbetreuer dieser Arbeit durchführte. Im Anschluss an die Moderation einer Kleingruppenübung kam ich mit dem Inhaber und einem weiteren Geschäftsführer der Prothesen GmbH ins Gespräch und stellte ihnen mein Dissertationsprojekt vor. Beide Unternehmensvertreter zeigten sich sehr interessiert an der Vorstellung, ein Werkzeug zu entwickeln, welches die Nutzenargumentation des Vertriebs zu verbessern versprach. Die Motivation des Inhabers beobachtete ich an seiner ersten Idee: *„Super wäre es, wenn wir eine Nutzenrechnung innerhalb einer Produktlinie schaffen und so vorrechnen, wie viel wir besser sind"* (ProthGF).

Die Kontaktaufnahme diente dem gegenseitigen Kennenlernen und der Verabredung zu einem Telefongespräch, in dem weitere Kooperationsmöglichkeiten sowie ein Treffen im Unternehmen mit zusätzlichen Ansprechpartnern ausgelotet wurden. Im Vorfeld dieses ersten Treffens nutzte ich alle öffentlich zugänglichen Quellen und informierte mich über das Unternehmen, dessen Produktportfolio und Kundenstruktur sowie die Industrie im Allgemeinen. Hilfreich waren hier beispielsweise Pressemitteilungen, Branchenreports und Kunden- oder Patientenbroschüren, die auf der Unternehmenswebsite frei verfügbar waren. Detaillierte Einblicke hatte ich zu diesem Zeitpunkt nicht.

Anfangs war ich eher skeptisch, ob das Konzept einer finanziellen Nutzenrechnung für die Prothesen GmbH relevant sei, weil das Unternehmen nicht ausschließlich im Business-to-Business-Vertrieb tätig ist. Zum damaligen Zeitpunkt war mir unklar, inwieweit eine Nutzenrechnung bei der Prothesen GmbH von Relevanz für den Kunden und/oder Patienten wäre. Zudem hatte ich aus den ersten Gesprächen den Eindruck gewonnen, dass für die Prothesen GmbH eher eine Strukturierung ihres Produktportfolios sowie eine Dokumentation der Kostentreiber von Bedeutung war als die Entwicklung einer Nutzenrechnung. In weiteren Gesprächen beobachtete ich aber, dass meine Ansprechpartner sich gegenüber dem Konzept finanzieller Nutzenrechnungen aufgeschlossen zeigten. Ein Geschäftsführer übertrug die Idee einer Nutzenrechnung auf die Situation der Prothesen GmbH: *„Wir müssen dem Kunden vorrechnen, dass es sich gar nicht lohnt, darüber nachzudenken, Chairside-Lösungen oder ein eigenes Praxis-Labor zu haben"* (ProthPL). Die Motivation meiner Interaktionspartner zeigte, dass eine Forschungskooperation mit der Prothesen GmbH für die Beleuchtung der Forschungsfragen hilfreich wäre: *„Man muss den Kunden und dem Praxis-Team Mehrwerte geben. Die Arbeit muss locker durchlaufen, damit sie keine Probleme mit den Kassen haben. Die Rechnungen sollten kassenkonform sein und am besten von den Krankenkassen direkt durchgewunken werden. Das schaffen wir meistens, aber nicht immer. Wenn wir das dem Kunden besser zeigen könnten, wäre das ein echter Vorteil für uns und für unsere Kunden"* (ProthPL).

Interaktions- und Ansprechpartner

Während der ersten Workshops im Unternehmen fand ich vor: flache und durchlässige Hierarchien, direkte Interaktion und detaillierter Austausch mit dem Kunden, überschaubare Unternehmensgröße und Mitarbeiterzahl sowie enge und teamorientierte Zusammenarbeit der Geschäftsführung mit ihren Mitarbeitern. Meine direkten Ansprechpartner waren der Inhaber sowie der Geschäftsführer mit dem Verantwortungsbereich interne Prozesssteuerung und Qualitätssicherung. Insgesamt verlief die Kommunikation und Interaktion mit meinen Ansprechpartnern sehr unkompliziert. Wir vereinbarten regelmäßige Workshops im Unternehmen, um in kleinen Gruppen die Ist-Situation zu analysieren oder am Konzept der Nutzenrechnung zu arbeiten. Spezifische Details klärte ich mit Experten in Einzelgesprächen.

Überblick über den Projektablauf

Im Rahmen der Kontaktaufnahme vereinbarte ich mit dem Inhaber der Prothesen GmbH einen Telefontermin. Wir sprachen über Kooperationsmöglichkeiten und stimmten ab, wann ein inhaltlicher Start im Unternehmen mit allen Beteiligten sinnvoll wäre. Tabelle 5-1 dokumentiert den Projektverlauf.

Tab. 5-1   Überblick über den Projektablauf bei der Prothesen GmbH

Datum	Dauer (Std.)	Teilnehmer	Kontakt-punkt	Inhaltlicher Schwerpunkt
29.06.2012	0,5	ProthGF	Telefon	• Auslotung einer möglichen Zusammenarbeit
10.07.2012	0,5	ProthPL	Telefon	• Koordination und vorbereitende Informationen für ein erstes Treffen im Unternehmen
12.07.2012	1,5	ProthGF, ProthPL	Termin im Unter-nehmen	• Ansprechpartner bestimmen • Projektvorstellung • Abstimmung des vorgeschlagenen Projektplans und der nächsten Schritte
16.07.2012	2,0	ProthGF, Erst-betreuer der Dissertation	Termin im Unter-nehmen	• Ansatzpunkte für Nutzenrechnungen bei der Prothesen GmbH • Ideen zur strategischen Weiterentwicklung
19.07.2012	2,5	ProthGF, ProthPL, ProthVL	Termin im Unter-nehmen	• Aufnahme der Ist-Situation • Sammeln von Kundenargumenten gegenüber Ärzten • Sammeln von emotionalen Argumenten gegenüber Kunden • Zielvorstellung: Nutzenrechner als Verkaufs- und Differenzierungsrechner • Nächste Schritte: Vormodell entwerfen, gemeinsam anpassen und parametrisieren
23.08.2012	2,0	ProthGF ProthPL	Termin im Unter-nehmen	• Vertiefung der Ideen zur strategischen Weiterentwicklung • Abstimmung der Möglichkeiten, Nutzenrechnungen im Unternehmen umzusetzen • Sammeln von Argumenten für Nutzenrechner an der Schnittstelle Prothesen GmbH und Arzt • Ziel: Nutzenrechner auf Arzt- und nicht auf Kundenebene
29.08.2012	2,5	ProthGF, ProthPL	Termin im Unter-nehmen	• Zusammenfassung der Verkaufsargumente • Strukturierung der Verkaufsargumente • Genauere Konzeption des Nutzenrechners
03.09.2012	2,5	ProthGF, ProthPL	Termin im Unter-nehmen	• Abstimmung der Kundenpräsentation, um Kundendaten zur Modellierung/Entwicklung des Nutzenrechners zu erhalten • Verdichtung der Zielsetzung: Produkt-Konfigurator intern und Nutzenrechner extern
Sept. 2012 bis Okt. 2012	2,0	ProthPL	E-Mail, Telefon	• Datenaustausch für Nutzenrechner • Abstimmung über Detailanpassung des Nutzenrechners
08.10.2012	3,0	ProthGF, ProthPL	Termin im Unter-nehmen	• Abschlusspräsentation • Vorstellung und Einweisung in die Werkzeuge: Nutzenrechner (extern) und Produkt-Preis-Konfigurator (intern) • Übergabe der Projektdokumentation
11.10.2012	2,0	ProthGF, ProthPL	E-Mail, Telefon	• Entwurf einer Präsentation zur Kundenakquise • Zielsetzung: Wie können wir unsere Ergebnisse den Kunden vorstellen?
18.10.2012	1,5	ProthGF, ProthPL	Termin im Unter-nehmen	• Detailanpassung der Kundenpräsentation • Übergabe der Kundenpräsentationsvorlage
11.06.2013	0,5	ProthVL	Termin im Unter-nehmen	• Diskussion der Vertriebs- und Kundenstruktur
Summe	**23,0**			

Tabelle 5-1 zeigt, dass im Projektablauf die Analyse der Ist-Situation einen hohen Zeitanteil bei der Entwicklung einer Nutzenrechnung eingenommen hat. Bevor wir Ansatzpunkte einer Nutzenrechnung fanden, diskutierten wir in Workshops mehrmals unterschiedliche Verkaufsargumente, identifizierten immer neue Nutzentreiber und strukturierten diese nach ihrer Quantifizierungsmöglichkeit.

5.1.2.2 Angestrebte Projektergebnisse, Konzept einer Nutzenrechnung und Aufnahme der Ist-Situation

Angestrebte Projektergebnisse

Mittels der vorgeschlagenen Projektstruktur (vgl. Abbildung 4-2) möchte die Prothesen GmbH ein Dokumentationswerkzeug entwickeln, welches Produktkonfigurationen beim Kunden abfragt sowie darauf aufbauend passende Kostenvoranschläge erstellt. Anfangs war ich skeptisch, weil eine rein technische und kaufmännische Vergleichsrechnung zweier Produktalternativen innerhalb des Unternehmens nur bedingt der Idee einer finanziellen Nutzenrechnung entspricht. Meine Interaktionspartner hatten zum Beispiel folgende Projektvorstellung: *„Da unsere Kunden keinen Preis auf unsere Produkte aufschlagen können, das ist eine gesetzliche Vorgabe, müssen sie unseren hohen Preis plus ihre Arbeitskosten an die Patienten weitergeben. Im ersten Moment sind sie daher vor allem bei aufwendigen Arbeiten nicht bereit, so hohe Preise für unsere Produkte und Implantate zu bezahlen. Die Kunden können ja nur einen bestimmten Betrag bei den Patienten beziehungsweise der Krankenkasse abrechnen. Wenn sie schon sehr teure Prothetik einkaufen, bleibt da nicht mehr viel Spielraum in der Abrechnung für ihren eigenen Arbeitsaufwand, und wir müssen Wege finden, die Preise zu rechtfertigen"* (ProthGF).

Je länger wir die Projektstruktur diskutierten, desto deutlicher stellte sich heraus, dass nur im ersten Schritt die finanzielle Bewertung zweier Produktalternativen dokumentiert werden soll. Darauf aufbauend sollten Vorteilsargumente für die Kooperation mit einem gewerblichen Labor anstelle des Betriebs eines Praxislabors zusammengetragen werden. Mittels der vorgeschlagenen Projektstruktur begannen die Interaktionspartner, sich mit Konzept und Idee einer finanziellen Nutzenrechnung auseinanderzusetzen. Zu klärende Fragestellungen im Verlauf der Kooperation waren zum Beispiel:

▸ *„Welchen Wert, welchen Nutzen oder was ist dir das wert, dass es jetzt oder dann individueller wäre, schöner wäre, ästhetisch anspruchsvoller wäre. Ist es dir 200 Euro oder 100 Euro wert? Solche Fragen müssen wir uns stellen und aus der Sicht des Kunden beantworten können"* (ProthPL).

▸ *„Wenn der Patient mal wüsste, was hier möglich wäre, was wir alles können und was es dann vielleicht nur mehr kosten würde, dann würde er sagen: ‚Ja komm, das mache ich. Die 100 Euro, das ist es mir jetzt aber wert.' Fraglich ist nur, wie wir das gegenüber der Praxis oder den Patienten kommunizieren"* (ProthPL).

Konzept und Idee einer Nutzenrechnung

Während des ersten Workshops im Unternehmen stellte ich meinen Interaktionspartnern Konzept und Idee einer Nutzenrechnung (vgl. Abbildung 4-3) vor. Die Interaktionspartner formulierten Relevanz und Zweckmäßigkeit einer Nutzenrechnung in Abhängigkeit von der angesprochenen Zielgruppe. Für die Neukundenakquise wäre eine Nutzenrechnung als Werkzeug zur Preisrechtfertigung einzusetzen:

> ► *„Wir haben eher das Problem, neue Kunde zu gewinnen, weil unsere anfangs hohen Preise abschreckend sind. Ich glaube, Ihr Konzept kann uns helfen, in der Argumentation besser zu werden"* (ProthGF).

> ► *„Wir sind eher in einer Position der Preisrechtfertigung und müssen nicht um Preise kämpfen. Unsere Margen sind sehr hoch, weil die Menschen bereit sind, viel Geld für unsere Produkte auszugeben"* (ProthPL).

Für die Argumentation bei Bestandskunden wäre eine Nutzenrechnung als Werkzeug der Produktvergleichsrechnung einzusetzen:

> ► *„Wenn uns der Kunde kennt, dann haben wir mit den Preisen eigentlich kaum noch Probleme. Wir haben das große Glück, dass unsere Produkte nicht weiterverarbeitet werden. Sie werden von unseren Kunden direkt an die Verbraucher weitergegeben, und der spürt die hohe Qualität und Perfektion direkt. Hier ist eher die Frage, welches Produkt können wir dem Kunden verkaufen und wie schaffen wir es, ihn vom teureren, aber höherwertigen Produkt zu überzeugen"* (ProthGF).

> ► *„Mit unseren großen Kunden verhandeln wir kaum noch Preise. Die wissen, was sie bei uns bekommen, und bezahlen gerne für die hervorragende Qualität und die reibungslose Zusammenarbeit. Erfahrung und Vertrauen ist also ein sehr wichtiger Punkt"* (ProthGF).

Je detaillierter wir in die Diskussion einer finanziellen Nutzenrechnung einstiegen, desto eher versuchten die Interaktionspartner, die Idee einer Nutzenrechnung auf die Situation bei der Prothesen GmbH anzuwenden. Anfangs dominierte die Nutzenargumentation ausschließlich auf der Produktebene, das heißt der Gegenüberstellung zweier Produktalternativen: *„Wir können versuchen, dem Kunden vorzurechnen, was ihm die emotionalen Argumente, also der Unterschied zwischen ‚Standard' und ‚Smile', wert sein sollte"* (ProthPL). Später diskutierten die Workshop-Teilnehmer aber bereits konkrete Ansatzpunkte einer Nutzenrechnung. Im Vordergrund der Diskussionen stand nun, dass der Kunde einen finanziellen Nutzen erzielt, wenn er eine exklusive Kooperation mit der Prothesen GmbH eingeht: *„Es muss uns gelingen, dem Kunden klarzumachen, dass nur wir das innovativste Produkt vertreiben, mit*

*dem auch Patienten beim Kunden hängen bleiben und mit denen er Geld verdienen
kann, wenn er mit uns kooperiert"* (ProthPL).

Aufnahme der Ist-Situation

In Zusammenarbeit mit den Geschäftsführern sammelten wir alle derzeitigen Ver-
kaufs- und Vorteilsargumente, welche das Produkt- und Dienstleistungsangebot
der Prothesen GmbH auszeichnen und beim Kunden (Kauf-)Interesse wecken. Die
Argumente wurden nach Priorität für den Kunden sortiert. Es wurde abgeschätzt,
wie die Argumente in eine finanzielle Nutzenrechnung integriert werden können.
Für die finanzielle Nutzenrechnung wurde erörtert, was die Vergleichslösung ist:
eine unternehmensinterne Lösung (z. B. Produktweiterentwicklung, -innovation und
-austausch) oder eine unternehmensexterne Lösung (z. B. neuer Technologiestandard, Konkurrenz durch bekannten oder unbekannten Wettbewerber). Die in den
Workshops gesammelten Verkaufs- und Vorteilsargumente sprechen Kundennutzen
auf einer Produkt- und Dienstleistungsebene an. Auf der Produktebene war die
Argumentation anfangs noch unspezifisch, zum Beispiel:

▶ *„Wir müssen leicht verständlich, aber gut begründet zeigen, warum wir und unsere
Produkte besser sind als die unserer Konkurrenten"* (ProthGF).

▶ *„Das Schlimme ist, es ist wirklich so verwirrend geworden, dass man manchmal
erst mal alles einrechnen muss, um dann nachher zu sehen, ok, das ist doch nicht
eingetreten und das geht dann auch nicht, weil dann wird man zu teuer"* (ProthVL).

Ebenso wenig konkretisierten die Interaktionspartner, was genau die entscheidenden
Produktvorteile sind: *„Das Wichtigste ist, den Kunden dazu zu bewegen, dass er
einen Mehraufwand bucht, weil er dadurch Vorteile hat. Man müsste hinterlegen,
warum es interessant ist, dass er uns zum Beispiel Patienten schon zur Beratung
schickt und wir ihnen die Produktvorteile klarmachen. Es muss für den Kunden aber
immer ersichtlich bleiben, dass er der point of sale ist"* (ProthGF). Demnach wurden
spezifische und kundenrelevante Produktvorteile im Detail noch nicht bestimmt.
Vielmehr erläuterten die Beteiligten ihre Vorstellung, was der Prothesen GmbH
in der Zusammenarbeit mit ihren Kunden auf der Produktebene helfen würde.
Bevor wir weitere Nutzenargumente der Produkte sammelten, formulierten die
Beteiligten ihre Idealvorstellungen wie folgt:

▶ *„Idealerweise geben wir dem Kunden im Verkaufsgespräch unseren Kostenvoranschlag nach den Wünschen des Patienten direkt mit und schicken ihn nicht erst
zwei oder drei Wochen später, dann ist es eh schon zu spät"* (ProthPL).

► *„Es müsste ein Beratungsformular geben, wo die Helferin abhakt: ‚Wollen Sie eine andere Farbe haben? Soll ein Beratungstechniker kommen? Wollen Sie eine Finish-Betreuung im Labor?' Und danach machen wir dann einen Kostenvoranschlag"* (ProthPL).

Auf der Dienstleistungsebene begann die Aufnahme der Ist-Situation ebenfalls eher mit pauschalen Verkaufsargumenten. Diese beschrieben die Vorteilhaftigkeit der Dienstleistungen der Prothesen GmbH, waren für die Entwicklung einer finanziellen Nutzenrechnung jedoch zu unspezifisch:

► *„Kundennutzen liefern wir auch im Prozess der Kundenabwicklung, was vielen Kunden so gar nicht bewusst ist"* (ProthPL).
► *„Wir generieren ja auch für unseren Kunden mit unserer Patientenberatung wiederum Kunden"* (ProthPL).
► *„Wir müssen ihm unsere Dienstleistungen aufzeigen, wie er durch uns ein besseres Geschäft macht"* (ProthGF).
► *„Wir müssten unsere exklusiven Dienstleistungen mal auflisten und zeigen, was andere nicht schaffen"* (ProthGF).

Im Gegensatz zur Argumentation auf der Produktebene präzisierten die Interaktionspartner die Vorteile der Dienstleistungsebene schneller: *„Ein benefit in der Prozessunterstützung für den Kunden könnte zum Beispiel sein, dass wir sagen, du arbeitest nach dem Prothesen-GmbH-Protokoll, dann hast du die und die Schritte, dafür brauchst du nur noch die und die Zeitabläufe dazwischen. Das heißt, du brauchst nur noch drei anstatt der sonst vier Behandlungstermine und dann kannst du die Arbeit einsetzen. Alles geht schneller, es gibt weniger Abstimmungsaufwand und verursacht so natürlich weniger Kosten"* (ProthPL). Neben dienstleistungsbezogenen Nutzentreibern deutete einer der Geschäftsführer eine mögliche unternehmensexterne Referenzlösung an, indem er die eigene Unternehmensleistung mit dem Betrieb eines Praxislabors verglich: *„Weitere Kosten in einem Praxislabor treten auf, die der Kunde am Anfang erst gar nicht bedenkt. Er braucht zum Beispiel einen Steuerberater oder mehr als nur einen Techniker, da der ja auch mal krank ist oder Urlaub hat"* (PorthPL).

Meine Interaktionspartner und ich waren uns nach der Aufnahme der Ist-Situation einig, dass eine umfassende und detaillierte Produkt- und Prozessanalyse für die Entwicklung einer finanziellen Nutzenrechnung hilfreich wäre. Auf der Produktebene könne mittels einer präzisen Produktbeschreibung ein Werkzeug zur Produktkonfiguration und Kostenvoranschlagskalkulation entstehen. Auf der Dienstleistungsebene würde ein Wirtschaftlichkeitsvergleich, welcher den Nutzen einer Kooperation mit der Prothesen GmbH im Gegensatz zum Betrieb eines eigenen Praxislabors quantifiziert, die Nutzenargumentation der Produktebene ergänzen. Folgende Einschätzungen halfen mir, Ansatzpunkte einer finanziellen Nutzenrechnung bei der Prothesen GmbH zu finden: *„Die Kunden geben unsere Kosten einfach so weiter. Wenn es eine Möglichkeit gäbe zu sagen, dass ist die Light-Version, das und das ist noch zusätzlich zu haben, dann wäre das eine tolle Sache für die Patienten. Das fände ich klasse"* (ProthPL). Abbildung 5-2 fasst die Ergebnisse der ersten Workshops zusammen und zeigt, an welchen Ansatzpunkten eine finanzielle Nutzenrechnung möglich ist.

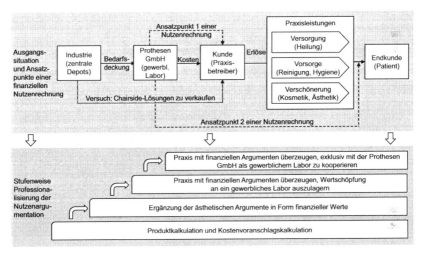

Abb. 5-2 Ausgangssituation und Ansatzpunkte einer finanziellen Nutzenrechnung bei der Prothesen GmbH

Die Ausgangssituation bei der Prothesen GmbH gestaltet sich wie folgt: Als gewerbliches Labor deckt die Prothesen GmbH ihren Bedarf an Material, technischer Ausstattung oder Zuliefererleistung durch die Industrie ab, das heißt durch zentrale Depots. Kritisch wird von den gewerblichen Laboren gesehen, dass die Depots versuchen, Chairside-Lösungen (d. h. Equipment zum Betrieb eines Praxislabors) direkt an die Kunden der gewerblichen Labore (Praxisbetreiber) zu verkaufen, damit diese in einem Praxislabor die technischen Arbeiten eigenständig fertigen. Die Eigenfertigung technischer Arbeiten würde dem Praxisbetreiber die Kosten der Produktbeschaffung und die Marge des gewerblichen Labors einsparen sowie zudem

den Praxisumsatz steigern. Die Kunden der Prothesen GmbH (Praxisbetreiber) erwirtschaften ihre Erlöse, indem sie ihre Praxisleistungen, wie Versorgung (Heilung),
Vorsorge (Reinigung, Hygiene) und Verschönerung (Kosmetik, Ästhetik), an den
Patienten verkaufen. Aus der Perspektive der Prothesen GmbH ergaben sich aus
dieser Ausgangssituation zwei Ansatzpunkte einer finanziellen Nutzenrechnung:

1. Eine Nutzenrechnung überzeugt die Kunden der Prothesen GmbH davon,
   keine Chairside-Lösungen bei der Industrie für den Betrieb eines Praxislabors
   zu beschaffen. Die Prothesen GmbH sollte dokumentieren, dass ihren Kunden
   in einer Kooperation mit ihnen als gewerblichem Laborpartner ein finanzieller Nutzen entsteht. Erster Ansatzpunkt einer Nutzenrechnung zielt auf eine
   Dienstleistungsebene ab. Die Nutzenrechnung quantifiziert hier die mangelnde
   Wirtschaftlichkeit der Wertschöpfung im Praxislabor sowie finanzielle Vorteile
   einer exklusiven Kooperation mit der Prothesen GmbH als Laborpartner.
2. Eine Nutzenrechnung überzeugt die Kunden der Prothesen GmbH davon, dass
   den Kunden aus der Zusammenarbeit mit Prothesen GmbH Potenzial für Zusatzerlöse entsteht. Der zweite Ansatzpunkt einer Nutzenrechnung zielt auf eine
   Produktebene ab. Eine Nutzenrechnung sollte dokumentieren, wie die Prothesen
   GmbH als Laborpartner Praxisbetreiber unterstützt, mehr oder höherwertigere
   Praxisleistungen (Versorgung, Vorsorge, Verschönerung) an den Patienten zu
   verkaufen. Wichtig ist hier, dass die Prothesen GmbH nicht versucht, ihre Kunden
   zu umgehen (vgl. Schnittstelle Depot und gewerbliches Labor).

Im unteren Teil zeigt Abbildung 5-2 die angestrebte stufenweise Professionalisierung
der Nutzenargumentation der Prothesen GmbH. Auf der ersten Stufe wird mit einem
Modell zur Produktkonfiguration und Kostenvoranschlagskalkulation gezeigt, wie
sich die Produkte der Prothesen GmbH zusammensetzen, was unterschiedliche Produktalternativen auszeichnet, was der Preis- und Leistungsunterschied ist und wie
einfach ein Kostenvoranschlag für die Praxis erstellt wird, damit der Praxisinhaber
die Informationen gebündelt an den Endkunden (Patienten) übermitteln kann. Auf
der zweiten Stufe werden Produkt- und Kostenparameter um ästhetische Argumente
ergänzt, die in einer finanziellen Nutzenrechnung finanziell bewertet werden. Auf
der dritten Stufe wird der Kunde (Praxisbetreiber) mit finanziellen Argumenten
davon überzeugt, die Wertschöpfung an ein gewerbliches Labor auszulagern, bevor
auf der vierten Stufe dem Praxisbetreiber die finanzielle Vorteilhaftigkeit einer
exklusiven Kooperation mit der Prothesen GmbH als gewerblichem Labor anstatt
mit einem alternativen gewerblichen Labor demonstriert wird.

5.1.2.3 Entwicklung einer finanziellen Nutzenrechnung
Konzept einer finanziellen Nutzenrechnung

Mittels gesammelter Verkaufsargumente und identifizierter Ansatzpunkte entwarf ich auf der Produktebene einen Produkt- und Kostenvoranschlagsrechner. Der Rechner dokumentiert nach der kundenindividuellen Produktkonfiguration die finanziellen Auswirkungen zweier Produktalternativen. Das Werkzeug dient als konzeptionelle Grundlage zur Entwicklung einer finanziellen Nutzenrechnung. Der Rechner erleichtert die Konfiguration und Kostenkalkulation zweier Produktalternativen (bezeichnet als „Standard" und „Smile") vor Ort beim Kunden. Vergleichbar mit einem interaktiven digitalen Beratungsformular dokumentiert das Werkzeug Elemente der Produktkonfiguration sowie anfallende Kostentreiber. Die standardisierte Auflistung der Kostenparameter ermöglicht es, einen Kostenvoranschlag schneller zu erstellen. In möglichst wenig Feedbackschleifen wird die vom Patienten gewünschte finale Produktkonfiguration gefunden sowie gleichzeitig ein kassenkonformer Kostenvoranschlag erstellt. Während der Konzeptentwicklung war es hilfreich, die Einschätzungen meiner Interaktionspartner bezüglich des aktuellen Abstimmungsprozesses zu verstehen:

▶ *„Wir haben sogenannte Leistungsanfragenvordrucke. Die sind individuell aus-zufüllen. Wenn man die auf unsere Produkte um gewisse Buttons erweitern oder individualisieren kann, das wäre nicht schlecht"* (ProthPL).

▶ *„Wenn wir den Kostenvoranschlag für diese Standardvariante in einer Excel-Ta-belle hinterlegen können, dann steht da ja ein Preis für ‚Standard', und wenn man ‚Smile' will, sind das die und die Positionen mehr oder weniger, und am Ende steht der Preis mit Add-ons. Das wäre der Hammer"* (ProthPL).

▶ *„‚Standard' wäre auf dem Rechner hinterlegt, und dann klicke ich das mal an. [...] Dann sagt der Patient: ‚Ok, das ist es mir wert.' Besser, als bei uns anzurufen und zu sagen, schreiben Sie doch mal einen Kostenvoranschlag darüber und darüber und noch einen darüber. Aber, wenn die das in der Praxis schon geklärt haben, [...] dann schreibe ich nur noch einen Kostenvoranschlag anstatt drei. Das ist für uns dann auch wieder ein finanzieller Mehrwert, weil wir Zeit, Abstimmungsaufwand und Doppelarbeit einsparen können"* (ProthVL).

Abbildung 5-3 zeigt das Werkzeug zur Produktkonfiguration und Kostenvoranschlagskalkulation. Im Excel-Modell sind die Daten aus Gründen der Geheimhaltung verfremdet und ausgeblendet.

Abb. 5-3 Produktkonfiguration und Kostenvoranschlagskalkulation als konzeptionelle Grundlage zur Entwicklung einer finanziellen Nutzenrechnung

Das Werkzeug unterstützt bei der Preisrechtfertigung, indem es alle verfügbaren Optionen (Add-ons) sowie deren Preisauswirkungen auflistet, um vom Hauptprodukt (Standard) zum kundenindividuellen Produkt (Smile) zu gelangen. Das „digitale Beratungsformular" hilft, je nach Kundenanforderung, Preis- und Kostenunterschiede auszuweisen. Im Idealfall wird es in direkter Kundeninteraktion eingesetzt, damit der Prozess der Produktkonfiguration vereinheitlicht, die Erstellung eines Kostenvoranschlags vereinfacht, mögliche Fehlerquellen in der Abstimmung zwischen Labor und Praxis reduziert sowie alle verfügbaren Optionen für höherwertige Produkte aufgezeigt werden.

Der dargestellte Rechner stellt vor dem Hintergrund der Entwicklung einer finanziellen Nutzenrechnung eine konzeptionelle Basis dar, da dieser noch um die Quantifizierung von finanziellen Nutzentreibern erweitert werden kann. Meinen Interaktionspartnern wurde nach der Aufbereitung der Produkt- und Kostenunterschiede bewusst, dass weitere Vorteilsargumente gesammelt werden sollten: *„Wenn einer der Kunden schon wieder irgendeine Forderung hat, dann frage ich ihn immer, ob er eigentlich weiß, was wir für ihn tun. Und dann zähle ich das auf. Und dann gucken die mich an, und dann sagen die: ‚Ja. Recht hat er ja'„* (ProthGF). In den folgenden Workshops konzentrierten wir uns auf die Fragestellung, ob eine Kooperation mit einem gewerblichen Labor und insbesondere ob eine exklusive Laborkooperation mit der Prothesen GmbH finanzielle Kundenvorteile verspricht. Der Geschäftsführer beurteilte die Zweckmäßigkeit, dienstleistungsbezogene Nutzentreiber zu quantifizieren, folgendermaßen: *„Wenn der Kunde ein gutes Labor hat, dann entscheidet das darüber, wie effektiv er seine Zeit nutzen kann. Wenn er kein gutes Labor hat, dann hat er ständig Prozessprobleme und Qualitätsprobleme. Mit* *uns hat er das nicht, sondern hat sogar ein Labor, das ihm dabei hilft, seine Prozesse zu strukturieren"* (ProthGF). Erste Ideen bezüglich zu quantifizierender Nutzentreiber waren, dass die Prothesen GmbH als gewerblicher Laborpartner Unterstützung und Kundenberatung beim Up-selling (z. B. technisch höherwertige Produkte) oder Cross-selling (z. B. ästhetische Zusatzleistungen) bietet. Darüber hinaus bildet eine finanzielle Nutzenrechnung Argumente wie Kosten-, Zeit- und Stressreduktion für den Praxisbetreiber infolge der Prozessunterstützung durch die Prothesen GmbH ab. Der Produktionsleiter hielt hierzu zum Beispiel fest: *„Für den höheren Preis bieten wir den Kunden Prozesssicherheit, das heißt von uns ausgearbeitete Protokolle, überwachte Qualität, und wir bieten auch die nötige Kapazität"* (ProthPL). Einen finanziellen Kundennutzen bietet die Prothesen GmbH zudem durch Garantien, Know-how bei der Praxisadministration oder Fort- und Weiterbildung. Der Geschäftsführer bemerkte: *„Wir können für die Prozesse in der Praxis viel leisten, weil bei uns Prozesse, Arbeitsschritte und Kundenbetreuung dokumentiert sind und standardmäßig ablaufen"* (ProthGF). Diese Nutzentreiber werden bei der Entwicklung eines Vormodells einer finanziellen Nutzenrechnung quantifiziert.

Entwicklung eines Vormodells einer finanziellen Nutzenrechnung

Für die Entwicklung eines Vormodells einer finanziellen Nutzenrechnung wird (1) neben dem Entwurf eines Produktkonfigurators und Kostenvoranschlagsrechners (2) die Wirtschaftlichkeit eines Praxislabors sowie (3) die finanzielle Vorteilhaftigkeit eines gewerblichen Labors abgebildet. Die Kombination dieser drei Punkte ermöglicht eine umfassende finanzielle Nutzenrechnung. Für die Untersuchung der Punkte (2) und (3) sind wir in zwei Schritten vorgegangen.

In einem ersten Schritt trugen wir in Workshops Argumente zusammen, aus welchem Grund der Betrieb eines Praxislabors für die Kunden der Prothesen GmbH (un-)interessant ist. Die Diskussionen mit den Geschäftsführern standen unter der Leitfrage: Wenn wir eine kundenrelevante Nutzenrechnung entwickeln, sollten wir vorab verstehen, warum unsere Kunden über ein eigenes Praxislabor nachdenken. Im Detail erörterten wir aus Kundenperspektive folgende Fragestellungen:

- Kann ich mehr Geld verdienen, wenn ich ein Praxislabor betreibe?
- Kann ich die Qualität der Produkte zugunsten meiner Patienten beeinflussen?
- Kann ich mit einem Praxislabor meinen Patienten einen besseren Service und/oder eine individuellere Versorgung bieten?
- Kann ich höhere Preise verlangen oder auch preisgünstigere Arbeiten abrechnen?

- Kann ich Kosten einsparen, wenn ich die technischen Arbeiten selber produziere, und wie viel mehr Umsatz generiert mir ein Praxislabor?
- Kann ich mich mit einem Praxislabor von meinen Konkurrenten abgrenzen?

Die Antworten auf diese Fragen stellen mögliche Gründe dar, die aus der Sicht des Kunden für oder gegen die Wertschöpfung im eigenen Praxislabor sprechen. In erster Linie versuchen die Praxisbetreiber mit einem eigenen Praxislabor, zusätzliche Gewinne zu erwirtschaften, durch: (1) Vermeidung von Transportkosten (Versand, Porto, Fracht o. Ä.), (2) Einfluss auf die Preisgestaltung der Produkte, (3) Einsparung der Marge des gewerblichen Labors, (4) schnellere Behandlung der Patienten sowie (5) zusätzliche Gewinne durch eigene Veredelung von Zulieferprodukten. Neben Gewinntreibern könnten auch mögliche Prozessvorteile die Kunden der Prothesen GmbH dazu bewegen, ein eigenes Praxislabor einzurichten. Beispiele hierfür sind die Einflussnahme auf die Anfertigung der Produkte, direkte Anpassung der technischen Arbeiten mit hausinternen Technikern, kürzere Reparatur- und Nachbereitungsphasen oder auch eine gewünschte Fokussierung der Patientenleistung auf das, was Arzt und Techniker gemeinsam anbieten.

Neben möglichen Gewinn- und Prozessvorteilen für die Praxisbetreiber trugen wir auch Nachteile zusammen, welche eine finanzielle Nutzenrechnung ebenfalls abbilden sollte. Nachteile für den Praxisbetreiber sind zusätzliche Kosten, zum Beispiel: Anschaffung von Maschinen, Equipment und deren Ersatzteile, Reparatur, Instandsetzung, Wartung und Auslastung der technischen Geräte, Finanzierungskosten, Personalbedarf (Techniker, Verwaltung), Raum- und Mietkosten, Energiebedarf (Strom, Wasser) sowie zusätzliche Kostentreiber wie Ausfall, Vertretung oder Nacharbeit. Zusätzlich zum wirtschaftlichen Risiko, ein Praxislabor kostendeckend zu betreiben, besteht die Gefahr, dass die Leistungsfähigkeit des Praxisbetriebs potenziell reduziert wird. Die Organisation eines Praxislabors lässt weniger Zeit, sich auf die Patientenbehandlung zu konzentrieren, reduziert die Anzahl der Behandlungen pro Tag und erfordert zusätzlichen Aufwand, sich in die Prozesse und die Gestaltung eines Labors einzuarbeiten. Gleichzeitig verbleiben dem Arzt weniger Ressourcen, sich auf die eigene Weiterbildung und medizinische Spezialisierung zu konzentrieren. Der Praxisbetreiber kann zudem nicht standardisierte Qualitätskontrollen eines gewerblichen Labors mit entsprechenden Garantie- und Reklamationsrechten in Anspruch nehmen. Nachteilig ist für die Patienten demnach die einseitige Abhängigkeit des Arztes vom eigenen Praxislabor, das schmalere Spektrum an Produktangeboten sowie ein insgesamt eingeschränkterer Patientenservice, da ein Praxislabor in Dienstleistungsumfang und -tiefe einem großen gewerblichen Labor wie der Prothesen GmbH unterlegen ist.

In einem zweiten Schritt sammelten wir Argumente, warum eine exklusive Kooperation mit der Prothesen GmbH als gewerblichem Laborpartner im Vergleich zu einem
alternativen gewerblichen Wettbewerber (un-)interessant ist. Die Diskussionen mit den
Geschäftsführern standen unter der Leitfrage: Wie können wir unsere Kunden nicht
nur davon überzeugen, vom Betrieb eines eigenen Praxislabors abzusehen, sondern
darüber hinaus die Prothesen GmbH als gewerblichen Laborpartner gegenüber einem
Wettbewerbslabor zu bevorzugen? Der Produktionsleiter präzisierte die Zielsetzung:
„Wir müssten mal herausarbeiten, was alles in diese Vor- und Nachteilsliste rein soll.
Da steht Prozesse, Protokolle. Wir brauchen Dinge, die wir ausdrücken können. Ku-
lanz, Reklamationen, Versicherung, das sind Sachen, bei denen man sagen kann, da
muss der Kunde draufzahlen, und das bekommt er bei uns so mit" (ProthPL). In den
Workshops führten meine Interaktionspartner Argumente an wie:

▶ *„Wir müssen gegenüber den Kunden argumentieren, dass wir im ersten Moment*
   vielleicht teurer sind, aber dass er in einer Zusammenarbeit mit uns Zeit und Kosten
   in der Beratung spart. Wir bieten ihm Servicekräfte, vorrätige Implantat-Produk-
   te, hoch ausgebildete Meister als Ansprechpartner, einen reibungslosen Ablauf,
   indem wir die technische Arbeit und den Kostenvoranschlag direkt liefern und so
   weiter. Das müssen wir dann auf das Jahr hochrechnen und die Zeitersparnis in
   der Abrechnung entweder als finanziellen Gegenwert oder als mehr Zeit für die
   Familie verkaufen" (ProthGF).
▶ *„Wir sollten uns immer fragen, wie wir [den Kunden] unterstützen können. Wir*
   sollten auflisten und fragen, ob [die Kunden] zum Beispiel schon an die und die
   Vorteile gedacht haben, die wir [den Kunden] bieten. Dann können wir fragen:
   ‚Bieten das andere Labore auch?'," (ProthGF).
▶ *„Wir waren so innovativ, dass wir ein neues Produkt kreiert haben, das unsere*
   Kunden den Patienten verkaufen können, wenn der Kunde mit uns zusammen-
   arbeitet. Das ist eine Chance, seinen Umsatz zu steigern. Das können wir mal
   beziffern" (ProthPL).

Die Liste der gesammelten Dienstleistungsvorteile war so umfangreich, dass die
Vorteile priorisiert und strukturiert wurden. Der Inhaber der Prothesen GmbH war
hier folgender Auffassung: *„Wir sollten uns konzentrieren auf die Zusatzdinge, die*
wir anbieten, und das den Konkurrenten gegenüberstellen" (ProthGF). Dienstleistungsvorteile, welche den Partnerpraxen der Prothesen GmbH einen finanziellen
Kundennutzen stiften, werden in drei Kategorien geordnet: (1) Kosteneinsparungen
bei Kooperation mit einem gewerblichen Labor, (2) spezielle Prozessunterstützung
der Prothesen GmbH, (3) Möglichkeit, mit der Prothesen GmbH Zusatzerlöse zu
erwirtschaften.

Die Kosteneinsparungen infolge einer Kooperation mit einem gewerblichen Labor entsprechen zum größten Teil den Kostennachteilen der Wertschöpfung im eigenen Praxislabor: Wenn der Praxisbetreiber sich für die Zusammenarbeit mit einem gewerblichen Labor entscheidet, entstehen ihm keine zusätzlichen Personalkosten für die Beschäftigung von Technikern, technischen Aushilfen und/oder Mitarbeitern für die Laborverwaltung, keine Kosten für Anschaffung, Wartung, Finanzierung oder Reparatur der Maschinen sowie keine erhöhten Gemeinkostenblöcke für Energie, Strom und Miete. Zudem hat der Praxisbetreiber keine wirtschaftliche Belastung infolge notwendiger Schulungen und Zusatzausbildungen seiner Mitarbeiter für den Betrieb neuer Labortechnologien und kann sich auf die Behandlung der Patienten konzentrieren. Er kann mehr Behandlungsfälle pro Tag betreuen, anstatt Zeit und Geld in die Laboradministration zu investieren.

Argumente, die für eine exklusive Kooperation mit der Prothesen GmbH sprechen, gründen auf der Prozessunterstützung der Prothesen GmbH als gewerblichen Laborpartner: Die Prothesen GmbH unterstützt ihre Kunden beim digitalen Workflow der Patientenbetreuung, bietet mit dem „Prothesen-GmbH-Protokoll" eine standardisierte Vorgehensweise zur Qualitätskontrolle aktueller und neuer Industrieprodukte, übernimmt Garantien für technische Arbeiten und verfügt über ausreichende Kapazitäten und Produktvarianten, um eine kundenindividuelle Versorgung zu gewährleisten. Darüber hinaus besteht die Möglichkeit einer exklusiven, mit dem Arzt abgestimmten Finish-Betreuung des Patienten im Labor, Unterstützung bei der Praxisadministration mit auf den Kunden zugeschnittenen Marketing-, Kommunikations- und Vertriebskonzepten sowie einem vergünstigten Fort- und Weiterbildungsangebot (z. B. Produkt- und Verklebe-Schulung oder Seminare zu Abrechnungssystemen). Weiterer Differenzierungsfaktor der Prothesen GmbH ist, dass Praxisbetreiber eine mobile Servicestelle der Prothesen GmbH in ihrer Praxis einrichten können. Damit unterstützt die Prothesen GmbH ihre Kunden mit einem Techniker in der Kundenpraxis, der bei Beratung, Anprobe, Qualitätsüberprüfung und finaler Kontrolle beim Einsatz der technischen Arbeit hilft. Die Prothesen GmbH bietet mit der mobilen Servicestelle nicht nur alle Funktionen und Vorteile eines eigenen Praxislabors, sondern fördert den Praxisbetrieb mittels Erfahrung, Know-how und vollem Leistungsumfang eines gewerblichen Labors, ohne dass die Praxisbetreiber das wirtschaftliche Risiko eines eigenen Praxislabors tragen.

Die Prothesen GmbH gibt ihren Kunden die Möglichkeit, Zusatzerlöse zu erwirtschaften, indem die Praxen Zugang zu Produktinnovationen sowie passende Vertriebsunterstützung erhalten: *„Wir haben mit unserem Innovationsprodukt [...] direkt Privatleistungen geschaffen, die der Kunde abrechnen kann"* (ProthGF). Die Praxisbetreiber sind immer auf dem neuesten Stand der Technik und haben die Chance, ihren Patienten höherwertigere Lösungen zu verkaufen. Darüber hinaus steht die Prothesen GmbH in langfristigen Geschäftsbeziehungen mit ihren Kunden und Patienten, berät bei aufwendigen technischen Arbeiten und ermöglicht zusätzlichen Praxisumsatz mittels Follow-up-Kontrollen technisch aufwendiger Arbeiten. Nach der Sortierung der Vor- und Nachteile des Betriebs eines Praxislabors sowie einer exklusiven Kooperation mit der Prothesen GmbH werden die Argumente für eine finanzielle Nutzenrechnung quantifiziert. Der Geschäftsführer ergänzte: *„Wir müssen das Tool mit Meinungen, Erfahrungen und idealerweise Zahlen vom Kunden belegen, und wir haben Kunden, die unsere Arbeit bestätigen können"* (ProthGF). Hierzu formulierten wir Fragestellungen, um bei Kunden, Geschäftspartnern und Industrieexperten gezielt nach Daten von Kosten- und Erlöstreibern zu recherchieren. Antworten auf folgende Fragestellungen halfen, die verschiedenen Vor- und Nachteilsargumente finanziell zu bewerten:

- Was sind typische Kostenpositionen für die Einrichtung eines Praxislabors? Wie hoch sind die Anschaffungskosten zu bewerten?
- Welche technischen Arbeiten und Produkte sind normalerweise in einem Standard-Praxislabor zu fertigen?
- Wie viel Umsatz generiert ein durchschnittliches Praxislabor und welche Erlöse sind mit welchem Produkt zu erwirtschaften?
- Wie aufwendig sind Betrieb und Verwaltung eines Praxislabors? Welche Kosten fallen hierfür an?
- Wie viel Zeit kann der Praxisbetreiber in der Abstimmung zwischen Techniker und Patient mit einem eigenen Praxislabors einsparen oder verursacht die Abstimmung zusätzlichen Zeitaufwand?

Mittels der recherchierten Daten entwickelten wir beispielhafte finanzielle „Mini-Rechnungen". Meine Interaktionspartner bestätigten:

- ▶ *„Wir könnten unsere Nutzenrechnung an einem kleinen Beispiel leichter verständlich machen und so zeigen, warum wir auf diese Werte gekommen sind"* (ProthGF).
- ▶ *„Vielleicht ist es sinnvoll, anhand von zwei Beispielarbeiten, wo wir erfahrungsgemäß keine Probleme haben, einen Nutzen vorzurechnen, ohne dass wir so tief ins Detail gehen müssen wie hier"* (ProthPL).
- ▶ *„Wir haben die Möglichkeit, eine Vorteilsrechnung ganz einfach am Beispiel einer schwierigen Arbeit festzumachen und können so Zeit- und Kostenersparnis darstellen. Das ist dann aber nur für einen Fall, und der Kunde kann immer sagen, mein Produkt oder meine Prozesse sind anders"* (ProthPL).

Unternehmensintern trugen wir in Expertengesprächen und Tiefeninterviews mit Mitarbeitern verschiedener Fachrichtungen Erfahrungswerte, Intervalle oder branchenübliche Kennzahlen als Datenbasis zusammen. Unternehmensextern halfen Kundenfeedback und Einschätzungen beratender Unternehmen, die Wirtschaftlichkeit der Kooperation mit der Prothesen GmbH zu beziffern. Dennoch waren die Phasen der Datenrecherche und Parametrisierung der Nutzenrechnung die größten Herausforderungen:

▶ *„Diese übergreifenden Rechnungen sind schwierig, da wir die Daten der Wettbewerber nicht herausbekommen und auch bei unseren Werten schon nicht sicher sein können"* (ProthPL).

▶ *„Für uns ist es aber schwer vorzurechnen, was der Kunde durch uns insgesamt auf das ganze Jahr hochgerechnet einspart. Auf einen konkreten Fall bezogen ist das immer einfacher, aber dann kann ich keine generellen Aussagen treffen. Ich muss dann immer wieder neu von Produkt zu Produkt argumentieren"* (ProthPL).

Folgende Wortgleichungen sind Beispiele finanzieller „Mini-Rechnungen" für (1) Kostentreiber der Wertschöpfung im Praxislabor oder (2) mögliche Zusatzerlöse der Praxis infolge der Prozessunterstützung durch die Prothesen GmbH:

$$
\text{(Gl. 5.1) Kosten notwendiges Equipment } \left(\tfrac{\text{€}}{\text{Jahr}}\right) = \frac{\text{Anzahl benötigter Maschinen } (\#) \cdot \emptyset \text{ Anschaffungspreis (€)}}{\text{Lebensdauer (Jahr)}}
$$

$$
\text{(Gl. 5.2) Zusatzerlös Praxis } \left(\tfrac{\text{€}}{\text{Jahr}}\right) = \emptyset \text{ Zeitersparnis Behandlung } \left(\tfrac{\text{Std.}}{\text{Tag}}\right) \cdot \emptyset \text{ Gehalt Arzt } \left(\tfrac{\text{€}}{\text{Std.}}\right) \cdot \text{Arbeitstage } \left(\tfrac{\text{Tage}}{\text{Jahr}}\right)
$$

Entwicklung der finalen finanziellen Nutzenrechnung

In Workshops diskutierte ich mit meinen Interaktionspartnern das entwickelte Vormodell. Hierzu erörterten wir, wie die Rechnungen des Vormodells auf der Produkt- und Dienstleistungsebene weiter angepasst werden sollten, sodass die finale finanzielle Nutzenrechnung entsteht. Der Inhaber der Prothesen GmbH äußerte hierzu:

▶ *„Wir müssen uns fragen, ob das die Argumentationskette ist, die der Kunde versteht und die er sich wünscht"* (ProthGF).

▶ *„Wir müssen es schaffen, jetzt alles etwas einfacher und knapper darzustellen, um das Interesse beim Kunden zu wecken und ihn von der Zusammenarbeit mit der Prothesen GmbH zu überzeugen"* (ProthGF).

▶ *„Der Kunde muss es direkt verstehen, sonst glaubt er es sowieso nicht"* (ProthGF).

Anhand der Einschätzungen meiner Interaktionspartner, eigener Notizen, gemeinsamer Aufzeichnungen am Flipchart sowie Feedback-Telefonaten entwickelte ich in Abstimmung mit der Prothesen GmbH das finale Modell der finanziellen Nutzenrechnung. Die finanzielle Nutzenrechnung bei der Prothesen GmbH umfasst zwei Teilmodelle, die auf der konzeptionellen Grundlage des Vormodells (Produktkonfiguration und Kostenvoranschlagskalkulation, vgl. Abbildung 5-4) aufbauen. Teilmodell 2.1 enthält einen Wirtschaftlichkeitsvergleich zweier Praxislabore (vgl. Abbildung 5-5). Teilmodell 2.2 umfasst einen Wirtschaftlichkeitsvergleich zweier gewerblicher Labore (vgl. Abbildung 5-6).

Abbildung 5-4 zeigt das überarbeitete Vormodell der Produktkonfiguration und der Kostenvoranschlagskalkulation als konzeptionelle Grundlage der Nutzenrechnung. Das finale Modell umfasst eine schnellere Auswahl der Hauptprodukte, eine Ergänzung kundengewünschter Add-ons sowie eine grafische Darstellung der Produktkonfiguration und Preisaufschläge.

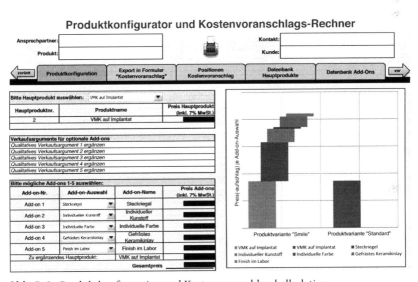

Abb. 5-4 Produktkonfiguration und Kostenvoranschlagskalkulation

Die Produktkonfiguration erlaubt es, mittels vordefinierter Auswahlfelder die Produktvariante „Standard" je nach Kundenwunsch um standardisierte Add-ons zu erweitern, damit die kundenspezifische Produktvariante „Smile" kalkuliert werden kann. Dabei werden die Preisaufschläge je gewähltem Add-on berechnet, sodass in der grafischen Darstellung die größten Kostentreiber der beiden Produktvarianten im direkten Vergleich visualisiert werden. Zudem enthält der Vergleichsrechner eine interaktive Funktion, die alle Produkt- und Kostenpositionen in das standardisierte Format eines Kostenvoranschlags exportiert. Darüber hinaus ermöglicht die Vergleichsrechnung eine ausführliche Dokumentation aller Verkaufsargumente, eine benutzerfreundliche Navigationsleiste, eine schnelle Druckfunktion im DIN-A4-Format sowie eine Datenbank zur Sammlung von Produktparametern.

Der zu quantifizierende finanzielle Nutzen des Rechners für die Prothesen GmbH und ihre Kunden liegt in der standardisierten und schnelleren Verkaufsberatung gegenüber dem Patienten. Die Prothesen GmbH ermöglicht mit dem Produktkonfigurator und Kostenvoranschlags-Rechner eine zeitsparende Patientenberatung, eine direkte und kundenspezifische Produktkonfiguration und Kostenkalkulation in der Kundenpraxis sowie eine sofortige kassenkonforme Produkt- und Kostenauflistung als Exportvorlage für die Erstellung eines Kostenvoranschlags. Finanzieller Kundennutzen entsteht hier mittels professionellerer Dienstleistungen des Anbieters (Prothesen GmbH) gegenüber dem Kunden (Praxisinhaber), indem Rückfrageschleifen zwischen Labor, Praxis und Patient bezüglich möglicher Produktkonfigurationen und -preise minimiert sowie zeitnah Kostenvoranschläge zur Beschleunigung des Behandlungsprozesses erstellt werden.

Abbildung 5-5 zeigt das Teilmodell 2.1, welches die Wirtschaftlichkeit eines Standard-Praxislabors kalkuliert und gleichzeitig eine äquivalente Rechnungsvorlage für ein alternatives Praxislabor bietet, um hier schrittweise Kundenfeedback einarbeiten zu können.

Abb. 5-5   Wirtschaftlichkeitsvergleich Praxislabore

Der Wirtschaftlichkeitsvergleich unterliegt der Annahme, dass die Laborkapazität mittels Parameter, wie Anzahl beschäftigter Techniker, Anzahl der Arbeitstage abzüglich Urlaubs- und Fehltage, Regelarbeitszeit sowie Stundenlohn der Techniker, zu kalkulieren ist. Daraus errechnet sich zum Beispiel, wie Abbildung 5-5 mittels einer exemplarischen „Wortgleichung" zeigt, die Laborleistung in Euro pro Jahr (€/Jahr). Auf der Basis dieser Laborleistung wird über einen durchschnittlichen Materialanteil vom Umsatz ein durchschnittlicher jährlicher Laborumsatz kalkuliert. Von dem jährlichen Laborumsatz werden die mit dem Betrieb des Praxislabors verbundenen Kosten abgezogen (z. B. Material-, Personal-, Abschreibungs-, Raum-, Energie-, Verwaltungs- oder Finanzierungskosten). Vorteil dieser Berechnung ist, dass wenige Felder zur Dateneingabe notwendig sind und bei Datenunsicherheit branchenübliche Intervalle als Parametrisierungshilfe vorgegeben werden, sodass eine Modellrechnung für ein alternatives Labor angelegt werden kann. Die Wirtschaftlichkeitsbetrachtung kalkuliert, dass der Betrieb eines Standard-Praxislabors nicht wirtschaftlich wäre, da aufgrund der durchschnittlich angenommenen Auslastung sowie der Höhe des Personalaufwands die anfallenden Gesamtkosten den antizipierten Laborumsatz um circa 21 Prozent übersteigen würden.

Abbildung 5-6 zeigt das Teilmodell 2.2, welches die Wirtschaftlichkeit einer exklusiven Kooperation mit der Prothesen GmbH kalkuliert und gleichzeitig eine äquivalente Rechnungsvorlage für ein alternatives gewerbliches Labor enthält. Dies ermöglicht es, hier schrittweise Kundenfeedback einzuarbeiten. Der Wirtschaftlichkeitsvergleich der gewerblichen Labore beginnt mit der Eingabe grundlegender Parameter, zum Beispiel durchschnittlicher Lohn von Arzt, Praxistechniker oder Praxishelfer, Zeitbedarf pro Behandlungsfall, Behandlungsfälle pro Tag oder Arbeitstage pro Jahr. Diese Parameter stellen die Berechnungsgrundlage für den Vergleich gewerblicher Dentallabore dar.

Ein finanzieller Kundenvorteil berechnet sich aus dem Vergleich der Labore zum Beispiel infolge überlegener Prozessunterstützung (vgl. beispielhafte „Wortgleichungen" zur Prozessoptimierung der Produktkonfiguration in Abbildung 5-6). Der Produktionsleiter merkte an: *„Wir wollen es so einfach wie möglich beim Verkaufen, beim Durchlaufen im technischen Prozess und bei der Abrechnung mit den Kunden haben"* (ProthPL). Darüber hinaus kann die Prothesen GmbH finanziellen Kundennutzen bezüglich Kosteneinsparungen in Fort- und Weiterbildung sowie Erweiterungen des Produkt- und Leistungsangebots (vgl. beispielhafte „Wortgleichungen" zu möglichen Zusatzerlösen aus Modellgussarbeiten in Abbildung 5-6) vorrechnen. Für die Prothesen GmbH ist die Darstellung des Wirtschaftlichkeitsvergleichs nützlich, da sie eine quantitative Abgrenzung zum Wettbewerb, eine strukturierte Berechnung qualitativer Verkaufsargumente in finanziellen Größen sowie eine vorbereitete Musterrechnung für ein alternatives gewerbliches Labor ermöglicht.

Grundlegende Parameter		
Ø Lohn Zahnarzt	€/h	
Ø Lohn Praxistechniker	€/h	
Ø Lohn Praxishelfer (Admin)	€/h	
Ø Zeitbedarf pro Behandlungsfall	min/Fall	
Ø Anzahl der Behandlungsfälle pro Tag	#Fall/Tag	
Ø Erlös pro Behandlungsfall	€/Fall	
Ø Anzahl Arbeitstage pro Jahr	Tag/Jahr	221,00

Position	Parameter (Durchschnittswerte)	Einheit	Prothesen GmbH-Labor	Alternatives gewerbl. Labor
Kosteneinsparung in Prozessen	Ø Zeitersparnis Produktkonfiguration durch Konfigurator	min/Fall	0,50	0,00
	Prozessoptimierung Produktkonfiguration	€/Jahr		**0,00**
	Ø Zeitersparnis Erstellung eines KV durch Konfigurator	min/Fall	0,50	0,00
	Prozessoptimierung KV-Erstellung	€/Jahr		**0,00**
	Ø Zeitersparnis durch Abarbeitung nach "Prothesen-GmbH-Protokoll"	min/Fall	0,50	0,00
	Prozessoptimierung mit "Prothesen-GmbH-Protokoll"	€/Jahr		**0,00**
	Ø Zeitersparnis durch "Service-Schnittstelle"	min/Fall	1,00	0,00
	Prozessoptimierung mit "Service-Schnittstelle"	€/Jahr		**0,00**
Kosteneinsparung in Fort- und Weiterbildung	Anzahl Schulungen pro Jahr	#Schulung/Jahr	3,50	0,00
	Ø Preis pro Schulung	€/Schulung		0,00
	Vergünstigung pro Schulung	€/Schulung		0,00
	Vergünstigte Fort- und Weiterbildung	€/Jahr		**0,00**
Erweiterung des Produkt- und Leistungsangebots	Anteil Modellgussarbeiten pro Fall	%/Fall	9,00	0,00
	Ø Erlös je Modellgussarbeiten	€/Modellguss		0,00
	Zusätzlicher Umsatz mit Modellgussarbeiten	€/Jahr		0,00
	Anzahl Nachgang-Termine	#Kontrolle/Modellgussarbeit	2,5	0,00
	Dauer Nachgang-Termine	min/Kontrolle	8	0,00
	Zusätzlicher Umsatz mit Nachgang-Terminen	€/Jahr		0,00
	Zusatzerlös aus Modellgussarbeiten	€/Jahr		**0,00**
	Anteil CAD-CAM-Arbeiten	%	5,00	0,00
	Ø Erlös je CAD-CAM-Arbeiten	€/CAD-CAM-Arbeit		0,00
	Zusätzlicher Umsatz mit CAD-CAM-Arbeiten	€/Jahr		0,00
	Anzahl Nachgang-Termine	#Kontrolle/CAD-CAM-Arbeit	1,50	0,00
	Dauer Nachgang-Termine	min/Kontrolle	8,00	0,00
	Zusätzlicher Umsatz mit Nachgang-Terminen	€/Jahr		0,00
	Zusatzerlös aus CAD-CAM-Arbeiten	€/Jahr		**0,00**
	Anteil Arbeiten mit digitaler Abdrucknahme	%/Fall	3,00	0,00
	Ø Erlös je digitale Abdrucknahme	€/Digitalabdruck		0,00
	Zusätzlicher Umsatz mit Arbeiten mit digitaler Abdrucknahme	€/Jahr		0,00
	Anzahl Nachgang-Termine	#Kontrolle/Digitalabdruck	1,00	0,00
	Dauer Nachgang-Termine	min/Kontrolle	1,00	0,00
	Zusätzlicher Umsatz mit Nachgang-Terminen	€/Jahr		0,00
	Zusatzerlös aus Arbeiten mit digitaler Abdrucknahme	€/Jahr		**0,00**
	Anteil Produktinnovationen (Produktalter < 2 Jahre, z.B. Veneers)	%/Fall	7,00	0,00
	Ø Erlös je Produktinnovation	€/Produktinnovation		0,00
	Zusätzlicher Umsatz mit Produktinnovationen	€/Jahr		0,00
	Anzahl Nachgang-Termine	#Kontrolle/Produktinnovation	2,00	0,00
	Ø Dauer Nachgang-Termine	min/Kontrolle		0,00
	Zusätzlicher Umsatz mit Nachgang-Terminen	€/Jahr		0,00
	Zusatzerlös aus Produktinnovationen	€/Jahr		**0,00**
	Gesamte Zusatzerlöse	€/Jahr		**0,00**
Gesamter finanzieller Kundennutzen eines gewerblichen Labors		€/Jahr		**0,00**

$$\text{Prozessoptimierung Produktkonfiguration} \left(\frac{€}{Jahr}\right) = \text{Ø Zeitersparnis Produktkonfigurator} \left(\frac{min}{Fall}\right)$$
$$\cdot \left[\text{Ø Lohn Zahnarzt} \left(\frac{€}{Std.}\right) + \text{Ø Lohn Praxishelfer} \left(\frac{€}{Std.}\right)\right] \cdot \text{Ø Behandlungsfälle} \left(\frac{\# Fälle}{Tag}\right) \cdot \text{Ø Arbeitstage} \left(\frac{\# Tage}{Jahr}\right)$$

$$\text{Möglicher Zusatzerlös aus Modellgussarbeiten} \left(\frac{€}{Jahr}\right)$$
$$= \left[\text{Zusätzlicher Umsatz mit Modellgussarbeiten} \left(\frac{€}{Jahr}\right)\right] + \left[\text{Zusätzlicher Umsatz mit Nachgang} - \text{Terminen} \left(\frac{€}{Jahr}\right)\right]$$
$$= \left[\text{Anteil} \left(\frac{\% Modellguss}{Fall}\right) \cdot \text{Ø Erlös} \left(\frac{€}{Modellguss}\right) \cdot \text{Ø Behandlungsfälle} \left(\frac{\# Fälle}{Tag}\right) \cdot \text{Ø Arbeitstage} \left(\frac{\# Tage}{Jahr}\right)\right]$$
$$+ \left[\text{Anteil} \left(\frac{\% Modellguss}{Fall}\right) \cdot \text{Nachgang-Termine} \left(\frac{\# Kontrolle}{Modellguss}\right) \cdot \text{Dauer Nachgang-Termine} \left(\frac{min}{Kontrolle}\right)\right.$$
$$\left. \cdot \text{Ø Lohn Zahnarzt} \left(\frac{€}{Std.}\right) \cdot \text{Ø Behandlungsfälle} \left(\frac{\# Fälle}{Tag}\right) \cdot \text{Ø Arbeitstage} \left(\frac{\# Tage}{Jahr}\right)\right]$$

Abb. 5-6 Wirtschaftlichkeitsvergleich gewerbliche Labore

Aus der Integration der beiden Teilmodelle entsteht eine finanzielle Nutzenrechnung. Dazu werden die Teilergebnisse der Wirtschaftlichkeitsvergleiche der Praxislabore und der gewerblichen Labore kombiniert. Die integrierte Nutzenrechnung fasst zusammen, inwieweit der Betrieb eines Praxislabors nicht wirtschaftlich ist und rechnet Praxisbetreibern den finanziellen Kundennutzen einer exklusiven Kooperation mit der Prothesen GmbH vor. Finanzieller Kundennutzen resultiert hier aus dem Kosteneinsparungs- und Erlössteigerungspotenzial, wenn der Kunde weder ein Praxislabor betreibt noch mit einem Wettbewerber der Prothesen GmbH zusammenarbeitet.

5.1.3 Ergebnisse der Kooperation

Die Nutzenargumentation der Prothesen GmbH wurde professionalisiert, indem die entwickelte finanzielle Nutzenrechnung die Vorteilhaftigkeit einer Zusammenarbeit mit der Prothesen GmbH in finanziellen Größen quantifiziert. Ergebnis der Fallstudie sind verschiedene Teilmodelle, welche diese Nutzenargumentation mit finanziellen Rechnungen unterstützen. Abbildung 5-7 greift die anfangs analysierte Ausgangssituation auf und zeigt, mit welchen Teilmodellen die Nutzenargumentation der Prothesen GmbH gegenüber ihren Kunden und Patienten professionalisiert wurde.

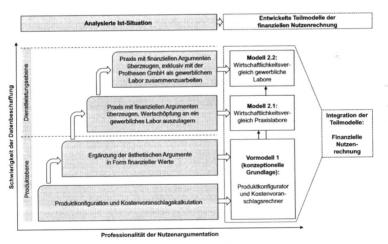

Abb. 5-7 Professionalisierung der Nutzenargumentation bei der Prothesen GmbH

Auf der Produktebene vereinfacht und beschleunigt der entwickelte Produktkonfigurator und Kostenvoranschlagsrechner die Abstimmung zwischen der Prothesen GmbH und ihren Kunden. Einer meiner Interaktionspartner beurteilte das entwickelte Werkzeug: *„Der Konfigurator ist für die Produktvarianten ,Standard'* *und ,Smile' für die Kommunikation beim Kunden super, muss jetzt aber von uns* *mit genaueren Informationen gefüllt werden"* (ProthPL). Das Werkzeug bietet eine Argumentationshilfe bei der Akquise neuer Kunden und verbessert die Zusammenarbeit von Prothesen GmbH und Kunden indem es die Prozesse des Kunden in den Bereichen der Praxisadministration optimiert. Die damit realisierbaren Kosteneinsparungen infolge kürzerer Koordinationszeiten fließen in die finanzielle Nutzenrechnung ein. Bezüglich der Wirtschaftlichkeit des Betriebs eines Praxislabors fanden wir zum Beispiel heraus, dass

- die durchschnittlichen Personalkosten 63 Prozent des Umsatzes des Praxislabors ausmachen,
- die gesamten Materialkosten in Höhe von 28 Prozent des Umsatzes infolge der Einrichtung eines eigenen Praxislabors nicht gesenkt werden können sowie dass
- die Finanzierungskosten des Anlagevermögens mit rund 5 Prozent des Umsatzes in der Wirtschaftlichkeitsbetrachtung nicht vernachlässigt werden sollten.

Bezüglich des finanziellen Kundennutzens bei einer exklusiven Zusammenarbeit mit der Prothesen GmbH berechneten wir, dass Kosten in Höhe von rund 14 Prozent des Umsatzes eines Praxislabors durch die Prozessunterstützung der Prothesen GmbH eingespart werden. Mögliche Zusatzerlöse, die eine Praxis infolge von Produktinnovationen der Prothesen GmbH erwirtschaften kann, betragen rund 7 Prozent des durchschnittlichen Praxisumsatzes.

Bei den Ergebnissen der finanziellen Nutzenrechnung ist immer zu bedenken, dass diese eine Momentaufnahme darstellen, Daten vereinzelt auf Erfahrungswerten meiner Interaktionspartner beruhen oder Einschätzungen unternehmensexterner Quellen sind. Insbesondere die Parametrisierung der Nutzenrechnung für alternative Praxislabore oder Wettbewerber der Prothesen GmbH ist sehr schwierig. Einer meiner Interaktionspartner äußerte seine Skepsis: *„Wenn ich das einem Kunden* *zeige, wird der immer fragen, woher ich die Werte habe, und sagen, dass das bei ihm* *anders läuft und er eh billiger, besser und schneller ist"* (ProthPL).

Trotzdem bieten die Projektergebnisse strukturierte Ausgangspunkte, um in Kundengesprächen Produkt- und Dienstleistungsvorteile quantitativ herauszustellen. Der Inhaber der Prothesen GmbH schätzte die Ergebnisse der Kooperation folgendermaßen ein:

▶ *„So haben wir einen neuen Ansatz, unseren Kunden den Wert unserer und seiner* *eigenen Arbeit besser verkaufen zu können"* (ProthGF).

▶ *„Ich finde es am wichtigsten, dass wir mit unserem Projekt bei unseren Kunden Gehör finden für den Nutzen unserer neuen Produktlinie und das am besten noch mit der Wirtschaftlichkeitsanalyse kombinieren, und das haben wir ganz gut geschafft"* (ProthGF).

5.1.4 Beitrag der Fallstudie zu den Forschungszielen

In der Fallstudie „Prothesen GmbH" hatte ich erstmals die Gelegenheit, mein bisher literaturgetriebenes Verständnis von Kundennutzen sowie die Implementierungsbedingungen einer finanziellen Nutzenrechnung in der Praxis genauer zu untersuchen. Während dieser Fallstudie beobachtete ich zum Beispiel Folgendes:

- Zu Beginn der Fallstudie waren Sammlung, Sortierung und Gruppierung der relevanten Verkaufsargumente sehr zeitintensiv. Es bedurfte viel Detailarbeit und einer aufwendigen Abstimmung, um alle beteiligten Interaktionspartner von den zu quantifizierenden Nutzentreibern zu überzeugen.
- Verglichen mit den anderen Fallstudien (z. B. Fallstudie „Labeling GmbH") hatte ich im Nachhinein den Eindruck, dass der Schwerpunkt der Kooperation mit der Prothesen GmbH eher auf der Strukturierung der aktuellen Verkaufs- und Nutzenargumentation als auf einer datengetriebenen Parametrisierung einer finanziellen Nutzenrechnung lag. Für mich machte es den Anschein, dass ein Werkzeug wie der Produktkonfigurator und Kostenvoranschlagsrechner für die Prothesen GmbH interessanter ist als die darauf aufbauende finanzielle Nutzenrechnung.
- Die Kooperation mit der Prothesen GmbH zeichnet sich im Vergleich zu den anderen Fallstudien durch eine intensive Interaktion mit mehreren Geschäftsführern aus. Mir wurde ein direkter Ansprechpartner zugeteilt, dennoch herrschte reger Austausch mit drei bis vier Geschäftsführern verschiedener Verantwortungs- und Aufgabenbereiche. Die unterschiedlichen Blickwinkel und Einschätzungen halfen mir dabei, eine entsprechend passgenaue Nutzenrechnung zu entwickeln.

Insgesamt beobachtete ich in der Fallstudie mit der Prothesen GmbH erstmals, wie die Vorgehensweise zur Entwicklung finanzieller Nutzenrechnungen abläuft, wovon eine erfolgreiche Implementierung abhängt oder an welchen Schnittstellen und Ansatzpunkten eine Nutzenrechnung weniger erfolgversprechend ist. Inwiefern diese Fallstudie dazu beigetragen hat, die Forschungsfragen der vorliegenden Arbeit zu beleuchten, ist nach den identifizierten Forschungszielen zusammengefasst.

Beitrag zu Forschungsziel 1: „Nutzen verstehen"

Meine Interaktionspartner hinterfragten die Idee einer Nutzenrechnung (vgl. Abbildung 4-3) nicht im Detail. Schnell war allen Beteiligten klar, dass für die Entwicklung einer finanziellen Nutzenrechnung Nutzen aus der Perspektive des Kunden definiert werden sollte. Abgestimmt wurde, wie das Produkt- und Dienstleistungsangebot der Prothesen GmbH dem Kunden einen messbaren Nutzen stiftet. Die Schwierigkeit, Nutzen zu definieren, beobachtete ich daran, dass meine Interaktionspartner Nutzen zu Beginn mit intangiblen Aspekten in Verbindung brachten:

▶ „Was hat der Kunde davon? Das ist für mich die emotionale Argumentation" (ProthPL).

▶ „Für den Patienten sind die zusätzlichen Nutzenargumente reine emotionale Argumente" (ProthVL).

Mein Eindruck war, dass es für die praktische Anwendung weniger bedeutend ist, den Nutzenbegriff im Detail zu konzipieren. Vielmehr diskutierten meine Interaktionspartner, woher Daten beschafft werden oder wie man sich am besten gegenüber dem Wettbewerber abgrenzt. Während der Konzeptvorstellung begannen die Beteiligten, die Idee einer Nutzenrechnung auf die Situation bei der Prothesen GmbH anzuwenden. Meine Ansprechpartner definierten den Begriff „Nutzen" nicht explizit, sondern beschrieben ihn zum Beispiel mit Begriffen wie „Mehrwert" oder „Leistungsvorteil":

▶ „Wie können wir den Mehrwert unserer Produkte mit anbringen" (ProthPL).

▶ „Gerade bei komplexen Arbeiten kommen Kunden zu uns, und da sind wir auch günstiger und besser als andere Labore. Es ist nur schwierig, unseren Leistungsvorteil klar zu zeigen" (ProthGF).

Insgesamt gewann ich den Eindruck, dass in der Fallstudie mit der Prothesen GmbH ein einheitliches Nutzenverständnis schnell geschaffen wurde. Dieser Konsens bot eine geeignete Grundlage für Konzept und Entwicklung der finanziellen Nutzenrechnung. Meine Vermutung ist daher, dass eine Literaturanalyse einen höheren Beitrag zur Beleuchtung dieses Forschungsziels leistet.

Beitrag zu Forschungsziel 2: „Nutzen berechnen"

Mein Eindruck war, dass es allen Beteiligten anfangs leichter fiel, Nutzenargumente der Produkt- anstatt der Dienstleistungsebene zusammenzutragen. Die Strukturierung der Nutzenargumentation auf Produktebene gegenüber dem Endkunden der Prothesen GmbH (Patient) verlief reibungsloser als die Quantifizierung der Nutzenargumentation auf der Dienstleistungsebene gegenüber den direkten

Kunden der Prothesen GmbH (Praxisbetreiber). Erstaunlich war jedoch, dass die Quantifizierung der dienstleistungsbezogenen Nutzentreiber mit dem direkten Kunden als Zielgruppe (Praxisbetreiber) problemloser erfolgte als die finanzielle Quantifizierung intangibler produktorientierter Nutzenargumente gegenüber den Patienten. Die Ergebnisse der Fallstudie mit der Prothesen GmbH lassen mich daher vermuten, dass, je mehr intangible (emotionale) Produkteigenschaften im Vordergrund der Nutzenargumentation stehen, desto schwieriger wird es, quantifizierbare Vorteile zu finden. Der Verlauf der Entwicklung der finanziellen Nutzenrechnung führte mich zudem zu der Annahme, dass Dienstleistungsvorteile mittels Erfahrungswerten der Beteiligten problemloser beziffert werden können als technische Produktvorteile. Leistungsmerkmale technischer Produktvorteile erfordern eine detaillierte Analyse durch Produktexperten. Ihre Umrechnung in finanzielle Nutzenargumente erfordert demnach ein tiefes Produktverständnis sowie die Kenntnis, welche Leistungsmerkmale für den Kunden relevant sind. Meine Wahrnehmung war, dass die Prothesen GmbH ihre Kunden eher mit Nutzen aus Dienstleistungsvorteilen überzeugt, da hier finanzieller Kundennutzen einfacher zu erklären ist, als auf der Produktebene. Meine Beobachtung war, dass die Produkte der Prothesen GmbH bereits ein so hohes Qualitätsniveau erreicht haben, dass zusätzliche Differenzierung gegenüber den Wettbewerbern leichter und kostensparender mittels produktbegleitender Dienstleistungen realisiert wird.

Beitrag zu Forschungsziel 3: „Nutzenrechnungen umsetzen"

Während der Entwicklung der finanziellen Nutzenrechnungen beobachtete ich, dass die Parametrisierung der Beispielrechnungen eine wesentliche Herausforderung für die Implementierung einer Nutzenrechnung darstellt. Im vorliegenden Fallbeispiel war jedoch nicht die Datenrecherche die zentrale Herausforderung, sondern die besondere Kundenstruktur, welche die Prothesen GmbH mit der Nutzenrechnung ansprechen möchte. Als einzige meiner vier Forschungskooperationen hat die Prothesen GmbH keinen ausschließlichen Business-to-Business-Fokus, sondern spricht mit ihrem Produkt- und Dienstleistungsangebot Kunden aus dem medizinischen Bereich (Praxisbetreiber) sowie Endverbraucher (Patienten) an. Die fallstudienspezifische Schwierigkeit, hier eine finanzielle Nutzenrechnung zu implementieren, formulierte der Vertriebsleiter: „Ich kann mein Produkt emotional verkaufen. Die Frage ist nur, ob unser Kunde das auch kann. Der Kunde verkauft ja eher eine Therapie und kein Produkt, dazu hat der keine Zeit und Lust" (ProthVL). Demnach wird ein zentraler Prüfstein zur Umsetzung der finanziellen Nutzenrechnung sein, ob es der Prothesen GmbH gelingt, ihre direkten Kunden (Praxisbetreiber) von der eigenen Nutzenargumentation zu überzeugen, sodass diese die Stärken der Prothesen GmbH gegenüber indirekten Kunden (Patienten) kommunizieren. Der Vertriebsleiter stellte das Dilemma wie folgt dar: „*Alle Patienten, die hier waren, haben kein Problem mit dem Preis. Nur die, die von unseren Kunden oder in der Praxis aufgeklärt werden, haben dann ein Problem, weil unsere Kunden kein Interesse daran haben, unsere Zusatzleistungen ausführlich zu erklären*" (ProthVL).

5.2   Labeling GmbH

Die Labeling GmbH ist Komplett-Anbieter von branchenübergreifenden Lösungen in der Kennzeichnungstechnologie für die Bereiche Produktion und Logistik. Die Fallstudie „Labeling GmbH" beschreibt die Modellierung einer finanziellen Nutzenrechnung in einem Industriezweig, der stark auf standardisierte und automatisierte Prozesse ausgelegt ist. Bei der Kooperation mit der Labeling GmbH handelt es sich in der zeitlichen Abfolge meiner empirischen Untersuchungen um die zweite Fallstudie. Ich nutzte meine Erkenntnisse aus der ersten Fallstudie, um meine Methodik zur Konzept- und Modellentwicklung finanzieller Nutzenrechnungen zu optimieren.

Abstimmung der Zielsetzung der Fallstudie

Zielsetzung der Fallstudie mit der Labeling GmbH war, einen Nutzenrechner zu entwickeln, der zur Professionalisierung der Nutzenkommunikation im Außendienst oder in Verkaufsgesprächen Anwendung finden würde. Der Vertriebsdirektor beschrieb seine Motivation: „*Nutzenrechner helfen, sich überhaupt mit dem Thema auseinanderzusetzen. Sie sollen für das Thema sensibilisieren, ohne die Aufmerksamkeit des Kunden zu verlieren*" (LabelVD). Der Nutzenrechner sollte idealerweise den finanziellen Nutzen produktspezifischer Leistungsmerkmale sowie produktübergreifender Dienstleistungen dokumentieren: „*Es ist für alle immer sehr schwierig, in Verkaufsgesprächen schon über den Wert von Dienstleistungen zu sprechen. Vor allem will der Kunde hier meistens keinen zusätzlichen Preis zahlen. Aber da müssen wir mit unserem Tool hinkommen, weil unsere Produkte immer vergleichbarer werden*" (LabelVD). Der Vertriebsdirektor fasste bezüglich der gemeinsamen Zielsetzung zusammen: „*So, wie wir unseren Vertriebsmitarbeitern immer Muster-Powerpoints geben und standardisierte Verkaufsunterlagen haben, wäre auch eine Art Muster-Rechner für unsere Produkte toll*" (LabelVD).

Besonderheiten der Fallstudie und Abgrenzung gegenüber den anderen Fallstudien

Im Rahmen einer viermonatigen Kooperation bot sich mir die Möglichkeit, Einblicke in interne Prozesse und Abläufe der Labeling GmbH zu gewinnen. Mein

Ansprechpartner im Unternehmen war der Vertriebsdirektor, der in seiner Position die Gesamtverantwortung für den Vertrieb bei der Labeling GmbH trägt. Während des gesamten Projektablaufs standen wir in engem Kontakt. Durch diesen intensiven Austausch lernte ich schnell, was der Vertrieb der Labeling GmbH unter Kundennutzen versteht und welche Argumentation für eine Nutzenrechnung zielführend ist. Im Vergleich zu den anderen Fallstudien zeichnete sich diese Untersuchung durch die enge Zusammenarbeit mit dem Vertriebsdirektor aus. In der proaktiven Kooperation lag der Fokus auf der Parametrisierung und Feinanpassung der entwickelten Nutzenrechnung. Gegenüber den anderen Fallstudien identifizierten wir zentrale Differenzierungsmerkmale, Nutzentreiber und Verkaufsargumente der Labeling GmbH vergleichsweise schnell. Eine grobe Struktur einer Nutzenrechnung stimmten wir in den ersten Treffen nach meinem Konzept ab, um das Nutzenrechnungsmodell in mehreren Folgeterminen im Detail nach den Vorstellungen der Vertriebsleitung für einen Probeeinsatz im Außendienst zu optimieren. Die Fallstudie mit der Labeling GmbH unterscheidet sich von den anderen Fallstudien dadurch, dass der Vertriebsdirektor mir in allen Projektschritten mit regelmäßigem Feedback seine Zielsetzung und Verbesserungsansätze mitteilte.

5.2.1 Vorstellung der Labeling GmbH

Geschäftstätigkeit und Produktportfolio

Die Labeling GmbH wurde im Jahre 1968 gegründet. Es handelt sich um ein spezialisiertes Produkt- und Dienstleistungsunternehmen zur Herstellung von Druckerzeugnissen sowie Fertigung von Maschinen der Markierungs-, Etikettierungs- und Kennzeichnungstechnologie. Zu den jeweiligen Produkten bietet sie zudem begleitende Dienstleistungen an (z. B. Abfüllen und Verpacken). Die Labeling GmbH erwirtschaftete mit europaweit 480 Mitarbeitern 2012 einen Jahresumsatz von 110 Mio. Euro (2009: 104,5 Mio. Euro). Das Unternehmen etikettiert, markiert und kennzeichnet Produkte jeglicher Art, zum Beispiel Joghurtbecher, Marmeladengläser, Kabelstränge, Werkzeuge oder Reifen. Die Labeling GmbH ist als Marktführer in klassischen Kennzeichnungs- sowie als Innovator in technologieintensiven Kennzeichnungssystemen bekannt. Das Unternehmen ist auf allen wichtigen Fachmessen (z. B. FachPack, Smart Automotion, EuroID) sowie kundenspezifischen Industriemessen (z. B. drinktec, K, Invertis Interfructa) vertreten und veröffentlicht Artikel in einschlägigen Fachzeitschriften (z. B. PackReport).

Die Labeling GmbH betreibt 13 internationale Produktionsstandorte und kooperiert mit 16 internationalen Vertriebspartnern in Deutschland, Österreich, der Schweiz, Frankreich, den Niederlanden, Belgien, Dänemark, und Bulgarien.

Forschungs- und Entwicklungsarbeiten, Qualitätsmanagement, Produktion und europaweite Administration sind in der zentralen Hauptverwaltung in Deutschland, in welcher auch die Vertriebsleitung ansässig ist, gebündelt. In der Hauptverwaltung arbeiten im Jahr 2013 rund 210 Mitarbeiter (2009: 169). Mir bot sich die Gelegenheit, mehrfach vor Ort zu sein, sodass ich mir von internen Administrationsprozessen und Produktionsabläufen einen Eindruck verschaffen konnte. Im Produktportfolio der Labeling GmbH befinden sich alle gängigen Kennzeichnungstechnologien, die in vier Gruppen unterteilt werden:

1. Kennzeichnungen mit Etiketten: Fertigung von Etikettendruckern und -spendern, RFID-fähige Etikettierungssysteme und eigene Etikettenproduktion mit einem Jahresvolumen von 1,8 Milliarden Etiketten zur Kennzeichnung von Getränkeverpackungen, Paletten oder Reifen,
2. Kennzeichnungen mit Inkjet-Codierungen: Tintenstrahlkennzeichner zur Beschriftung und Markierung mit Tinte von Kabeln, Eiern oder Flaschen,
3. Kennzeichnungen mit Thermotransfer-Direktdruckern: Beschriftung und Markierung von flexiblen Folienverpackungen und Etiketten in der Nahrungsmittel-, Süßwaren-, Pharma- oder Eisenwarenindustrie,
4. Kennzeichnungen mit Laser-Codierungen: Laser-Beschrifter und Lasergravuren zur dauerhaft abriebfesten und lesbaren Kennzeichnung von Metall, Kork oder Glas.

Neben den angebotenen Kennzeichnungstechnologien bietet das Produktportfolio der Labeling GmbH eine umfassende Auswahl an Zubehör wie Tinten, Farbbänder oder Software. Als Komplettanbieter gewinnen neben Kennzeichnungssystemen zunehmend produktbegleitende Dienstleistungen an Bedeutung, zum Beispiel Produkt- und Systemschulungen, dichtes technisches Support-Netzwerk, Kundenlager, 24-Stunden-Hotline, individuelle Wartungsverträge oder Finanzierungsmöglichkeiten von Produkten.

Vertriebs- und Kundenstruktur

Die Vertriebsmannschaft der Labeling GmbH umfasst 63 Mitarbeiter im Außen- und Innendienst. Der Vertrieb der Labeling GmbH ist nach Produktgruppen und nicht nach Key Accounts organisiert. Abbildung 5-8 zeigt das Organigramm der Vertriebsorganisation.

Der Geschäftsleitung sind im Verbund ein Vertriebsdirektor und ein interner Verkaufsleiter unterstellt. Der Vertriebsdirektor ist der Vorgesetzte von vier Vertriebsleitern, welche jeweils für sieben bis neun Außendienstmitarbeiter die Verantwortung tragen. Die Vertriebsgebiete sind nach Größe, Umkreis um den

Wohnort (ca. 100 km), Kundendichte und Industriepotenzial aufgeteilt. Der Innendienst besteht aus den Abteilungen Projektbetreuung und Kundenbetreuung. Den 27 Innendienstmitarbeitern steht ein interner Verkaufsleiter vor.

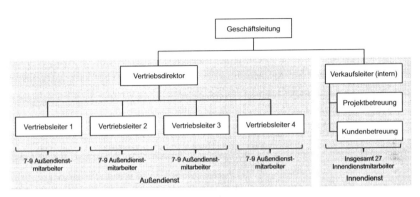

Abb. 5-8   Vertriebsorganisation der Labeling GmbH

Die Aufgaben des Vertriebsdirektors und des internen Verkaufsleiters umfassen alle übergreifenden Tätigkeiten, welche dazu dienen den Außen- und Innendienst zu leiten, zu entwickeln und zu kontrollieren. In Abstimmung mit der Geschäftsleitung treffen sie darüber hinaus Organisations- und Allokationsentscheidungen. Die Aufgabenbereiche im Außendienst enthalten in erster Linie den Verkauf der Produkte und Dienstleistungen. Die Vertriebsleiter haben dabei eine Coaching-Rolle inne. Sie betreuen und kontrollieren die Arbeit ihrer jeweiligen Außendienstmitarbeiter, führen aber auch Kundenbesuche und Verkaufsgespräche durch. Die Außendienstmitarbeiter betreiben Bestandskundenpflege, aktuelle Projektarbeit mit dem Kunden und haben Zielvorgaben für die Neukundenakquise.

Der Innendienst hat eine unterstützende Funktion und erledigt insbesondere administrative Aufgaben. Die Kundenbetreuung ist nach Tätigkeitsfelder gebündelt, wie 24-Stunden-Hotline, Bearbeitung von speziellen Kundenanfragen oder die direkte Betreuung des Kunden durch einen festen Ansprechpartner. In der Projektbetreuung überwachen die Innendienstmitarbeiter laufende Rahmen- und Dienstleistungsverträge oder unterstützen bei der Abwicklung neuer Verträge und Aufträge.

Die Labeling GmbH hat mit ihrer Positionierung als Komplettanbieter branchenübergreifender Kennzeichnungslösungen eine umfangreiche und heterogene Kundenstruktur. Kunden der Labeling GmbH sind primär produzierende Unternehmen aus allen Industriezweigen im deutschsprachigen und europäischen Raum.

Die Labeling GmbH bedient Kunden, die branchenspezifische Applikationen oder Standardlösungen zur Kennzeichnung in Produktion und Logistik nachfragen. Kunde der Kunden der Labeling GmbH ist überwiegend der Handel. Seit der Gründung im Jahre 1968 gewann das Unternehmen jährlich circa 300 bis 500 neue Kunden. Derzeit besteht ein aktiver Kundenstamm von 6.000 Kunden, mit dem die Labeling GmbH rund 10.000 persönliche Kontaktpunkte pro Jahr hat. 70 Prozent des Kundenstamms sind kleinere Kunden. Die Labeling GmbH hat Kunden in unterschiedlichen Industriezweigen: Produkt-, Software- und Dienstleistungslösungen der Labeling GmbH finden branchenübergreifend, zum Beispiel in der Bau-, Chemie-, Elektronik-, Nahrungsmittel-, Pharma-, Papier-, Verpackungs-, Kunststoff-, Holz-, Kosmetik- oder Automobilindustrie, Anwendung.

Die Labeling GmbH strukturiert ihre Kunden nach Systemkunden, Kunden mit Basisumsatz, Rahmenvertragskunden und Einmalbesteller. Zukunftsorientiert differenziert der Vertrieb zwischen Potenzialkunden und Wettbewerbskundenpotenzial. Klassifiziert werden die Kunden nach Umsatz, Umsatzpotenzial und Status wie Referenzkunden, Partner oder original equipment manufacturer (OEM).

5.2.2 Vorgehen und Beobachtungen während der Entwicklung einer finanziellen Nutzenrechnung

5.2.2.1 Wissensstand vor der Kooperation und Überblick über den Projektablauf

Ausgangslage vor der Kontaktaufnahme

Die Labeling GmbH war mir im Vorfeld der Zusammenarbeit nicht bekannt. Mit ihrem Produktportfolio war ich im Detail nicht vertraut. Nur am Rande meines Studiums erhielt ich Einblicke in das Anwendungsfeld der Kennzeichnungstechnik, zum Beispiel in der Produktions- und Automatisierungstechnik oder bei Labeling- und Codierungsanforderungen von Fahrzeugbauteilen in der Automobilindustrie.

Kontaktaufnahme

Der erste Kontakt zur Labeling GmbH erfolgte im Mai 2012. Kontaktpunkt war ein Pricing-Seminar, welches der Erstbetreuer der vorliegenden Arbeit im Rahmen einer IHK-Initiative zur Förderung des Austausches von Wissenschaft und Praxis leitete. Nach einer kurzen Vorstellung meines Dissertationsthemas am Ende des Seminars zeigte sich der Vertriebsleiter der Labeling GmbH sehr interessiert an meinem Forschungsprojekt und betonte die Möglichkeit einer praktischen Anwendung im Unternehmen. Das erste Gespräch diente dazu, sich gegenseitig kennenzulernen, das

Unternehmen und die Branche der Labeling GmbH vorzustellen und einen Telefontermin zu vereinbaren, in dem die Kooperationsmöglichkeiten ausgelotet wurden.
Unternehmensgröße und -bekanntheit erlaubten es mir, mich im Vorfeld über
das Unternehmen, die Branche, potenzielle Kundenindustrien und angebotene
Produkte zu informieren. Hierzu nutzte ich anfangs öffentlich zugängliche Informationsquellen wie Firmenporträts, Industrieberichte oder die Unternehmenswebsite. Einen Zugang zu spezifischen Industrie- und Unternehmenskennzahlen
hatte ich zu diesem Zeitpunkt noch nicht, sodass ich für die Entwicklung einer
finanziellen Nutzenrechnung auf die enge Kooperation mit der Vertriebsleitung
des Unternehmens angewiesen war.

Mein erster Eindruck infolge der Kontaktaufnahme mit dem Vertriebsdirektor und meiner eigenen Vorrecherche war, dass sich das Unternehmen sehr
gut eignen würde, eine finanzielle Nutzenrechnung zu entwickeln. Die Labeling
GmbH arbeitet in einer prozess- und automatisierungsgetriebenen Industrie, in
der Standardisierung, klare Taktung von Prozessschritten sowie Messung von
Eingangs- und Ausgangsgrößen durch spezifische Kennzahlen wichtig sind. Der
Vertriebsdirektor berichtete mir, dass in der Branche systemabhängige Kennzahlen
gemessen werden: *„Je nachdem, welches System wir kalkulieren wollen, haben wir
unterschiedliche Ausgangsgrößen. Bei dem einen System ist das zum Beispiel die
Anzahl der Etiketten, beim anderen System ist dann die Strahldauer die entscheidende Maßgröße"* (LabelVD).

Interaktions- und Ansprechpartner

In den ersten Kontaktpunkten hatte ich den Eindruck, dass die Labeling als dyna-
mischer Mittelständler auftritt, der aktives Interesse an neuen Ansätzen und Ideen
hat. Der Vertriebsdirektor teilte mir mit, dass mittels des vor kurzem eingeführten
SAP-Systems interne Prozesse optimiert werden, um den nächsten Entwicklungs-
schritt von einem gewachsenen Mittelständler zu einem Betrieb mit ausgereiften,
konzernartigen Organisationsprozessen zu gehen. Für mein Dissertationsprojekt
fand ich eine zweckmäßige Mischung aus schnellen und kurzen Kommunikati-
onswegen mit geringem organisatorischem und administrativem Aufwand vor.
Gleichzeitig existiert ein planmäßiges Unternehmens-Controlling, Kennzah-
len-Tracking und umfassendes Verständnis, wie Standardprozesse umzusetzen
sind. Hinsichtlich der Entwicklung einer finanziellen Nutzenrechnung war ich
zuversichtlich, dass eine solide Daten- und Informationsbasis bei vergleichsweise
geringem Beschaffungsaufwand vorhanden ist. Das Interesse des Vertriebsdirektors
ließ mich vermuten, dass die Entwicklung einer finanziellen Nutzenrechnung für
das Unternehmen von hoher praktischer Relevanz ist: *„Bei der Quantifizierung von
unseren verschiedenen Vorteilen müssen wir was Greifbares entwickeln"* (LabelVD).

Überblick über den Projektablauf

Im Anschluss an den Erstkontakt vereinbarte ich mit dem Vertriebsdirektor ein Telefongespräch, in welchem die nächsten Schritte einer möglichen Kooperation abgestimmt wurden. Tabelle 5-2 fasst den Projektablauf zusammen.

Tab. 5-2   Überblick über den Projektablauf bei der Labeling GmbH

Datum	Dauer (Std.)	Teilnehmer	Kontakt-punkt	Inhaltlicher Schwerpunkt
02.05.2012	0,5	LabelVD	Pricing-Seminar, Telefon	• Erste Kontaktaufnahme • Auslotung einer möglichen Zusammenarbeit
10.09.2012	0,5	LabelVD	Telefon	• Koordination und Informationsaustausch für ein erstes Treffen
18.09.2012	2,0	LabelGF, LabelPROKU, LabelVD	Termin im Unternehmen	• Projektvorstellung sowie Definition eines Ansprechpartners und eines Projektverantwortlichen • Abstimmung des vorgeschlagenen Projektplans und der nächsten Schritte • Klärung der gegenseitigen Erwartungshaltung • Austausch der Ideen zum Konzept einer Nutzenrechnung
12.10.2012	1,5	LabelVD	E-Mail, Telefon	• Austausch über Konzept eines finanziellen Nutzenrechners • Anpassung des Konzepts • Vormodellentwicklung auf Basis des entwickelten Konzepts • Abstimmung der nächsten Schritte: Schwierigkeit der Datenbeschaffung
07.11.2012	2,0	LabelVD	Termin im Unternehmen	• Diskussion und Anpassung des Nutzenrechners im Detail • Individualisierung der Nutzenrechnung • Einflussgrößen und Referenzlösung festlegen • Diskussion einer möglichen Umsetzung im Vertrieb
Nov. 2012 bis Dez. 2012	8,0	LabelVD	E-Mail, Telefon	• Parametrisierung des Nutzenrechners • Einsatzgerechte und unternehmensindividuelle Anpassung des Nutzenrechners für eine Anwendung im Vertrieb • Feedback-Fragen zur Umsetzung des Nutzenrechners festlegen
03.12.2012	2,0	LabelVD	Termin im Unternehmen	• Feinabstimmung des Nutzenrechners: Detailanpassung, Datenkorrektur, Vereinfachung • Aufnahme neuer Nutzenargumente • Umgestaltung der Zusammenfassung
02.04.2013	0,5	LabelVD	E-Mail, Telefon	• Feedback über Einsatz und Anwendung des entwickelten Nutzenrechners im Vertrieb
23.05.2013	0,5	LabelVD	E-Mail, Telefon	• Diskussion der Vertriebs- und Kundenstruktur
Summe	**17,5**			

Tabelle 5-2 zeigt, dass im Projektablauf die Parametrisierung und unternehmensindividuelle Anpassung des Nutzenrechners einen hohen Zeitanteil (rund 50 Prozent der Kontaktpunkte) beanspruchte. In den nächsten Kapiteln gehe ich im Detail auf mein Vorgehen und meine Beobachtungen während der Entwicklung einer finanziellen Nutzenrechnung ein.

5.2.2.2 Angestrebte Projektergebnisse, Konzept einer Nutzenrechnung und Aufnahme der Ist-Situation

Angestrebte Projektergebnisse

Bei der Labeling GmbH orientierten wir uns überwiegend an der vorgeschlagenen Projektstruktur (vgl. Abbildung 4-2). Auf dieser Grundlage stimmten wir die gegenseitige Erwartungshaltung ab, entwickelten eine gemeinsame Zielsetzung und definierten einen groben Zeitrahmen. Bereits im ersten Telefongespräch gewann ich den Eindruck, dass der Vertriebsdirektor die Kooperation aktiv und mit klarer Zielsetzung vorantreiben würde. Zu Beginn erörterten wir noch allgemeine Fragestellungen: *„Ich frage mich immer, was genau sind unsere Mehrwerte und wie kann man die Leistungen greifbarer machen"* (LabelVD). Schnell präzisierten wir unsere gemeinsame Zielsetzung: *„Ich suche eine Rechnung, zum Beispiel für ein konkretes Gerät. Ich möchte so argumentieren und sagen, das Gerät verbraucht angenommen 2,2 Etikettier-Rollen weniger pro Jahr. Bei einem Einsatz von so und so vielen Geräten macht das pro Jahr Einsparungen in Höhe von x Euro für Sie aus"* (LabelVD). Am Ende des Telefongesprächs hat sich meine Vermutung bestätigt, dass der prozessgetriebene Industriezweig der Labeling GmbH den Vertrieb ermuntert, mit quantitativen Größen zu argumentieren.

Die praktische Relevanz finanzieller Nutzenrechnungen machte ich an der Verbindlichkeit und Zielstrebigkeit folgender Aussagen meiner Interaktionspartner fest:

- ► *„Ziel kann es sein, unser Preis-Leistungs-Verhältnis zu rechtfertigen. Das heißt, ich brauche einen Rechner, der zeigt, dass, wenn der Kunde bereit ist, monatlich die Summe x zu bezahlen, dann bieten wir ihm ein Rundum-Sorglos-Paket mit folgenden Eigenschaften, die sich für ihn lohnen"* (LabelVD).
- ► *„Wir müssen von den weichen Faktoren weg. Klar können wir zum Beispiel sagen, dass wir eine 24-Stunden-Hotline haben, besser wäre es aber zu sagen, dass wir mit unserer Hotline 40 Prozent aller Probleme lösen können. Noch besser wäre es, wenn Sie jetzt sagen könnten, dass das x Prozent Kosteneinsparung für den Kunden bedeuten würde"* (LabelPROKU).
- ► *„Mit einer plakativen Zahl erreichen wir, dass der Kunde sagt: ‚Oh, das ist ja ganz schön viel.' Mit den Rechnungen wollen wir ihm dieses ‚Viel' ja etwas greifbarer machen"* (LabelVD).
- ► *„Ich überlege hier immer, was kann man da draußen als Handwerkszeug verbessern"* (LabelVD).
- ► *„Es hilft dem Kunden zu verdeutlichen, welche Anforderungen für einen störungsfreien Prozess existieren und wie wir greifbar machen, wie eine richtige Vorbeugung zur Kostenersparnis führt"* (LabelVD).

Vor einem ersten Workshop in der Hauptverwaltung erfuhr ich aus weiteren Telefongesprächen und E-Mails mit dem Vertriebsdirektor mehr Details über das Unternehmen, das Produktportfolio und den Industriezweig. Ich konnte mich mit weiteren Informationen (interne Unternehmenspräsentationen, Fach- und Branchenreports, Produktionsberichten, Schulungs- und Unternehmensvideos) auf den Termin vorbereiten.

Konzept und Idee einer Nutzenrechnung

Der Geschäftsführer war mit der Idee und dem Konzept (vgl. Abbildung 4-3) einer Nutzenrechnung einverstanden, äußerte aber gleichermaßen seine Skepsis: *„Unter einer finanziellen Nutzenrechnung verstehe ich, dass wir da am Ende zwei Zahlen haben, die wir vergleichen wollen. Ich bin aber sicher, dass die Kunden gar nicht genau wissen, welche Werte sie in eine solche Rechnung eintragen sollten"* (LabelGF). Auch der Prokurist stand der Idee anfangs eher pessimistisch gegenüber. Er zweifelte an der Umsetzbarkeit einer Nutzenrechnung. Er vermutete eine mangelnde Datenverfügbarkeit und war der Ansicht: *„Die Daten für eine Kosten-Nutzen-Rechnung sind von unseren Kunden wahrscheinlich nicht zu bekommen, weil die selbst die ganzen Einflussgrößen gar nicht kennen oder zum Beispiel gar nicht wissen, wie oft pro Auftrag zum Beispiel ein Werker den Etikettenrollen-Abspuler neu bestücken muss"* (LabelPROKU).

Verwundert war ich, dass in dem Kick-off-Gespräch neben der offenen Skepsis gegenüber Nutzenrechnungen auch deren Bedeutung sowie konkrete Umsetzungsideen bei der Labeling GmbH beschrieben wurden. Die Bedeutung einer Nutzenrechnung betonte der Geschäftsführer wie folgt: *„Mit einer Nutzenrechnung könnten wir Kompetenz zeigen und die Kunden besser überzeugen. Der Nutzen für uns wäre ein besserer Beratungsnutzen"* (LabelGF). Die Beteiligten diskutierten bereits Ideen und Ansätze, welche der Aufnahme der Ist-Situation zuzuordnen sind. Konkrete Ansätze zur Analyse der Ist-Situation kommunizierte der Prokurist: *„Es bringt nichts, wenn wir nur argumentieren, warum wir besser oder teurer sind. Es muss klar werden, was der Kunde davon hat. Wenn wir zum Beispiel sagen, dass wir höhere Preise haben, weil wir ein großes Lager haben, dann hilft das dem Kunden nicht. Wir müssen so argumentieren, dass unser Lager bedeutet, dass der Kunde sofort anrufen kann, wenn er ein Problem hat, und wir mit unseren Vorräten sofort reagieren und das Problem lösen können"* (LabelPROKU).

Am Ende der Diskussion hatte ich den Eindruck, dass alle Parteien sich bezüglich der Relevanz einer Nutzenrechnung einig waren. In Fragen der konkreten Zielsetzung, Umsetzbarkeit oder Datenbasis herrschte noch Dissens. Aus meiner Perspektive als beobachtender Forscher war dies eine interessante Ausgangslage.

Aufnahme der Ist-Situation

Im Anschluss an die Diskussion mit der Geschäftsführung begannen der Vertriebsdirektor und ich derzeitige Verkaufsargumente zu sammeln und zu bewerten. Zuerst
war die Verkaufsargumentation sehr allgemein und unspezifisch: *„Reparaturen
sind immer sehr teuer, weil sie immer unerwartet kommen und nicht geplant sind.
Diese unerwarteten Kostenblöcke gilt es mit unserem Dienstleistungspaket zu vermeiden"* (LabelVD). In unserer Diskussion beobachtete ich, dass Verkaufsargumente
einfacher zu finden sind, je mehr wir unsere Argumentation auf ein konkretes
Produkt bezogen.

Einen Ansatzpunkt einer Nutzenargumentation konnte ich während meines Vor-
schlags entdecken, Verkaufsargumente an einem konkreten Produkt zu benennen.
Der Vertriebsdirektor eröffnete sofort die Argumentation, indem er feststellte: *„Ich
rechne unseren Kunden immer vor, was unsere Produkte für Auswirkungen haben.
Wenn wir zum Beispiel einen Standard-Etikettierer nehmen. Der Kunde sieht immer
nur die Anschaffungskosten. Ich rechne ihm dann vor, wie wichtig die Maschine für
ihn ist. Wenn er zum Beispiel x-Tausend Einheiten im Monat produziert, in einem
Zwei-Schichtbetrieb arbeitet und jedes Bauteil einzeln etikettiert werden muss, macht
das so und so viele Zehntausend Etikettierungen pro Jahr. Wenn die Maschine jetzt
nur 10 Prozent der Zeit ausfällt, bedeutet das bei ihm einen Produktionsstillstand,
der mit viel höheren Kosten verbunden ist"* (LabelVD).

Neben Verkaufsargumenten auf Produktebene betonte der Vertriebsdirektor,
dass in den letzten Jahren die Bedeutung produktbegleitender Dienstleistungen in
Verkaufsgesprächen und Preisverhandlungen weiter zugenommen hat. In unserem
Gespräch beobachtete ich, dass der Vertriebsdirektor diese stärker hervorhob als
produktspezifische technische Vorteile einzelner Kennzeichnungssysteme. Er
äußerte zum Beispiel: *„Heutzutage sind die produktunabhängigen Dienstleistungen und Services, die ein Kunde mit ordert, viel wichtiger als nur das Produkt. Die
Produkte können leider immer schneller nachgemacht werden. Eine fachmännische
Betreuung mit professionellem Know-how im gesamten Team kann man aber nicht
so schnell kopieren"* (LabelVD).

Zum Ende des Gesprächs fassten wir zusammen, dass eine Nutzenrechnung auf
produktspezifischen Parametern, wie Etiketten-Output pro Tag, Tintenstrahl-Kenn-
zeichnungen pro Minute oder Laser-Codierungen je Palette, aufbaut und ergänzend
produktbegleitende Dienstleistungen quantifizieren sollte. Der Vertriebsdirektor
bestätigt: *„Unsere Dienstleistungen nach dem Verkauf sind viel wichtiger als früher.
Wir müssen es irgendwie schaffen, dass der Kunde nicht nur ein gutes Gefühl bei uns
hat, sondern [wir] ihm das am besten auch vorrechnen können"* (LabelVD).

Auf der Grundlage der beiden Gespräche analysierte ich die Ist-Situation und identifizierte zwei zentrale Ansatzpunkte einer Nutzenrechnung. Abbildung 5-9 fasst die Ergebnisse der ersten Gespräche zusammen.

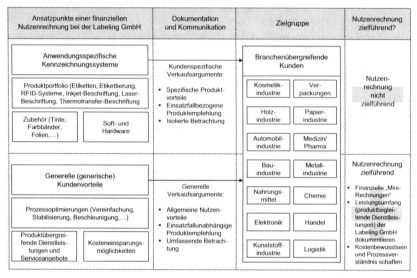

Abb. 5-9   Ausgangssituation und Ansatzpunkte einer finanziellen Nutzenrechnung bei der Labeling GmbH

Bei der Labeling GmbH gibt es zwei Ansatzpunkte einer Nutzenrechnung: anwendungsspezifische Kennzeichnungssysteme und generelle (generische) Kundenvorteile. Schnell stellte sich bei der Sammlung der Argumente anwendungsspezifischer Kennzeichnungssysteme heraus, dass diese spezifischen Produktvorteile nur eine isolierte Betrachtung einzelner Kennzeichnungssysteme ermöglichen. Eine übergreifende Nutzenargumentation, die über Etikettier-Spender, Inkjet-Beschrifter oder Laser-Codierer hinausgeht, ist mit einer spezifischen, einsatzfallbezogenen Produktbetrachtung nicht möglich.

Während der Diskussion konkreter Kennzeichnungssysteme erarbeiteten wir generelle Verkaufsargumente und Kundenvorteile, die nicht einsatzfallbezogen sind. Generelle Kundenvorteile resultieren aus produktbegleitenden Dienstleistungen der Labeling GmbH. Kundenvorteile, mit denen sich die Labeling GmbH gegenüber Wettbewerbern differenziert, sind zum Beispiel geringere Ausfallwahrscheinlichkeit, schnellere Reaktionszeiten bei Störmeldungen, Reduzierung von Ersatz- und Verschleißteilkosten, niedrigere Einschaltungskosten eines Technikers aufgrund der 24-Stunden-Hotline, professionellere Qualitätskontrolle der Produkte, höheres Know-how der Kundenbetreuer sowie das Angebot von Produktschulungen, damit Kunden kleinere Probleme und Fehler unabhängig von der Labeling GmbH eigenverantwortlich beheben können. Generische Nutzenvorteile erlauben eine produktübergreifende Betrachtung, da diese unabhängig von einem spezifischen Kennzeichnungssystem sind. Vor dem Hintergrund einer breiten und heterogenen Kundenzielgruppe sind wir zu dem Ergebnis gekommen, dass eine branchenübergreifende und produktentkoppelte Nutzenrechnung zielführend ist. Der Vertriebsdirektor teilte mir mit: *„Die Struktur [einer Nutzenrechnung] sollte so sein, dass sie nicht nur für ein einzelnes Produkt, sondern möglichst für mehrere Produkte verwendet werden kann. [...] In einem nächsten Schritt könnten wir ja überlegen, welche sechs Parameter wir ändern müssen, damit wir das Modell auch für andere Produkte durchgängig nutzen können"* (LabelVD).

Mit der Aufbereitung und Klärung der Ist-Situation legten wir die Zielvorgabe des nächsten Workshops fest: Formulierung finanzieller „Mini-Rechnungen", die auf der Grundlage produktspezifischer Leistungsparameter (z. B. Output der Etiketten pro Stunde) das technologieübergreifende Leistungsangebot der Labeling GmbH quantifizieren. Mittels der Quantifizierung dienstleistungsbedingter Nutzentreiber wird ein gesamter finanzieller Kundennutzen ermittelt, um beim Kunden ein höheres Kostenbewusstsein und Prozessverständnis zu schaffen. Meine Aufgabe im Vorfeld des nächsten Treffens bestand darin, die Ist-Situation zu strukturieren und eine finanzielle Nutzenrechnung zu entwerfen.

5.2.2.3 Entwicklung einer finanziellen Nutzenrechnung
Konzept einer finanziellen Nutzenrechnung

Auf der Grundlage der gesammelten Verkaufsargumente und identifizierten Ansatzpunkte entwarf ich ein Konzept einer finanziellen Nutzenrechnung. Das Konzept diente als Diskussionsgrundlage für die nächsten Workshops mit dem Vertriebsdirektor. Wir analysierten das Konzept im Detail und entwickelten darauf aufbauend ein Excel-basiertes Vormodell einer Nutzenrechnung. Folgender Aussage entnahm ich, dass der Umfang einer Nutzenrechnung nicht alle zusammengetragenen Vorteilsargumente enthalten sollte: *„Am besten sind Nutzenrechnungen, wenn der Kunde mit eingebunden werden kann. Dazu muss der Rechner überschaubar sein, eine begrenzte Anzahl an Parametern haben und interessant und kurzweilig gestaltet werden"* (LabelVD). Praktikabler ist es demnach, sich bei der Entwicklung des Nutzenrechners auf wesentliche Nutzentreiber zu konzentrieren. Der Prokurist formulierte seine Anforderung folgendermaßen: *„Eine Rechnung muss so einfach* *sein, dass sie auch jemand versteht, der nicht Betriebswirt ist"* (LabelPROKU). Diese Anforderung deckte sich mit der Einschätzung des Vertriebsdirektors: *„Haarklein bekommen wir einen Rechner nur dann hin, wenn wir den so aufblähen, dass der dann nicht mehr benutzt wird"* (LabelVD).

Der Vertriebsdirektor unterstrich, dass er keinen „Kostenstellenrechner" brauche, sondern dass die Verkaufsargumentation in einer Nutzenrechnung für den Kunden schnell verständlich sein müsse. Hierzu bedarf es eines Konzepts, welches die für den Kunden überzeugenden Argumente in einer übersichtlichen Struktur quantifiziert. Aus den Gesprächen mit dem Vertriebsdirektor lernte ich: *„Die Message muss sein, du kaufst das Gerät und du kaufst die Dienstleistung. Die Alternative dazu ist ja, dass du das Gerät einzeln kaufst und die Dienstleistung bei Bedarf kaufst, also als Reparaturauftrag. Wenn du das tust, dann musst du auf einen Techniker warten, dann kannst du selber nichts machen, weil du keine Ersatzteile vor Ort hast, dann hast du das Know-how nicht. Diese Message wollen wir rüberbringen und als Kostenvorteil ausdrücken"* (LabelVD). Abbildung 5-10 zeigt das Konzept der finanziellen Nutzenrechnung.

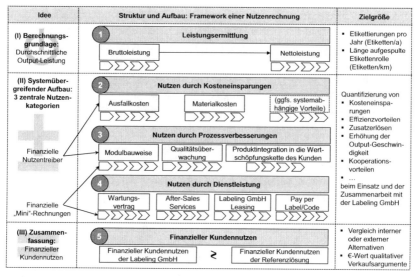

Abb. 5-10   Konzept einer finanziellen Nutzenrechnung bei der Labeling GmbH

Mein erster Vorschlag war, die Nutzenrechnung in drei Blöcke einzuteilen: (I) Berechnungsgrundlage, (II) systemübergreifender Aufbau mit drei zentralen Nutzenkategorien und (III) Zusammenfassung. Die Berechnungsgrundlage (I) dokumentiert die Leistungsermittlung und kalkuliert aus der Brutto- die Nettoleistung (durchschnittliche Output-Leistung) eines Kennzeichnungssystems. Zielgrößen der durchschnittlichen Output-Leistung sind zum Beispiel die Anzahl von Etikettierungen pro Jahr oder die Länge der aufgespulten Etikettenrollen in Kilometern. Die Leistungsermittlung ist ein erster Schritt der Nutzenrechnung, welche den Kunden Zweck und Einheit der Rechnung verdeutlichen soll. Der Vertriebsdirektor regte hierzu an: *„Der erste Schritt ist ja, worüber reden wir eigentlich? Leistung. Reden wir über 10 Codierungen oder 10 Millionen, um dem Kunden klarzumachen, dass es Bedeutung besitzt, sich damit auseinanderzusetzen"* (LabelVD). Darüber hinaus vermerkte der Vertriebsdirektor: *„Die Nennleistung der Maschine ist meistens nicht die Bruttoleistung beim Kunden, da dieser ja in der Regel irgendwelche Pausen oder Sonstiges hat"* (LabelVD). Die Ermittlung einer systemspezifischen Nettoleistung ermöglicht es, in Block (II) der Nutzenrechnung systemübergreifende Nutzenkategorien zu quantifizieren und deren finanzielle Auswirkungen zu bewerten.

Der Entwurf gliedert die Nutzenrechnung in drei Nutzenkategorien: Nutzen durch (1) Kosteneinsparungen, (2) Prozessverbesserungen und (3) Dienstleistung. Jede der drei Nutzenkategorien untergliedert sich in finanzielle Nutzentreiber. Die Anzahl der finanziellen Nutzentreiber variiert nach Häufigkeit und Bedeutung der gesammelten Verkaufsargumente. Für jeden finanziellen Nutzentreiber wird in einer separaten finanziellen „Mini-Rechnung" der Euro-Kundennutzen pro Jahr berechnet. Kosteneinsparungen, Effizienzvorteile, Zusatzerlöse oder Output-Geschwindigkeit sind beispielhafte Parameter, die einen produktunabhängigen Nutzen der Labeling GmbH dokumentieren.

Entwicklung eines Vormodells einer finanziellen Nutzenrechnung

Nach Ermunterung meines Kooperationspartners (LabelVD: *„Lassen Sie uns ruhig an Ihrem Konzept orientieren"*), entwickelte ich ein Vormodell einer finanziellen Nutzenrechnung. Meine Gesprächsnotizen sowie schriftliche und mündliche Anmerkungen des Vertriebsleiters halfen mir bei der Modellierung. Das Vormodell wurde in mehreren Iterationsschritten individualisiert und mit unternehmensinternen Daten parametrisiert, um es für die Labeling GmbH anwendungsgerecht zu gestalten. Mittels des Vormodells wird deutlich, welche Einflussgrößen und Parameter zur Berechnung des finanziellen Nutzens zusammengetragen werden sollten. Vor meinem nächsten Unternehmensbesuch überführte ich das Vormodell in ein Tabellenkalkulationsprogramm, sodass ich die Berechnungsschritte und getroffenen Annahmen mit dem Vertriebsleiter am Beispiel des Excel-Modells diskutieren konnte. Folgende Anmerkungen des Vertriebsleiters halfen mir, finanzielle „Mini-Rechnungen" aufzubauen, welche die jeweiligen Nutzentreiber der Nutzenkategorien (Kosteneinsparung, Prozessverbesserungen und Dienstleistung, vgl. Abbildung 5-10) quantifizieren:

▶ *„Man errechnet das ja immer mit Leistung pro Minute, Leistung pro Stunde, Leistung pro Schicht, Anzahl der Schichten und Arbeitstage. Das ist ja die Verkettung, in der wir beim Kunden argumentieren müssen, damit er uns versteht"* (LabelVD).

▶ *„Auch die 24-Stunden-Hotline kann man dingfest machen. Wir haben hierzu mal eine Erhebung gemacht. Der geschätzte Wert von 40 Prozent stimmte tatsächlich, wo wir Einschaltungen vermeiden konnten, und das ist natürlich bares Geld wert"* (LabelVD).

▶ *„Wenn ich zum Kunden ausrücke, kostet das mindestens die Anfahrtspauschale und die Arbeitszeit. Wir haben verschiedene Pauschalen und die Stunde kostet [...] Euro. Das sind dann pro Einschaltung natürlich immense Kosteneinsparungen"* (LabelVD).

▶ *„Die Zahlen, die wir hier zur Grundlage nehmen können, haben wir zum Glück immer besser. Jetzt bekommen wir noch SAP und dann wird das bestimmt noch besser"* (LabelVD).

Mit dem Vormodell konnten wir erstmalig dokumentieren, wie die Labeling GmbH qualitative Verkaufsargumente über quantitative Vorteilsargumente in finanzielle Nutzenargumente übersetzen kann. Der Vertriebsleiter fand die Diskussion an einem konkreten Beispiel ebenfalls zweckmäßig: *„Im Rechner müssen konkrete Daten drin stehen. Man kann ja zwischen Annahmedaten, Eingabedaten und Ergebnisdaten differenzieren. Dann kann ich beim Kunden ja sagen, dass ich für den Produktionsausfall zum Beispiel als Annahme 30 Euro angesetzt habe. Die genauen Werte kann man dann ja mit dem Kunden anpassen"* (LabelVD).

Die Strukturierung der Verkaufsargumente in einem Vormodell unterstützte die Identifizierung von Einflussgrößen und fehlenden Parametern, welche für die Berechnung finanzieller Nutzentreiber relevant sind. Das entwickelte Vormodell ermöglichte im Projektverlauf eine

- einfache Nutzenkalkulation mittels konkreter Dateneingabefelder,
- Identifikation und Strukturierung kundenrelevanter Erlös- und Kostentreiber sowie deren Einflussparameter,
- Weiterentwicklung zur finalen finanziellen Nutzenrechnung,
- erste quantitative Abgrenzung gegenüber einer Wettbewerbslösung sowie

• zusammenhängende Dokumentation der finanziellen Vorteilhaftigkeit der Labeling GmbH.

Eine erste Einschätzung meines Kooperationspartners war: *„Anstatt irgendwelche Zahlen nur runterzurattern, in der Hoffnung, dass das dem Kunden schon gefallen wird, kann man eben das Ganze, was man da an Zahlen hat, auch versuchen, in das zu transportieren, was der Kunde braucht: Einsparungen, Kostenvorteile, Nutzenargumente. Ihr Konzept ist schon ganz gut, aber insgesamt müssen wir es kürzen und einfacher machen. So im Detail würde mir ein Kunde das wahrscheinlich nicht glauben"* (LabelVD). In der anschließenden Diskussion über das entwickelte Vormodell arbeiteten wir heraus, wo Anpassungen und Verbesserungen notwendig wären.

Ein direkter Kritikpunkt war, dass der derzeitige Nutzenrechner zu detailliert sei. Zu viele separate finanzielle „Mini-Rechnungen" verursachten eine zu hohe Anzahl an Eingabefeldern und ermittelten aus Sicht des Vertriebsdirektors kein kundenrelevantes Differenzierungsmerkmal der Labeling GmbH. Bezüglich einer vorgeschlagenen „Mini- Rechnung" erklärte er zum Beispiel: *„Wartungs- und Rüstzeiten sind hier zu früh. Das kommt später. [...] Eine Wartungszeit wird bei einem anderen ähnlich sein wie bei uns, eine Rüstzeit wird bei einem anderen ähnlich sein wie bei uns. Wir bekommen das nicht hin. Wir haben keine größeren Rollen als andere oder so was. Da wird es immer schwieriger, den Unterschied des Systems selber herauszustellen"* (LabelVD). Weiteren Verbesserungsbedarf des Vormodells gab es bezüglich der Einfachheit und der Verständlichkeit der Rechnungen. Der Vertriebsdirektor benötigte viel Zeit, um die Nutzenrechnungen nachzuvollziehen. Es war nicht sofort klar, woher die Daten stammen und wie die Ergebnisse zu berechnen sind. Insgesamt wirkte der Nutzenrechner daher noch zu unübersichtlich. Nach Ansicht des Vertriebsdirektors ist aber gerade eine schnelle Verständlichkeit der Nutzenrechnung entscheidend: *„Alles, was man mit einem Taschenrechner nachrechnen kann, ist für die Kunden verständlich"* (LabelVD).

Zur Parametrisierung des Vormodells sammelte ich eine Vielzahl konkreter Beobachtungen. Meine Modellierungsbeispiele der finanziellen „Mini-Rechnungen" leiteten sich unter anderem aus folgender quantitativer Einschätzung ab: *„Dann könnte man zum Beispiel sagen: 2.400 Störungen mal fünf Minuten, das wären 12.000 Minuten Störungen, durch 60, wären 200 Stunden und das im Vergleich zum Durchschnittswert von 180 also circa 20 Störstunden besser"* (LabelVD). Informationen zur Übersetzung der quantitativen Verkaufsargumente in finanzielle Nutzenargumente sammelte ich aus dem Wissen des Vertriebsdirektors. Am Beispiel der störungsbedingten Ausfallkosten stellte er sich selbst die Frage: *„Was kostet eine Stunde"* (LabelVD). Seine direkte Antwort war: *„Der Kunde sagt mir immer, so circa 30*

Euro. Rechnen wir das mal. 200 mal 30 sind 6.000 Euro. Oder 100 mal 30 sind 3.000 Euro. Da haben wir dem Kunden plötzlich mal die Bedeutung der Kosten vermittelt" (LabelVD). Bezüglich der Quantifizierung von Ausfallkosten fragte er sich selbst: *„Wie könnte man eine Störung beziffern? Die Störung hat zur Konsequenz, dass einer zur Maschine hingehen muss, das kostet vielleicht fünf Minuten"* (LabelVD).

Entwicklung der finalen finanziellen Nutzenrechnung

In Workshops wurde das Vormodell der Nutzenrechnung präzisiert und für einen Einsatz im Vertrieb einfacher gestaltet. In mehreren Feedbackrunden entwickelte ich so die finale finanzielle Nutzenrechnung. Hierzu nutzte ich Protokolle, Zusammenfassungen der persönlichen Gespräche, Telefonate, schriftliche Anmerkungen meines Ansprechpartners sowie die gemeinsamen Notizen am Entwurf des Vormodells. Wesentliche Anpassungen des Vormodells nahm ich bei den Nutzenkategorien vor, mit dem Ziel, die finanziellen „Mini-Rechnungen" verständlicher zu gestalten. Die anfänglichen Nutzenkategorien des Konzepts (Kosteneinsparungen, Prozessverbesserung und Dienstleistung) wurden neu strukturiert, um finanziellen Nutzen in den Kategorien Ausfallkosten, Verbrauchsmaterialkosten und Dienstleistung zu berechnen. Der Umfang der Nutzenrechnung wird damit kürzer und die Dateneingabe erfordert weniger Zeit. Die Nutzenrechnung konzentriert sich auf Argumente, bei denen die Labeling GmbH sich nach eigenen Angaben vom Wettbewerb differenziert. Die neu strukturierten finanziellen Nutzenkategorien (Reduzierung der Ausfallkosten, Reduzierung der Verbrauchsmaterialkosten sowie produktbegleitende Dienstleistungen) rücken kundenrelevante Verkaufsargumente stärker in den Vordergrund. Die Quantifizierbarkeit der einzelnen Kosten- und Erlöstreiber der Nutzenkategorien beurteilte der Vertriebsdirektor folgendermaßen: *„Wir schaffen jetzt eine Basis, und wir hätten dann den Vorteil, dass man auf dieser Basis das Modell mit weiteren Erfahrungswerten, weil man sich damit immer mehr beschäftigt, peu à peu noch verfeinern und präzisieren kann"* (LabelVD). Die finanzielle Nutzenrechnung der Labeling GmbH baut auf einer allgemeinen Leistungsermittlung auf (vgl. Abbildung 5-11) und umfasst drei Registerblätter (vgl. Abbildung 5-12, Abbildung 5-13 und Abbildung 5-14) deren Integration finanziellen Kundennutzen berechnet.

Abbildung 5-11 zeigt das überarbeitete erste Registerblatt „Leistungsermittlung" und beschreibt mittels einer beispielhaften „Wortgleichung" die Kalkulation der Nettoleistung. Gegenüber dem Vormodell wird hier eine schnellere Ermittlung produktabhängiger Brutto- und Nettoleistungen als Kalkulationsgrundlage der finanziellen Nutzenkategorien ermöglicht. Feedback seitens des Vertriebsdirektors war: *„Die Rechnung von Brutto- auf Nettoleistung finde ich super. Sehr leicht verständlich und der Kunde wird das auch so in etwa bestätigen können"* (LabelVD).

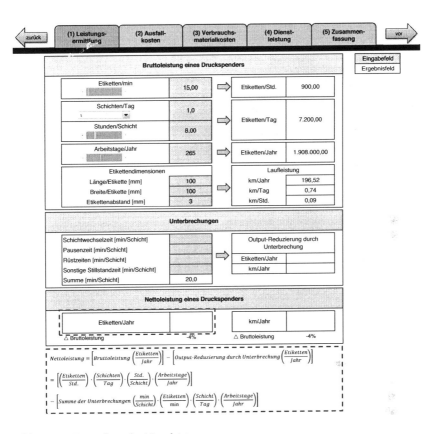

Abb. 5-11   Ermittlung der Nettoleistung

Im Vergleich zum Vormodell ist die Anzahl der Eingabefelder der Leistungsermittlung reduziert und am Ende des Registerblatts sind die wichtigsten Ergebnisse der Berechnung zusammengefasst. Die Ermittlung der Nettoleistung als Startpunkt der Nutzenrechnung zu setzen, ist nach Ansicht des Vertriebsdirektors zweckmäßig: *„Als Start haben wir eine Leistungsermittlung, um dem Kunden überhaupt mal greifbar zu machen, worum es geht. [...] Es ist egal, ob der Kunde komplett dreischichtig durchfährt oder Pausen macht. Das ist maschinenunabhängig und für die Nettoleistung egal"* (LabelVD).

Abbildung 5-12 zeigt das zweite Registerblatt „Ausfallkosten" der finalen finanziellen Nutzenrechnung. Hier wird auf der Grundlage der kalkulierten Nettoleistung (Etiketten/Jahr) ein finanzieller Kundennutzen infolge der Reduzierung von Ausfallkosten berechnet (vgl. beispielhafte „Wortgleichung" in Abbildung 5-12).

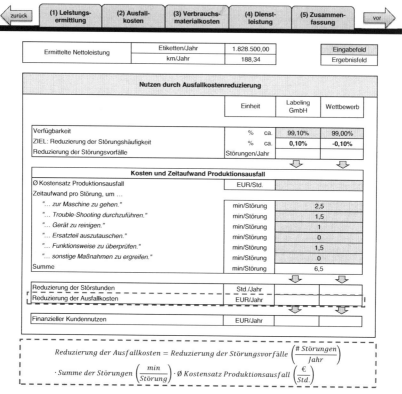

Abb. 5-12 Finanzieller Nutzen aus der Reduzierung von Ausfallkosten

Die Nutzenrechnung quantifiziert im zweiten Registerblatt die finanzielle Auswirkung einer nur 0,1-prozentigen Erhöhung der Verfügbarkeit der Systeme. Gegenüber dem Vormodell zeigt der finale Nutzenrechner eine verständlichere Berechnung des finanziellen Kundennutzens infolge der Ausfallkostenreduzierung: *„Eine Verfügbarkeit von 99,9 Prozent oder 98 Prozent, was bedeutet das eigentlich? Der Kunde fordert 98 Prozent, aber wir wollen ja noch besser sein. Und was dieses*

Bessersein bedeuten würde, ist ja 2 Prozent oder 0,01 Prozent von der Nettoleistung. Das bedeutet also so und so viele Störungen beim Kunden und erhöht seine Kosten in Abhängigkeit von den typischen Abläufen, die unseren Technikern immer Zeit und Geld kosten" (LabelVD).

Abbildung 5-13 zeigt das dritte Registerblatt „Verbrauchsmaterialkosten" der finalen finanziellen Nutzenrechnung. Die Berechnung der Verbrauchsmaterial-kostenreduzierung dokumentiert die Kosteneinsparungen, welche der Kunde mit dem Abschluss eines Rahmenvertrags erzielt (vgl. beispielhafte „Wortgleichung" in Abbildung 5-13).

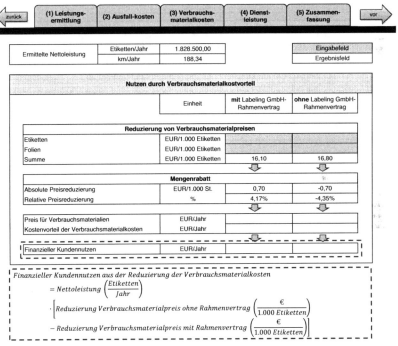

Abb. 5-13   Finanzieller Nutzen aus der Reduzierung von Verbrauchsmaterialkosten

Die schnell anpassbare Vergleichsrechnung (mit Rahmenvertrag vs. ohne Rahmenvertrag) kalkuliert absolute und relative Preisreduzierungen in Abhängigkeit vom abgeschlossenen Kooperationsvertrag. Dem Kunden wird sein finanzieller Nutzen auf der Grundlage der verfügbaren Nettoleistung sowie der unterschiedlichen Beschaffungspreise vorgerechnet.

Abbildung 5-14 zeigt das vierte Registerblatt „Dienstleistung" der finalen finanziellen Nutzenrechnung. Die Nutzenrechnung kalkuliert finanziellen Kundennutzen aus produktbegleitenden Dienstleistungen infolge der Reduzierung von Wartungs-, Ersatz-, Verschleißteile- und Einschaltungskosten (vgl. beispielhafte „Wortgleichung" zur Reduzierung der Einschaltungskosten infolge einer 24-Stunden-Hotline in Abbildung 5-14). Die angebotenen systemunabhängigen Dienstleistungen sollen demonstrieren, welchen finanziellen Nutzen der Kunde gewinnt, wenn er einen Dienstleistungsvertrag abschließt.

Im Vergleich zum Vormodell wurde die Kalkulation der Einschaltungskosten folgendermaßen vereinfacht: Die Anzahl der Eingabefelder wurde reduziert, die Rechnung konzentriert sich nun auf die wesentlichen Einflussgrößen und ist durch einen schlankeren Aufbau für den Kunden schneller nachzuvollziehen. Der Vertriebsdirektor fasste bezüglich der Dienstleistungen zusammen: *„Bei den Dienstleistungen kann ich dem Kunden so die Struktur darstellen und gleichzeitig direkt seine Ersparnis zeigen"* (LabelVD).

Das fünfte Registerblatt „Zusammenfassung" trägt vergleichbar mit dem Vormodell die quantifizierten Erlös- und Kostentreiber der verschiedenen Nutzenkategorien in einer Übersicht zusammen. Gegenüber dem Vormodell wurde die Zusammenfassung der Ergebnisse verbessert, sodass der finanzielle Kundennutzen der Labeling GmbH als Komplettanbieter dargestellt werden konnte. Die Zusammenfassung zeigt auf einen Blick, dass, auf der Grundlage der kundenrelevanten Output-Einheit (Etiketten/Jahr), die Labeling GmbH durch eine Erhöhung der Geräteverfügbarkeit die Ausfallkosten beim Kunden reduziert. Die Zusammenfassung dokumentiert zudem, inwiefern der Kunde aus einer Kooperation mit der Labeling GmbH einen finanziellen Nutzen erzielt. Finanzieller Kundennutzen entsteht aus Kostenvorteilen bei Verbrauchsmaterialien, Wartungsintervallen, Ersatz- und Verschleißteilen sowie Einschaltungen eines Technikers.

| zurück | (1) Leistungs-ermittlung | (2) Ausfall-kosten | (3) Verbrauchs-materialkosten | (4) Dienst-leistung | (5) Zusammen-fassung | vor |

Ermittelte Nettoleistung	Etiketten/Jahr	1.828.500,00		Eingabefeld
	km/Jahr	188,34		Ergebnisfeld

Nutzen durch Dienstleistung (Wartungsvertrag)

	Einheit	mit Labeling Dienst-leistungsvertrag	ohne Labeling Dienst-leistungsvertrag
Wartungsintervall	Wartung/km		
Wartungshäufigkeit	Wartung/Jahr		

(1) Reduzierung von Wartungskosten

Durchschnittlicher Wartungskostensatz	EUR/Wartung		
Anzahl verwendeter Systeme (hier: Druckspender)	Anzahl		
Wartungskosten	EUR/Jahr		
Preisnachlass pro Wartung	% ca.		0,00%
Kostenvorteil der Wartungskosten	EUR/Jahr		

(2) Reduzierung von Ersatz- und Verschleißteilekosten

Verschleißteilkosten: Thermoleiste...	EUR/Teil		
...Lebensdauer einer Thermoleiste	km/Teil		
...Anzahle auszutauschender Thermoleisten	Teil/Jahr		3,14
Preisnachlass Ersatz- und Verschleißteile	% ca.	10,00%	0,00%
Kostenvorteil der Verschleißteile	EUR/Jahr		

(3) Reduzierung der Einschaltkosten durch 24h-Hotline

Durchschnittliche zusätzliche Einschaltungen	Einschaltung/Jahr		
Kosten Techniker-Stunde	EUR/Std.		
Arbeitszeit	Std./Einschaltung		
Preisnachlass Techniker-Stunde	% ca.		0,00%
Anfahrtspauschale	EUR		130,00
Kosten Service-Techniker	EUR/Jahr		
Fehlerbehebungsrate durch Hotline	% ca.		0,00%
Einschaltungskosten	EUR/Jahr		
Kostenvorteil der 24h-Hotline	EUR/Jahr		

Finanzieller Kundennutzen	EUR/Jahr		

$$\text{Einschaltungskosten}\left(\tfrac{C}{Jahr}\right) = \text{Fehlerbehebungsrate Hotline}\,(\%) \cdot \frac{\text{Ø \# zusätzliche Einschaltungen}}{Jahr}$$

$$\cdot \left[\left(\frac{\text{Kosten Techniker } C}{Std.} \cdot \frac{\text{\# Std.}}{Einschaltung}\right) + \frac{\text{Anfahrtspauschale } C}{Einschaltung}\right]$$

Abb. 5-14 Finanzieller Nutzen aus produktbegleitenden Dienstleistungen

Insgesamt ist die finale Nutzenrechnung auf eine Interaktion mit dem Kunden ausgerichtet. Der Kunde kann aktiv integriert werden, indem Daten oder Erfahrungswerte des Kunden zur Parametrisierung der Nutzenrechnung gesammelt werden. Wichtig war es dem Vertriebsdirektor, dass parametrisierte Beispielrechnungen vorliegen, sodass beim Kunden gezielt nach Daten gefragt werden kann: *„Zu Beginn kann man mal von Annahmen ausgehen und die Werte dann nach*

und nach ganz unkompliziert aus Gesprächen mit Kunden anpassen" (LabelVD).
Unsere Idee war es, die Datenbasis im Kundenaustausch Schritt für Schritt aus
Kundensicht zu präzisieren und damit gleichzeitig Kundenakzeptanz gegenüber
der Rechnung zu schaffen.

5.2.3 Ergebnisse der Kooperation

Ziel der Fallstudie war, die Nutzenargumentation im Vertrieb der Labeling GmbH
mit einer finanziellen Nutzenrechnung zu professionalisieren. Mit der finanziellen
Nutzenrechnung entwickelten wir ein Modell, das eine rein qualitative und sys-
temspezifische Argumentation durch quantitative und systemgruppenspezifische
Argumente ersetzt sowie im nächsten Schritt die Übersetzung in finanzielle syste-
munabhängige Argumente schafft. Abbildung 5-15 zeigt die Entwicklungsstufen der
professionelleren Nutzenargumentation. Die Rückmeldung des Vertriebsdirektors
zur Ergebnisdokumentation war: *„Diese Kurve oder diese Darstellung von verschiedenen Argumenten finde ich an sich sehr interessant. Für mich sind das nämlich die
unterschiedlichen Kategorien des Verkaufens"* (LabelVD).

Abbildung 5-15 skizziert die Professionalisierung der Nutzenargumentation
beispielhaft am Nutzentreiber „Einschaltungskosten" in der Nutzenkategorie „produktbegleitende Dienstleistung". Anfangs wurde dessen Nutzen hauptsächlich durch
qualitative Argumente kommuniziert, wie „wir haben eine 24-Stunden-Hotline"
oder „bei uns werden Sie direkt mit einem festen Ansprechpartner verbunden".
Während der Strukturierung der Verkaufsargumentation fanden wir heraus, dass
mittels 24-Stunden-Hotline durchschnittlich 40 Prozent aller Probleme direkt
telefonisch gelöst werden. Wir ersetzten die qualitativen Nutzenargumente durch
quantitative Stärkenargumente. Während der Entwicklung der finalen finanziellen
Nutzenrechnung gelang es uns, die quantitativen Stärkenargumente in finanzielle
Vorteilsargumente zu übersetzen. Der finanzielle Kundennutzen einer 24-Stun-
den-Hotline beträgt durchschnittlich zum Beispiel 271,42 Euro pro Jahr.

Die Argumentation mittels finanzieller „Mini-Rechnungen" bewerteter Nutzentreiber gefiel dem Vertriebsdirektor. Sein positives Feedback war: *„Der Nutzenrechner hat dazu beigetragen, dass die Kennzeichnung und Etikettierung an
Bedeutung gewinnt. Besonders die Darstellung der Leistung auf das Jahr gerechnet
hat jedem deutlich gemacht, welche Wichtigkeit das System besitzt"* (LabelVD). Eine
Professionalisierung der Nutzenargumentation entnahm ich seiner abschließenden
Bemerkung: *„Was mir auch gut gefällt, ist, dass wir Kosten für einen Ausfall mal
übersichtlich und leicht verständlich greifbar machen. Das ist super. So können wir
argumentieren, was unsere Zielsetzung ist und wie der Kunde, wenn er mit uns*

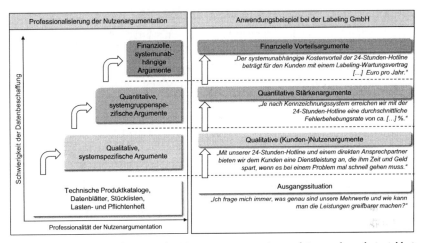

Abb. 5-15   Professionalisierung der Nutzenargumentation und Anwendungsbeispiel bei
der Labeling GmbH

zusammenarbeitet, dabei noch Geld sparen kann" (LabelVD). Der Vertriebsleiter
plant, die entwickelte Nutzenrechnung auf einer internen Vertriebstagung vorzustellen und deren Anwendbarkeit in der Praxis mit ausgewählten Außendienstmitarbeitern zu testen.

5.2.4   Beitrag der Fallstudie zu den Forschungszielen

In der Fallstudie „Labeling GmbH" hatte ich die Möglichkeit, meine Herangehens-
weise und Methodik zur Entwicklung finanzieller Nutzenrechnungen zu verfeinern.
Ich beobachtete, dass für eine Nutzenrechnung in der von Standardprozessen
dominierten Kennzeichnungsindustrie eine schnelle Verständlichkeit entschei-
dender ist als ein hoher Detaillierungsgrad der finanziellen „Mini-Rechnungen".
Der intensive Austausch mit dem Vertriebsleiter bezüglich des Konzepts, des
Vormodells und der finalen Nutzenrechnung ermöglichte es mir, eine finanzielle
Nutzenrechnung zu entwickeln, welche die Außendienstmitarbeiter in der Praxis
testen. In der Untersuchung gewann ich Erkenntnisse zum Konzept, zur Entwicklung und zu Implementierungsbedingungen finanzieller Nutzenrechnungen. Die
Beiträge der Fallstudie zu meinen Forschungsfragen sind nach Forschungszielen
zusammengefasst.

Beitrag zu Forschungsziel 1: „Nutzen verstehen"

Alle Beteiligten fanden den Konzeptvorschlag einer finanziellen Nutzenrechnung verständlich und betonten dessen praktische Relevanz für Vertrieb und Marketing. Die Interaktionspartner akzeptierten die Darstellung, finanziellen Nettonutzen für den Kunden aus der Subtraktion von finanziellen benefits und finanziellen sacrifices (vgl. Abbildung 4-3) zu konzipieren und hinterfragten diese nicht weiter. Mein Eindruck war, dass es für eine praktische Anwendung weniger bedeutend ist, wie finanzieller Kundennutzen konzipiert wird. Die Beteiligten diskutierten nicht, ob es zielführend ist, finanziellen Kundennutzen als Differenzgröße darzustellen. Hauptsächlich diskutierten sie, wie finanzielle benefits quantifiziert werden und ob es generell möglich ist, eine Nutzenrechnung zu entwickeln. Die Beteiligten ergänzten oder korrigierten die Idee einer Nutzenrechnung nicht mittels anderer Begriffe. Ich gewann den Eindruck, dass meine Forschungsfragen zur Definition und Konzeption des Kundennutzens umfassender mittels einer Literaturanalyse beleuchtet werden.

Beitrag zu Forschungsziel 2: „Nutzen berechnen"

Vor der gemeinsamen Fallstudie kam bei der Labeling GmbH kein finanzieller Nutzenrechner zum Einsatz. Dennoch hat der Vertriebsdirektor erste Erfahrungen mit der Entwicklung von Vergleichsrechnungen gesammelt. Er teilte mir mit: *„Wir hatten mal einen Kostenvergleichsrechner, aber da steigt jetzt keiner mehr durch. Selbst der ehemalige Vertriebsleiter, der den Rechner gebaut hat, muss sich immer wieder neu einarbeiten. Unser Tool hier ist praktikabel, und das ist wichtig, wenn ich es ausprobieren möchte"* (LabelVD). In der Kooperation mit der Labeling GmbH verbesserte ich meine Kenntnisse zur Struktur von Nutzenrechnungen. Bei der Bewertung finanzieller Nutzentreiber sowie der individuellen Anpassung der Nutzenrechnungen stellte das Expertenwissen des Vertriebsdirektors meine primäre Informationsquelle dar. Ich beobachtete im Gegensatz zur Situation bei der Prothesen GmbH, dass, je näher eine Nutzenargumentation an einem konkreten Produkt stattfindet, desto einfacher ist es, Nutzenargumente zu finden.

Die prozess- und automatisierungsgetriebene Industrie der Labeling GmbH ermöglichte es, die gefundenen Nutzenargumente mit Standardkennzahlen zu bewerten und in finanzielle Größen umzurechnen. Ich erfuhr, dass eine rein produktbezogene Nutzenargumentation für eine umfassende Anwendung bei der Labeling GmbH nicht zielführend ist. Eine Nutzenrechnung, die auf wenige Produkte zugeschnitten ist, ist mit wachsendem Kundenbedürfnis nach produktbegleitenden Dienstleistungen nicht vereinbar. Im Laufe der Fallstudie kam ich zu der Erkenntnis, dass eine Nutzenrechnung kundenrelevant ist, wenn sie produktspezifische Kennzahlen und allgemeine Vorteilsargumente verbindet. Bei der

Labeling GmbH umfasst die Nutzenargumentation eine Kalkulation der kundenrelevanten Output-Einheit (Anzahl der Etiketten pro Tag), um, darauf aufbauend, generische Dienstleistungsvorteile in leicht verständlichen „Mini-Rechnungen" finanziell zu bewerten.

Zentrale Herausforderung bei der Entwicklung finanzieller Nutzenrechnungen war die Datenermittlung und -beschaffung. Ich beobachtete, dass die Erfahrung, das Wissen und die Einschätzungen der Mitarbeiter aus verschiedensten Bereichen schnittstellenübergreifend gesammelt werden müssen. Der Vertriebsdirektor der Labeling GmbH ging bei der Parametrisierung der Nutzenrechnung gleichermaßen umfassend und pragmatisch vor: *„Ich spreche hier intern mit der Anwendungstechnik, dem Produktmanagement und dem Controlling. Da hole ich mir Input. Die Kollegen sind ja alle immer sehr kritisch, und so wird der Rechner immer realistischer"* (LabelVD).

Schwieriger war der Aspekt der Abgrenzung gegenüber einer Wettbewerbslösung. Da es problematisch ist, Kostendaten eines Wettbewerbers zu erhalten, wählten wir als Referenzlösung für die Nutzenrechnung unternehmensinterne Vergleichsprodukte und unternehmensexterne Industriestandards. Ist keine Datenbasis vorhanden, die eine selbstständige und von anderen Informationsquellen unabhängige Entwicklung einer Nutzenrechnung ermöglicht, sollte die Rechnung für den Austausch mit anderen Abteilungen oder Kunden optimiert sein, um schrittweise in der Interaktion Daten zu recherchieren. Eine zugängliche Nutzenrechnung erlaubt es, den Rechner mittels Kundeninteraktion zu parametrisieren und mit Daten aus der Kundenperspektive zu füllen.

Im Vergleich zur ersten Fallstudie mit der Prothesen GmbH war der Konflikt zwischen Detaillierungsgrad und Verständlichkeit beziehungsweise zwischen Umfang und Praktikabilität bei der Labeling GmbH wesentlich ausgeprägter. Es fand eine intensive kritische Auseinandersetzung mit Konzept, Vormodell und finaler Version der Nutzenrechnung statt. In mehreren Iterationen lernte ich, eine Nutzenrechnung

- schlanker aufzubauen,
- bezüglich der Kundenperspektive und -argumentation zu strukturieren,
- mit abschließenden Zusammenfassungen verständlicher zu gestalten,
- durch aufwendige und detailgetriebene Feinabstimmung zu präzisieren und
- von unnötigen Details (LabelVD: *„Eine grafische Darstellung ist Spielerei, das brauchen wir nicht"*) zu befreien.

Beitrag zu Forschungsziel 3: „Nutzenrechnungen umsetzen"

Während der Entwicklung der Nutzenrechnung zeigte sich, dass die Ermittlung und Aufbereitung von Daten eine entscheidende Implementierungshürde für die Umsetzung finanzieller Nutzenrechnungen darstellt. Es bedurfte einer abteilungsübergreifenden Recherche im Unternehmen, um eine breite Datenbasis zu erstellen. Wir befragten Experten aus den Bereichen Produktion, Logistik, Forschung, Entwicklung, Qualitätsmanagement, Controlling oder Kundenbetreuung. Neben der Informationsbeschaffung aus anderen Unternehmensbereichen gewann die Nutzenrechnung durch die aktive Beteiligung der Mitarbeiter abteilungsübergreifend an Akzeptanz. Die Struktur der Nutzenrechnung der Labeling GmbH zeigte mir, dass der Schwerpunkt auf einem anwendungsorientierten Aufbau anstatt auf absoluter Datengenauigkeit liegt. Der Nutzenrechner kann besser gemeinsam mit dem Kunden parametrisiert werden, wodurch die Implementierungshürde aufgrund einer mangelnden Datengrundlage herabgesetzt wird.

Aus der direkten Arbeit mit dem Vertriebsdirektor sammelte ich Erfahrungen, welche Faktoren die Implementierung finanzieller Nutzenrechnungen begünstigen. So förderte die anwendungsorientierte Herangehensweise des Vertriebsdirektors förderte die Implementierung des Nutzenrechners. Mein Interaktionspartner war während der gesamten Kooperation sehr proaktiv (LabelVD: *„Wir machen das, was erforderlich ist, damit Sie weiterkommen"*) und ergänzte meine Entwürfe teilweise um eigene Berechnungsvorschläge. Die langjährige Erfahrung des Vertriebsdirektors bezüglich Produkt, Unternehmen und Kunden war von großer Bedeutung bei der Parametrisierung des Nutzenrechners. Typische Fragestellungen, die ich mit dem Vertriebsdirektor immer wieder erörterte, waren:

- Wie umfangreich und umfassend darf der Nutzenrechner sein, damit er noch anwendbar ist?
- Welche Produkt- und Dienstleistungseigenschaften sind für meinen Kunden am relevantesten, und wer aus dem Unternehmen kann diesbezüglich mehr Daten und Information beschaffen?
- Wofür genau entwickle ich eine Nutzenrechnung? Für eine interne Anwendung im Produktmanagement und technischen Marketing oder für eine externe Anwendung im Außendienst und Kundenaustausch?

Aus der Interaktion mit meinem Ansprechpartner folgerte ich, dass die Nutzenrechnung bei der Labeling GmbH als vorausschauendes Kommunikationsinstrument eingesetzt werden soll. Der Kunde soll für die finanzielle Bedeutung störungsarmer Produkte sowie reibungsloser und betreuungsarmer Wartungen sensibilisiert werden: *„Der Kunde schätzt die vorausschauende Betrachtung über den Kauf hinaus."*

Es muss Vorsorge getroffen werden bezüglich der Wartung, Verbrauchsmittel und Ersatzteile, alles andere gefährdet den Arbeitsablauf" (LabelVD).

Neben konzeptionellen und methodischen Fähigkeiten der Vertriebsleitung bedurfte es persönlicher Überzeugungsarbeit, um die Skepsis der Geschäftsführung gegenüber einer Nutzenrechnung zu überwinden. Anfängliche Skepsis bezüglich der Machbarkeit einer Nutzenrechnung beobachtete ich bei der Diskussion der Beteiligten hinsichtlich Detaillierungsgrad oder Zielsetzung:

► *„Man kann ein Produkt in einem Projekt auch mit zu vielen Details totrechnen, wenn man dem Kunden zeigt, was er alles nicht weiß, um eine Entscheidung treffen zu können"* (LabelGF).

► *„Wir müssen es schaffen, beim Kunden im ersten Schritt Kostenbewusstsein zu erzeugen, bevor wir ihm einen Nutzen vorrechnen können"* (LabelPROKU).

Der Vertriebsdirektor versuchte, diese Skepsis zu überwinden, indem er die Bedeutung einer kundenrelevanten Nutzenargumentation gegenüber einer reinen Kostenargumentation betonte:

► *„Den Kunden kann man mit Phrasen nicht mehr überzeugen. Wenn man die Argumente aber mit konkreten und präzisen Beispielrechnungen belegen kann, ist es viel einfacher, den Kunden zu überzeugen"* (LabelVD).

► *„Im Vertrieb wird der Nutzen nicht immer kommuniziert, da wir ihn bisher nicht greifbar und vorrechenbar gemacht haben"* (LabelVD).

5.3 E-Technik GmbH

Die E-Technik GmbH ist im Bereich der Energieverteilungssysteme, Mittelspannungsanlagen, Industrieautomationsanwendungen, Gebäudeleittechnik sowie der optischen Kontrollsysteme und Prozessvisualisierungen tätig. Die Fallstudie „E-Technik GmbH" beschreibt die Entwicklung einer finanziellen Nutzenrechnung in einem Unternehmen, in dem technische Prozesskenntnisse der Projektplanung, -umsetzung und -betreuung für den Kunden entscheidend sind. Die Kooperation mit der E-Technik GmbH erstreckte sich über einen Zeitraum von fünf Monaten. Sie folgte auf die Fallstudie mit der Labeling GmbH und hat zeitliche sowie inhaltliche Schnittmengen mit dieser. In meiner dritten Forschungskooperation nutzte ich die ersten beiden Fallstudien als Referenz in anonymisierter Form. Ich baute auf den Erfahrungen mit der Labeling GmbH auf, da bei der E-Technik GmbH Kundennutzen ebenfalls primär aus Prozessabläufen und -optimierungen resultiert.

Abstimmung der Zielsetzung der Fallstudie

Zielsetzung der Fallstudie mit der E-Technik GmbH ist es, neue Wege zu finden, wie das hohe Preisniveau im Vergleich zum Wettbewerb gegenüber dem Kunden (direkter Ansprechpartner) und dem Entscheider (indirekter Ansprechpartner) besser zu begründen ist. Der Geschäftsführer hatte anfangs eine ganz allgemeine Erwartungshaltung: *„Jede Argumentation beim Kunden hilft, und wir sind immer offen, neue Ansätze auszuprobieren"* (E-TechGF1). Der Vertriebsleiter betonte darüber hinaus, dass auf Kundenseite der technische Projektleiter (direkter Interaktionspartner der E-Technik GmbH) vom Nutzen der E-Technik GmbH überzeugt ist, dieser aber nicht die finale Entscheidungskompetenz und Budgethoheit inne hat: *„Die Auftragsvergabe ist einfach durch das Top-Management entschieden worden, ohne dass jemand an das gedacht hat, was alles schiefgehen kann und was das dann kostet"* (E-TechVP).

Bereits während der Abstimmung der Zielsetzung vermutete ich, dass die Entwicklung einer finanziellen Nutzenrechnung bei der E-Technik GmbH eine besondere Herausforderung darstellen würde. Grund dafür ist, dass das technische Know-how des Unternehmens viel stärker im Vordergrund der Kundenbetrachtung steht als harte und messbare Produktvorteile: *„Wir verkaufen unser Know-how und unseren Service und nicht ein Standardprodukt"* (E-TechGF1). Für mich war dieser Fokus auf „Kundennutzen aus Service" gut geeignet, um meine Herangehensweise zu vertiefen, wie eine prozessgetriebene finanzielle Nutzenrechnung zu entwickeln ist. Vertriebsleiter und Geschäftsführer betonten, dass zunehmender Preisdruck, wachsende Gleichgültigkeit des Kunden gegenüber technischen Produkteigenschaften sowie die Schwierigkeit für Vertriebsmitarbeiter, in der Neukundenakquise Entscheidungsträger und nicht „nur" den Einkäufer zu überzeugen, eine Professionalisierung der Nutzenargumentation erfordern:

▶ *„Der Einkäufer sagt immer, die Technik interessiert ihn nicht. Auch wenn wir ihm erklären, wo und wie wir besser sind, sagt er immer, dass alle technischen Voraussetzungen in der Ausschreibung geregelt sind und am Ende nur der Preis entscheidet. Hier suchen wir immer nach neuen Ideen, wie wir darauf reagieren können"* (E-TechGF2).

▶ *„Unser Problem ist, dass unser Produkt keiner sieht und das Produkt allein niemanden interessiert. Deshalb macht sich auch keiner über den Zusatznutzen und die Konsequenzen Gedanken. Alles, was zählt, ist der Preis"* (E-TechVP).

▶ *„Die Verhandlungen sind immer dieselben, auch wenn man den Kunden lange*
versorgt und gebunden hat. Wir hatten da mal einen Fall, da sind wir mehrmals
nachts rausgefahren und haben die Prozesse in Gang gebracht. Bei der nächsten
Angebotsverhandlung hat der Kunde trotzdem gesagt, das hätten andere ja auch
gemacht. Da hätte ich ihm gerne mal eine Zahl vorgelegt, was unser Betreuungs-
nutzen für den Kunden in diesem Fall in Euro wert war" (E-TechVP).

Besonderheiten der Fallstudie und Abgrenzung gegenüber den anderen Fallstudien

Über die Dauer der fünfmonatigen Fallstudie lernte ich, dass die E-Technik GmbH
die gesamte Bandbreite der Wertschöpfung abdeckt: von kundenunterstützender
Projektplanung und -vorbereitung über eigene Fertigung an einem zentralen Standort ausschließlich mit Fachpersonal bis zu umfassenden Dienstleistungsangeboten
des After-Sales-Bereichs. Die Besonderheit der Fallstudie mit der E-Technik GmbH
liegt darin, dass die Kunden nicht allein mit technischen Stärkenargumenten des
Produkts zu überzeugen sind, da diese das reine Produkt nicht als Differenzierungsfaktor wahrnehmen. Im Vergleich zur Prothesen GmbH, wo Kunden und
Patienten die Produktqualität direkt spüren und deren Vorteil selbst wahrnehmen,
verbindet der Kunde bei der E-Technik GmbH einen prozessbedingten Nutzen nicht
direkt mit dem angebotenen Produkt. Der Vertriebsleiter fasste die Besonderheit
der Fallstudie zusammen: *„Der Kunde weiß einfach nicht, wie viel besser unsere*
Qualität ist. Wenn er eine Energieverteilungsanlage sieht, sieht er immer nur, dass
zum Beispiel überall das Licht brennt und alle Sicherungen funktionieren. Alles
andere interessiert ihn nicht und das liefern andere Unternehmen auf den ersten
Blick auch" (E-TechVP).

Die größte inhaltliche Schnittmenge haben die Fallstudien „E-Technik GmbH"
und „Labeling GmbH". In beiden Unternehmen spielt der Prozess- und Betreu-
ungsnutzen eine dominante Rolle. Während die finanzielle Nutzenrechnung bei
der Labeling GmbH noch auf spezifische technische Produktparameter aufbaut,
ist bei der E-Technik GmbH die Produktkonfiguration für die Berechnung des
finanziellen Kundennutzens nicht entscheidend. Für die Entwicklung der finanziellen Nutzenrechnung der E-Technik GmbH erweiterte ich meine konzeptionellen
Ansätze aus der Fallstudie mit der Labeling GmbH und untersuchte Gemeinsamkeiten und Unterschiede.

In einem Punkt grenzt sich die Fallstudie mit der E-Technik GmbH von allen
anderen Fallstudien ab: Bereits während der Abstimmung des Konzepts der Nutzenrechnung gelang es dem Vertriebsleiter und mir, einen Kunden in die Entwicklung des Nutzenrechners einzubinden. Die frühe Interaktion mit einem Kunden
ermöglichte es, eine aus Kundenperspektive relevante finanzielle Nutzenrechnung

zu entwickeln. Der Kunde nahm an unseren Workshops teil und diskutierte den Entwurf der Nutzenrechnung. Der Wissensaustausch mit diesem Kunden sowie dessen Feedback und Zahleninput schufen eine realistische Grundlage der finanziellen Nutzenrechnung.

5.3.1 Vorstellung der E-Technik GmbH

Geschäftstätigkeit und Produktportfolio

Die E-Technik GmbH wurde im Jahre 1979 gegründet. Ihre Geschäftstätigkeit umfasst Planung, Projektierung, Realisierung und Inbetriebnahme von Automatisierungssystemen sowie Steuer- und Regelanlagen. Die E-Technik GmbH ist kompetenter und langjähriger Ansprechpartner bei elektrotechnischen Aufgabenstellungen jeglicher Art. Das Produktportfolio der E-Technik GmbH umfasst neben dem klassischen Schaltanlagenbau die Entwicklung von Komplettlösungen der Gebäudeautomatisierung. Im hausinternen Schaltanlagenbau fertigt die E-Technik GmbH ausschließlich mit Fachpersonal alle Steuerungs- und Verteilungsanlagen in Eigenregie. Die Kernkompetenzen der E-Technik GmbH liegen in Industrieautomationsanlagen, Energieverteilungssystemen sowie optischen Kontrollsystemen inklusive kompletter Prozessvisualisierung. Darüber hinaus fertigt die E-Technik GmbH auf Anfrage einzelne Schaltschränke und Energieverteilungen nach Kundenvorgabe.

Neben der Produktions- und Produktkompetenz ergänzt ein umfangreiches Dienstleistungsangebot, wie Analyse, herstellerneutrale Kundenberatung, Design, kundenspezifisches Engineering, Installation, Inbetriebnahme, Wartung sowie Instandhaltung, das Produktportfolio. Ingenieure und Softwareentwickler planen für den Kunden Systemintegration und programmieren Leitsysteme, Datenbanken und Steuerungsprogramme aus einer Hand. Mit ihrem Produkt- und Dienstleistungsangebot erwirtschaftete die E-Technik GmbH 2008 und 2009 einen Umsatz von rund 16 Millionen Euro, der in den Jahren 2010 und 2011 auf rund 18 Millionen Euro gestiegen ist. Die Mitarbeiterzahlen stiegen von 81 im Jahre 2009 auf rund 110 Mitarbeiter im Jahre 2012.

Vertriebs- und Kundenstruktur

Die Vertriebsmannschaft im Innen- und Außendienst besteht aus vier Mitarbeitern und einem Vertriebsleiter. Dieser trägt für weitere zehn Mitarbeiter aus dem Bereich der Niederspannungstechnik die Verantwortung. Die Mitarbeiter greifen auf eine Fahrzeugflotte von fünfzehn Pkws zur technischen Kundenbetreuung zurück. Abbildung 5-16 veranschaulicht Organisation und Funktionsbereiche der E-Technik GmbH in einem Organigramm.

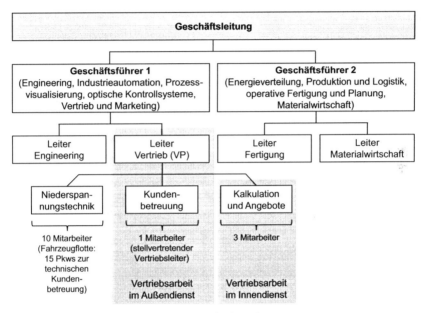

Abb. 5-16 Vertriebsorganisation der E-Technik GmbH

Der Vertriebsleiter der E-Technik GmbH untersteht in seiner Funktion als Vice President (VP) der Geschäftsleitung der E-Technik GmbH und berichtet direkt an denjenigen der beiden Geschäftsführer, der den Geschäftsbereich „Vertrieb und Marketing" verantwortet. Im Außendienst arbeitet der Vertriebsleiter mit seinem stellvertretenden Vertriebsleiter zusammen. Typische Aufgaben des Vertriebs umfassen Kundenbesuche sowie Neukundenakquise. Der Vertriebsleiter sammelt Kundenfeedback, überzeugt sich von der Qualität der erbrachten Leistung, versucht Folgeprojekte und Aufträge zu generieren sowie neue Produkt- und Dienstleistungslösungen zu verkaufen. Darüber hinaus ist es Aufgabe der Vertriebsleitung im Außendienst, nach neuen Anwendungsfeldern zu suchen sowie in unterschiedlichsten Industriezweigen Neukunden zu akquirieren. Im Innendienst hat der Vertriebsleiter Führungsaufgaben wie die Steuerung der Vertriebsmannschaft bezüglich von Quartalszielen.

In der Neukundenakquise agiert die E-Technik GmbH sehr systematisch, da mittels Neukunden ein Großteil des jährlichen Umsatzes erwirtschaftet wird. Die Neukundenakquise beginnt mit einer Zielkundenliste. Potenzielle Kunden sind alle technischen und produzierenden Unternehmen in einem Umkreis von 150 Kilometern mit mehr als 50 Mitarbeitern. Ein Faktor für den Unternehmenserfolg der E-Technik GmbH ist, dass das Produkt- und Dienstleistungsangebot ein breites potenzielles Anwendungsfeld schafft und (Ziel-)Kunden nicht nur in spezialisierten Industriezweigen gefunden werden. Mittels recherchierter Adressen kontaktiert der Vertriebsleiter potenzielle Neukunden der Zielkundenliste.

Im Innendienst trägt der Vertriebsleiter für drei Mitarbeiter Verantwortung. Typische Aufgaben der Innendienstmitarbeiter umfassen die Bearbeitung von Kundenanfragen, die Kalkulation von Angeboten, die Dokumentation von Kundeninteraktionen sowie die Abstimmung mit zentralen Diensten wie Sekretariat, Finanzen, Personal und IT-Abteilung. Der Innendienst ist darüber hinaus für die Angebotsnachbearbeitung zuständig. Bei jedem Angebot ist nachzuhalten, wer den Auftrag erhalten hat und was die Gründe für eine mögliche Entscheidung gegen die E-Technik GmbH waren. Der Vertriebsleiter berichtete mir, dass die E-Technik GmbH hier sehr gründlich agiert, mit dem Ziel, die Ressourcen der Mitarbeiter effizient einzusetzen. Die Ursachen jedes abgelehnten Angebots werden analysiert, da, je nach Kundenanforderungen, Innendienstmitarbeiter bis zu drei Arbeitstage benötigen, um ein Angebot zu schreiben und dadurch ihre wertvollen Ressourcen gebunden sind. Die E-Technik GmbH dokumentiert, wie oft und warum eine Kundenanfrage zu einer Auftragsbestätigung führt, damit bei der Neukundenakquise und Kundenbindung erfolgreicher argumentiert werden kann.

Eine Besonderheit in der Vertriebsorganisation der E-Technik GmbH ist, dass der Vertriebsleiter neben der zu führenden Vertriebsmannschaft zusätzlich für zehn Mitarbeiter aus dem Bereich der Niederspannungstechnik verantwortlich ist. Der Vertriebsleiter hat demnach Vertriebs- und Produktverantwortung inne. Die Kundenbetreuung erfolgt durch Ingenieure und Techniker. Mit einem Team aus Vertriebs- und Technikmitarbeitern organisiert der Vertriebsleiter alleinverantwortlich die vorwiegend technikorientierte Prozessunterstützung des Kunden. Aufgrund dieser Organisation ist zu vermuten, dass technische Kundenbetreuung und fachmännische Prozessunterstützung zentrale Größen für finanziellen Kundennutzen darstellen.

Die Kundenstruktur der E-Technik GmbH ist heterogen. Die Kunden haben gemein, dass sie technische Produktionsprozesse automatisieren und mittels Energiemanagementsystemen Gebäudekomplexe organisieren. Die E-Technik GmbH unterstützt ihre Kunden bei komplexen Problemen wie Anlagenproduktivität in der Getränke-Industrie, Effizienzsteigerung von Fertigungsverfahren in der Automobil- und Zulieferindustrie oder agiert als Innovator in der Automation des Maschinenbaus. Weitere Kunden der E-Technik GmbH stammen zum Beispiel aus der Nahrungs- und Genussmittel-, Schadstoff- und Umwelt-, Chemie- und Pharma-, Metall- und Baustoff-, Farb- und Lack- sowie Verpackungsindustrie. Insgesamt hat die E-Technik GmbH eine dynamische Kundenstruktur, sodass nur wenige Bestandskunden existieren.

Der Vertriebsleiter berichtete mir, dass die E-Technik GmbH circa 80 Prozent des Jahresumsatzes mit jährlich wechselnden Kunden aus verschiedensten Branchen erwirtschaftet. Zum Kundenstamm zählen Kleinkunden mit 20.000 bis 30.000 Euro Umsatz sowie Großkunden mit einstelligen Millionenumsätzen. Die E-Technik GmbH differenziert nicht nach Umsatzstärke in ABC-Kunden, sondern strukturiert ihre Kunden nach Projektkomplexität und Anforderung des Kundenauftrags. Das Unternehmen erhält täglich circa 10 Kundenanfragen. Fünf Vertriebsmitarbeiter bearbeiten im Durchschnitt rund 70 Angebotsanfragen pro Woche. Insgesamt hat die E-Technik GmbH in ihrer mehr als dreißigjährigen Firmengeschichte weit mehr als 200 aktive Kunden diverser Industriezweige in mehreren Tausend Projekten erfolgreich betreut.

5.3.2 Vorgehen und Beobachtungen während der Entwicklung einer finanziellen Nutzenrechnung

5.3.2.1 Wissensstand vor der Kooperation und Überblick über den Projektablauf

Ausgangslage vor der Kontaktaufnahme

Die E-Technik GmbH war mir im Vorfeld der Fallstudie nicht bekannt. Imponiert hat mir, dass die E-Technik GmbH den gesamten Wertschöpfungs- und Kundenbetreuungsprozess von einem Standort und aus einer Hand koordiniert. Mir war nicht bewusst, wie umfangreich das Produkt- und Dienstleistungsangebot mit Analyse- und Planungsunterstützung beim Kunden über Konstruktion und Fertigung bis hin zur Inbetriebnahme, Qualitätskontrolle, Wartung sowie weiterer After-Sales-Services (z. B. Ersatzteilelogistik) ist.

Kontaktaufnahme

Der erste Kontaktpunkt mit der E-Technik GmbH war identisch mit dem der Labeling GmbH: ein Pricing-Seminar, dass der Erstbetreuer der vorliegenden Arbeit im Rahmen einer IHK-Initiative zur Förderung des Austausches von Wissenschaft und Praxis leitete. Der Geschäftsführer der E-Technik GmbH bekundete Interesse an meinem Dissertationsprojekt. Im Anschluss an das persönliche Kennenlernen vereinbarten wir einen Telefontermin, in welchem die Kooperationsmöglichkeiten ausgelotet werden sollten. Die Relevanz meines Themas und das Interesse des Geschäftsführers zeigten sich an folgenden Aussagen:

▶ *„Der Kunde sagt immer, die Produkte sind gleich und nur der Preis zählt. Was alles dahinter steht, das interessiert ihn nicht, sollten wir aber mal dokumentieren"* (E-TechGF1).

▶ *„Vom Prinzip her ist es klar, dass der Kunde für eine billige Lösung Rückstellungen bilden muss. Es ist nur die Frage, wie wir ihn davon überzeugen können"* (E-TechGF1).

Interessant war, dass der Geschäftsführer bereits während der ersten Kontaktaufnahme mit der Problemanalyse begann. Er beschrieb die veränderte Interaktion mit dem Kunden wie folgt: *„Früher hatten wir beim Kunden Ansprechpartner, die unsere Technik verstanden haben und die wir mit unserer Qualität und unserem Wissen überzeugen konnten. Seitdem dieser Ansatz von Lopez gang und gäbe ist, sitzen keine Fachleute mehr im Einkauf, und Argumente, wie: ‚Hast du hieran oder daran gedacht?' interessieren den Kunden nicht mehr"* (E-TechGF1).

Zu Beginn der Kontaktaufnahme war ich eher skeptisch, ob eine Fallstudie mit der E-Technik GmbH zielführend wäre. Ich hatte den Eindruck, dass eine finanzielle Nutzenrechnung bei der E-Technik GmbH fast vollständig entkoppelt von Argumenten technischer Produktüberlegenheit zu entwickeln wäre. Der Geschäftsführer äußerte:

▶ *„Die Schwierigkeit liegt vor allem darin, für Low-Tech-Produkte Wege zu finden, den Preis zu verteidigen oder durchzusetzen. Hier sind die Produkte immer vergleichbarer, und der Kunde guckt nur noch auf den Preis"* (E-TechGF1).

▶ *„Wir können keine Lebenszykluskosten vorhersagen, um die höhere Qualität unserer Produkte vielleicht auf dieser Basis zu berechnen"* (E-TechGF1).

Interessant war, dass der Geschäftsführer sofort begann, Möglichkeiten einer finanziellen Nutzenrechnung bei der E-Technik GmbH zu beschreiben: *„Ein Ansatzpunkt, den wir hätten, könnte sein, dass wir dem Kunden bewusst machen sollten, welche Kosten er einkalkulieren muss, wenn er woanders einkauft"* (E-TechGF1). Insgesamt gewann ich nach dem ersten Austausch mit der E-Technik GmbH den Eindruck, dass eine Fallstudie vor dem Hintergrund der bisherigen Beobachtungen bei der Prothesen GmbH sowie der Labeling GmbH eine sinnvolle Ergänzung bei der Untersuchung zur Entwicklung prozessgetriebener Nutzenrechnungen ist.

Interaktions- und Ansprechpartner

Bei einem ersten Workshop im Unternehmen waren meine Interaktionspartner die beiden Geschäftsführer sowie der Vertriebsleiter der E-Technik GmbH. Ich stellte mein Dissertationsprojekt sowie Konzept und Idee einer finanziellen Nutzenrechnung vor. Wir stimmten die Zielsetzung ab und legten den Vertriebsleiter als meinen direkten Ansprechpartner und Projektverantwortlichen fest. Die beiden Geschäftsführer der E-Technik GmbH unterstützten die Kooperation und halfen als Experten mit ihrem Fachwissen, ihren Detailkenntnissen und Einschätzungen bei Unternehmens- und Kundenfakten, waren aber nicht operativ an der Entwicklung der Nutzenrechnung beteiligt. Neben dem Expertenwissen des Vertriebsleiters erwies sich insbesondere der Wissensaustausch mit einem Kunden der E-Technik GmbH für die Entwicklung der finanziellen Nutzenrechnung als sehr hilfreich. In gemeinsamen Workshops und Telefonaten haben wir mittels der Kundeninformationen einen typischen Prozessablauf analysiert, kundenrelevante Nutzentreiber identifiziert sowie quantitative und finanzielle Einschätzungen zusammengetragen.

Überblick über den Projektablauf

Im Anschluss an die ersten Kontakte mit dem Geschäftsführer der E-Technik GmbH diskutierten die Beteiligten in einem Workshop Relevanz und Zielsetzung einer finanziellen Nutzenrechnung. Danach vereinbarte ich mit meinem direkten Interaktionspartner (Vertriebsleiter) ein Expertengespräch, bei dem wir mit der Aufnahme der Ist-Situation inhaltlich in die Fallstudie starten wollten. Tabelle 5-3 fasst den Projektverlauf zusammen.

Tabelle 5-3 zeigt, dass der zeitliche Schwerpunkt der Forschungskooperation auf der Entwicklung der Nutzenrechnung mit Kundeninteraktion (E-TechKundePL) sowie der finalen Abstimmung und Anpassung des Nutzenrechners lag. Bei der Idee und Relevanz einer Nutzenrechnung waren sich die Beteiligten der E-Technik GmbH schnell einig.

Tab. 5-3   Überblick über den Projektablauf bei der E-Technik GmbH

Datum	Dauer (Std.)	Teilnehmer	Kontakt-punkt	Inhaltlicher Schwerpunkt
03.05.2012	0,5	E-TechGF1	Telefon	• Auslotung einer möglichen Zusammenarbeit • Relevanz des Projekts
Sept. 2012 bis Okt. 2012	1,0	E-TechGF2, E-TechVP	E-Mail	• Koordination eines ersten Treffens im Unternehmen: Zielsetzung, Ansprechpartner, zeitlicher Rahmen • Vorbereitender Wissensaustausch über Produkt und Industriezweig der E-Technik GmbH
16.10.2012	2,5	E-TechGF1, E-TechGF2, E-TechVP	Termin im Unternehmen	• Kooperationsstart: Projektstruktur, Konzept und Idee einer Nutzenrechnung vorstellen • Gegenseitige Erwartungen abstimmen • Diskussion möglicher Ansatzpunkte • Nächste Schritte: Erstellung eines Konzepts
12.11.2012	2,0	E-TechVP	Termin im Unternehmen	• Abstimmung des entwickelten Konzepts der Nutzenrechnung • Diskussion der vorgeschlagenen Beispielrechnungen • Verkaufsargumente identifizieren, sammeln und strukturieren
19.11.2012	4,0	E-TechVP, E-TechKundePL	Termin im Unternehmen	• Strukturierung und Aufbau des Nutzenrechners in Anlehnung an einen typischen Projektablauf • Kundenfeedback einholen, warum ein „Billiganbieter" langfristig kostenintensiver ist • Nutzenrechnung über Dokumentation der voraussichtlichen finanziellen Einbußen und Mehrkosten infolge der Projektvergabe an einen „Billiganbieter"
Nov. 2012 bis Feb. 2013	5,0	E-TechVP	Telefon, E-Mail	• Finale Abstimmung und Anpassung des Nutzenrechners • Feinjustierung des Nutzenrechners • Spezifischer Daten- und Fakteninput
18.02.2013	2,0	E-TechGF1, E-TechVP	Termin im Unternehmen	• Abschlusspräsentation • Erklärung und Einführung in die Funktion des Nutzenrechners • Feedback zum entwickelten Nutzenrechner
20.06.2013	1,0	E-TechVP	Termin im Unternehmen	• Diskussion der Vertriebs- und Kundenstruktur
Summe	18,0			

5.3.2.2 Angestrebte Projektergebnisse, Konzept einer Nutzenrechnung und Aufnahme der Ist-Situation

Angestrebte Projektergebnisse

Die vorgeschlagene Projektstruktur (vgl. Abbildung 4-2) ist bei den Beteiligten schnell auf Akzeptanz gestoßen. Dabei diente die Struktur eher als Diskussionsgrundlage, auf welcher die spezifische Unternehmenssituation der E-Technik GmbH analysiert wurde. Die Geschäftsführer und der Vertriebsleiter sammelten Ideen, wie eine finanzielle Nutzenrechnung bei der E-Technik GmbH entwickelt werden könnte:

▶ *„Bei Industriekunden ist es einfacher als bei Energiekunden unseren Mehrwert zu verkaufen. Anlagen zur Industrieautomation werden beim Kunden im Prozess eingesetzt, das heißt, sie müssen fehlerfrei funktionieren. Wenn wir hier belegen können, dass Billigprodukte zum Beispiel x Prozent mehr Ausfallzeit haben als wir, dann hört der Kunde auf einmal zu"* (E-TechVP).

▶ *„Eventuell kann man über den Energieverbrauch argumentieren und ihm [dem Kunden] vorrechnen, wie viel er [der Kunde] durch den Einsatz unserer Maschinen über den Lebenszyklus einspart"* (E-TechGF2).

Konzept und Idee einer Nutzenrechnung

Die Idee einer Nutzenrechnung (vgl. Abbildung 4-3) diskutierten die Beteiligten kontrovers. Anfangs waren einer der Geschäftsführer sowie der Vertriebsleiter skeptisch eingestellt:

▶ *„Das Problem ist ja auch noch, selbst wenn man den Einkauf mit so einer Rechnung überzeugt, geht der zum Top-Management, und das sagt dann: ‚Die technischen Anforderungen hat das Engineering fest definiert. Wieso bietest du mir hier eine teurere Anlage an? Für mich zählt nur der Gewinn, also in erster Linie der Anschaffungspreis‘„* (E-TechGF2).

▶ *„Der Kunde ist nicht bereit, andere Dinge zu akzeptieren. Ein individuelles Angebot hat gegen eine Ausschreibung keine Chance"* (E-TechVP).

Im Gegensatz zu diesen skeptischen Stimmen betrachtete der zweite Geschäftsführer das Konzept einer Nutzenrechnung optimistischer. Er verglich dieses mit einem Autokauf und verknüpfte die Konzeption einer Nutzenrechnung mit der unternehmensspezifischen Situation der E-Technik GmbH: *„Ein gutes Beispiel ist der Autokauf. Vergleicht man zum Beispiel Smart mit Bentley, hat man einen sehr großen Preisunterschied. Hier könnte dann vom Prinzip her Ihre Rechnung einsetzen, das heißt, wie bewertet der Kunde zum Beispiel den Fahrkomfort und die Zusatzausstattung eines Smart. Ist ein Aufpreis für höheren Fahrkomfort und weitere Extras gerechtfertigt? So ist das bei unseren Anlagen auch. Wir bieten so viel mehr Qualität und Service, dass die Kunden einen klaren Mehrwert haben. Aber am Ende kommt dann immer wieder das Preisargument"* (E-TechGF1).

Am Ende der Diskussion schien mir, dass alle Beteiligten ein identisches Verständnis einer finanziellen Nutzenrechnung hatten. Ungeklärt war zu diesem Zeitpunkt noch,

• was kundenrelevante Nutzenargumente sind,
• wie Daten zur Parametrisierung der Rechnung ermittelt werden,
• wie Kunden davon überzeugt werden, dass das Produkt- und Dienstleistungsangebot der E-Technik GmbH im Wettbewerbsvergleich überlegen ist und
• wie mit einem Nutzenrechner relevante Entscheidungsträger erreicht werden.

Der Geschäftsführer übertrug die konzeptionelle Idee einer Nutzenrechnung auf die Situation der E-Technik GmbH, indem er die Nutzenargumentation mittels konkreter Beispiele quantifizierte: *„Wir haben jetzt zurzeit ein Projekt, bei dem es um die Automation einer Produktionslinie für Waschmaschinen geht. Der Kunde fordert hier eine Verfügbarkeit der Anlage von 95,5 Prozent, das heißt,* *unsere Leistung ist ganz konkret messbar. Wir könnten uns am Ende der Linie hinstellen und mit den hergestellten Waschmaschinen pro Schicht ausrechnen, ob wir die 95,5 Prozent erfüllen. Bei solchen Anfragen fallen dann viele andere Anbieter raus, weil sie eine derart hohe Verfügbarkeit nicht garantieren können"* (E-TechGF1).

Aufnahme der Ist-Situation

Während der Aufnahme der Ist-Situation beobachtete ich, dass der Vertriebsleiter die Nutzenargumentation ausschließlich auf die Professionalität der Kundenbetreuung und weniger auf technische Produktvorteile stützte: *„Wir verkaufen kein Produkt, sondern eine Lebensversicherung. Kunden, die uns kennen, schätzen unsere Qualität, Liefertreue und Funktionsfähigkeit"* (E-TechVP). Zu Beginn der Aufnahme der Ist-Situation dominierte die Analyse, was die Kundenvorteile der E-Technik GmbH sind und wie diese mittels finanzieller Nutzenargumente verkauft werden. Mein Interaktionspartner teilte meine Einschätzung: *„Es ist schwierig, dem Kunden unser Prozessverständnis durch unsere qualifizierten Ingenieure und Erfahrungswerte in Zahlen vorzurechnen. Hier habe ich auch keine konkreten Daten"* (E-TechVP). Die anfängliche Nutzenargumentation des Vertriebsleiters begann allgemein. Aktuelle Vorteilsargumente waren beispielsweise:

- ▶ *„Der Kunde wartet immer viel zu lange, bis er einen Auftrag vergibt. Viele Anbieter haben dann nicht mehr die Flexibilität, reagieren zu können, und können den Auftrag in der kurzen Zeit nicht mehr ohne Verspätungen bearbeiten. Wir können aber durch flexible Arbeitszeiten und unser selbständiges Fachpersonal viele Aufträge noch bearbeiten"* (E-TechVP).
- ▶ *„Unser Merkmal ist, dass, wenn es mal Probleme geben sollte, wir sofort da sind und das Problem ohne großen Zeitverlust oder Aufwand für den Kunden lösen"* (E-TechVP).
- ▶ *„Ein anderes Merkmal ist, dass wir mit unseren Produkten und Prozessen immer auf dem neuesten Stand der Technik sind. Und wir sind nach DIN ISO zertifiziert, was auch nicht alle unsere Wettbewerber sind"* (E-TechVP).

Ich diskutierte mit dem Vertriebsleiter, wie diese eher allgemeinen Vorteilsargumente in finanzielle Nutzenargumente umgerechnet werden könnten. Der Vertriebsleiter erkannte, dass das aktuelle Argumentationsgerüst nicht überzeugt und Differenzierungsmerkmale der E-Technik GmbH nicht ausreichend betont werden. Er nannte zwei Gründe, warum professionellere Argumentationsansätze notwendig sind:

1. Zunehmender Wettbewerbs- und Preisdruck, oder nach Ansicht des Vertriebsleiters: *„Früher waren auch nicht so viele Wettbewerber da, und man musste nicht
   so viel um Preise kämpfen"* (E-TechVP).
2. Steigende Anforderungen der Kunden, oder nach der Ansicht der Vertriebsleiters:
   *„Wenn ich den Kunden nur sage, dass wir gut ausgebildete Facharbeiter haben
   und seit über 30 Jahren Know-how aufgebaut haben, dann interessiert ihn das
   heute nicht mehr"* (E-TechVP).

Mögliche Ansatzpunkte einer finanziellen Nutzenrechnung sowie erste Einschätzungen, wie das Leistungsangebot der E-Technik GmbH mit einer Wettbewerbslösung
verglichen wird, beschrieb der Vertriebsleiter:

▶ *„In Anwendungen für die Industrie ist vor allem der Produktionsausfall relevant"*
  (E-TechVP).
▶ *„Helfen würde, wenn wir die Kosten wüssten, die dem Kunden entstehen, wenn er
  sich für einen anderen Anbieter entscheidet. Dann könnten wir so argumentieren,
  dass wir am Anfang zwar teurer sind, [der Kunde] aber am Ende weniger Arbeit
  und Zeitaufwand hat, weil unsere Produkte besser sind"* (E-TechVP).

Im Laufe der Aufnahme der Ist-Situation fanden wir spezifischere Vorteilsargumente. Der Vertriebsleiter präzisierte seine Nutzenargumentation, indem er aus
seiner langjährigen Erfahrung quantitative Beispiele gab, mit welchen Variablen
eine Nutzenrechnung entwickelt werden kann:

▶ *„In Anlagen für die Industrie könnten wir gut über die Ausfall- oder Stillstand-
  kosten argumentieren. Stellen Sie sich zum Beispiel mal vor, bei einem unserer
  Kunden, einem großen Dosenhersteller, steht die Produktion nur eine Stunde still,
  und der produziert normalerweise 15 Millionen Dosen am Tag, dann können die
  Kosten schnell in die Millionenhöhe gehen"* (E-TechVP).
▶ *„Das Problem ist, dass der Einkäufer die Konsequenzen nicht sieht und nicht spürt.
  Wenn er bei einem Konkurrenten eine Anlage kauft, die [...] Euro billiger ist als
  unsere, dann sieht der Einkäufer aber nicht, was sein Sachbearbeiter bei Problemen
  für einen zusätzlichen Koordinationsaufwand hat oder wie viel Zeitstunden und
  Kosten dadurch in seiner Produktion anfallen. Das müssten wir eigentlich mit
  unseren Erfahrungswerten mal auflisten"* (E-TechVP).

Abbildung 5-17 stellt die Ausgangssituation sowie mögliche Ansatzpunkte einer
Nutzenrechnung bei der E-Technik GmbH dar. Zur Ermittlung der Ansatzpunkte

werden die Geschäftsfelder und Zielgruppen sowie der Leistungsumfang der E-Technik GmbH zusammengefasst.

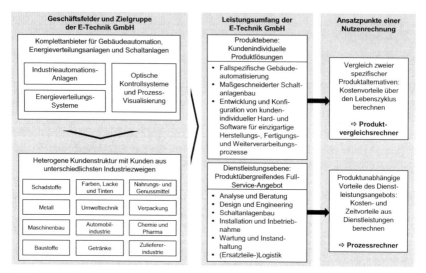

Abb. 5-17   Ausgangssituation und Ansatzpunkte einer finanziellen Nutzenrechnung bei der E-Technik GmbH

Abbildung 5-17 zeigt, dass der Leistungsumfang der E-Technik GmbH kundenindividuelle Produktlösungen (Produktebene) sowie ein produktübergreifendes Full-Service-Angebot (Dienstleistungsebene) entlang der gesamten Wertschöpfungskette enthält. Kundenindividuelle Produktlösungen umfassen zum Beispiel fallspezifische Gebäudeautomatisierungen, maßgeschneiderte Schaltanlagen oder Entwicklungen und Konfigurationen kundenindividueller Soft- und Hardware. Das produktübergreifende Full-Service-Angebot der E-Technik GmbH begleitet den Kunden von der Analyse und Beratung vor dem Kauf über Design, Engineering, Schaltanlagenbau, Installation und Inbetriebnahme bis zur Wartung, Instandhaltung und Ersatzteilelogistik. Aus diesem zweigeteilten Leistungsumfang identifizierten wir in der Analyse der Ist-Situation zwei Ansatzpunkte einer finanziellen Nutzenrechnung:

1. Auf der Produktebene enthält eine Nutzenrechnung einen Vergleich zweier spezifischer Produktalternativen. Mittels der Kalkulation von Kostenvorteilen entlang des Lebenszyklus werden finanzielle Nutzenargumente quantifiziert. Die finanzielle Nutzenrechnung entspricht hier einem Produktvergleichsrechner.

2. Auf der Dienstleistungsebene enthält eine Nutzenrechnung die Dokumentation produktübergreifender Dienstleistungsvorteile. Mittels einer Kalkulation von Kosten und Zeitersparnissen sowie Erlössteigerungspotenzialen entlang der gesamten Wertschöpfungskette werden finanzielle Nutzenargumente quantifiziert. Die finanzielle Nutzenrechnung entspricht hier einem Prozessrechner.

Bei der Analyse der Ausgangssituation hatte ich den Eindruck, dass eine Nutzenrechnung bei der E-Technik GmbH auf der Produktebene weniger zielführend und erfolgsversprechend ist. Der Vertriebsleiter bestärkte diesen Eindruck: *„Ich glaube, gerade bei einfacheren Produkten, wo der Kunde keine individuellen Lösungen sucht, wird es sehr schwer, Nutzen-Kosten-Analysen zu rechnen. Wenn unsere Wettbewerber zum Beispiel aus dem Osten einen Stundensatz von [...] bis [...] Euro pro Stunde haben und wir hier unseren Facharbeitern [...] bis [...] Euro pro Stunde zahlen, dann ist der Preisunterschied so groß, dass Einkäufer bei möglichen Produktunterschieden gar nicht mehr zuhören"* (E-TechVP).

Der Vertriebsleiter und ich entschieden uns deshalb, den Schwerpunkt der Nutzenrechnung nicht auf produktionstechnische Vorteile zu legen. Die finanzielle Nutzenrechnung sollte eher die Vorteile der produktbegleitenden Dienstleistungen berechnen. Eine prozessorientierte Nutzenrechnung wird produktübergreifend eingesetzt, dokumentiert das Prozess-Know-how, mit dem die E-Technik GmbH sich gegenüber ihren Wettbewerbern differenziert, und findet bei den Kunden mehr Gehör als eine reine Produktvergleichsrechnung. Der Vertriebsleiter fasste die Ausgangssituation sowie den Fokus auf den Dienstleistungsnutzen folgendermaßen zusammen: *„Einer unserer größten Vorteile ist, dass wir mit unserer flexiblen Projektteam-Struktur, unserem umfassenden Serviceprogramm und ausreichenden Kapazitäten in unserer Fertigung dem Kunden viel Zeit und Aufwand ersparen können. Wir sind nicht so [...] unflexibel wie unsere größten Wettbewerber. [...] es [gibt] einen zentralen Ansprechpartner, und der kümmert sich sofort. Wir sind aber auch nicht so klein, dass wir [...] als Fünfmannbetrieb überfordert sind, wenn der Kunde ein kurzfristiges Problem hat"* (E-TechVP).

5.3.2.3 Entwicklung einer finanziellen Nutzenrechnung
Konzept einer finanziellen Nutzenrechnung
In Kenntnis der Ist-Situation entwarf ich ein Konzept einer finanziellen Nutzenrechnung. Dieses diente der Abstimmung des Vormodells. Die Analyse der Ist-Situation warf folgende Leitfrage für die Gestaltung des Nutzenrechnungskonzepts bei der E-Technik GmbH auf: Wie ist dem Kunden auf verständliche Weise zu dokumentieren, dass er in der Zusammenarbeit mit der E-Technik GmbH langfristig Kosten einspart und/oder seinen Erlös steigert? Um diese Leitfrage zu beantworten, sollte

das Nutzenrechnungskonzept die Rolle der E-Technik GmbH als ganzheitlichen Integrator von Schalt- und Gebäudeautomatisierungsanlagen herausstellen, der eine Systembeschaffung ohne Interaktions-, Kontroll- oder Koordinationsaufwand ermöglicht und Schnittstellenprobleme des Kunden minimiert. Kerngedanke des Konzepts war es, die E-Technik GmbH als kundenspezifischen „Solution-Partner" zu positionieren, der seinen Kunden mit produktübergreifenden Dienstleistungen entlang der gesamten Wertschöpfungskette einen quantifizierbaren Euro-Mehrwert bietet.

Abbildung 5-18 zeigt das Konzept und den Entwicklungsansatz der finanziellen Nutzenrechnung bei der E-Technik GmbH. Mittels des Konzepts habe ich versucht, die Zielvorstellung des Vertriebsleiters sowie potenzielle Adressaten einer Nutzenrechnung anzusprechen. Einschätzungen des Vertriebsleiters waren zum Beispiel:

▶ *„Wir müssten dem Kunden vorrechnen, was er mit uns an Prozesskosten einspart, wenn er mit uns und nicht mit einem anderen zusammenarbeitet"* (E-TechVP).

▶ *„Kunden, die uns kennen und unsere [...] Betreuung schätzen, werden den Preis nicht unbedingt als Totschlagargument bringen. Aber neuen Kunden müssen wir schnell erklären können, warum wir im Prozess Zeit und Geld sparen können"* (E-TechVP).

Im oberen Teil schlägt Abbildung 5-18 eine Gliederung in vier zentrale „Nutzenkategorien des Leistungsangebots" der E-Technik GmbH vor: (1) Produktionsflexibilität der E-Technik GmbH, (2) Stabilisierung der Produktion des Kunden durch E-Technik GmbH, (3) Prozessunterstützung der E-Technik GmbH, (4) technologisches Know-how der E-Technik GmbH. Zu den Nutzenkategorien sammelten wir in den Workshops unterschiedliche „Kundennutzenargumente". Das Konzept zeigt, dass für jedes Kundennutzenargument eine Modellrechnung formuliert wird, sodass aus der Summe der separaten Modellrechnungen ein quantitativer Kundenvorteil (z. B. höhere Zeitersparnis, geringere Ausfallkosten, weniger Administrationsaufwand, Möglichkeit der Output-Steigerung) berechnet wird. Die vier einzelnen quantitativen Kundenvorteile werden finanziell bewertet und zu einem gesamten finanziellen Kundennutzen infolge einer Kooperation mit der E-Technik GmbH zusammengefasst.

Im unteren Teil veranschaulicht Abbildung 5-18 die finanzielle Nutzenrechnung am Beispiel der dritten Nutzenkategorie (Prozessunterstützung der E-Technik GmbH). In den Workshops identifizierten wir hierzu Wettbewerbsvorteile wie „ganzheitliches Projektmanagement", „umfassende Prozessanalyse und Kundenintegration in der Funktionsdefinition" oder „hohe Prozessqualität durch Hard- und Softwarekonfiguration aus einer Hand". Die Übersetzung der Vorteile in qualitative Nutzenargumente aus Kundenperspektive erfolgte zum Beispiel folgendermaßen: *„Durch unser Know-how und Dienstleistungsangebot haben unsere Kunden einen*

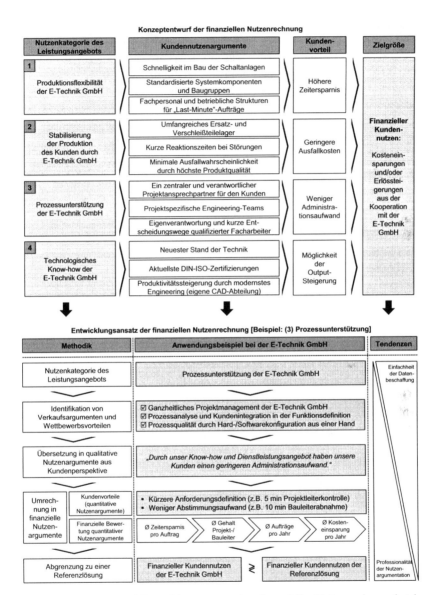

Abb. 5-18 Konzept und Entwicklungsansatz einer finanziellen Nutzenrechnung bei der E-Technik GmbH

geringeren Administrationsaufwand" (E-TechVP). Die qualitativen Nutzenargumente werden in Kundenvorteile (quantitative Nutzenargumente) übersetzt, beispielsweise fünf Minuten Zeitersparnis des Projektleiters in der Anforderungsdefinition oder zehn Minuten Zeitersparnis des Bauleiters in der Abstimmungsphase. Die Quantifizierung der Nutzenargumente ermöglicht die finanzielle Bewertung der Nutzenargumente mittels Parametern wie durchschnittliches Gehalt eines Projekt-/Bauleiters oder durchschnittliche Anzahl der Aufträge pro Jahr.

Die Zusammenfassung aller quantifizierten und finanziell bewerteten Wettbewerbsvorteile generiert eine ganzheitliche finanzielle Nutzenrechnung bei der E-Technik GmbH. Der Vertriebsleiter befürwortete den Konzeptvorschlag: *„Ich brauche Argumente, am besten an einem Fallbeispiel, bei dem wir es durchgerechnet haben und das ungefähr auf den Kunden zutrifft. Wenn wir dann ein leicht verständliches Rechenmodell haben, dann habe ich mal neue und gute Argumente, um dem Kunden zu sagen, er sollte die anderen Angebote nochmal überdenken"* (E-TechVP). Vor dem Hintergrund der Entwicklung eines Vormodells fasste der Vertriebsleiter seine Erwartungshaltung für die nächsten Schritte zusammen: *„Mit einer Beispielrechnung könnte ich dem Kunden zeigen, dass wir eine ähnliche Situation mal gerechnet haben. Wenn der Kunde das möchte, könnte ich die Rechnung dann auf ihn anpassen, und er würde mal sehen, was die (E-Technik GmbH) alles bietet"* (E-TechVP).

Entwicklung eines Vormodells einer finanziellen Nutzenrechnung

Die Herausforderung, ein Vormodell einer finanziellen Nutzenrechnung zu entwickeln, war bei der E-Technik GmbH größer als bei den anderen Forschungskooperationen. Dem Vertriebsleiter fehlten Daten, welche die Wettbewerbsvorteile der vier Nutzenkategorien beziffern konnten. Für eine erste Parametrisierung konnten wir keine Erfahrungswerte, Industriestandards oder Intervalle finden. Die Schwierigkeit, eine geeignete Datengrundlage bei der E-Technik GmbH zu ermitteln, beobachtete ich zum Beispiel an folgenden Einschätzungen des Vertriebsleiters:

▶ *„Das Problem ist, dass der Kunde mir ja nie seine Einsparungen oder Kostendaten sagen wird"* (E-TechVP).

▶ *„Wir können auch nicht auf Service-Daten zurückgreifen, da wir kein separates Service-Team haben, sondern unsere technischen Sachbearbeiter bei Bedarf direkt beim Kunden Probleme lösen"* (E-TechVP).

▶ *„Bei uns zählen auch mündliche Absprachen, um mal ein Beispiel für die unkomplizierte Zusammenarbeit mit unseren Kunden zu geben. Das macht es hier auch nicht einfacher, Daten zu finden"* (E-TechVP).

Gemeinsam überlegten wir, wie wir Daten ermitteln könnten, welche das Konzept in ein Vormodell einer finanziellen Nutzenrechnung überführen halfen. Wir waren uns einig, dass wir eine Datenbasis benötigen, welche der Kunde akzeptiert und deren Werte er als realistisch betrachtet. Uns kam die Idee, bereits zu diesem Zeitpunkt die Interaktion mit einem Kunden zu suchen. Die Einschätzungen eines Kunden würden uns helfen, nicht nur das Nutzenrechnungskonzept der Kundenvorstellung anzupassen, sondern Parameter für die Entwicklung der finanziellen Nutzenrechnung zu sammeln. Der Vertriebsleiter regte an, einen Kunden-Workshop durchzuführen:

▶ *„Wir versuchen mal, Feedback von einem Kunden zu bekommen, wo der Einkauf unser Angebot nur wegen des hohen Preises abgelehnt hat und alle dreißig Geräte des Wettbewerbers defekt waren. Jetzt muss er alles wieder zurückschicken und hat sehr viel Ärger und Aufwand. Das kostet alles viel Geld"* (E-TechVP).

▶ *„Wir können in einem Gespräch mit einem unserer Kunden Argumente und Daten sammeln, warum wir einen Auftrag, obwohl wir teurer sind, trotzdem bekommen sollten"* (E-TechVP).

Das Kundenfeedback führte dazu, dass das Nutzenrechnungskonzept grundlegend überarbeitet wurde. Nach Einschätzung des Kunden sollte eine finanzielle Nutzenrechnung ausschließlich den Nutzen entlang eines typischen gemeinsamen Projektablaufs berechnen. Hier bietet die E-Technik GmbH ihren Kunden mittels Know-how und Expertise im Projektmanagement sowie einer Prozessunterstützung einen messbaren Kundennutzen. In der Überarbeitung des Konzepts mit dem Kunden näherten wir uns der finalen Version der finanziellen Nutzenrechnung.

Entwicklung der finalen finanziellen Nutzenrechnung

In einem Workshop mit Vertriebsleiter und Projektleiter des Kunden der E-Technik GmbH stellte ich das Konzept der Nutzenrechnung vor und erläuterte die Zielsetzung der Fallstudie mit der E-Technik GmbH. Der Vertriebsleiter ergänzte seine Zielvorstellung, indem er dem Kunden mitteilte: *„Es würde schon viel helfen, wenn wir dem Einkäufer mal bewusst machen, dass seine eigenen Leute in der Projektarbeit teilweise doppelt so viel Arbeit haben und die Kapazitäten der Sachbearbeiter verbraucht werden, weil das Produkt einfach nur auf der Basis des Preises beurteilt wird"* (E-TechVP).

Der Kunde interessierte sich direkt für das erarbeitete Konzept der Nutzenrechnung, diskutierte dieses aber kritisch: *„Bevor wir über eine Nutzen-Kosten-Analyse sprechen, habe ich schon eine Idee zu Ihrem Konzept. Die Vertragstreue [der E-Technik GmbH] ist sehr entscheidend. Im Auftrag [der E-Technik GmbH] ist immer alles drin,* *die Dokumente sind korrekt und vollständig und ich muss nicht jede Kleinigkeit prüfen oder nachbessern"* (E-TechKundePL). Auf meine Nachfrage, wie das abstrakte Nutzenargument „Vertragstreue" für eine Umrechnung in eine finanzielle Nutzenrechnung genauer zu spezifizieren sei, erklärte mir der Kunde: *„Der Vorteil für mich als Kunde ist, dass das Angebot juristisch geprüft ist und gemäß dem Verhandlungsprotokoll erstellt wird. Hier ist [die E-Technik GmbH] viel besser als die meisten anderen Anbieter. Das Angebot ist circa 20-30 Seiten dick und enthält alle Querverweise, DIN-Normen, Stücklisten, Anforderungsprofile und so weiter. Das heißt, ich muss das nicht immer alles im Detail checken. [Die E-Technik GmbH] liefert hier schon ein fertiges Paket, mit dem es losgehen kann. Insgesamt spart mir das Zeit und Geld in der Arbeitsvorbereitung und schafft mir Freiraum, direkt die Projektdurchführung zu planen. Als finanziellen Gegenwert könnte man mit Arbeitszeit und Arbeitskosten rechnen"* (E-TechKundePL).

Obwohl der Kunde bereits konkret diskutierte, wie eine finanzielle Nutzenrechnung parametrisiert wird, war er anfangs dennoch skeptisch, wie die Nutzenrechnung umgesetzt wird: *„Eine solche Kosten-Nutzen-Vergleichsrechnung geht eigentlich nur, wenn man zwei fast identische Projekte festhält. Man müsste mal über ein Projekt von drei bis vier Millionen Euro von vorne bis hinten mitlaufen und alle nicht geplanten Zusatzkosten dokumentieren. Das Problem ist nur, dass alle Projekte unterschiedlich sind und man dann keine Vergleichbarkeit hat. Ich weiß nicht, ob man da eine Vergleichsrechnung bauen kann"* (E-TechKundePL).

Im Verlauf der Diskussionen erkannte ich, dass mein ursprüngliches Nutzenrechnungskonzept für eine Anwendung mit Kundeninteraktion zu umfangreich war. Der Kunde betonte, dass insbesondere das Prozesswissen sowie die Prozessunterstützung der E-Technik GmbH den Ausschlag für eine Kooperation E-Technik GmbH gegenüber den Wettbewerbern geben. Die Dienstleistungsexpertise der E-Technik GmbH kann dabei finanziell bewertet werden. Einschätzungen des Vertriebsleiters und des Kunden, die mich dazu bewegten, das finanzielle Nutzenrechnungsmodell bei der E-Technik GmbH als „Prozessrechner" zu gestalten, waren zum Beispiel:

▶ *„Für mich als Kunde sind die Dienstleistungen, die hier angeboten werden, entscheidend, weil sie einfach viel besser sind als bei anderen. [Die E-Technik GmbH] bereitet sogar Leistungspläne auf, sodass wir die Aufträge direkt umsetzen können. Andere Anbieter bringen hier eher eine Leistung, die man in Schulnoten mit drei bis fünf bewerten würde. Also hier sparen wir mit [der E-Technik GmbH] Zeit und Geld"* (E-TechKundePL).

▶ „*Ein schlechter Partner oder Zulieferer kann das ganze Projekt zum Kippen bringen, wenn die Baustelle zu lange stillsteht. Die zuverlässige Betreuung durch einen starken Partner ist das Entscheidende*" (E-TechKundePL).

▶ „*Prozessunterstützung ist ein ganz wichtiger Punkt. Wir haben einen großen Kunden, mit dem wir mehrere Millionen Euro Umsatz machen. Wenn da die Prozesse nicht reibungslos laufen, dann bekommen wir solche Aufträge in der Zukunft nicht mehr*" (E-TechVP).

▶ „*Die Dienstleistungen sind hier am besten, und das ist wichtiger als eine Übererfüllung der sowieso schon hohen Materialstandards*" (E-TechKundePL).

Vertriebs- und Projektleiter waren der Meinung, dass der finanzielle Nutzen der E-Technik GmbH entlang eines typischen Projektablaufs kalkuliert werden sollte. Entsprechend wurde das ursprüngliche Konzept der Nutzenrechnung angepasst, sodass die Nutzenrechnung den finanziellen Kundennutzen infolge überlegener Dienstleistungen in einem Projektablauf quantifiziert. Finanzieller Kundennutzen im Projektablauf entsteht in drei Phasen: bei der Projektvorbereitung, der Projektumsetzung und der Projektnachbereitung.

Abbildung 5-19 zeigt, wie Unterschiede bezüglich eines anfallenden Mehraufwands der E-Technik GmbH und eines Wettbewerbers in der Phase der Projektvorbereitung finanziell bewertet wurden. Hier ist die E-Technik GmbH ihren Wettbewerbern in der Angebotserstellung und Werksmontageplanung überlegen. Ein finanzieller Kundenvorteil kann aus dem Vergleich der unterschiedlichen Mehrkosten berechnet werden (vgl. beispielhafte „Wortgleichung" zur Kalkulation der Mehrkosten in der Werksmontageplanung).

Abb. 5-19   Projektvorbereitung

Folgende Kundeneinschätzung verdeutlicht zum Beispiel, wie finanzieller Nutzen in der Phase der Projektvorbereitung berechnet wird: „*Schon bei der Werksmontage-*

planung haben andere Anbieter einen enormen Mehraufwand, der Kosten verursacht. Normalerweise koordinieren immer zwei Leute ein Projekt. Der Bauleiter auf der Baustelle und ich als Projektleiter von außen. Durch die schlechten Leistungspläne musste ich als Mehraufwand Pläne sichten, kommentieren, verbessern, an die Fachplaner durchstellen, mich mit meinem Bauleiter abstimmen und am Ende immer die Genehmigung des Fachplaners einholen. In Summe habe ich dafür bestimmt zehn Stunden gebraucht" (E-TechKundePL).

Abbildung 5-20 zeigt, wie Unterschiede bezüglich eines anfallenden Mehraufwands der E-Technik GmbH und eines Wettbewerbers in der Phase der Projektumsetzung finanziell bewertet wurden. Hier ist die E-Technik GmbH ihren Wettbewerbern in der Qualitätsüberprüfung sowie Installation und Inbetriebnahme der Anlagen überlegen. Der finanzielle Kundenvorteil wird aus dem Vergleich der unterschiedlichen Mehrkosten berechnet (vgl. beispielhafte „Wortgleichung" zur Kalkulation der Mehrkosten von Stillstandzeiten infolge von Produktmängeln).

Phase 2: Projektumsetzung						Vergleich
Kundennutzentreiber der E-Technik GmbH	Kundenargumente	Beispiel für Mehraufwand	Finanzielle Bewertung des Mehraufwands			Finanzieller Kundenvor-/ nachteil
			Einheit	E-Technik GmbH	Wettbewerb	
Qualitätsprüfung der gefertigten Anlagen	Produktqualität überprüfen		PL	Std	0.00	2.00	
	"Strom- und Aufbaupläne fehlen"	PL: Mängelbericht verfassen BL: Mangel aufnehmen und dokumentieren	BL	Std	0.00	6.00	
	"Fehlerhafte Anschlüsse"		Mehrkosten	EUR/Projekt		
Installation und Inbetriebnahme der Anlagen	Produktmängel beheben		PL	Std	0.00	4.00	
	"Je an Tag für die Anreise, Bearbeitung und Abreise"	PL: Neuinstallation administrieren BL: Neuinstallation kontrollieren	BL	Std	0.00	6.00	
	"Jeder Tag Stillstand kostet Zeit und Geld"		Mehrkosten	EUR/Projekt		
	Stillstandzeiten durch Produktmängel		Stillstandhäufigkeit	%/Projekt	5.00%	20.00%	
	"Wenn ein Projekt stillsteht hat man Mannstundentage"	Zusatzkosten durch höhere Mannkostentage	Stillstandzeit	Ø # Baustellentage	1.00	10.00	
	"Wie oft ein Projekt Schritt stockt, kann der PL abschätzen"		Mehrkosten	EUR/Projekt		
	Ineffizienzen durch Produktmängel		%-Ineffizienz in MKt pro Bauabschnitt	2.00%	10.00%	
	"Ausfall bedeutet auch Kosten für Ineffizienzen, wenn zwischen Projektschritten gesprungen werden muss"	Zusatzkosten durch Ineffizienzen	Ø Anzahl an Tage pro Bauabschnitt	10.00	10.00	
			Mehrkosten	EUR/Projekt		

$$\text{Mehrkosten Stillstandzeiten durch Produktmängel} \left(\frac{€}{Projekt}\right)$$

$$= \text{Stillstandhäufigkeit} \left(\frac{\%}{Projekt}\right) \cdot \text{Ø Stillstandzeit} \,(\# \,Baustellentage) \cdot \text{Mannkosten} \left(\frac{€}{Manntag}\right) \cdot \text{Baustellenbelegung} \left(\frac{Mann}{Baustelle}\right)$$

Abb. 5-20 Projektumsetzung

Folgende Kundeneinschätzung verdeutlicht zum Beispiel, wie finanzieller Nutzen in der Phase der Projektumsetzung berechnet wird: *„Wenn so eine ganze Anlage fehlerhaft ist, dann passiert das schnell, dass wir vier bis sechs Wochen in Verzug kommen. Ein Projekt rechnen wir mit durchschnittlich zehn Leuten auf der Baustelle. Pro Mann kann man von [...] Euro am Tag ausgehen, das heißt, jeder Tag, an dem nichts passiert, kostet locker mal [...] Euro"* (E-TechKundePL).

Abbildung 5-21 zeigt, wie Unterschiede bezüglich eines anfallenden Mehraufwands infolge einer Kooperation mit der E-Technik GmbH beziehungsweise mit einem Wettbewerber in der Phase der Projektnachbereitung finanziell bewertet wurden. Hier ist die E-Technik GmbH ihren Wettbewerbern in der Wartung und

Instandhaltung der Anlagen sowie in der administrativen Projektabwicklung überlegen. Ein finanzieller Kundenvorteil kann aus dem Vergleich möglicher Zusatzkosten berechnet werden (vgl. beispielhafte „Wortgleichung" zur Kalkulation der möglichen Zusatzkosten infolge einer Vertragsstrafe).

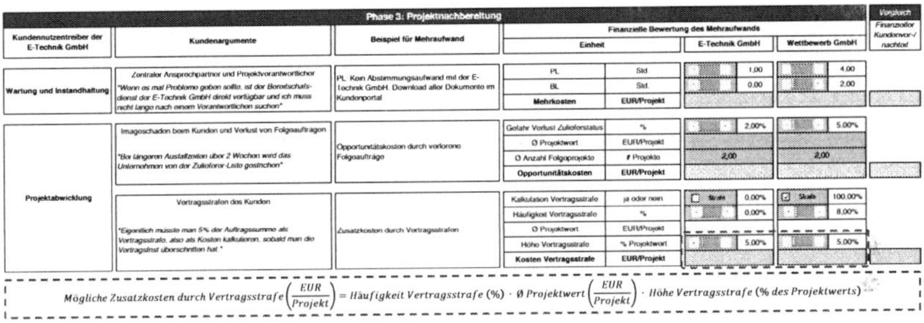

Abb. 5-21 Projektnachbereitung

Folgende Kundeneinschätzung verdeutlicht zum Beispiel, wie finanzieller Nutzen in der Phase der Projektnachbereitung berechnet wird: *„Die ganzen Kosten durch zusätzliche Probleme sind aber Kleinigkeiten, wenn wir große Projekte haben und es zu einer Vertragsstrafe kommt. Maximal fünf Prozent der Auftragssumme sind als Strafe zu zahlen, wenn man nicht fristgerecht fertig wird. Wie oft so was vorkommt und wie hoch die Strafe ist, können wir ja bei unserer Abrechnungsabteilung erfragen"* (E-TechKundePL).

Insgesamt quantifizierten Vertriebs- und Kundenprojektleiter den potenziellen finanziellen Mehraufwand, welcher dem Kunden in der Zusammenarbeit mit einem qualitativ schlechteren Anbieter als der E-Technik GmbH entstehen würde. Mittels branchentypischer Parameter, wie Verrechnungssätze für Verzugszeiten, Mannkostentage oder in Rechnung gestellter Stundenlöhne, wurden qualitative Nutzenargumente in finanzielle Nutzenargumente umgerechnet. Der Kunde der E-Technik GmbH hielt dieses Vorgehen für zweckmäßig: *„Ineffizienzen kann man nur am erhöhten Aufwand der Löhne kalkulieren. Da gibt es dann saubere und umfangreiche Dokumentationen der Arbeitsschritte und Lohnstunden, mit denen am Ende eine Effizienzberechnung gemacht wird"* (E-TechKundePL). Weitere Einschätzungen, die bei der Parametrisierung der finanziellen Nutzenrechnung unterstützten, waren zum Beispiel:

► *„Intern schreiben wir unsere Stunden in den Projektdokumenten auf. Wir rechnen mit einem internen Verrechnungssatz von [...] Euro pro Stunde für einen Projektleiter"* (E-TechKundePL).

► *„Natürlich muss auch der Bauleiter die Leistungspläne sichten, den Kabelanschluss prüfen und als Erstes die Machbarkeit checken. [...] Einen Bauleiter rechnen wir intern mit [...] Euro die Stunde"* (E-TechKundePL).

► *„Als die Ware geliefert wurde, hatten wir in diesem extremen Fall viele Mängel. Das heißt, der Bauleiter muss Fotos machen, die Mängel dokumentieren und dann alles mit mir abstimmen und so weiter. Ich muss dann einen umfassenden Mängelbericht schreiben, die Fotos aufbereiten, ein Protokoll an den Anbieter schicken und mich um die Mängel kümmern. Dafür braucht der Bauleiter bestimmt 5 bis 6 Stunden von seiner Arbeitszeit und ich auch noch mal 2 Extrastunden"* (E-TechKundePL).

► *„Bei der Inbetriebnahme kontrolliert der Bauleiter, ob die Verdrahtung ok ist, alle Protokolle da sind und so weiter. Und das natürlich für circa 30 bis 40 Verteilungen. Wenn es hier Probleme gibt, dann gibt es schnell 3 bis 4 Wochen Zeitverzug"* (E-TechKundePL).

► *„Das Schlimme sind ja nicht nur die Kosten, sondern die Zeit. Das ist alles Zeit, die für andere Projekte verloren geht. Das ist ein Faktor, den wir auch mit einrechnen sollten. Ich schätze, dass so circa 10 bis 15 Prozent der Auftragssumme als zusätzliche Kosten anfallen, wenn nicht alles reibungslos läuft"* (E-TechKundePL).

► *„Ein weiterer Aspekt in der Phase der Inbetriebnahme sind die Ineffizienzen. Das heißt, so ein Projekt folgt ja normalerweise einem Plan von sagen wir mal A bis F. Wenn man Schritt A nicht beenden kann, fangen die Leute bei B an und springen zu C und so weiter. Später müssen sie aber wieder zu A zurück, dort ausbessern und können dann auch erst die Schritte B und C fertigstellen. Dieses Hin- und Herspringen ist verlorene effektive Arbeitszeit und kostet uns Geld. Erfahrungsgemäß haben wir 10 bis 30 Prozent Ineffizienzen pro Teilbereich, also pro Bauabschnitt A bis F"* (E-TechKundePL).

Am Ende wurden die separaten Rechnungen der drei Projektphasen zu einer einheitlichen finanziellen Nutzenrechnung integriert. Mittels des Feedback von Vertriebsleiter und Kunde rechneten wir Kundennutzenargumente in finanziellen Vorteilsargumente um, zum Beispiel Vertragstreue, Qualität der Projektdokumentation, Stillstandzeiten infolge von Produktmängeln, Ineffizienzen im Projektablauf oder nachgelagerte Vertragsstrafen. Vertriebsleiter und Kunde der E-Technik GmbH waren sich einig, dass eine prozessorientierte Nutzenrechnung die Vorteile des Dienstleistungsangebots der E-Technik GmbH herausstellt:

► *„Das Top-Management muss begreifen, das billig nicht immer besser ist. Der Preis sagt halt nicht immer was über die tatsächlichen Kosten aus, die bei einem Projekt entstehen, wie wir hier sehen können"* (E-TechVP).

► *„Natürlich kann man auch billigeres Material verwenden, aber das Entscheidende ist der Aufbau und das Know-how des Anbieters, der die Systeme zusammensetzt, und das muss hier rauskommen, weil das den Kunden interessiert"* (E-TechKundePL).

Der Vertriebsleiter resümierte: *„Ich bin davon überzeugt, dass wir [...] die wichtigsten Dinge für den Kunden diskutiert haben. Mit den Daten und Werten können wir am Fallbeispiel eine gute Kosten-Nutzen-Rechnung umsetzen"* (E-TechVP).

5.3.3 Ergebnisse der Kooperation

Das Ergebnis der Kooperation ist eine prozessorientierte finanzielle Nutzenrechnung auf der Basis eines typischen Ablaufs eines Kundenprojekts. Der Geschäftsführer der E-Technik GmbH beurteilte die Ergebnisse der Fallstudie nach meiner Abschlusspräsentation folgendermaßen: *„Als Sie Ihr Projekt und Ihr Thema damals auf dem Pricing-Seminar vorgestellt haben, dachte ich immer, ok, das ist sehr interessant. Aber ich habe mich auch gefragt, ob das auch bei uns funktioniert. Wenn ich jetzt die Ergebnisse angucke, finde ich, dass Sie eine gute Lösung gefunden haben"* (E-TechGF1). Abbildung 5-22 fasst die Ergebnisse der Kooperation zusammen.

Die Matrix im oberen Teil der Abbildung 5-22 ordnet Nutzenargumente nach eingeschätzter Wichtigkeit aus Anbietersicht (E-Technik GmbH) und bewerteter Wichtigkeit aus Kundensicht. Die Matrix zeigt, dass im ersten Konzept der Nutzenrechnung die Wichtigkeit einiger Nutzenargumente wie „Produktsteigerung durch modernste Engineering-Werkzeuge" (vgl. gestrichelte Umrandung) überschätzt wurden. Die Wichtigkeit von Argumenten wie „Vertragstreue" (vgl. punktierte Umrandung) unterschätzte das erste Konzept dagegen, obwohl der Kunde diese Argumente als besonders wichtig bewertet und diese daher in der finalen Nutzenrechnung ergänzt wurden. Einen Konsens bezüglich der Wichtigkeitseinschätzung gab es bei Argumenten wie „Ineffizienzen durch Produktmängel" (vgl. durchgängige Umrandung). Hier wurde die erste Konzeption der Nutzenrechnung nach Kundenbestätigung ohne Anpassungen in die finale finanzielle Nutzenrechnung überführt. Aufgrund der frühen Kundeninteraktion konnte eine kundenrelevante Nutzenrechnung entwickelt werden. Ähnlich schätzte es der Geschäftsführer der E-Technik GmbH ein: *„Mit dem Feedback von der Kundenseite haben Sie einen plausiblen Rechner bauen können, und wenn man dem Kunden etwas Plausibles* *zeigt, dann bringt das zumindest einen Gedanken in Gang. Von daher sind wir auf jeden Fall einen Schritt weiter"* (E-TechnGF1).

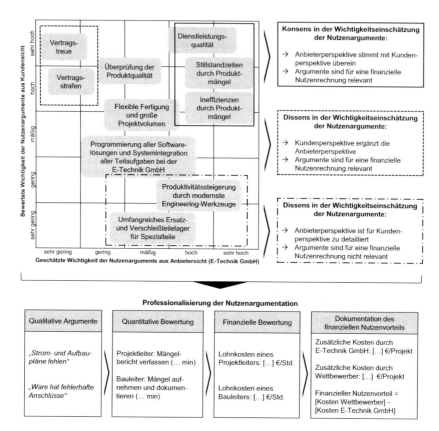

Abb. 5-22 Wichtigkeitseinschätzung und Professionalisierung der Nutzenargumentation bei der E-Technik GmbH

Im unteren Teil zeigt Abbildung 5-22 beispielhafte Schritte zur Professionalisierung der Nutzenargumentation von qualitativen Argumenten über eine quantitative und finanzielle Bewertung zur Dokumentation des finanziellen Nutzenvorteils. Mittels des vom Kunden eingeschätzten zeitlichen Mehraufwands eines Projekt- und Bauleiters wird über branchenübliche Lohnkostensätze von Projekt- und Bauleiter ein finanzieller Nutzenvorteil in einem Wettbewerbsvergleich berechnet. Bei der E-Technik GmbH haben wir zum Beispiel herausgefunden, dass der gesamte finanzielle Nutzenvorteil rund 16 Prozent eines durchschnittlichen Auftragswerts beträgt und damit den vom Kunden oft kritisierten 10-prozentigen höheren Angebotspreis im Wettbewerbsvergleich wettmacht. In der Phase der Projektumsetzung bedingt die Reduzierung von Stillstandzeiten infolge einer reibungslosen Kooperation zwischen der E-Technik GmbH und ihren Kunden zum Beispiel 18 Prozent des finanziellen Nutzenvorteils. Darüber hinaus berechneten wir in der beispielhaften Modellbetrachtung, dass in der Phase der Projektnachbereitung mögliche Vertragsstrafen für den Kunden mit rund 31 Prozent des gesamten finanziellen Nutzenvorteils entstehen können, welche damit einen wesentlichen Kostentreiber darstellen, den die E-Technik GmbH nachweislich vermeiden kann.

Die Berechnung des finanziellen Nutzenvorteils in identischer kundenrelevanten Einheit (€/Projekt) ermöglichte die Zusammenfassung der separaten Rechnungen der einzelnen Projektphasen. Aus dieser Zusammenfassung ist eine finanzielle Nutzenrechnung entstanden, welche dem Kunden Kosteneinsparungen und finanzielle Vorteile einer Kooperation mit der E-Technik GmbH vorrechnet. Der Geschäftsführer der E-Technik GmbH beurteilte die Ergebnisse der Fallstudienkooperation wie folgt: *„Gerade diese schwierigen weichen Faktoren kommen hier gut raus. Wir verkaufen ja eigentlich kein Produkt, sondern eine Dienstleistung und unsere Expertise und Know-how"* (E-TechGF1). Der Vertriebsleiter untermauerte die Einschätzung des Geschäftsführers, indem er ergänzte: *„Ich finde, gerade die wichtigen Faktoren, wie Qualität, Zuverlässigkeit, Langlebigkeit und so weiter, wo wir uns immer schwertun, das genauer zu beschreiben, haben wir mal systematisch aufgearbeitet. […] Hier haben wir jetzt mögliche Argumente mit Zahlen aus einem realen Fallbeispiel, was das für Kosten und Konsequenzen hat, wenn man von Anfang an nur auf den niedrigsten Preis guckt"* (E-TechVP).

Die finanzielle Nutzenrechnung der E-Technik GmbH quantifiziert demnach, dass ein anfangs „billiger" erscheinendes Angebot nicht zwangsläufig die kostenoptimale Lösung darstellt. Reibungslose Prozesse in der Zusammenarbeit mit der E-Technik GmbH führen dazu, dass Kunden einen finanziellen Nutzen infolge von Kosten- und Zeiteinsparungen bei der Projektvorbereitung, -umsetzung und -nachbereitung erzielen. Die E-Technik GmbH minimiert darüber hinaus den Koordinations- und Abstimmungsaufwand des Kunden. Zusammenfassend hielt der Geschäftsführer fest: *„Was mir besonders gefällt, ist der Bezug zu den öffentlichen Aufträgen. Gerade bei diesem Fallbeispiel haben wir ja immer nur auf den niedrigsten Ausschreibungspreis geachtet. Wenn am Ende was schief geht, ist das Unternehmen meist schon insolvent, sodass keine Regressansprüche durchgesetzt werden können. Mit diesem Rechner haben wir mal versucht, diese ganzen Ausfall- und Risikokosten* *vorab zu bestimmen. Das regt auf jeden Fall mal zum Nachdenken an, ob billiger wirklich immer besser ist"* (E-TechGF1).

5.3.4 Beitrag der Fallstudie zu den Forschungszielen

Die Fallstudie mit der E-Technik GmbH bot mir die Gelegenheit, meine Beobachtungen der beiden vorangegangenen Fallstudien im Vergleich zur E-Technik GmbH auf Gemeinsamkeiten und Unterschiede hin zu untersuchen. Ich verfeinerte meinen methodischen Ansatz, wie finanzielle Nutzenrechnungen mit einem Fokus auf prozess- und dienstleistungsorientierte Nutzenargumente implementiert werden. Besonderheiten in der Forschungskooperation mit der E-Technik GmbH im Vergleich zu den vorherigen Fallstudien waren:

- Zu Beginn der Kooperation mit der E-Technik GmbH waren nicht nur Idee und Konzept schnell abgestimmt, sondern im Vergleich zu den anderen drei Fallstudien erfolgte die Aufnahme der Ist-Situation zügiger. In der Analyse der Ausgangssituation halfen mir meine vorherigen Beobachtungen bei der Labeling GmbH. Parallelen waren hier, dass die Nutzenargumente produktbegleitender Dienstleistungen in beiden Fallstudien in ähnlicher Weise strukturiert werden. Im Vergleich mit den anderen Fallstudienkooperationen wurden bei der E-Technik GmbH ausschließlich prozessorientierte Nutzentreiber quantifiziert. Bemerkenswert war, dass der Kunde die Überzeugungskraft technischer Produktvorteile vergleichsweise gering einschätzte.

- Die Kooperation mit der E-Technik GmbH zeichnete sich gegenüber den anderen Kooperationen durch eine frühe und offene Interaktion mit einem Kunden aus. Außergewöhnlich war, dass die Entwicklung der finanziellen Nutzenrechnung gleichermaßen mittels Relevanz-, Wichtigkeits- und Parametereinschätzungen von Anbieter- und Kundenseite erfolgte. In keiner der Fallstudien profitierte ich sonst unmittelbar vom Wissenstransfer eines Kunden und entwickelte eine finanzielle Nutzenrechnung entlang eines typischen Projektablaufs aus Kundenperspektive. Der enge Austausch mit dem Kunden bedingte, dass das anfangs gestaltete Nutzenrechnungskonzept überarbeitet wurde. Eine aufwendigere Konzeption der Nutzenrechnung ging bei der E-Technik GmbH daher einher mit der Entwicklung einer überzeugungsstarken finanziellen Nutzenrechnung.

Insgesamt vertiefte ich in der Fallstudie mit der E-Technik GmbH mein Verständnis zur Implementierung finanzieller Nutzenrechnungen dahingehend,
- wie die Entwicklung einer finanziellen Nutzenrechnung zu optimieren ist,

- wovon eine erfolgreiche Umsetzung abhängt,
- wo und wie Herausforderungen der Datenermittlung zu überbrücken sind und
- wie umfangreich und detailliert eine Nutzenrechnung sein sollte.

Inwiefern die Fallstudie dazu beigetragen hat, die Forschungsfragen zu beleuchten, ist im Folgenden nach den drei Forschungszielen geordnet zusammengefasst.

Beitrag zu Forschungsziel 1: „Nutzen verstehen"

Die zu Anfang der Fallstudie vorgestellten konzeptionellen Grundlagen einer Nutzenrechnung (vgl. Abbildung 4-3) waren für die Beteiligten verständlich sowie für die praktische Umsetzung im Unternehmen relevant. Meine Interaktionspartner diskutierten nicht lange verschiedene Nutzenbegriffe oder Konzeptionen. Sie begannen unmittelbar, Nutzenargumente und Alleinstellungsmerkmale des Produkt- und Dienstleistungsangebots der E-Technik GmbH aufzuzählen sowie Möglichkeiten zu diskutieren, wie diese mit Fakten zu belegen sind. Ich hatte hier, äquivalent zu den vorherigen Fallstudien, den Eindruck, dass es für meine Kooperationspartner bedeutender war, direkt in die Diskussion der unternehmensspezifischen Situation einzusteigen, als theoretische Grundlagen des Kundennutzens zu hinterfragen. Demnach war es auch hier mein Eindruck, dass eine Literaturanalyse tiefere Einblicke zur Untersuchung von Definition und Konzeption des Kundennutzens ermöglicht.

Beitrag zu Forschungsziel 2: „Nutzen berechnen"

Die Entwicklung der finanziellen Nutzenrechnung bei der E-Technik GmbH war geprägt von der direkten Interaktion mit einem Kunden im Entwicklungsprozess. Bereits nach meinem ersten Konzept stand fest, dass es für den Vertriebsleiter und mich sehr schwierig werden würde, das Konzept in ein Vormodell einer Nutzenrechnung zu übersetzen. Es mangelte an Daten. Im Gegensatz zur Fallstudie mit der Labeling GmbH war die Datenrecherche bei der E-Technik GmbH problematischer, da wir nicht auf getaktete Prozessschritte oder Output-Raten, wie es bei Etikettier- und Kennzeichnungssystemen der Fall ist, zurückgreifen konnten. Vielmehr mussten wir Faktoren wie Prozessstabilität oder -unterstützung quantifizieren. An die Grenzen der Quantifizierung sind wir gestoßen, als die Nutzenargumente kaum noch objektiv zu bestimmen waren: *„So was wie Image kann man natürlich nicht in monetären Werten messen. Es ist eher so, dass man gewisse Aufträge nicht mehr bekommt, wenn man ein Image hat, dass man schlechte Produkte liefert"* (E-TechKundePL). Dennoch sollte die Nutzenrechnung möglichst auch Aspekte wie hohe Reputation der E-Technik GmbH abbilden. Der Vertriebsleiter teilte mir mit: *„Das Problem ist auch, dass wenn man einmal einen großen Fehler macht, dass man dann von der Lieferantenliste gestrichen wird"* (E-TechVP).

Die Besonderheit der Forschungskooperation mit der E-Technik GmbH bestand darin, dass nach direkter Relevanz-, Wichtigkeits- und Parametereinschätzung des Kunden ein neues, aus Kundensicht relevantes Nutzenrechnungskonzept erstellt wurde. Das neue Konzept sowie die darauf aufbauende Nutzenrechnung konzentriert sich auf die wesentlichen Nutzenargumente, ist einfacher zu erklären und hat weniger Eingabefelder. Ich erkannte, dass eine anfangs unzureichende Datenbasis nicht die erfolgreiche Umsetzung einer finanziellen Nutzenrechnung ausschließt. Gelingt es, den Kunden in den Entwicklungsprozess einzubinden, dann kann der Forscher aus der Interaktion von Vertrieb und Kunde wertvolle Erkenntnisse zur Parametrisierung der Nutzenrechnung gewinnen. Im Vergleich mit der Fallstudie der Labeling GmbH sind zwei Ansätze zur Überwindung einer ungenügenden Datengrundlage abzuleiten:

1. Entwicklung des Vormodells mit dem Expertenwissen unternehmensinterner Mitarbeiter verschiedener Fachbereiche, den Archivdaten des Unternehmens sowie Erfahrungswerten des Vertriebsleiters. Erst danach erfolgt die detaillierte Parametrisierung des finalen Modells der Nutzenrechnung mit Kundenfeedback.
2. Überarbeitung des Nutzenrechnungskonzepts durch eine frühe Einbindung eines Kunden. Hiermit wird ein kundenrelevantes Nutzenrechnungskonzepts gestaltet, auf dessen Grundlage das finale Modell der Nutzenrechnung entwickelt und im Austausch mit Vertriebsleiter und Kunde im Detail parametrisiert wird.

Beitrag zu Forschungsziel 3: „Nutzenrechnungen umsetzen"

In der Fallstudie mit der E-Technik GmbH beobachtete ich noch ausgeprägter als bei meinen anderen Fallstudien, dass für die Implementierung einer Nutzenrechnung ein tiefes Prozessverständnis der Interaktionspartner notwendig ist. Für die Implementierung der Nutzenrechnung bei der E-Technik GmbH war ein detailliertes Prozess-Know-how des Kunden notwendig, um Nutzen in verschiedenen Projektphasen zu quantifizieren. Erstaunlicherweise beobachtete ich dennoch, dass die Nutzenrechnung der E-Technik GmbH nicht zwangsläufig als Werkzeug im Außendienst zum Einsatz kommen muss. Der Geschäftsführer teilte mir mit: *„Ihr Rechner und Ihre Präsentation sind logisch und plausibel aufgebaut. Das hat mir gut gefallen. Natürlich ist das nichts, was man mit breiter Brust nach außen trägt, aber ich glaube schon, dass man mit dem einen oder anderen Element eventuell mal zum Kunden geht und ihn damit zum Nachdenken anregen kann"* (E-TechGF1).

5.4   Baustoff GmbH

Die Baustoff GmbH produziert und vertreibt weltweit Dachabdeckungen und Fassadenbekleidungen aus Aluminium. Die Fallstudie „Baustoff GmbH" beschreibt die Entwicklung einer finanziellen Nutzenrechnung in einem Unternehmen der Bauindustrie. Trotz des steigenden Wettbewerbsdrucks verteidigt die Baustoff GmbH ihren technischen Produktvorteil, differenziert sich aber zunehmend mittels produktbegleitender Dienstleistungen. Die Kooperation mit der Baustoff GmbH erstreckte sich über fast ein Jahr und ist in meiner empirischen Feldarbeit die vierte und letzte Fallstudie.

Abstimmung der Zielsetzung der Fallstudie

Zielsetzung der Fallstudie ist die Entwicklung einer finanziellen Nutzenrechnung, welche aufbauend auf technischer Produktüberlegenheit den finanziellen Kundennutzen der Dienstleistungs-Expertise der Baustoff GmbH kalkuliert. Die Nutzenrechnung soll die Vertriebsmannschaft unterstützen, beim Kunden Premium-Preise zu rechtfertigen:

▶ *„Wir brauchen also etwas, womit wir zeigen können, dass wir zu Recht höhere Preise haben und mehr wert sein sollten"* (BauVL).

▶ *„Wir müssen aufbauend auf unserem Produkt auch das ganze Drumherum betrachten. Wir haben eine starke Marke, unsere Kunden geben uns in Befragungen super Beurteilungen. Dann sind wir viel besser in Dienstleistungen, Arbeitsvorbereitungen, Logistik und so weiter. Wie kann man das alles denn in monetären Werten ausdrücken"* (BauMD).

Gemeinsames Projektziel war es, in der Nutzenrechnung den technischen Produktvorteil zu beziffern und in einer Vergleichsrechnung finanziell zu bewerten. Darüber hinaus rechnet die Nutzenrechnung vor, weshalb der Dienstleistungsvorsprung der Baustoff GmbH dem Kunden langfristig Kosten einspart. Der leitende Controlling-Manager bestätigte: *„Wir wollen uns über unsere Leistungsfähigkeit, Qualität, Service, Flexibilität und Erfahrung nach oben abgrenzen und Kunden nicht über niedrige Preise gewinnen. Das halten wir nicht aus, dafür sind wir zu groß"* (BauCM). Der Vertriebsleiter konkretisierte die gemeinsame Zielsetzung, indem er bereits über die Zielgruppe und erste Stärkenargumente der Baustoff GmbH sprach:

▶ *„Ideal wäre ein Argumentationsgerüst für die Kollegen im Außendienst. Unsere Kunden sind hauptsächlich Bauingenieure und Architekten, das heißt, wir müssen durch Fakten überzeugen und nicht mit Argumenten wie jahrelange Kundenbeziehung oder Erfahrung"* (BauVL).

▶ *„Absolutes Idealziel wäre es, ein Werkzeug zu haben, das der Vertrieb einsetzen kann und das vorrechnet, dass nicht nur unser höherer Anschaffungsmehrpreis als einziges Argument betrachtet wird. Das Werkzeug soll den Kunden auch mit unangenehmen Wahrheiten, wie Ausfallzeiten, Liefer- und Qualitätsproblemen, konfrontieren und einen finanziellen Nutzen zeigen, wenn er eben nicht die anscheinend billigere Technologie einkauft"* (BauVL).

Besonderheiten der Fallstudie und Abgrenzung gegenüber den anderen Fallstudien

Die Fallstudie mit der Baustoff GmbH unterschied sich von den anderen Fallstudien dadurch, dass die Phasen der Aufnahme der Ist-Situation sowie der Konzeptentwicklung der Nutzenrechnung mehrere und längere Iterationen umfasste. Zwei Punkte sind hervorstechend:

1. Interdisziplinarität: Die Fallstudie mit der Baustoff GmbH lebte davon, dass ich sehr viele Interaktionen in interdisziplinären Teams hatte. In Workshops arbeitete ich beispielsweise mit dem Vertriebsleiter, dem Leiter der Anwendungstechnik, dem leitenden Controlling-Manager, dem Marketing-Direktor sowie dem Produktmanager an der Schnittstelle zwischen Vertrieb und Technik zusammen. Die Beteiligten der Baustoff GmbH waren bei der Suche nach Argumenten der Preisverteidigung sehr detailorientiert, zum Beispiel: *„Ich merke, dass die Kunden zugänglicher werden, sobald wir alle Kleinigkeiten aufzeigen und vorrechnen können, wo [der Kunde] Geld sparen kann. Dann erscheint unser Preis auf einmal nicht mehr als übertrieben teuer"* (BauVL).
2. Kombination von Vorteilen aus Produkttechnik und Dienstleistungen mit separaten Ansprechpartnern: Bei der Prothesen GmbH wurden die Kunden von der Profitabilität einer Laborkooperation überzeugt. Bei der Labeling GmbH wurden auf der Grundlage verschiedener Kennzeichnungssysteme Kostenvorteile infolge geringerer Ausfallzeiten kalkuliert. Bei der E-Technik GmbH hat das Produkt allein für den Kunden kaum Überzeugungskraft. Da die Beteiligten der Baustoff GmbH technische Produktvorteile und allgemeine Dienstleistungsvorteile annähernd gleich gewichteten, hatte ich, anders als bei den drei Fallstudien zuvor, zwei direkte Ansprechpartner mit unterschiedlichen Vorstellungen: Mein erster Ansprechpartner war der Fachmann für technische Produktargumente (Produktmanager), der zweite war Experte für kundenorientierte und kaufmän-

nische Verkaufsargumente (Vertriebsleiter). Eher technisch sowie produkt- und faktenbezogen erklärte mir der Produktmanager die Technologieführerschaft der Baustoff GmbH: *„Ich habe hier mal versucht, unsere technischen Vorteile, wo ich Zulassungsdokumente und Versuchsergebnisse habe, zusammenzutragen. Wir sind flexibler in der Größe der Klipps und haben einen symmetrischen Klippkopf, was für die Kraftübertragung besser ist. Die Festpunktausbildung ist eher nicht relevant, weil wir uns da gegenüber [dem Wettbewerber] nicht wirklich unterscheiden"* (BauPM). Eher strategisch und kaufmännisch formulierte der Vertriebsleiter, warum die Baustoff GmbH Technologieführer ist: *„In den Ausschreibungen steht dann immer: Technologiestandard, wie [die Baustoff GmbH] oder gleichwertig"* (BauVL). Im Vergleich zu den anderen drei Fallstudien war es für die Beleuchtung der Implementierungsbedingungen finanzieller Nutzenrechnungen Chance und Herausforderung zugleich, aus dem Austausch mit zwei Interaktionspartnern verschiedener Fachrichtungen eine finanzielle Nutzenrechnung auf Produkt- und Dienstleistungsebene zu entwickeln.

5.4.1 Vorstellung der Baustoff GmbH

Geschäftstätigkeit und Produktportfolio

Die Baustoff GmbH wurde im Jahr 1967 gegründet und ist heute ein international agierendes Unternehmen, das weltweit führend ist in Fertigung und Vertrieb von Stehfalzsystemen für Dachabdeckungen und Fassadenbekleidungen aus Aluminium. Die Baustoff GmbH ist eine eigene Business Unit in einem der größten Stahlkonzerne der Welt. International macht die Business Unit heute rund 180 Millionen Euro Umsatz. In Deutschland erwirtschaftete die Baustoff GmbH 2008 rund 78 Millionen Euro Umsatz, was sie zwischen 2009 und 2011 auf rund 80 Millionen Euro jährlich steigerte. Weltweit arbeiten circa 600 Mitarbeiter in der Business Unit, wovon die Baustoff GmbH an ihrem deutschen Standort 2010 und 2011 circa 212 Mitarbeiter beschäftigte. Die Baustoff GmbH betreibt Produktionsstandorte in Deutschland, Großbritannien, China und Singapur und verfügt über 25 Repräsentanzen (z. B. Verkaufs- und Beratungsbüros) in allen für sie relevanten Regionen der Welt.

Die Baustoff GmbH fertigt ausgereifte, vielseitig einsetzbare und multifunktionale Bausysteme für Dächer und Fassaden. Die Systeme bieten eine Vielzahl von kostengünstigen Standardlösungen sowie innovative maßgeschneiderte Konzepte für komplexe Gebäudehüllen. Die Projekte werden nach Objekt- und Gebäudetypen eingeteilt, zum Beispiel: Einrichtungen des Bildungswesens, Einzelhandelshäuser, Gebäude für Transport und Verkehr, Industriegebäude, kommerzielle Gebäude, Messehallen, öffentliche Gebäude, Privatgebäude, Stadien, Sport- und Freizeitstätten sowie Versorgungseinrichtungen. Bis heute wurden weltweit über 85 Millionen Quadratmeter der Profiltafeln der Baustoff GmbH verlegt. Die hergestellten Bausysteme werden durch ein breites Zubehörfeld ergänzt, das die Integration mit zusätzlichen Anwendungen ermöglicht. Zum Portfolio gehören neben industriell hergestellten Stehfalzsystemen dachintegrierte Photovoltaik-Systeme, Gründächer, vorgehängte oder hinterlüftete Fassadensysteme sowie falzbares Aluminium für Dächer und Fassaden in traditioneller Klempnertechnik.

Die Baustoff GmbH verfügt über ein internationales Netzwerk aus kooperierenden Montageunternehmen, Systempartnern und Lieferanten. Auf Wunsch überwachen weltweit verfügbare Instruktoren der Baustoff GmbH die Umsetzung exakt definierter Qualitätsstandards bei der Montage von Aluminiumprofiltafeln. Mit ihrem weitreichenden Dienstleistungsangebot unterstützt die Baustoff GmbH ihre Kunden mittels technischer Beratung von der Planungsphase bis zur Umsetzung auf der Baustelle und garantiert die Einhaltung internationaler Baustandards. Bereits in der frühen Planungsphase von Neubau- oder Sanierungsvorhaben stehen kompetente Fachberater bei der Dimensionierung kostengünstigster Systeme, der Abstimmung des Dachaufbaus auf die jeweiligen Unterkonstruktionen (z. B. Stahl, Holz oder Beton) und der Massenermittlung inklusive statischer Berechnungen und Nachweise dem Kunden zur Seite. Darüber hinaus erstellt die Kundenbetreuung speziell auf das Bauvorhaben abgestimmte Leistungsverzeichnisse und bietet computergestützte Ausarbeitungen von Konstruktionsplänen und Stücklisten. Die angebotenen Dienstleistungen reichen so weit, dass ein erfahrenes Ingenieurteam mittels Simulationen hochkomplexe Geometrien auf ihre Machbarkeit hin prüft und komplette Spezifikationsanforderungen im Detail erstellt.

Vertriebs- und Kundenstruktur

Die Vertriebsmannschaft der Baustoff GmbH umfasst europaweit 40 Mitarbeiter, wovon 22 im Außen- und 18 im Innendienst tätig sind. Die Vertriebsorganisation der Baustoff GmbH ist nach Ländern und „Sub-Regionen" strukturiert. Abbildung 5-23 zeigt das Organigramm der Vertriebsorganisation der Baustoff GmbH.

Abbildung 5-23 zeigt, dass die Vertriebsorganisation der Baustoff GmbH klassisch nach Innen- und Außendienststellen unterscheidet. Die Baustoff GmbH strukturiert ihre Vertriebsgebiete auf der ersten Ebene nach Ländern. Die wesentlichen Kunden befinden sich in Deutschland, den Benelux-Staaten, Frankreich, Spanien oder Italien. Sonstige Kunden werden unter „direkten Exporten" zusammengefasst. Regionale Vertriebsdirektoren (Country Manager) betreuen die einzelnen Länderregionen. In Abhängigkeit von der Marktgröße und vom Marktanteil der Baustoff GmbH existieren Stabsstellen, die mit „Market Development Managern" besetzt sind. Auf der zweiten Ebene gliedert die Baustoff GmbH ihren Vertrieb nach

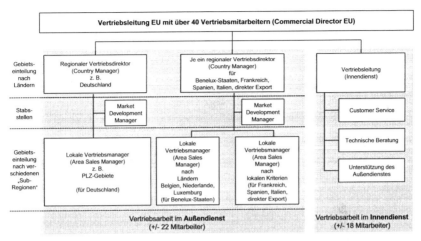

Abb. 5-23 Vertriebsorganisation der Baustoff GmbH

lokalspezifischen „Sub-Regionen". In Deutschland arbeiten beispielsweise lokale Vertriebsmanager (Area Sales Manager) geordnet nach Postleitzahl-Gebieten. Der Innendienst untersteht ebenfalls einer zentralen Leitung und wird nach Tätigkeits-feldern in die Bereiche Customer Service, technische Beratung und Unterstützung des Außendienstes unterteilt.

Die Vertriebsarbeit im Außendienst ist vielseitig. Sie umfasst Projektakquise durch technische Architektenberatung, Projektnachverfolgung, Betreuung von Verleger-Firmen der Dach- und Fassadensysteme, Erstellung von Leistungsver-zeichnissen, Preisverhandlungen sowie Neukundenakquise. Hierbei haben die regionalen Vertriebsdirektoren eine Führungsrolle. Sie sind dafür verantwortlich, dass die gesetzten Umsatz- und Margenziele erreicht werden, führen und schulen ihre lokalen Vertriebsmanager, sind Ansprechpartner für Großkunden und neh-men im Kundennetzwerk von Architekten und Verleger-Firmen Kundenbesuche sowie Verkaufsgespräche wahr. Die lokalen Vertriebsmanager (Area Sales Manager) verkaufen Projektlösungen an ihre Kunden, betreiben aktuelle Projektarbeit in enger Abstimmung mit den Kunden, pflegen die Beziehung zu Bestandskunden und haben Zielvorgaben zur Neukundenakquise zu erfüllen.

Die Vertriebsarbeit im Innendienst umfasst Tätigkeiten wie telefonische Unter-stützung der Architekten und Verleger-Firmen, Pflege des CRM-Systems (Bereich: Customer Service), Kalkulation von Angeboten, teilweise Prüfung von Leistungsver-zeichnissen, technische Beratung bei Großprojekten (Bereich: technische Beratung),

Unterstützung der Außendienstkollegen sowie Koordination von internen Aufgaben der Kundenbetreuung (Bereich: Unterstützung des Außendienstes).

Die Besonderheit in der Vertriebsarbeit der Baustoff GmbH ist, dass die Kundenprojekte sehr beratungs- und zeitintensiv sind. Manche Projekte haben Vorlaufzeiten zwischen drei und 36 Monaten und werden nur von speziell ausgebildeten Außendienstmitarbeitern betreut. Die Außendienstmannschaft der Baustoff GmbH besteht daher vorwiegend aus hochqualifizierten Bauingenieuren, Architekten und Technikern. Aufgrund heterogener Projektanforderungen arbeiten die Vertriebsmitarbeiter lösungsorientiert in direkter Kundenabstimmung, mit dem Ziel, die unterschiedlichsten Projektideen der Kunden zu realisieren. Größte Herausforderung ist hierbei, dass die Kundennachfrage erst durch aktive Projektakquise der Vertriebsmitarbeiter generiert wird.

Die Baustoff GmbH bedient unterschiedlichste Kunden innerhalb der Bauindustrie. Meistens sind die Kunden, ähnlich wie die Außendienstmannschaft, Architekten, Bauingenieure, Ausschreiber öffentlicher Aufträge, gewerbliche Bauträger oder private Bauherren. Der Stammmarkt der Baustoff GmbH umfasst öffentliche Gebäude wie Schulen, Schwimmbäder, Sporthallen oder Verwaltungsgebäude, weshalb Kunden vorwiegend in Ausschreibungen zu gewinnen sind. Dennoch ist die Kundenstruktur der Baustoff GmbH sehr heterogen bezüglich nachgefragtem Leistungsspektrum, Unternehmensgröße oder Umsatz und variiert vom lokalen Dachdecker bis zum international agierenden Bauunternehmer. Prinzipiell unterscheidet die Baustoff GmbH zwischen dem Entscheider (Architekt, Generalbauunternehmer) sowie dem Kaufkunden (Verleger-Firmen, Dachdecker, Fassadenbauer) und folgt einem zweistufigen Vertriebsansatz: Zuerst wird eine „Lösung" an den Entscheider verkauft, bevor in einem zweiten Schritt das „Produkt" an den Kaufkunden vertrieben wird. Die Baustoff GmbH strukturiert ihre Kunden in Abhängigkeit von Regionen. In Deutschland klassifiziert die Baustoff GmbH zum Beispiel eine Gruppe von 53 Premium-Partnern nach Umsatz (über 100.000 Euro pro Jahr), Qualitätskriterien (Zertifikate, absolvierte Schulungen der Baustoff GmbH, Arbeit nach fest definierten Qualitätsstandards) und Kundenloyalität. Die Baustoff GmbH erzielt 60 Prozent ihres Umsatzes mit den 53 Premium-Partnern, die restlichen 40 Prozent erwirtschaftet sie mit den übrigen 200 Kunden. Die weitere Besonderheit der Kundenstruktur der Baustoff GmbH ist, dass sowohl Entscheider als auch Kaufkunde im direkten Kontakt mit den Bauherren stehen und die Baustoff GmbH daher in einem Projekt drei verschiedene Kundengruppen integrieren muss.

5.4.2 Vorgehen und Beobachtungen während der Entwicklung einer finanziellen Nutzenrechnung

5.4.2.1 Wissensstand vor der Kooperation und Überblick über den Projektablauf

Ausgangslage vor der Kontaktaufnahme

Die Baustoff GmbH war mir im Vorfeld der Zusammenarbeit nicht bekannt. Teilweise erkannte ich die weltweit realisierten Bauprojekte wieder, wusste aber vorher nicht, dass die Dach- und Fassadensysteme von der Baustoff GmbH stammen. Überrascht war ich, dass die Baustoff GmbH trotz steigender Anzahl an Technologie-Imitatoren immer noch einen technischen Produktvorteil behauptet und Premium-Anbieter am Markt ist.

Kontaktaufnahme

Meinen ersten Kontakt mit der Baustoff GmbH hatte ich im Juni 2012. Kontaktpunkt war eine Fachtagung, die von den Industrie- und Handelskammern in Nordrhein-Westfalen und Rheinland-Pfalz sowie der Stiftung Industrieforschung alle zwei Jahre ausgerichtet wird. Meine Lehrstuhlkollegen und ich vertraten an einem Stand den Lehrstuhl für Vertriebsmanagement an der WHU – Otto Beisheim School of Management und präsentierten unsere Dissertationsprojekte. Hier kam ich mit dem Vertriebsleiter der Baustoff GmbH ins Gespräch und stellte ihm mein Dissertationsprojekt vor. Der Vertriebsleiter betonte direkt die Relevanz für sein Unternehmen: *„Wir bekommen unsere Kunden immer über eine technische Argumentation. Wenn wir es jetzt auch noch schaffen würden, realistische und schnell verständliche Kostenvorteile vorzurechnen, wären wir einen riesigen Schritt weiter"* (BauVL). Im Nachgang des ersten Kontakts vereinbarten wir einen Telefontermin, um die Möglichkeiten einer Kooperation abzuwägen.

Während des Telefongesprächs erläuterte ich dem Vertriebsleiter mein Verständnis einer Nutzenrechnung. Der Vertriebsleiter beschrieb mir, wofür eine Nutzenrechnung bei der Baustoff GmbH hilfreich wäre: *„Die Leistungen [der Baustoff GmbH] wurden in den letzten Jahren prozessoptimiert und nicht kundenoptimiert. Der Kunde ist noch lange nicht zufrieden, nur weil bei uns intern die Prozesse besser sind. Entscheidend ist das, was beim Kunden draußen ankommt, und da müssen wir mit unserer Kommunikation noch deutlich besser werden. Deshalb hoffe ich, dass so ein Nutzenrechnungstool unsere Verkaufsgespräche professioneller macht"* (BauVL). Er präzisierte: *„Gerade bei Industriedächern werden solche Nutzenrechnungen für uns sehr interessant. Hier sehen wir viel Marktpotenzial, und unsere Systeme haben langfristig betrachtet einen echten Vorteil"* (BauVL).

Meiner Einschätzung nach sind demnach gute Voraussetzungen für die Entwicklung einer finanziellen Nutzenrechnung gegeben: Einerseits ist die Baustoff GmbH Technologieführer und grenzt sich mit technischer Produktüberlegenheit sowie einer vom Kunden geschätzten Dienstleistungs-Expertise vom Wettbewerb ab. Andererseits gerät die Baustoff GmbH zunehmend unter Druck, weshalb der Vertriebsleiter nach neuen Ansätzen der Nutzenargumentation sucht, wie finanzieller Kundennutzen quantifiziert wird.

Interaktions- und Ansprechpartner

Während eines ersten Workshops im Unternehmen stellte mir der Vertriebsleiter Geschichte, aktuelle Produktions- und Vertriebsstandorte, bediente Märkte und Kunden sowie durchgeführte Projekte und gestaltete Objekte der Baustoff GmbH vor. Der ebenfalls teilnehmende Produktmanager hatte Produktproben dabei, um mir die technische Leistungsfähigkeit und die Vorteile im Vergleich zum Wettbewerb zu erklären. Ich hatte das Glück, mit zwei direkten Ansprechpartnern zusammenzuarbeiten: Mit dem Vertriebsleiter tauschte ich mich über kundenbezogene und kaufmännische Fragestellungen aus, wogegen der Produktmanager mein Ansprechpartner bei Fragen der technischen Produktüberlegenheit war.

Der Vertriebsleiter erklärte seine Motivation, eine finanzielle Nutzenrechnung bei der Baustoff GmbH zu entwickeln: *„Der falsche Weg [für die Baustoff GmbH] ist, dass wir einen rein emotionalen Verkauf machen. Ich glaube, dass wir unsere technischen Vorteile nutzen können"* (BauVL). Der Produktmanager stimmte dem Vertriebsleiter zu und begann bereits, Stärken der Baustoff GmbH im Wettbewerbsvergleich zu beschreiben: *„Unsere Konkurrenten sprechen natürlich auch immer nur von dem, was sie können oder wo sie glauben, besser zu sein als wir. Am Ende kommen dann aber die ganzen Zusatzkosten, die am Anfang nicht erwähnt werden. Das Nachbessern, zusätzliche Halterungen, mehr Schrauben und der ganze Arbeitsaufwand, das fällt bei uns nicht an"* (BauPM). Nach meinen bisherigen empirischen Beobachtungen stellt die Kombination aus Technik- und Kundenorientiertheit einen geeigneten Startpunkt für die Entwicklung einer finanziellen Nutzenrechnung dar.

Überblick über den Projektablauf

Im Anschluss an die ersten Kontakte koordinierten wir einen weiteren Workshop für den inhaltlichen Start des gemeinsamen Projekts. Tabelle 5-4 fasst den Projektverlauf zusammen.

Tab. 5-4 Überblick über den Projektablauf bei der Baustoff GmbH

Datum	Dauer (Std.)	Teil-nehmer	Kontakt-punkt	Inhaltlicher Schwerpunkt
05.09.2012	0,5	BauVL	E-Mail	• Kontaktaufnahme nach Kennenlernen auf einer Industriekonferenz mittels einer Präsentation („Vorstellung und Kooperationsmöglichkeiten im Dissertationsprojekt") • Auslotung der Ansatzpunkte einer Kooperation
24.10.2012	0,5	BauVL, BauPM	Telefon	• Vereinbarung des ersten Treffens • Kurzvorstellung des Unternehmens • Produktvorstellung • Sammlung erster Ideen für Ansatzpunkte einer Nutzenrechnung
30.10.2012	2,0	BauVL, BauCM	Termin im Unter-nehmen	• Ausführliche Vorstellung des Unternehmens • Vorstellung des Konzepts einer Nutzenrechnung • Vorschlag über Vorgehensweise und Abstimmung notwendiger Daten und Informationen
03.12.2012	2,5	BauVL, BauPM	Termin im Unter-nehmen	• Vorschlag Kooperationsablauf • Konzeptentwicklung einer Nutzenrechnung am Beispiel eines konkreten Bauteilvergleichs • Datenlage ermöglicht nur einen spezifischen Bauteilvergleich
19.12.2013	3,0	BauPM, BauMD	Termin im Unter-nehmen	• Identifikation von Referenzprojekten • Entscheidung, wo Nutzenrechnungen sinnvoll sind • Beschreibung möglicher Ansatzpunkte • Nächste Schritte: Verkaufsargumente sammeln
25.01.2013	2,5	BauPM, BauLAT	Termin im Unter-nehmen	• Diskussion des Konzepts der Nutzenrechnung • Vorschlag: modularer Aufbau für individuelle Anpassung an Kunden-anforderungen • Weitere Datensammlung zur Nutzenrechnung • Vorstellung einer ersten Beispielrechnung anhand eines Moduls der Nutzenrechnung
Feb. 2013 bis Mai 2013	1,5	BauPM, BauLAT	E-Mail, Telefon	• Einordnung der Dienstleistungsvorteile in eine modulare Struktur des Nutzenrechners • Recherche interner Daten zur Parametrisierung der Nutzenrechnung
02.05.2013	2,0	BauVL	Termin im Unter-nehmen	• Zwischenfeedback: Status quo im Projekt und Abstimmung über weiteres Vorgehen • Entwicklung eines Vormodells einer Nutzenrechnung, aufbauend auf dem modularen Konzept • Vorantreiben der internen Datenrecherche
11.06.2013	2,0	BauVL, BauPM	Termin im Unter-nehmen	• Vorstellung des entwickelten Vormodells einer Nutzenrechnung • Parametrisierung des Nutzenrechners • Feinabstimmung und Detailoptimierung des Nutzenrechners
31.10.2013	2,0	BauVL	Termin im Unter-nehmen	• Detailjustierung des Nutzenrechners • Bestätigung der Nutzenrechnung auf der Technologieebene • Rücksprache mit Außendienstmitarbeitern für genaue Parametrisierung der Dienstleistungsebene • Gruppierung von finanziellen „Mini-Rechnungen"
Summe	**18,5**			

Tabelle 5-4 zeigt, dass der gesamte Projektverlauf über ein Jahr dauerte und von längeren Unterbrechungen geprägt war. Inhaltlicher Schwerpunkt waren interdisziplinäre Workshops mit Teilnehmern verschiedener Fachrichtungen. Bei der Baustoff GmbH verlief der Prozess der Aufnahme der Ist-Situation sowie der Konzeption und Entwicklung eines Vormodells der Nutzenrechnung iterativ. Es wurden mehrmals die Einschätzungen der verschiedenen Workshop-Teilnehmer eingearbeitet, sodass diese Phase mehrere Monate (Oktober 2012 bis Mai 2013) andauerte.

5.4.2.2 Angestrebte Projektergebnisse, Konzept einer Nutzenrechnung und Aufnahme der Ist-Situation

Angestrebte Projektergebnisse

Bei der Baustoff GmbH orientierten wir uns überwiegend an der vorgeschlagenen Projektstruktur (vgl. Abbildung 4-2). Der Vertriebsleiter war der Meinung: „*Wir sollten uns an dem Projektablauf orientieren, um ein Argumentationsgerüst zu entwickeln, dass die Architekten und Bauingenieure überzeugt, damit wir in diesem Markt wieder wachsen können*" (BauVL). Eine mögliche Ergänzung der Projektstruktur teilte mir der Marketing-Direktor mit. Er war der Meinung, dass neben der Verbesserung der Nutzenargumentation den Mitarbeitern zusätzlich erklärt werden sollte, wie Nutzen kommuniziert wird: „*Das Problem ist doch, dass wir den Kunden mit unseren Argumenten nicht mehr erreichen. Wir müssen nicht nur überzeugendere Argumente finden, sondern unsere Mitarbeiter auch schulen, wie und was wir beim Kunden am besten kommunizieren*" (BauMD). Insgesamt haben alle Beteiligten nicht lange die Projektorganisation diskutiert, sondern bereits Ideen zur Entwicklung einer finanziellen Nutzenrechnung gesammelt:

▶ „*Wir können dann so argumentieren: Das hier ist jetzt zwar nur eine Beispielrechnung, aber am Ende steht da für den Kunden eine erhebliche Einsparung*" (BauLAT).

▶ „*Wir sollten so eine Rechnung von klein nach groß beziehungsweise von detailgetriebenen Fakten hin zu umfassenderen, weicheren Faktoren aufsetzen. Beginnen sollten wir mit einer Vergleichsrechnung, wo wir weniger Klipps brauchen, wo wir schneller sind und Kosten einsparen und dann dahin kommen, warum unsere größere Außendienstmannschaft unsere höhere Preispositionierung mehr als rechtfertigt*" (BauVL).

Konzept und Idee einer Nutzenrechnung

Während der ersten Workshops erläuterte ich meinen Interaktionspartnern Konzept und Idee einer Nutzenrechnung (vgl. Abbildung 4-3). Anfangs diskutierten die Beteiligten das vorgestellte Nutzenrechnungskonzept mit unterschiedlichen Schwerpunkten: Der Vertriebsleiter berichtete von bereits existierenden ähnlichen Rechnungen bei der Baustoff GmbH: „*Wir haben erste Ansätze von Vergleichsrechnungen, zum Beispiel eine Folienlösung gegenüber einer [Baustoff GmbH]-Lösung. Da hat mir ein guter Kunde mal Daten und Informationen gegeben*" (BauVL). Der Leiter der Anwendungstechnik war anfangs skeptisch und hinterfragte Einsatzgrund und angestrebtes Ergebnis: „*Wo können wir diese Rechnung denn einsetzen? Ist das eine Zahl, die ich den Kunden zeige, oder geht es hier mehr um eine Abschätzung für uns intern"* (BauLAT). Der Produktmanager erläuterte ihm das Konzept einer Nutzenrechnung: *„Mit einer Nutzenrechnung wollen wir zeigen, dass wir nicht teurer sind, wenn man mal alle Fakten zusammennimmt und nicht nur den nackten Stückpreis pro Klipp betrachtet"* (BauPM).

Insgesamt gewann ich den Eindruck, dass die Beteiligten aus der Diskussion des Nutzenrechnungskonzepts ein gemeinsames Nutzenverständnis entwickelten. Der Vertriebsleiter fasste dieses zusammen, indem er betonte, was die Baustoff GmbH nicht sucht sowie was die Zielsetzung der nächsten Workshops ist: *„Was wir nicht suchen, ist so was wie ein Verkaufstrainingsdokument. Hier arbeiten wir schon mit anderen Unternehmen zusammen, die uns schulen, was gute Verkaufsmethoden sind. Wir müssen unsere Fakten und unser Wissen nutzen und das dem Kunden zeigen. Erst wenn wir ihn mit Fakten, Zahlen, Daten und Zeichnungen überzeugen, kann man einen Schritt weitergehen und über Verkaufstrainings nachdenken"* (BauVL).

Aufnahme der Ist-Situation

Die Aufnahme der Ist-Situation umfasste bei der Baustoff GmbH drei Punkte:

1. Ausgangssituation: Die Ausgangssituation der Baustoff GmbH ist, dass das Unternehmen mit seinem innovativen Produkt der weltweit führende Anbieter für Stehfalzsysteme von Dachabdeckungen und Fassadenbekleidungen aus Aluminium ist. Der Vertriebsleiter erklärte mir das aus der Ausgangssituation resultierende Problem: *„In unserem Nischensegment sind wir in vielen Märkten Marktführer, vor allem sind wir technologischer Marktführer. Das Problem ist aber, dass die meisten Wettbewerber uns imitiert haben"* (BauVL). Der Produktmanager bestätigte den technischen Leistungsvorsprung: *„Die Klipps müssen spannungsfrei sitzen, und unsere Kombination aus Metallkern und faserverstärktem Kunststoff ist einfach besser als die reine Glasfaser von den anderen. Die ist zu hart und spröde, und die Fasern reißen schneller"* (BauPM). Die Baustoff GmbH kann ihre technische Produktüberlegenheit am Markt durchsetzen, ist aber einem zunehmenden Wettbewerb ausgesetzt, weil Nachahmer vergleichbare Produkte preiswerter herstellen und Marktanteile mit niedrigeren Preisen erobern. Die Baustoff GmbH reagiert hierauf mit einer starken Vertriebsmannschaft und einem umfangreichen Dienstleistungsangebot. Die Außendienstkollegen binden die Kunden mit einer besseren Betreuung und suchen nach neuem Marktpotenzial, indem sie in einem direkten Technologiewettbewerb mit Anbietern alternativer Dach- und Fassadenbekleidungen die Nutzenvorteile der Produkte der Baustoff GmbH herausstellen. Problematisch ist, dass die Aufträge in Ausschreibungen in der Regel nur auf Basis des Preises entschieden werden. Sobald ein Projekt ausgeschrieben ist, geben Wettbewerber vergleichbarer Technologien preis-

günstigere Angebote ab. Die Konkurrenten argumentieren, dass sie identische Leistungen wie die Baustoff GmbH erbringen, ihr Preis aber niedriger ist. Folgende beispielhafte Einschätzungen verdeutlichen Ausgangssituation und Problemstellung der Baustoff GmbH:

▶ *„Wir generieren den Markt. Wir helfen den Architekten mit Leistungsverzeichnissen und so weiter; aber erst in der Ausschreibung danach geht es los"* (BauVL).
▶ *„Auf der Stufe der Projektgenerierung sind wir super. Da haben wir alle Argumente und können den Kunden überzeugen. Auf der nächsten Ebene, also bei den Ausschreibungen, wird es dann richtig schwer. Wir leisten die ganze technische Vorarbeit, die auch Geld kostet, und der Wettbewerber kann unsere Preise dann natürlich einfacher unterbieten"* (BauVL).
▶ *„Wenn wir es geschafft haben, einen Kunden zu überzeugen und der Auftrag ausgeschrieben wird, kommt der Wettbewerber, guckt, was ausgeschrieben ist und schreibt den Kunden an, dass er zum Beispiel zehn Prozent billiger ist als [die Baustoff GmbH]. Das kann er natürlich machen, weil er in den meisten Fällen nicht die gleiche Qualität wie wir liefert und nicht die Kosten der Vorarbeit vom Außendienst hat"* (BauVL).

2. Aktuelle Nutzenargumentation: Derzeit stellt die Baustoff GmbH ihren Nutzen eher unspezifisch dar. Der Vertrieb hat kein Werkzeug, mit welchem er professioneller auf zunehmenden Preisdruck durch Technologiekopierer reagieren kann. Für den Außendienst ist es demnach schwierig, Aufträge in Ausschreibungen zu gewinnen. Der leitende Controlling-Manager der Baustoff GmbH teilte mir mit: *„Wir wollen versuchen, die Wahrscheinlichkeit zu erhöhen, dass wir eine Ausschreibung gewinnen, ohne dass wir die gleichen Preise wie unsere Wettbewerber haben. Einfach mehr Leute einstellen, die versuchen, den Umsatz durch Projektakquise zu steigern, macht keinen Sinn. Wir müssen den Kunden eher mit professionelleren Methoden überzeugen"* (BauCM). Folgende Beispiele veranschaulichen, dass die aktuelle Verkaufsargumentation eher unkonkret ist und mit einer finanziellen Nutzenrechnung zu verbessern wäre:

▶ *„Bisher argumentiere ich den Preisunterschied von circa [...] Euro pro Quadratmeter zum Wettbewerb immer noch eher pauschal weg. Ich fange an und sage, dass der erste Euro an den Außendienstmitarbeiter geht, der hier sitzt, und Ihnen, also unserem Kunden, hilft"* (BauVL).
▶ *„Die Marke [der Baustoff GmbH] ist zu 90 Prozent positiv besetzt, aber das hilft uns immer weniger in Preisgesprächen"* (BauVL).

► *„Worauf wir [bei der Baustoff GmbH] stolz sind, ist die enge Kundenbetreuung. Ich bin sicher, dass die meisten Kunden hier sagen würden, die gute Betreuung ist mir [...] Euro pro Quadratmeter wert"* (BauVL).

3. Ansatzpunkte einer Nutzenrechnung: Ausgangssituation und aktuelle Nutzenargumentation zeigen, dass die Baustoff GmbH sich als Hersteller qualitativ hochwertiger Produkte und als kundenorientierter Problemlöser positioniert. Die Kunden hinterfragen aber infolge des Angebots von Technologie-Nachahmern die Premium-Preise der Baustoff GmbH. Der Vertriebsleiter bestätigte mir, dass die Baustoff GmbH mit einer finanziellen Nutzenrechnung neue Ansätze zur Preisverteidigung und -durchsetzung sucht: *„Es wäre super, wenn wir es schaffen, die Preisdifferenz zum Wettbewerb von circa [...] bis [...] Euro so gut wie möglich zu erklären und unsere Preise deshalb nicht senken müssten"* (BauVL).

In meiner Analyse der Ist-Situation schlug ich der Baustoff GmbH daher zwei Ansatzpunkte einer finanziellen Nutzenrechnung vor. Abbildung 5-24 fasst die Aufnahme der Ist-Situation zusammen und zeigt zwei Ansatzpunkte einer finanziellen Nutzenrechnung, welche mir der Leiter der Anwendungstechnik bestätigte: *„Meiner Meinung nach haben wir zwei Zielgruppen. Einmal den direkten Wettbewerber, also die Plagiatsfirmen. Hier ist es wirklich schwierig, eine Differenzierung zu finden, weil die uns einfach kopieren und in den letzten Jahren auch immer besser geworden sind. Das andere sind neue Marktsegmente. Wir müssen es schaffen, neue Märkte zu finden und uns als bessere Alternative für Dachsysteme zu positionieren"* (BauLAT). Abbildung 5-24 stellt die vereinfachte Wertschöpfungskette (vgl. gestrichelte Pfeile) bei der Baustoff GmbH dar: Lieferanten versorgen die Baustoff GmbH sowie die Wettbewerber mit Materialien, Halbzeugen oder sonstigen Produkten. Die Baustoff GmbH steht mit Konkurrenten im Wettbewerb, die vergleichbare oder alternative Technologien anbieten. Gegenüber beiden Wettbewerbergruppen muss sich das Unternehmen durchsetzen und Kunden von der eigenen Technologie überzeugen. Der Unterschied ist, dass wenn Wettbewerb mit „Technologie-Followern" (Ansatzpunkt 1) stattfindet, die Baustoff GmbH sich überwiegend in Ausschreibungen behaupten muss. Findet der Wettbewerb jedoch mit Technologiealternativen statt (Ansatzpunkt 2), steht überwiegend ein Technologievergleich im Vordergrund. Die Baustoff GmbH könnte auf diesen bisher kaum bedienten Märkten eine preiszentrierte Ausschreibungskonkurrenz vermeiden. Der Vertriebsleiter erläuterte die Ausgangssituation bei der Baustoff GmbH: *„Im Prinzip haben wir zwei Ansätze für solche Vergleichsrechnungen. Einmal unseren direkten Wettbewerb zum traditionellen [Baustoff GmbH]-System und einmal unseren indirekten Wettbewerb bei Industriedächern mit den Dachfolien"* (BauVL). Zwei Ansatzpunkte sind demnach:

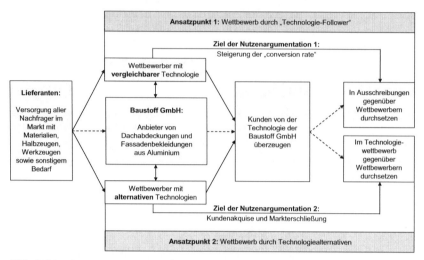

Abb. 5-24   Ausgangssituation und Ansatzpunkte einer finanziellen Nutzenrechnung
bei der Baustoff GmbH

1. Ansatzpunkt 1 (Wettbewerb durch „Technologie-Follower"): Hier könnte
eine Nutzenrechnung die „conversion rate" der Baustoff GmbH steigern. Dies
bedeutet, dass die Baustoff GmbH sich im Vergleich mit Wettbewerbern, die
eine vergleichbare Produkttechnologie anbieten, in Ausschreibungen besser
durchsetzt. Eine finanzielle Nutzenrechnung würde im direkten Wettbewerbsvergleich die quadratmeterbezogenen Premium-Preise der Baustoff GmbH
gegenüber den geringeren Preisen der Technologienachahmer quantifizieren
und könnte Prozesskosteneinsparungen für den Kunden dokumentieren, welche
nur infolge der technischen Produktüberlegenheit der Baustoff GmbH realisiert
werden. In der Nutzenrechnung könnte ein Vergleich eines industrietypischen
Standardsystems (z. B. Wärmedach mit einer einfachen Dachfläche von 1.000
Quadratmetern) dargestellt werden. In einer finanziellen Nutzenrechnung
der Baustoff GmbH würde in Ausschreibungen nicht länger der Preis in Euro
pro Quadratmeter je Dachpaneel, sondern der technisch und prozessbedingte
finanzielle Kundennutzen in Euro pro Quadratmeter je gesamter Dachfläche
verglichen werden. Der Vertriebsleiter äußerte:

▸ *„Der Kunde denkt immer in Dachbahnen und nicht in Preisen pro Quadratmeter. Oft sind wir in den Bahnen pro Bahn circa [...] Euro teurer als der*

Wettbewerber, aber auf den Quadratmeterpreis runtergerechnet sind wir billiger" (BauVL).

► *„Wir müssen dahin kommen, dass wir nicht immer nur in Euro pro Quadratmeter von Dachbahnen verhandeln, sondern in Euro pro Quadratmeter Dach. Unser Vorteil und die Einsparungen liegen in der Befestigung und Qualität des Gesamtpakets"* (BauVL).

2. Ansatzpunkt 2 (Wettbewerb durch Technologiealternativen): Hier könnten mittels einer finanziellen Nutzenrechnung neue Kunden akquiriert werden. Eine Nutzenrechnung im Technologiewettbewerb hilft, Neukunden von der Technologie, der Produktüberlegenheit sowie den begleitenden Dienstleistungen der Baustoff GmbH zu überzeugen, sodass die Systemlösung der Baustoff GmbH den alternativen Technologielösungen der Wettbewerber vorgezogen wird. Die Baustoff GmbH hofft, mit einer Nutzenargumentation den Preiskampf in Ausschreibungssituationen zu vermeiden. Eine Nutzenrechnung stellt im Vergleich zu „technologiefremden" Wettbewerbern ein quantitatives Argumentationsgerüst dar, welches bisher nicht bediente Kundensegmente anspricht und neues Marktpotenzial erschließt. Die Nutzenrechnung könnte aus einer Gegenüberstellung zweier Technologien (z. B. Vergleich eines standardisierten Dachsystems der Baustoff GmbH mit der alternativen Technologie einer Dachfolie am Referenzobjekt eines Industriedachs) langfristige Kosteneinsparungen infolge der Lösung der Baustoff GmbH gegenüber einer vermeintlich „preiswerteren" Technologiealternative berechnen. Der Vertriebsleiter bemerkte, dass die Analyse von Lebenszykluskosten interessant wäre, was der Produktmanager technisch begründete:

► *„Am Anfang ist die Klebefolie immer günstiger, das wissen alle. Aber was ist nach 10 oder 15 Jahren? Das müssen wir den Architekten mal vorrechnen"* (BauVL).
► *„Es ist sehr schwierig, ein Dach zu entsorgen, das mit einer Dachfolie beklebt ist. Die Dämmung und die Folie kann man nicht gemeinsam einschmelzen; trennen, und recyceln kann man sie auch nicht, weil die Werkstoffe verklebt sind. Unsere Dachbahnen sind leicht von der Dämmung zu lösen und auch voll recycelbar und einfach durch neue zu ersetzen"* (BauPM).

5.4.2.3 Entwicklung einer finanziellen Nutzenrechnung
Konzept einer finanziellen Nutzenrechnung

Nach der Aufnahme der Ist-Situation begann ich mit dem Produktmanager, in mehreren Workshops mit unterschiedlichen Unternehmensvertretern Verkaufsargumente zu sammeln. Produkt- und Dienstleistungsargumente wurden aufgelistet, kundenrelevante Stärkenargumente abgeleitet, ein Wettbewerbsangebot als Referenzlösung gesucht sowie die gesammelten Argumente strukturiert und für eine Nutzenrechnung priorisiert. Abbildung 5-25 zeigt die Methodik zur Konzeption der Nutzenrechnung.

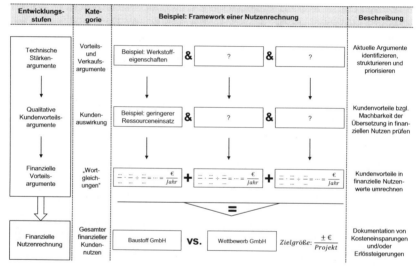

Abb. 5-25 Methodik zur Konzeption einer Nutzenrechnung

Abbildung 5-25 zeigt die Entwicklungsstufen, die wir in den Workshops durchlaufen haben, um Produkt- und Dienstleistungsvorteile für die identifizierten Ansatzpunkte zu recherchieren. In Bezug auf den ersten Ansatzpunkt (Wettbewerb durch „Technologie-Follower") formulierte der Produktmanager die Leitfragen: *„Wo sind unsere Produkte technisch besser und was ist unser finanzieller Vorteil gegenüber unserem Wettbewerber"* (BauPM). Folgende beispielhafte Einschätzungen halfen, das Nutzenrechnungskonzept unter diesen Leitfragen zu entwickeln:

▶ *„Wir produzieren unsere Aluminium-Bahnen auch auf der Baustelle vor Ort. Wir haben Rollformer auf der Baustelle und können mit unseren mobilen Einheiten auch vom Kran hängend die Dachbahnen herstellen. Das spart Lieferkosten, Produktionszeit, Abstimmungsaufwand und garantiert eine Just-in-time-Fertigstellung"* (BauVL).

▶ *„Einen wirklich rechenbaren technischen Vorteil sehe ich bei der geringeren Anzahl benötigter Klipps und den geringeren Verbindungsschrauben. Da können die Kunden Geld, Material und Zeit sparen"* (BauPM).

▶ *„Bisher argumentiere ich in Preisgesprächen immer, dass der erste Euro Preisunterschied für die Unterstützung durch unseren Außendienst zustande kommt. Das können die Kunden meistens nachvollziehen. Das zweite Argument ist dann eher technisch. Ich versuche zu erklären, warum der Kunde mit der [Baustoff GmbH]-Lösung weniger Befestigungsklipps braucht, weniger Schrauben zur Montage notwendig sind und dass dadurch Zeit und auch Montagekosten eingespart werden können. Am Ende versuche ich immer, über mögliche Ausfallargumente den Kunden von unserer Qualität zu überzeugen"* (BauVL).

Der Marketing-Direktor suchte nach weiteren Verkaufsargumenten: *„Können wir auch andere Aspekte wie Beschaffung, Produktion, Anwendung, Wartung, Recycling oder Qualität betrachten"* (BauMD). Daraufhin diskutierten meine Interaktionspartner, welche Argumente eine Steigerung der „conversion rate" begünstigen würden. Ich beobachtete, dass vermehrt Beispiele aus den Bereichen Dienstleistungs-Expertise und Kundenbetreuung genannt wurden:

▶ *„Argumente wie Kranumsetzung, Montageverschiebung, Investitionen in Software, Vorplanung, Reaktionszeit bei Problemen reduzieren alle den Zeit- und Kostenaufwand beim Kunden"* (BauLAT).

▶ *„Auch bei der Verfügbarkeit und Pünktlichkeit haben wir viele Vorteile. Unsere gute Logistik kann dem Kunden auch viel Geld sparen"* (BauVL).

▶ *„Unsere Vorteile liegen in unserer umfassenden Kundenbetreuung. Wir bieten besseren After-Sales-Service, wir kümmern uns jederzeit auch nachts und am Wochenende um unsere Kunden, wenn mal was nicht klappt. Unser Service besteht außerdem aus einer sehr hohen Liefertreue, pünktlichen Projektabnahmen, und wir können flexibel auf der Baustelle produzieren"* (BauLAT).

Bezugnehmend auf den zweiten Ansatzpunkt (Wettbewerb durch Technologiealternativen) sammelten wir quantifizierbare und kundenrelevante Argumente, wie sich die Baustoff GmbH in neuen Märkten als finanziell vorteilhafte Technologiealternative positionieren könnte. Leitfrage der Workshops war hier: *„Welche*

Bestandteile haben wir noch, um uns mit harten, rechenbaren Argumenten auch von untypischen Wettbewerbern abzugrenzen" (BauPM). Argumente, die in einer finanziellen Nutzenrechnung zur Kundenakquise und Erschließung neuer Märkte zu quantifizieren sind, sind zum Beispiel:

▶ *„Was ist denn mit Brandlast? Da haben wir doch einen technischen Vorteil im Vergleich zu anderen Materialien. Wir brauchen insgesamt weniger Material und verwenden außerdem kein Holz oder andere leicht brennbare Werkstoffe in der Aufbaukonstruktion"* (BauMD).
▶ *„Bei Industriedächern sollten wir unser Aluminiumfalzsystem mit den Dachfolien vergleichen. Vor allem, dass wir kaum Montage- und Wartungsaufwand haben, dass unsere Systeme recycelbar sind und dass die gebrauchten Dachbahnen einfach auszutauschen sind, spart gegenüber den billigeren Dachfolien langfristig viel Geld und Arbeitsaufwand"* (BauVL).

Abbildung 5-26 fasst die Verkaufsargumentation bei der Baustoff GmbH zusammen und zeigt das Konzept der finanziellen Nutzenrechnung. In den Workshops fanden wir heraus, dass jeweils drei zentrale Nutzenargumente je Ansatzpunkt in einer finanziellen Nutzenrechnung integriert werden sollten. Das Konzept in Abbildung 5-26 zeigt zum Beispiel, dass Dienstleistungsangebot, Montagefreundlichkeit sowie mobiles Roll-Forming Nutzenargumente zur Steigerung der „conversion rate" (Ansatzpunkt 1) darstellen. Eine längere Lebensdauer sowie eine höhere Wartungsfreundlichkeit und Produktqualität sind mögliche Nutzenargumente zur Gewinnung neuer Kunden und Erschließung neuer Märkte (Ansatzpunkt 2).

In der Diskussion des Konzepts sammelte ich zudem Informationen, wie sich die Baustoff GmbH in einer Vergleichsrechnung abgrenzen möchte:

▶ *„Als Referenzprodukt können wir im ersten Fall ein 65er- oder 400er-Wärmedach mit 1.000 Quadratmetern nehmen, dann bekommen wir bestimmt beeindruckende Ergebnisse raus"* (BauPM).
▶ *„Unsere Wettbewerber sind erstens [...] und zweitens [...]. [Der erste Wettbewerber] kopiert einfach unsere Ideen und hat für die einzelnen Teile eine Zulassung. Das heißt aber noch lange nicht, dass das System insgesamt so gut funktioniert wie bei uns. [Der zweite Wettbewerber] ist vielleicht nicht ein direkter Wettbewerber, um hier eine Vergleichsrechnung zu machen, weil die auch Dachaufbauten aus Holz machen, was wir nicht machen"* (BauMD).

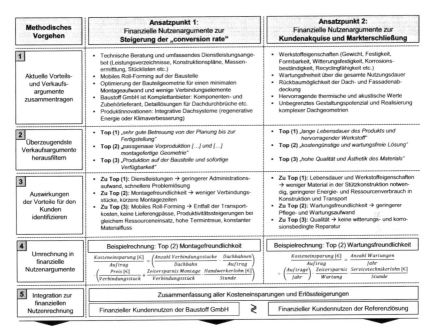

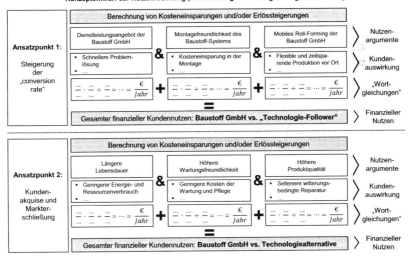

Abb. 5-26   Verkaufsargumentation und Konzept einer finanziellen Nutzenrechnung bei der Baustoff GmbH

In einem nächsten Schritt wird das Nutzenrechnungskonzept in ein Vormodell einer Nutzenrechnung überführt. Der Produktmanager fasste die Zielsetzung zusammen: *„Also, die Rechnung bauen wir erstens um die harten Fakten mit dem Klippvergleich, zweitens am Beispiel eines 1.000 Quadratmeter-Projekts, drittens fragen wir Kunden nach ihrer Einschätzung, wo und wie wir bessere Betreuung bieten, und viertens brauchen wir dann mehr Mut zu Zahlen, die uns dann ja auch andere Kunden nach und nach bestätigen können"* (BauPM).

Entwicklung eines Vormodells einer finanziellen Nutzenrechnung

Im Vormodell werden erste Beispielrechnungen formuliert, welche das Konzept in eine finanzielle Nutzenrechnung überführen helfen. Der Vertriebsleiter bestätigt: *„Man müsste so eine Art Grundgerüst oder Maske haben, mit der man dann einzelne Daten auch vom Kunden erfragen kann. […] Ich bin sicher, hier kann man in einem Gespräch mit dem Kunden viele wertvolle Ideen und auch Zahlen bekommen"* (BauVL). In Abstimmung mit Produktmanager und Leiter der Anwendungstechnik sollte ein Vormodell intuitiv zu bedienen sein. In den Diskussionen wurde deutlich, dass die Baustoff GmbH zwischen produktbezogenen Technologievorteilen sowie dienstleistungsbezogenen Vorteilen unterscheidet. Mein Vorschlag war, im Vormodell einzelne Module abzubilden, sodass die finanzielle Nutzenrechnung je nach Kunde und Verkaufssituation mit separat auswählbaren Technologie- oder Dienstleistungsfaktoren konfiguriert wird. Vor dem Hintergrund der unterschiedlichen Argumentation meiner Interaktionspartner erschien mir dieser modulare Aufbau als zielführend:

▶ *„Bei den allgemeinen Dienstleistungsvorteilen sollten wir auf Liefertreue, Kosteneinsparungspotenzial bei der Projektakquise unserer Kunden und unser technisches Know-how beziehungsweise die starke Kundenbetreuung durch unseren Außendienst eingehen"* (BauVL).
▶ *„In Küstenregionen haben wir erhöhte Windsogkräfte. Da sind vor allem unsere Klipps besser, da sie der dynamischen Beanspruchung besser standhalten als die spröden Klipps des Wettbewerbs aus reiner Glasfaser"* (BauPM).
▶ *„Diese ‚Process-Folie' finde ich super. Da müssen wir uns einzelne Positionen raussuchen. Genau das sind unsere Zusatzleistungen, die uns teurer machen und die wir dem Kunden vorrechnen müssen"* (BauLAT).

Anfangs verlief die Parametrisierung des Vormodells eher zögerlich, da es schwierig war, Daten und Fakten zu finden. Insbesondere der Produktmanager und der Leiter der Anwendungstechnik hatten ihre Zweifel:

▶ *„Bei mir hakt es, wenn ich die Tabelle mit Leben füllen soll. Ich weiß einfach nicht, woher ich die Daten für den Rechner nehmen soll"* (BauPM).

▶ *„Ich weiß nicht, wo man an solche Daten rankommt"* (BauLAT).

In einem gemeinsamen Workshop mit dem Vertriebsleiter betrachteten wir die Herausforderung der Datenrecherche aus einem anderen Blickwinkel. Mit dessen Erfahrung gelang es, eine geeignete Datengrundlage aufzubauen. Der Vertriebsleiter löste die Herausforderung der Datenermittlung folgendermaßen: *„Die Frage ist doch nicht, wie man an die Zahlen kommt, sondern wie man die Zahlen und Annahmen gegenüber dem Kunden plausibel darlegen und begründen kann, ohne unrealistisch zu sein"* (BauVL). In der darauf folgenden Diskussion hatten meine Interaktionspartner bereits eine Vielzahl konkreter Ideen, wie das Vormodell parametrisiert werden könnte:

▶ *„Wie wäre es, wenn wir Projekte von 250, 1.000 und 5.000 Quadratmetern vergleichen, uns vorher hier auf ihre Nutzenmodule einigen und dann mit gleichen Argumenten rechnen? Dann müsste man doch realistische Zahlen rausbekommen, die der Kunde nicht sofort totredet"* (BauPM).

▶ *„Wir können hier als Datengrundlage die Vordimensionierungsblätter nehmen. Die sind übersichtlich und eignen sich für die Kalkulation der Statik-Kosten"* (BauLAT).

▶ *„Wir können das belegen, dass wir eine Reklamationsquote von nur [...] Prozent haben. Darüber führen wir Buch. Die durchschnittliche Reklamationsquote beruht auf der Anzahl der Reklamationsrechnungen pro Jahr, die wir bekommen"* (BauVL).

Abbildung 5-27 zeigt einen Auszug aus dem entwickelten Vormodell, das die Berechnung des finanziellen Kundennutzens von „Modul A1: Beschaffenheit der Befestigungsklipps" beschreibt. Abbildung 5-27 veranschaulicht, wie mittels „Wortgleichungen" Kosteneinsparungen in Euro pro Projekt (€/Projekt) übersetzt werden. Die Berechnung des finanziellen Kundennutzens der anderen Module der Technologieebene (A2 bis A4) sowie der Module der Dienstleistungsebene (B1 bis B4) folgt einer ähnlichen Methodik. Die Parametrisierung der Wortgleichungen resultierte aus der engen Abstimmung mit meinen Interaktionspartnern. Der Produktmanager schätzte den Aufwand technischer Dienstleistungen ein: *„Bei einem 1.000-Quadratmeter-Projekt kann man bestimmt von [...] bis [...] Stunden Arbeit für das Leistungsverzeichnis ausgehen. Also Kosten, die unser Außendienst den Kunden abnimmt"* (BauPM). In Kombination mit der wirtschaftlichen Einschätzung des Vertriebsleiters (BauVL: *„Bei uns liegt die Arbeitsstunde so bei [...] bis [...] Euro"*) war es möglich, schrittweise Daten in das Vormodell einzuarbeiten. Weitere

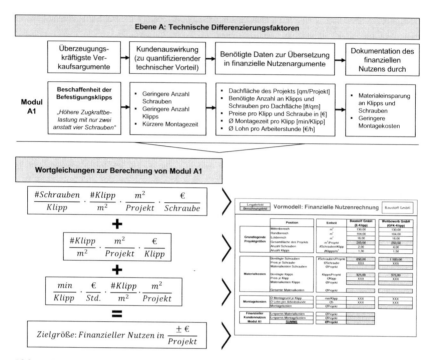

Abb. 5-27 Auszug aus dem Vormodell der finanziellen Nutzenrechnung bei der Baustoff GmbH

Argumente, die bei der Parametrisierung des Vormodells halfen, waren auf der Technologieebene zum Beispiel:

- ▶ *„Ich hatte mal eine Preisliste von [...] und darin konnte man sehr gut sehen, dass [...] im Schnitt immer so circa [...] pro Klipp billiger sind. Dieser Wert ist für die Berechnung der Befestigungsvorteile hier also wirklich ganz treffend"* (BauPM).
- ▶ *„Durch unsere Technologie müssen wir weniger Klipps einsetzen. Das spart [...] Euro pro Quadratmeter. Dann brauchen wir nur zwei anstatt vier Befestigungsschrauben, was auch wieder [...] einspart. Dann können wir noch die Arbeitszeit und Montagekosten einrechnen, was bestimmt auch wieder [...] weniger Kosten bedeutet. Insgesamt kommen wir dann auf einen Kostenvorteil von [...] Euro pro Quadratmeter"* (BauVL).

▶ *„Die Klipp-Befestigung kann man sehr schön rechnen. [...] braucht im eingezeich-*
neten relevanten Bereich in zwei von drei Fällen immer zwei Schrauben mehr pro
Klipp. Das sind bei zwei Klipps pro Quadratmeter also schon vier Schrauben.
Das, hochgerechnet auf 250 Quadratmeter, macht also 1.000 Schrauben mehr.
Berechnet man das, dann ist der anfängliche Preisvorteil von [...] auch schon
ausgeglichen. Außerdem haben wir hier noch keinerlei zusätzliche Kosten für den
höheren Arbeitsaufwand und die Montage eingerechnet" (BauPM).

▶ *„Auf der Technologieebene würde ich eher von 2,5 bis 3 Schrauben pro Klipp*
anstatt von 4 ausgehen, das ist realistischer, und das kann man aus den Lastta-
bellen ableiten" (BauPM).

Auf der Dienstleistungsebene schätzten meine Interaktionspartner die Nutzenargumente der Baustoff GmbH zum Beispiel folgendermaßen ein:

▶ *„Die technische Vorarbeit, also die Erstellung eines Leistungsverzeichnisses, setze*
ich in Preisgesprächen immer mit [...] Euro pro Quadratmeter an" (BauVL).

▶ *„Unsere Kunden wissen, dass bei uns zum Beispiel die Logistik und Disposition*
problemlos klappt. Wenn die Dachbahnen für 9.00 Uhr auf der Baustelle bestellt
sind, du aber erst um 13.00 Uhr lieferst, dann kosten die vier Stunden Verspätung
auf der Baustelle circa [...] Euro" (BauVL).

▶ *„Unser internes Tracking sagt, dass wir eine Reklamationsquote vom Umsatz von*
nur [...] Prozent haben, und das gilt inklusive Reklamationen, die auf Lieferpro-
bleme zurückzuführen sind. [...] Das ist doch eine Kennzahl, die der Wettbewerber
erst mal schlagen muss, und das Gute ist, dass der Kunde, der einmal mit uns
zusammengearbeitet hat, uns die [...] Prozent auch glaubt" (BauVL).

Am Ende der Entwicklung des Vormodells waren Vertriebsleiter, Produktmanager
und ich uns einig, dass der modulare Aufbau der Nutzenrechnung besonders für
eine Anwendung im Außendienst zweckmäßig ist. Die Modulstruktur ermöglicht
es, dass je nach Kundenpräferenzen eher technische Produktvorteile oder allgemeine
Dienstleistungsvorteile die Berechnungsgrundlage des finanziellen Kundennutzens
bilden. In einem nächsten Schritt wäre Kundenfeedback zu sammeln, welches
ermöglicht, die Nutzenrechnung mittels Erfahrungen und Einschätzungen des
Kunden genauer zu parametrisieren. Der Vertriebsleiter teilte meine Auffassung:
„Unsere ganzen gesammelten Daten und Annahmen müssen wir jetzt mal in den
Rechner einpflegen und dann Schritt für Schritt realistischere Zahlen ergänzen,
wenn wir hier Feedback vom Kunden bekommen haben oder nochmal intern mehr
im Detail recherchiert haben" (BauVL).

Entwicklung der finalen finanziellen Nutzenrechnung

In mehreren Workshops zur Detailanpassung des Vormodells entwickelte ich mit dem Feedback meiner Interaktionspartner die finale finanzielle Nutzenrechnung. Hierzu halfen mir interne Protokolle, gemeinsame Notizen am Ausdruck des Vormodells, konkrete Anmerkungen und Verbesserungsvorschläge meiner Interaktionspartner während der Diskussion der Funktionsweise und Berechnungsschritte des Vormodells sowie eigene schriftliche Anmerkungen während der Workshops und Expertengespräche. Die Notwendigkeit einer transparenteren Beweisführung der Nutzenargumentation formulierte der Produktmanager: *„Die drei Argumente würde ich jetzt noch genauer begründen und mit Zahlen hinterlegen. So können wir zeigen, woher die Zahlen kommen und das sie fundiert sind"* (BauPM). An den Einschätzungen unterschiedlicher Workshop-Teilnehmer beobachtete ich, dass im Vergleich zum Vormodell folgende Anpassungen notwendig waren, um den Nutzenrechner für einen Einsatz im Vertrieb zu optimieren:

1. Stärkere Betonung einzelner finanzieller „Mini-Rechnungen" des Vormodells, zum Beispiel: *„Ein vierter Punkt, den wir in der Rechnung betonen sollten, ist unsere Kundenbetreuung durch den Außendienst. Wir haben allein zehn Kollegen, die in ganz Deutschland ständig im Einsatz sind, ganz unabhängig von den Außendienstkollegen im Ausland. Unsere Wettbewerber haben hier vielleicht gerade mal drei oder vier. Die Außendienstmitarbeiter bewirken wirklich was bei Kunden. Das ist immer schwer in Zahlen zu messen, vor allem in Euro-Werten, aber hier können wir vielleicht, wie gesagt, über Reaktionszeiten, klare Projektverantwortliche, Effizienz der Fehlerbehebung und so weiter argumentieren"* (BauVL).
2. Ausblendung nicht mehr relevanter finanzieller „Mini-Rechnungen" des Vormodells, zum Beispiel: *„Unser Vorteil ist auch die Wiederholgenauigkeit der Profile. Aber das setzt der Kunde einfach voraus, auch wenn die Wettbewerber nie konstanten Output liefern"* (BauLAT).
3. Detaillierte Darstellung einzelner Berechnungsschritte des Vormodells, zum Beispiel: *„Wir haben eine Liefertreue von [...] Prozent, das heißt, es bleiben dann [...] Prozent Verzug. Das wären dann bei einer Kostenpauschale von rund [...] Euro pro Quadratmeter [...] Euro pro Quadratmeter. Die Rechnung müssen wir im Detail aber genauer machen. So glaubt mir der Kunde das nicht, und wir können uns im Detail sicher besser differenzieren, als wenn wir einfach von [...] Euro pro Quadratmeter ausgehen"* (BauVL).
4. Anpassung der ersten Parametrisierung des Vormodells der Nutzenrechnung, zum Beispiel: *„Ein Stundensatz von [...] Euro pro Stunde ist zu hoch für einen Techniker. Ich würde eher mal von [...] Euro pro Stunde ausgehen. Das sollten wir korrigieren, sonst sieht das aus, als ob wir das schönrechnen wollen"* (BauVL).

Die finale finanzielle Nutzenrechnung bei der Baustoff GmbH ist in zwei Ebenen gegliedert: Technologie- (vgl. Abbildung 5-29) und Dienstleistungsebene (vgl. Abbildung 5-30). Beide Ebenen umfassen je vier Module, in denen finanzielle „Mini-Rechnungen" formuliert werden. Abbildung 5-28 zeigt den Aufbau der finanziellen Nutzenrechnung.

Abb. 5-28 Aufbau der finalen finanziellen Nutzenrechnung bei der Baustoff GmbH

Abbildung 5-28 zeigt, dass der Aufbau der finanziellen Nutzenrechnung vergleichbar mit dem Vormodell ist. Die finanzielle Nutzenrechnung umfasst insgesamt acht Module, welche nach Technologie- und Dienstleistungsebene getrennt werden. Der Aufbau stellt das erste Tabellenblatt der Nutzenrechnung dar und ermöglicht eine schnelle Navigation über verlinkte Registerblätter. Die Menü-Führung umfasst interaktive Auswahlfelder, die zu den einzelnen Modulen der finanziellen „Mini-Rechnungen" führen oder direkt mit einer Datenbank verlinkt sind, in der über vordefinierte Mustertabellen Kundenfeedback als Datengrundlage zur Parametrisierung der Nutzenrechnung eingegeben werden kann.

Abbildung 5-29 zeigt die Struktur der finanziellen Nutzenrechnung zur Kalkulation der spezifischen Technologievorteile und formuliert eine beispielhafte umfasst vier einzelne Module (A1 bis A4), die in separaten „Mini-Rechnungen" zurück | Aufbau der Nutzenrechnung | (A) Spezifische Technologievorteile | (B) Allgemeine Dienstleistungsvorteile | Zusammenfassung der Nutzenrechnung | Datenbank Technologieebene | Datenbank Dienstleistungsebene | vor

Zentrale Annahmen im Technologievergleich

Modul	Position		Einheit	Baustoff GmbH (E-Klipp)	Wettbewerb (GFK-Klipp)
Grundlegende Projektgrößen	Mittenbereich (MB)	Fläche	m^2-MB		
		Schrauben	#Schrauben/m^2-MB		
	Rand- und Eckbereich (REB)	Fläche	m^2-REB		
		Schrauben	#Schrauben/m^2-REB		
	Ø Anzahl Klipps		ØKlipps/m^2		
	Gesamtfläche des Projekts		m^2/Projekt		
	Ø Anzahl Schrauben		ØSchrauben/Klipp		

A1   Finanzieller Nutzen durch Materialkostenvorteil der Befestigungsklipps

Modul	Position	Einheit	Baustoff GmbH (E-Klipp)	Wettbewerb (GFK-Klipp)
Materialkostenvorteil	Preis je Schraube	€/Schraube		
	Benötigte Schrauben	#Schrauben/Projekt		
	Materialkosten Schrauben	€/Projekt		
	Preis je Klipp	€/Klipp		
	Benötigte Klipps	Klipps/Projekt		
	Materialkosten Klipps	€/Projekt		
	Gesamte Materialkosten	€/Projekt		
	Finanzieller Nutzen	€/Projekt		

A2   Finanzieller Nutzen durch Montagefreundlichkeit

Modul	Position	Einheit	Baustoff GmbH (E-Klipp)	Wettbewerb (GFK-Klipp)
Montagekostenvorteil	Ø Montagezeit je Klipp	min/Klipp		
	Ø Lohn pro Arbeitsstunde	€/h		
	Montagekosten	€/Projekt		
	Finanzieller Nutzen	€/Projekt		

A3   Finanzieller Nutzen durch Wartungsfreundlichkeit

Modul	Position	Einheit	Baustoff GmbH	Wettbewerb
Wartungskostenvorteil	Anzahl Wartungen	#Wartungen/Jahr		
	Ø Anzahl Projekte	#Projekte/Jahr		
	Ø Zeitaufwand Wartung	Std./Wartung		
	Ø Wartungskosten (Material und Lohn)	€/h		
	Wartungskosten	€/Projekt		
	Finanzieller Nutzen	€/Projekt		

A4   Finanzieller Nutzen durch Recyclingfähigkeit

Modul	Position	Einheit	Baustoff GmbH (E-Klipp)	Wettbewerb (GFK-Klipp)
Erlösvorteil aus Recycling-fähigkeit	Recyclingquote der Al-Klipps	%		
	Ø Recyclingwert pro Klipp (25% des Preises)	€/Klipp		
	Benötigte Klipps	Klipps/Projekt		
	Finanzieller Recyclingwert	€/Projekt		
	Finanzieller Nutzen	€/Projekt		

$$\textit{Beispiel Modul A3: Wartungskosten}\left(\frac{€}{Projekt}\right) = \textit{Anzahl Wartungen}\left(\frac{\# \, Wartungen}{Jahr}\right)$$

$$\div \, \textit{Ø Anzahl Projekte}\left(\frac{\# \, Projekte}{Jahr}\right) \cdot \textit{Zeitaufwand}\left(\frac{Std.}{Wartung}\right) \cdot \textit{Lohnkosten}\left(\frac{€}{Std.}\right)$$

Abb. 5-29   Spezifische Technologievorteile

„Wortgleichung" zur Berechnung der Wartungskosten. Die Nutzenrechnung finanziellen Kundennutzen auf der Technologieebene kalkulieren. Aus der Kombination
technischer Vorteile, wie Beschaffenheit der Befestigungs-Klipps (Modul A1),
Montage- und Wartungsfreundlichkeit des Baustoff-GmbH-Systems (Module A2
und A3) sowie Recyclingfähigkeit (Modul A4), quantifiziert die Nutzenrechnung
finanziellen Kundennutzen.

Die finanzielle Nutzenrechnung basiert auf zentralen Parametern, welche den
finanziellen Nutzen in der kundenrelevanten Einheit Euro pro Projekt (€/Projekt)
dokumentieren. Abbildung 5-29 zeigt, dass die vier Module der Technologieebene
sich auf grundlegende Projektgrößen, wie Aufteilung der Projektfläche in Rand-,
Mitten- und Eckbereich, durchschnittliche Anzahl benötigter Klipps und Befestigungsschrauben, beziehen, sodass eine schnell anpassbare und mit dem Wettbewerb
vergleichbare Rechnung möglich ist.

Abbildung 5-30 zeigt die Struktur der finanziellen Nutzenrechnung zur Kalkulation allgemeiner Dienstleistungsvorteile und formuliert eine beispielhafte
„Wortgleichung" zur Berechnung möglicher Kosten infolge eines Lieferverzugs.
Die Nutzenrechnung umfasst hier ebenfalls vier einzelne Module (B1 bis B4), die
in separaten „Mini-Rechnungen" finanziellen Kundennutzen auf der Dienstleistungsebene kalkulieren. Aus der Kombination dienstleistungsbezogener Vorteile,
wie Unterstützung bei der Projektakquise (Modul B1), Lieferleistung und -treue
(Modul B2), technisches Know-how der Prozessabwicklung (Modul B3) sowie
Kundenbetreuung durch Außendienstmitarbeiter im After-Sales-Bereich (Modul
B4), quantifiziert die Nutzenrechnung Kostenvorteile und Erlössteigerungspotenziale für den Kunden.

Vergleichbar mit der Technologieebene arbeitet die finanzielle Nutzenrechnung
auf der Dienstleistungsebene ebenfalls mit zentralen Parametern, welche den finanziellen Nutzen in der kundenrelevanten Einheit Euro pro Projekt (€/Projekt)
berechnen. Abbildung 5-30 zeigt, dass sich die vier Module der Dienstleistungsebene
für eine projektübergreifende Nutzenberechnung auf grundlegende Projekt- und
Kostenparameter, wie durchschnittliche Projektgröße und -anzahl sowie durchschnittliche Anzahl betreuender Außendienstmitarbeiter mit industrietypischen
Stundenkostensätzen, beziehen, sodass eine schnell anpassbare und mit dem
Wettbewerb vergleichbare Rechnung ermöglicht wird.

| zurück | Aufbau der Nutzenrechnung | (A) Spezifische Technologievorteile | (B) Allgemeine Dienstleistungsvorteile | Zusammenfassung der Nutzenrechnung | Datenbank Technologieebene | Datenbank Dienstleistungsebene | vor |

Zentrale Annahmen im Dienstleistungsvergleich

Projektparameter			Kostenparameter		
Ø Größe eines Projekts		m²/Projekt	Ø Stundenkostensatz ADM		€/(Std.*ADM)
Ø Anzahl Projekte		#Projekte/Jahr	Ø Anzahl ADM		ADM/Projekt

B1 — Ausschreibung: finanzieller Nutzen in der Projektakquise

Modul	Beispiel	Position	Einheit	Baustoff GmbH	Wettbewerb
Kostenvorteil während der Ausschreibung	Konstruktionspläne erstellen, Massenermittlung durchführen, Vordimensionierungsblätter anfertigen, Stücklisten ausarbeiten	Beratung durch ADM in Akquise	Std.		
		Kosten Leistungsverzeichnis	€/m²		
		Ø Kosten Leistungsverzeichnis	€/Projekt		
		Ø Kosten Beratung durch ADM	€/Projekt		
		Kosten Projektakquise	€/Projekt		
		Finanzieller Nutzen	€/Projekt		

B2 — Liefertreue: finanzieller Nutzen aus OTIF (on time in full)

Modul	Beispiel	Position	Einheit	Baustoff GmbH	Wettbewerb
Kostenvorteil aus OTIF-Messung	Kurze Reaktionszeiten durch mobiles Roll-Forming, Fertigung auf der Baustelle vor Ort möglich, pünktliche Projektabnahmen	Verzugszeit	Verzugs-Std./m²		
		Lieferleistung	%		
		Verzugswahrscheinlichkeit	%		
		Ø Kosten Lieferverzug	€/Verzugs-Std.		
		Kosten Lieferverzug	€/Projekt		
		Finanzieller Nutzen	€/Projekt		

B3 — Prozess-Know-how: finanzieller Nutzen aus Projektabwicklung

Modul	Beispiel	Position	Einheit	Baustoff GmbH	Wettbewerb
Kostenvorteil aus Prozess-Know-how	keine Verzugskosten durch genaue Vordimensionierung und prüffähige Statik, schneller Montageablauf durch konstruktionsgerechte Fertigung im Werk, keine Kosten einer Kranumsetzung oder Montageverschiebung	Ø Reklamationsrate	%		
		Ø Kosten Reklamation	€/m²		
		Ø Gewährleistungsanspruch	%		
		Ø Kosten Gewährleistung	€/m²		
		Reklamationskosten des Projekts	€/Projekt		
		Gewährleistungskosten des Projekts	€/Projekt		
		Kosten Prozess Know-how	€/Projekt		
		Finanzieller Nutzen	€/Projekt		

B4 — Kundenbetreuung durch ADM: finanzieller Nutzen aus After-Sales-Service

Modul	Beispiel	Position	Einheit	Baustoff GmbH	Wettbewerb
Kostenvorteil aus Effizienz und Qualität im After-Sales-Service	Schnelle Reaktionszeit bei Problemen, 24/7-Erreichbarkeit bei möglichen Störungen, eindeutiger Projektverantwortlicher	Zeit Erreichung Projektverantwortlicher	min		
		Problemlösungsdauer	Std.		
		Ø Kosten je Kontaktpunkt	€/Std.		
		Ø Kosten einmaliger After-Sales-Service	€		
		Ø Anzahl Kontaktpunkte	#/Projekt		
		Gesamtkosten After-Sales-Service	€/Projekt		
		Finanzieller Nutzen	€/Projekt		

$$Beispiel\ Modul\ B2: Kosten\ Lieferverzug \left(\frac{€}{Projekt}\right) = Verzugswahrscheinlichkeit\ (\%)$$
$$\cdot Verzugszeit \left(\frac{Verzug - Std.}{m^2}\right) \cdot Ø\ Kosten\ Lieferverzug \left(\frac{€}{Verzugs - Std.}\right) \cdot Ø\ Projektgröße \left(\frac{m^2}{Projekt}\right)$$

Abb. 5-30　Spezifische Dienstleistungsvorteile

Am Ende werden die einzelnen Module der Technologie- und Dienstleistungsebene zusammengefasst. Die Integration der separaten „Mini-Rechnungen" ist möglich, da alle finanziellen Nutzen in der Einheit Euro pro Projekt (€/Projekt) kalkulieren. Der modulare Aufbau der Nutzenrechnung erlaubt es, die Kalkulation des gesamten finanziellen Kundennutzens je nach Anwendungsfall individuell anzupassen. Das heißt, in Abhängigkeit des Anwendungsfalls werden nur die für den Kunden relevanten Module über Auswahlfelder in der abschließenden Kalkulation des gesamten finanziellen Nutzens zusammengefasst. Kennzeichnet der Vertriebsmitarbeiter ein Modul als „relevant", ist es Teil der Berechnungsgrundlage des gesamten finanziellen Kundennutzens, wogegen „nicht relevante" Module aus der Kalkulation des finanziellen Kundennutzens ausgeschlossen werden.

5.4.3 Ergebnisse der Kooperation

Ziel der Fallstudie war die Entwicklung einer finanziellen Nutzenrechnung, die sowohl den finanziellen Kundennutzen der technischen Produktüberlegenheit als auch denjenigen der produktbegleitenden Dienstleistungsvorteile berechnet. Idealerweise sollte die Nutzenrechnung die Vertriebsmitarbeiter im Innen- und Außendienst unterstützen, gegenüber dem Kunden Premium-Preise zu rechtfertigen. Ergebnis der Kooperation ist eine Nutzenrechnung, die bei Preisdruck durch „Technologie-Follower" (vgl. identifizierter Ansatzpunkt 1) sowie zur Kundenakquise und Markterschließung (vgl. Ansatzpunkt 2) eingesetzt werden kann. Bezüglich des ersten Ansatzpunktes stellt die finanzielle Nutzenrechnung eine neue Argumentationsbasis zur Steigerung der „conversion rate" dar. Die Nutzenrechnung schafft eine quantitative Argumentationsgrundlage, sodass Preise nicht länger auf der Grundlage pro Dachpaneel, sondern pro Quadratmeter (bzw. pro Projekt) verhandelt werden können. Der Vertriebsleiter plante daher eine Testphase der Nutzenrechnung: *„Ich könnte mir vorstellen, [die Nutzenrechnung] am Ende mal zwei oder drei Kunden zu zeigen, mit denen ich [die Nutzenrechnung] dann genauer im Detail mal durchgehen würde"* (BauVL).

Die finanzielle Nutzenrechnung unterscheidet zwischen einer Produkt- und Dienstleistungsebene mit separat auswählbaren Teilmodulen, sodass eine fallspezifische Anpassung schnell möglich ist. Daher können einzelne Module der finanziellen Nutzenrechnung zur Unterstützung des zweiten Ansatzpunktes (Kundenakquise und Markterschließung) fallspezifisch ausgewählt werden. Der Vertriebsleiter merkte an: *„Argumente für ein Industriedach ziehen nur im Wettbewerb zu Stahl und Folie. Ich würde die Punkte Wartungsfreundlichkeit und Recycling hier nicht löschen, aber vielleicht nur bei Bedarf einblenden"* (BauVL). Abbildung 5-31 bezieht sich auf die anfangs analysierte Ausgangssituation und zeigt, auf welcher Ebene und mit welchen Modulen die Nutzenargumentation der Baustoff GmbH gegenüber ihren Kunden professionalisiert wurde.

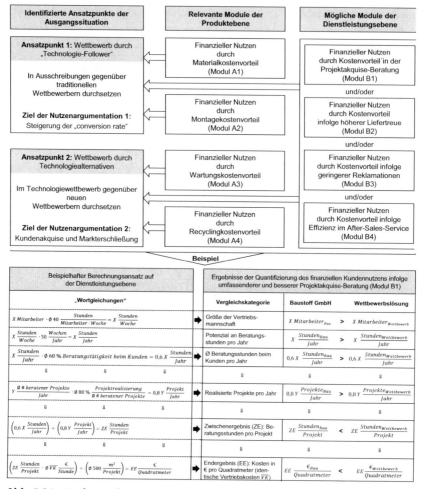

Abb. 5-31   Professionalisierung der Nutzenargumentation bei der Baustoff GmbH

Wir fanden zum Beispiel heraus, dass im Wettbewerb mit „Technologie-Followern" (Ansatzpunkt 1) auf der Produktebene die Anzahl der Klipps infolge des höherwertigeren Befestigungssystems der Baustoff GmbH im Vergleich zum direkten Wettbewerber um zehn Prozent sowie darüber hinaus die Anzahl benötigter Schrauben um rund 82 Prozent reduziert werden kann. Dies führt zu Kosteneinsparungen in Material und Montageaufwand, weshalb ein anfänglich höherer Preis gerechtfertigt ist. Das Einsparungspotenzial bei Materialkosten beträgt rund acht Prozent und das des geringeren Montageaufwands beträgt circa 65 Prozent eines technologieäquivalenten Wettbewerbsprodukts. Hier ist zu bedenken, dass wir von durchschnittlichen Projektgrößen (ca. 500 Quadratmeter) ausgegangen sind, weshalb der absolute finanzielle Kundennutzen mit der Größe der Projekte ansteigt.

Im Wettbewerb mit Technologiealternativen (Ansatzpunkt 2) veranschaulicht Abbildung 5-31 einen beispielhaften Berechnungsansatz, wie finanzieller Kundennutzen infolge einer Beratung bei der Projektakquise quantifiziert werden kann. Angenommen wurde, dass die im Durchschnitt mehr als doppelt so große Vertriebsmannschaft der Baustoff GmbH eine höhere Anzahl an Beratungsstunden beim Kunden ermöglicht als die kleinere Vertriebsmannschaft eines Wettbewerbers. Daraus folgt, dass mit mehr Beratungsstunden sowie einer absolut größeren Vertriebsmannschaft die Anzahl der realisierbaren Projekte gesteigert wird. Als Zwischenergebnis wird berechnet, dass die Baustoff GmbH circa 2,6-mal weniger Beratungsstunden pro Projekt benötigt als der Wettbewerber oder bei gleich vielen Beratungsstunden circa 2,6-mal mehr Projekte für den Kunden realisiert. Im Endergebnis ist bei identischer durchschnittlicher Projektgröße sowie bei branchenüblichen Stundenkostensätzen der Vertriebsmitarbeiter das höhere Preisniveau der Baustoff GmbH zu rund 40 Prozent aufgrund professionellerer Beratung bei der Projektakquise zu rechtfertigen.

Die beschriebenen einzelnen Nutzenrechnungsmodule werden am Ende zu einer finanziellen Nutzenrechnung integriert. Die finale finanzielle Nutzenrechnung soll vor einer ersten Kundenanwendung bei der Baustoff GmbH unternehmensintern noch im Detail optimiert werden: *„Bevor ich aber mit der Rechnung zu Kunden gehe, gehe ich das erst nochmal intern mit meinen Vertrieblern durch. Die können bestimmt auch helfen, genauere Daten einzupflegen"* (BauVL). Trotz weiterer Optimierungsbedarfs beobachtete ich, dass die entwickelte Nutzenrechnung für eine Interaktion mit dem Kunden bereits praktikabel gestaltet ist und die Nutzenargumentation der Baustoff GmbH professionalisiert. Der Vertriebsleiter teilte meine Einschätzung und berichtete von letzten Optimierungen: *„Ich finde das gut, dass wir eine Rechnung mit Eingabefeldern haben. Wenn wir das jetzt genauer verfeinern und die Kunden mit einbinden, bekommen wir nicht nur genauere Zahlen, sondern stoßen auch einen Denkprozess beim Kunden an"* (BauVL).

5.4.4   Beitrag der Fallstudie zu den Forschungszielen

In der Fallstudie mit der Baustoff GmbH bot sich mir die Möglichkeit, eine finanzielle Nutzenrechnung für einen Technologieführer zu entwickeln. Im Vergleich
zu den anderen drei Fallstudien beobachtete ich zum Beispiel folgende Aspekte:

- Die Quantifizierung eines technischen Produktvorteils ist mit viel Detailarbeit
  bei der Parametrisierung verbunden. Mittels Experteneinschätzungen, Kundenfeedback sowie einer tief greifenden Technikanalyse wurden produktorientierte
  Daten sowie intern verfügbare Daten ermittelt. Die Analyse der technischen
  Produktvorteile war bei der Baustoff GmbH detaillierter und nahm im Vergleich
  zu den anderen Fallstudien einen längeren Zeitraum in Anspruch.
- Die Entwicklung einer finanziellen Nutzenrechnung wurde durch das Einbeziehen von Experten verschiedener Fachbereiche komplexer, aber in der
  Argumentation gegenüber dem Kunden robuster. Die Heterogenität der Ideen
  und die Kritikpunkte der interdisziplinären Workshop-Teilnehmer halfen
  entscheidend dabei, eine Nutzenrechnung für die individuelle Situation bei der
  Baustoff GmbH aufzustellen.
- Allgemein lässt dich resümieren: Auch bei einem Technologieführer reicht eine
  rein technikorientierte Nutzenrechnung auf Produktebene nicht mehr aus, um
  Kunden zu überzeugen. Indem eine anfangs rein produktgetriebene Nutzenrechnung um dienstleistungsbezogene Vorteile ergänzt wurde, entstand eine
  kundenrelevante Nutzenrechnung. Diese rechnet dann je nach Kundensituation
  entscheidende Verkaufsargumente auf Produkt- oder Dienstleistungsebene in
  finanzielle Nutzenargumente um.

Insgesamt war es in der Fallstudie mit der Baustoff GmbH gleichermaßen Chance
und Herausforderung, die wichtigsten produkt- und dienstleistungsbedingten
Vorteilsargumente in einer Nutzenrechnung zu integrieren. Die kundenrelevante
finanzielle Nutzenrechnung verknüpft dazu die separaten Module der Produkt- und
Dienstleistungsvorteile zu einem ganzheitlichen Modell, ermöglicht aber dennoch
eine kundenspezifische Anpassung. Die Beiträge der Fallstudie zur Beleuchtung
der Forschungsfragen sind im Folgenden nach Forschungszielen zusammengefasst.

Beitrag zu Forschungsziel 1: „Nutzen verstehen"

Meine Interaktionspartner hinterfragten Konzept und Idee einer finanziellen
Nutzenrechnung (vgl. Abbildung 4-3) nicht im Detail. Die unterschiedlichen
Teilnehmer der Workshops waren mit dem vorgestellten Konzept einverstanden
und bestätigten dessen praktische Relevanz: *„Ich bekomme immer nur zu hören:*

‚*Das Einzige, was zählt, ist der Preis.*‛ *Wir sollten es schaffen, mit unseren Kunden mehr darüber zu diskutieren, was wir besser machen als die billigeren Anbieter*" (BauLAT). Die Beteiligten stimmten nicht lange ihr Nutzenverständnis ab, sondern begannen unmittelbar, Ansatzpunkte einer Nutzenrechnung zu diskutieren. Der Vertriebsleiter betonte anfangs die Kundenwahrnehmung: „*Wir müssen die Wahrnehmung im Markt durch unsere Kunden ändern, nicht nur versuchen, ein Produkt zu verkaufen*" (BauVL). Mittels technischer Produktvorteile im Wettbewerbsvergleich argumentierte der Produktmanager, wie das Konzept einer Nutzenrechnung auf die Situation bei der Baustoff GmbH zu übertragen ist: „*Ja stimmt, Brandlast ist bei uns natürlich ein riesiger Vorteil. Die GFK-Klipps von [...] verlieren bei hohem Wärmeeinfluss ihre Stabilität, weil die Fasern aufweichen. Im schlimmsten Fall können die Halterungen dann die Last der Dachkonstruktion nicht mehr tragen und in die Unterkonstruktion weiterleiten*" (BauPM). Der Leiter der Anwendungstechnik hatte ein eher dienstleistungsbezogenes Nutzenverständnis: „*Wenn ich unsere Kunden frage, wie wir uns vom Wettbewerb abheben, sagen die immer, dass [die Baustoff GmbH] einfach mehr und besseren Service bietet. Wir müssen das jetzt schaffen, in Geld auszudrücken, wie viel wir besser sind*" (BauVL). Trotz unterschiedlicher Ansatzpunkte verständigten sich meine Interaktionspartner unbewusst auf ein einheitliches Nutzenverständnis, da sie alle das Konzept einer Nutzenrechnung auf die Situation bei der Baustoff GmbH übertrugen und so eine gemeinsame konzeptionelle Basis legten.

Beitrag zu Forschungsziel 2: „Nutzen berechnen"

Während der Entwicklung der finanziellen Nutzenrechnung beobachtete ich, dass es im Gegensatz zu den Fallstudien mit der Labeling GmbH und der E-Technik GmbH meinen Interaktionspartnern bei der Baustoff GmbH leichter gefallen ist, technische Produktvorteile für eine finanzielle Nutzenrechnung zu identifizieren. In Abgrenzung zur Fallstudie mit der Prothesen GmbH gestaltete sich auch die Umrechnung technischer Stärkenargumente auf Produktebene in finanzielle Kundennutzenargumente einfacher. Ich hatte den Eindruck, je mehr technische Produkteigenschaften im Vordergrund der Nutzenargumentation stehen, desto präziser und glaubhafter ist es, finanziellen Kundennutzen in einer Rechnung zu quantifizieren. Der Produktmanager teilte mir mit: „*Auf der Technologieebene kann ich begründete Annahmen treffen und wirkliche Fakten liefern, da habe ich Werte. Bei den harten Fakten weiß ich, wie ich das mit Preisen und Kosten ausdrücken kann*" (BauPM).

Dennoch zeigte sich im Laufe der Projektarbeit, dass eine Nutzenrechnung nicht nur auf Basis technischer Produktüberlegenheit entwickelt werden kann. Produktbegleitende Dienstleistungen gewinnen für die Baustoff GmbH als Differenzierungsfaktoren an Bedeutung. Vergleichbar mit den Herausforderungen bei der Entwicklung der Nutzenrechnung bei der Labeling GmbH oder der E-Technik GmbH galt es, bei der Baustoff GmbH ebenfalls Parameter zu recherchieren, die produktbegleitende Dienstleistungen in finanziellen Kundennutzen umzurechnen erlauben. Der Leiter der Anwendungstechnik bestätigte: *„Unsere Vorteile sind eine gute Planung, Just-in-time-Lieferung, höchste Qualität und so weiter. Aber das sagen ja alle. Die Frage ist, was das in Euro bedeutet"* (BauLAT). Im Vergleich zu den anderen Fallstudien verlief die Quantifizierung allgemeiner Dienstleistungsvorteile bei der Baustoff GmbH schwieriger. Meine Beobachtung war, je stärker eine Nutzenargumentation anfangs auf der Produktebene stattfindet, desto schwieriger ist es, die Argumentation auf eine Dienstleistungsebene zu erweitern: *„Bei der Dienstleistungsebene fällt es mir schwer, die Argumente in Preise und Kosten zu fassen. Hier stellt sich mir immer die Frage, was genau zum Beispiel unsere Unterstützung in der Ausschreibung wert ist? Wie wollen wir diesen Wert den Kunden erklären"* (BauPM).

Auf der Dienstleistungsebene betonte insbesondere der Vertriebsleiter, dass eine kundenorientierte Nutzenrechnung vorrechnen müsse, dass die professionelle Kundenbetreuung der Baustoff GmbH einen Unterschied ausmacht. Da die Premium-Preise der Baustoff GmbH auf eine größere Vertriebsmannschaft zurückzuführen sind, werden die vom Außendienst erbrachten Leistungsvorteile als finanzieller Kundennutzen vorgerechnet. Der Vertriebsleiter erklärte bezüglich der Nutzenquantifizierung des Außendienstes: *„Bei dem Punkt der Projektakquise können wir sehr gut darstellen, wie der Kunde durch uns Zeit und Geld spart. Unser Außendienst macht aktive Beratung, was kein anderer Anbieter in dieser Form macht. Unser Außendienst erstellt umfassende Leistungsverzeichnisse, die circa [...] Euro pro Quadratmeter kosten. [...] Man könnte hier zum Beispiel mit den Kosten der Beratung durch den Außendienst [pro Projekt] rechnen, diesen durch die durchschnittliche Anzahl der Quadratmeter pro Projekt teilen, um so wieder am Ende auf die Zielgröße Euro pro Quadratmeter zu kommen. Der Kunde sagt mir immer, dass wir ihm mit unseren Leistungsverzeichnissen Kosten und viel zusätzlichen Aufwand abnehmen, das ist doch dann ein klarer finanzieller Nutzen"* (BauVL). Vergleichbar mit der Fallstudie der Labeling GmbH hatte ich auch bei der Baustoff GmbH den Eindruck, dass eine anfangs kaum vorstellbare Quantifizierung von Dienstleistungsvorteilen mit dem Expertenwissen des Vertriebsleiters dennoch möglich ist. In Workshops mit dem Vertriebsleiter recherchierten wir zum Beispiel, dass vom Vertrieb gesammelte Daten der Verzugswahrscheinlichkeiten, -zeiten und -kosten („OTIF"-Kennzahlen, d. h. „on time in full") zur Berechnung von finanziellem Kundennutzen verwendet werden können. Am Ende war auch der Produktmanager von der Integration der Dienstleistungsfaktoren überzeugt: *„Was mir aufgefallen ist, ist, dass der ursprüngliche Punkt, dass wir weniger Klipps brauchen, jetzt einer* *von vielen Argumenten ist. Ich finde das gut, dass wir mehr Vorteile herausgearbeitet haben, weil wir die Rechnung mit den Dienstleistungsvorteilen so breiter einsetzen können"* (BauPM).

Beitrag zu Forschungsziel 3: „Nutzenrechnungen umsetzen"

Die Implementierung der finanziellen Nutzenrechnung hängt bei der Baustoff GmbH davon ab, wie umfassend Kundenfeedback und Einschätzungen der Außendienstmitarbeiter zur Parametrisierung der Dienstleistungsvorteile gesammelt werden. Meiner Einschätzung nach eignet sich gerade der modulare Aufbau der Nutzenrechnung dazu, in der direkten Interaktion von Außendienstmitarbeitern und Kunden die Implementierung der finanziellen Nutzenrechnung voranzutreiben. Die Berechnung der finanziellen Nutzenargumente in separaten Produkt- und Dienstleistungsmodulen erlaubt es, die Nutzenrechnung je nach Kundensituation anzupassen. Der Leiter der Anwendungstechnik formulierte: *„Was wir da ausrechnen, muss man aber auch sofort und kurz und knapp erklären können"* (BauLAT). Der modulare Aufbau der Nutzenrechnung begünstigt dies, da die Nutzenrechnung auch dann sofort verständlich ist, wenn nicht alle einzelnen Module im Detail genau mit korrekten Variablen erfasst sind.

Eine erfolgreiche Implementierung einer Nutzenrechnung hängt darüber hinaus von der angesprochenen Zielgruppe ab. Nach den Einschätzungen meiner Interaktionspartner hatte ich den Eindruck, dass eine Implementierung der Nutzenrechnung Erfolg versprechender ist, wenn große Kundenprojekte berechnet werden: *„Bei größeren Projekten können wir schon eher mit einer Rechnung und geldwerten Vorteilen kommen, aber auch nur, wenn das die Punkte sind, die beim Kunden brennen"* (BauLAT).

Kleinere Kundenprojekte scheinen für die Diskussion finanzieller Nutzenargumente weniger bedeutend zu sein:

► *„Ein Dachdecker zum Beispiel will doch diese Argumentationen und Rechnungen gar nicht sehen. Der will bei seinem 250-Quadratmeter-Projekt einfach einen reibungslosen Ablauf. Da kann man mit einer Vorteilsrechnung nichts gewinnen"* (BauLAT).

► *„Bei kleineren Projekten sehe ich das auch nicht, dass wir mit einem Tool kommen und so verkaufen. Bei Kunden, die aber richtig ausgebildete Einkäufer haben, ist es einen Versuch wert"* (BauPM).

Fallstudienübergreifende Auswertung der empirischen Beobachtungen 6

Kapitel 6 wertet die empirischen Beobachtungen zur Entwicklung finanzieller Nutzenrechnungen fallstudienübergreifend aus. Die Auswertung der qualitativ-empirischen Untersuchung orientiert sich an der in Abbildung 6-1 dargestellten Vorgehensweise. Sie erfolgt auf vier Ebenen: (1) Fallstudienübergreifende Zusammenfassung der empirischen Beobachtungen, (2) Ableitung eines generischen Prozesses zur Entwicklung finanzieller Nutzenrechnungen, (3) Herausforderungen bei der Entwicklung finanzieller Nutzenrechnungen sowie (4) Einwände und Handlungsempfehlungen zur Entwicklung finanzieller Nutzenrechnungen.

Kapitel 6.1 fasst die Ergebnisse der Fallstudien zusammen und grenzt die gesammelten Beobachtungen voneinander ab. Kapitel 6.2 rekonstruiert die Entwicklungsprozesse der finanziellen Nutzenrechnungen der einzelnen Fallstudien, mit dem Ziel, einen generischen Entwicklungsprozess abzuleiten. Kapitel 6.3 deckt Herausforderungen im Entwicklungsprozess finanzieller Nutzenrechnungen auf und strukturiert diese. Kapitel 6.4 beschreibt verschiedene Einwände während der Entwicklung finanzieller Nutzenrechnungen und gibt hierzu entsprechende Handlungsempfehlungen.

Die Auswertung der empirischen Beobachtungen baut auf den in den Forschungskooperationen gesammelten Datenpunkten der einzelnen Action-Research-Projekte auf (Huxham und Vangen 2000). Unter Datenpunkten werden alle relevanten Archivdaten, Notizen, Beobachtungen oder Aussagen verstanden, die während der Fallstudien gesammelt wurden (z. B. Zitate der Interaktionspartner, Protokolle in Workshops, Notizen in Einzelgesprächen und Telefonaten, Präsentationen, Projektzusammenfassungen oder Unternehmensdokumente).

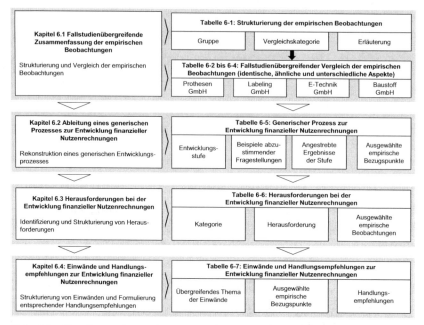

Abb. 6-1   Vorgehensweise zur Auswertung der empirischen Beobachtungen

6.1   Fallstudienübergreifende Zusammenfassung der empirischen Beobachtungen

Die Literaturauswertungen zum Kundennutzen und zu finanziellen Nutzenrechnungen haben konzeptionelle Unterschiede sowie Gemeinsamkeiten des Nutzenverständnisses herausgearbeitet und gleichzeitig gezeigt, dass finanzielle Nutzenrechnungen in der Vertriebspraxis nicht weit verbreitet sind. Dies deckt sich mit den empirischen Beobachtungen, wie die fallstudienübergreifende Zusammenfassung zeigt. Die Auswertung der vier Fallstudien erfolgt mittels 16 Vergleichskategorien, welche in drei Gruppen unterteilt werden. Tabelle 6-1 strukturiert die empirischen Beobachtungen.

Tab. 6-1 Strukturierung der empirischen Beobachtungen

Gruppe	Vergleichskategorie	Erläuterung
(1) Identische Aspekte bei der Entwicklung finanzieller Nutzen-rechnungen	• 1.1: Ablauf der Entwicklung einer Nutzenrechnung • 1.2: Relevanz einer Nutzenrechnung • 1.3: Einsatzgründe einer Nutzenrechnung • 1.4: Stand der Praxis zum Einsatz von Nutzenrechnungen • 1.5: Vergleichsobjekt in einer Nutzenrechnung • 1.6: Generische Elemente in der Struktur einer Nutzenrechnung	*Identische Aspekte* begünstigen die Ableitung eines generischen Prozesses zur Entwicklung finanzieller Nutzenrechnungen (vgl. Kapitel 6.2).
(2) Ähnliche Aspekte bei der Entwicklung finanzieller Nutzen-rechnungen	• 2.1: Unterstützung durch das Top-Management • 2.2: Direkte Interaktionspartner • 2.3: Geplante Verwendung der Nutzenrechnung • 2.4: Zielsetzung der Nutzenrechnung • 2.5: Quellen der Datensammlung	*Ähnliche Aspekte* begünstigen die Identifizierung von Herausforderungen im Entwicklungsprozess finanzieller Nutzenrechnungen (vgl. Kapitel 6.3).
(3) Unter-schiedliche Aspekte bei der Entwicklung finanzieller Nutzen-rechnungen	• 3.1: Unternehmensspezifische Ausgangssituation • 3.2: Schwerpunkt der Nutzenrechnung • 3.3: Datenqualität zur Parametrisierung der Nutzenrechnung • 3.4: Zentrale Herausforderungen bei der Entwicklung der Nutzenrechnung • 3.5: Besonderheiten bei der Entwicklung der Nutzenrechnung	*Unterschiedliche Aspekte* begünstigen die Beschreibung verschiedener Einwände sowie die Formulierung von Handlungsempfehlungen zur Entwicklung finanzieller Nutzenrechnungen (vgl. Kapitel 6.4).

Tabelle 6-1 gruppiert die Auswertung der empirischen Beobachtungen entlang (1) identischer, (2) ähnlicher und (3) unterschiedlicher Aspekte bei der Entwicklung finanzieller Nutzenrechnungen. Vergleichskategorien werden in der Gruppe „identische Aspekte" zusammengefasst, wenn ich in den Fallstudien identische empirische Beobachtungen gemacht habe. In entsprechender Weise werden die Vergleichskategorien ähnlichen oder unterschiedlichen Aspekten zugeordnet.

Die Ergebniszusammenfassung hilft, die anfangs formulierten Forschungsfragen zu beantworten: „Identische Aspekte" beleuchten einen generischen Prozess zur Entwicklung finanzieller Nutzenrechnungen (vgl. Kapitel 6.2) und beziehen sich auf Forschungsziel 2 („Nutzen berechnen"). „Ähnliche Aspekte" begünstigen die Identifizierung von Herausforderungen bei der Entwicklung finanzieller Nutzenrechnungen (vgl. Kapitel 6.3) und beziehen sich auf Forschungsziel 3 („Nutzenrechnungen umsetzen"). Empirische Datenpunkte aus der Gruppe „unterschiedliche Aspekte" werfen ein Licht auf verschiedene Einwände während der Entwicklung finanzieller Nutzenrechnungen (vgl. Kapitel 6.4) und beziehen sich mit der Formulierung von Handlungsempfehlungen ebenfalls auf Forschungsziel 3 („Nutzenrechnungen umsetzen"). Die folgenden drei Tabellen greifen die Vergleichskategorien auf und arbeiten mittels gesammelter Datenpunkte Gemeinsamkeiten und Unterschiede der Fallstudien heraus.

Identische Aspekte bei der Entwicklung finanzieller Nutzenrechnungen

Fallstudienübergreifend gewann ich den Eindruck, dass die Entwicklung der finanziellen Nutzenrechnungen identisch abgelaufen ist, da die Fallstudien einer identischen Struktur folgten, wenn auch mit individuellen inhaltlichen Schwerpunkten. Meiner

Ansicht nach kann der Entwicklungsprozess daher fallstudienübergreifend in neun Stufen gegliedert werden (vgl. Kategorie 1.1 in Tabelle 6-2). Tabelle 6-2 zeigt, dass die Relevanz, eine Nutzenrechnung zu entwickeln, bei allen Fallstudien hoch war. Für jeden meiner Kooperationspartner war es schwierig, die Vorteilhaftigkeit des eigenen Leistungsangebots quantitativ zu belegen und gegenüber dem Kunden zu kommunizieren. Die Gründe, warum Unternehmen finanzielle Nutzenrechnungen einsetzen möchten, decken sich mit der in der Einleitung beschriebenen Situation. Sie suchen kundennutzenbasierte Argumentationsansätze im Vertrieb, da Wettbewerbsdruck und Kundenanforderungen steigen, während die Überzeugungskraft einer rein produktorientierten Nutzenargumentation nachlässt.

Tab. 6-2   Fallstudienübergreifender Vergleich identischer empirischer Beobachtungen

Vergleichs-kategorie	Identische empirische Beobachtungen bei der Entwicklung finanzieller Nutzenrechnungen			
	Prothesen GmbH	Labeling GmbH	E-Technik GmbH	Baustoff GmbH
1.1: Ablauf der Entwicklung einer Nutzen-rechnung	• (1) Abstimmung der Zielsetzung der Nutzenrechnung • (2) Vorstellung von Konzept und Idee der Nutzenrechnung • (3) Aufnahme der Ist-Situation der Nutzenargumentation • (4) Ableitung geeigneter Ansatzpunkte der Nutzenrechnung • (5) Unternehmensspezifisches Konzept der Nutzenrechnung • (6) Entwicklung eines Vormodells der Nutzenrechnung auf der Basis des abgestimmten Konzepts • (7) Entwicklung der finalen Nutzenrechnung auf der Basis des Vormodells • (8) Abstimmung der Nutzenrechnung mit den analysierten Ausgangssituation • (9) Schrittweise Verfeinerung der Nutzenrechnung			
1.2: Relevanz einer Nutzen-rechnung	• Hoch, da es schwierig ist, die Vorteilhaftigkeit des eigenen Leistungsangebots quantitativ zu belegen			
1.3: Einsatz-gründe einer Nutzenrech-nung	• Zunehmende Vergleichbarkeit der Produkte • Stärkerer Wettbewerbs- und Preisdruck • Steigende Anforderungen der Kunden bei konstantem bis sinkendem Preisniveau • Nachlassende Überzeugungskraft der Argumente wie technische Produktüberlegenheit			
1.4: Stand der Praxis zum Einsatz von Nutzenrech-nungen	• Kein Einsatz vergleichbarer Modelle zur Berechnung des finanziellen Kundennutzens			
	-	• Existenz unter-nehmensinterner Kostenvergleichs-rechner	-	• Existenz erster Ansätze von Ver-gleichsrechnungen, z. B. Werkstoffkalku-latoren, Kostenab-schätzungsblätter
1.5: Ver-gleichsobjekt in einer Nutzen-rechnung	• Gegenüberstellung zu und Abgrenzung von dem Produkt- und Dienstleistungsangebot eines direkten Wettbewerbers			
	-	• Zusätzlich: Vergleich mit einer internen Referenzlösung	-	-
1.6: Gene-rische Ele-mente einer Nutzen-rechnung	• Vergleichsrechnung zweier alternativer Produkt- oder Dienstleistungsangebote • Dienstleistungsvorteile beruhen auf zentralen Produktparametern, typischen Industriekennzahlen oder branchenüblichen Verrechnungssätzen • Trennung von Produkt- und Dienstleistungsebene • Keine Nutzenrechnung basiert nur auf einem rein technischen Produktvorteil			

Trotz der Tatsache, dass keines der Unternehmen bisher eine finanzielle Nutzenrechnung konzipierte (vgl. Kategorie 1.4 in Tabelle 6-2), beobachtete ich generische Elemente im konzeptionellen Aufbau der unternehmensspezifischen Nutzenrechnungen: Keine der entwickelten Nutzenrechnungen basiert ausschließlich auf einem rein technischen Produktvorteil. Die Nutzenargumentation erfolgt getrennt nach Produkt- und Dienstleistungsvorteilen. Zudem enthalten die Nutzenrechnungen einen Vergleich zweier Angebotsalternativen, welche das eigene Leistungsangebot einer relevanten unternehmensinternen oder -externen Wettbewerbslösung gegenüberstellt.

Ähnliche Aspekte bei der Entwicklung finanzieller Nutzenrechnungen

In allen Fallstudien war die Unterstützung durch das Top-Management ähnlich stark ausgeprägt (vgl. Kategorie 2.1 in Tabelle 6-3). Die Geschäftsführung war entweder aktiv an der Entwicklung der finanziellen Nutzenrechnung beteiligt oder unterstützte das Projekt durch einen gemeinsamen Projektstart und -abschluss. Meine direkten Interaktionspartner waren Geschäftsführer, Vertriebsleiter, Projektleiter auf Kundenseite oder Produktmanager. Fallstudienübergreifend ist vergleichbar, dass mindestens einer meiner direkten Interaktionspartner Vertriebsverantwortung hatte.

Tab. 6-3 Fallstudienübergreifender Vergleich ähnlicher empirischer Beobachtungen

Vergleichs-kategorie	Ähnliche empirische Beobachtungen bei der Entwicklung finanzieller Nutzenrechnungen			
	Prothesen GmbH	Labeling GmbH	E-Technik GmbH	Baustoff GmbH
2.1: Unterstützung durch das Top-Management	• Sehr hoch • Aktive Projektbeteiligung	• Hoch • Gemeinsamer Projektstart	• Hoch • Gemeinsamer Projektstart und -abschluss	• Sehr hoch • Vertriebsleiter als Prokurist mit aktiver Projektbeteiligung
2.2: Direkte Interaktionspartner	• Geschäftsführer für Vertrieb, Qualitätssicherung und Prozesssteuerung • Inhaber	• Vertriebsdirektor	• Vice President Vertrieb und Customer Service • Kundenprojektleiter	• Vertriebsleiter • Produktmanager
2.3: Geplante Verwendung der Nutzenrechnung	• Quantitatives Argumentationsgerüst bei ausgewählten Kunden • Internes Informationsdokument	• Einsatz zur Kundenüberzeugung • Werkzeug für einen interaktiven Austausch zwischen Außendienstmitarbeitern und Kunden	• Quantitatives Argumentationsgerüst bei ausgewählten Kunden • Internes Informationsdokument	• Einsatz zur Kundenüberzeugung • Werkzeug für einen interaktiven Austausch zwischen Außendienstmitarbeitern und Kunden
2.4: Zielsetzung der Nutzenrechnung	• Vorteilhaftigkeit einer exklusiven Kooperation mit der Prothesen GmbH quantitativ dokumentieren	• Dokumentation der technischen Notwendigkeit sowie Berechnung der finanziellen Vorteilhaftigkeit angebotener Rahmenverträge	• Identifizierung vermeidbarer Risikokosten und Berechnung des Kostenreduzierungspotenzials eines gemeinsamen Projektablaufs	• Auftragsgewinnung bei Verteidigung von Premium-Preisen • Berechnung von Kosteneinsparungen der Kunden durch überlegene Kundenbetreuung
2.5: Quellen der Datensammlung	• Unternehmensinternes Expertenwissen der Geschäftsführer • Unternehmensexterne Studie einer branchennahen Beratung, Fachzeitschriften und Branchenreports	• Unternehmensinternes Expertenwissen des Vertriebsleiters und der Außendienstmitarbeiter • Unternehmensintern gesammelte Kennzahlen und Ergebnisse einer Kundenbefragung	• Unternehmensinternes Expertenwissen des Vertriebsleiters • Unternehmensexternes Expertenwissen des Kundenprojektleiters • Ermittlung durchschnittlicher Projektwerte und Verrechnungssätze	• Unternehmensinternes Expertenwissen des Vertriebsleiters und Produktmanagers • Einschätzungen des Außendienstes • Auswertung von Kundenzufriedenheitsanalysen und messbaren Kennzahlen der Leistungserfüllung

Tabelle 6-3 fasst zusammen, wie die geplante Verwendung der finanziellen Nutzenrechnung entlang der Fallstudien variierte. Bei der Prothesen GmbH sowie
bei der E-Technik GmbH hatte ich den Eindruck, dass die Nutzenrechnung eher
als internes Informationsdokument verwendet werden soll und nur am Rande als
quantitatives Argumentationsgerüst für die Interaktion mit ausgewählten Kunden
zum Einsatz kommt. Bei der Labeling GmbH sowie bei der Baustoff GmbH soll
die Nutzenrechnung dagegen als interaktives Werkzeug im Austausch mit dem
Kunden sowie zu dessen Überzeugung von der finanziellen Vorteilhaftigkeit des
eigenen Leistungsangebots Einsatz finden.

Die Datenermittlung war fallstudienübergreifend herausfordernd und begann
in allen Forschungskooperationen mit einer unternehmensinternen Datenrecheche und Expertenbefragung. Um die Herausforderung der Datenermittlung zu
bewältigen, gelang es uns beispielsweise bei der E-Technik GmbH, einen Kunden
in den Entwicklungsprozess der finanziellen Nutzenrechnung zu integrieren. Je
stärker die Nutzenargumentation auf einer Dienstleistungsebene stattfand, desto
hilfreicher war es, das Wissen der Außendienstmitarbeiter zusammenzutragen
sowie Kundeneinschätzungen bereits in der Phase der Konzeption der Nutzenrechnung einfließen zu lassen. Lag der Fokus der Nutzenargumentation stärker auf
einer Produktebene, begann die Entwicklung der Nutzenrechnung eher mit dem
technischen Wissen unternehmensinterner Produktexperten. Insgesamt deckt der
fallstudienübergreifende Vergleich entlang „ähnlicher Aspekte" Herausforderungen
bei der Entwicklung finanzieller Nutzenrechnungen auf (vgl. Kapitel 6.3).

Unterschiedliche Aspekte bei der Entwicklung finanzieller Nutzenrechnungen

Fallstudienübergreifend setzten die Unternehmen unterschiedliche Schwerpunkte
in ihren finanziellen Nutzenrechnungen, was in den unternehmensspezifischen
Ausgangssituationen begründet liegt. Tabelle 6-4 dokumentiert beispielsweise, dass
bei der E-Technik GmbH der Kunde das Produkt kaum wahrnimmt, wogegen die
Baustoff GmbH insbesondere mit Argumenten der technischen Produktüberlegenheit
überzeugen kann. Daraus folgt, dass die finanzielle Nutzenrechnung der E-Technik
GmbH im Kern die Vermeidung von Risikokosten durch Prozess-Know-how
sowie technische Expertise in der Projektarbeit kalkuliert. Die Nutzenrechnung
der Baustoff GmbH quantifiziert in Abgrenzung dazu unter anderem finanziellen
Kundennutzen infolge technischer Produktüberlegenheit.

Der Vergleich der Fallstudien zeigt, dass die Datenqualität zur Parametrisierung der Nutzenrechnungen sich ebenfalls als sehr unterschiedlich erwies (vgl.
Kategorie 3.3 in Tabelle 6-4). Bei der Labeling GmbH und der Baustoff GmbH war
es einfacher, finanzielle „Mini-Rechnungen" zu formulieren, da der technische

Tab. 6-4 Fallstudienübergreifender Vergleich unterschiedlicher empirischer
Beobachtungen

Vergleichs-kategorie	Unterschiedliche empirische Beobachtungen bei der Entwicklung finanzieller Nutzenrechnungen			
	Prothesen GmbH	Labeling GmbH	E-Technik GmbH	Baustoff GmbH
3.1: Unternehmensspezifische Ausgangssituation	• Direkte Interaktion mit dem Endkunden • Endkunde spürt die Produktqualität • Preisrechtfertigung findet fast nur bei Neukunden statt • Bestandskunden treffen durch unmittelbare Produktwahrnehmung eher emotionale Entscheidungen	• Zunehmend geringere Überzeugungskraft der spezifischen Produkteigenschaften • Dienstleistungen bieten bessere Differenzierungsmöglichkeiten	• Kunden nehmen das Produkt kaum wahr • Expertise in Projekt- und Prozesssicherheit dient als Abgrenzung gegenüber Wettbewerbern • Schwierigkeit der Neukundengewinnung, da diese erst von der Expertise zu überzeugen sind	• Technischer Produktvorteil hat noch Überzeugungskraft beim Kunden • Technische Dienstleistungen und Kundenbetreuung werden zur Differenzierung immer wichtiger
3.2: Schwerpunkt der Nutzenrechnung	• Aus einer Prozessvereinfachung in der Zusammenarbeit mit Ärzten resultieren Zeit- und Kosteneinsparnisse • Wirtschaftlichkeitsvergleiche von Praxis- und gewerblichem Laborbetrieb	• Finanzieller Kundennutzen resultiert aus der Reduzierung von Ausfallkosten und der Steigerung der Geräteverfügbarkeit • Kostenvorteile sind mittels Rahmenverträgen zu erzielen	• Vermeidung von Risikokosten durch Prozess-Know-how und technische Expertise in der Projektarbeit	• Technische Produktüberlegenheit ermöglicht Einsparungen von Material, Bauteilen, Montage- und Kontrollarbeit • Kosteneinsparungen durch technische Dienstleistungen und umfassendere Kundenbetreuung
3.3: Datenqualität zur Parametrisierung der Nutzenrechnung	• Gering, da überwiegend „weiche" Dienstleistungsfaktoren ohne messbare Kennzahlen berechnet werden • Mittel, da externe Studie als Grundlage dient	• Hoch, da technischer Produkt-Output messbar ist • Mittel, da Quoten der Leistungserfüllung nur teilweise im Unternehmen dokumentiert werden	• Gering bis mittel, da für die Einschätzungen des Vertriebsleiters nur begrenzt Kennzahlen vorhanden sind	• Hoch, da technischer Produktvorteil einen messbaren Vorteil liefert • Mittel, da Kundenbetreuung teilweise mit technischen Kennzahlen quantifiziert wird
3.4: Zentrale Herausforderungen bei der Entwicklung der Nutzenrechnung	• Identifizierung geeigneter Ansatzpunkte einer Nutzenrechnung • Nutzenargumentation auf B2B- und B2C-Ebene	• Optimierung der Nutzenrechnung für einen Einsatz im Außendienst • Vereinfachung der Rechnung für eine schnelle Erklärung beim Kunden • Abgrenzung gegenüber einem Vergleichsobjekt	• Ausschließliche Quantifizierung von Prozessvorteilen und Expertise in der Projektbetreuung • Datenrecherche zur Parametrisierung produktunabhängiger und prozessorientierter Nutzenargumente	• Vorantreiben der Entwicklung der Nutzenrechnung innerhalb des Unternehmens • Entwicklung eines modularen Aufbaus zur kundenindividuellen Anpassung der Nutzenrechnung auf Produkt- und Dienstleistungsebene
3.5: Besonderheiten bei der Entwicklung der Nutzenrechnung	• Angesprochene Kunden im B2B- und B2C-Bereich • Intensive Zusammenarbeit mit der gesamten Geschäftsführung	• Quantifizierung von Dienstleistungsvorteilen auf der Basis von Output-Raten verschiedener Produktvarianten • Zielsetzung, eine interaktive Nutzenrechnung für die Außendienstmannschaft zu entwickeln	• Frühe Interaktion mit einem bedeutenden Kunden im Entwicklungsprozess der Nutzenrechnung • Vollständige Überarbeitung des ersten Konzepts der Nutzenrechnung	• Intensiver Wissensaustausch in interdisziplinären Teams • Finanzielle Nutzenargumentation umfasst gleichermaßen technische Produkt- sowie Dienstleistungsvorteile

Produkt-Output gemessen beziehungsweise der Produktvorteil mit Kennzahlen belegt werden konnte. Je stärker dagegen die Nutzenrechnung Dienstleistungsvorteile quantifizierte (vgl. Nutzenrechnungen der Prothesen GmbH und der

E-Technik GmbH), desto schwieriger war es, die Nutzenrechnung mit präzisen Daten zu parametrisieren. Fallstudienübergreifend wurde diesbezüglich direkter Kundenkontakt (vgl. Prothesen GmbH und E-Technik GmbH) oder das Feedback der Außendienstkollegen (vgl. Labeling GmbH und Baustoff GmbH) verwendet, um eine Datenbasis aufzubauen.

Insgesamt kann mittels der fallstudienübergreifenden Zusammenfassung identischer, ähnlicher und unterschiedlicher empirischer Beobachtungen abgeleitet werden, wovon eine erfolgreiche Umsetzung einer finanziellen Nutzenrechnung abhängt. Die fallstudienspezifischen Besonderheiten während der Entwicklung einer finanziellen Nutzenrechnung lassen mich daher vermuten, dass die Implementierung einer Nutzenrechnung begünstigt wird durch

- die Intensität der Zusammenarbeit mit der Geschäftsführung (vgl. Prothesen GmbH),
- die Ausrichtung des Fokus auf eine anwendungsorientierte Nutzenrechnung, welche eine direkte Kundeninteraktion ermöglicht (vgl. Labeling GmbH),
- die Integration von Kundenfeedback und aktive Kundenbeteiligung an der Entwicklung der Nutzenrechnung (vgl. E-Technik GmbH) sowie
- die Interdisziplinarität in Workshops mit technischen und kaufmännischen Experten zur Quantifizierung von Produkt- und Dienstleistungsvorteilen (vgl. Baustoff GmbH).

6.2 Ableitung eines generischen Prozesses zur Entwicklung finanzieller Nutzenrechnungen

Kapitel 6.2 vollzieht die einzelnen Entwicklungsschritte der finanziellen Nutzenrechnung jeder Fallstudie nach, mit dem Ziel, einen generischen Prozess zur Entwicklung finanzieller Nutzenrechnungen abzuleiten. Die Fallstudien folgten dabei trotz einer im Ergebnis unternehmensspezifischen Nutzenrechnung einem vergleichbaren Ablauf. Der Vergleich der empirischen Beobachtungen lässt daher die Vermutung zu, dass ein generischer Entwicklungsprozess einer Nutzenrechnung beschrieben werden kann. Tabelle 6-5 gliedert den Entwicklungsprozess in neun Entwicklungsstufen.

Tab. 6-5 Generischer Prozess zur Entwicklung finanzieller Nutzenrechnungen

Entwick-lungsstufe	Beispiele abzustimmender Fragestellungen	Angestrebte Ergebnisse der Stufe	Ausgewählte empirische Bezugspunkte
(1) Abstim-mung der Zielsetzung der Nutzen-rechnung	• Was möchte das Unternehmen mit einer Nutzenrechnung erreichen? • Wer ist mit der Nutzen-rechnung anzusprechen? • Wo ist die Nutzenrechnung einzusetzen?	• Formulierung einer Zielsetzung • Klärung des Einsatzfalls und des Kontexts der Nutzen-rechnung • Bestimmung eines Minimal- und eines Idealziels • Definition der Ansprechpartner und Projektbeteiligten	„Man sollte Preisstolz haben. Es ist doch gut, wenn man sagen kann, ich bewege mich nicht im unteren Drittel, wie Sie ja auch nicht, Herr Kunde. Wir wollen ja beide oben mitspielen, und das können wir mit unseren Produkten und Dienstleis-tungen. Das könnte eine Nutzen-rechnung zeigen" (ProthPL).
(2) Vorstellung von Konzept und Idee der Nutzen-rechnung	• Was ist eine finanzielle Nutzenrechnung, wie ist sie aufgebaut und was doku-mentiert sie? • Welche Größen werden in einer Nutzenrechnung be-rechnet?	• Gemeinsames Verständnis für finanziellen Kundennutzen als konzeptionelle Grundlage einer finanziellen Nutzenrechnung • Sammlung erster Ideen einer finanziellen Nutzenargumen-tation	„Die Struktur [einer Nutzenrech-nung] sollte so sein, dass sie nicht nur für ein einzelnes Produkt, sondern möglichst für mehrere Produkte verwendet werden kann" (LabelVD).
(3) Aufnahme der Ist-Situation der Nutzen-argumen-tation	• Was ist der Produkt- und Dienstleistungsvorteil? • Wie argumentiert der Vertrieb heute beim Kunden? • Wer sind die Wettbewerber und wer ist die Zielgruppe? • Wie argumentiert der Kunde und wie argumentieren wir, wenn der Kunde den Preis-druck erhöht? • Wer ist der/die Entscheider/in auf der Kundenseite?	• Sammlung der Nutzenvorteile des Produkt- und Dienst-leistungsangebots • Priorisierung der gesammelten Nutzenargumente • Identifizierung der relevanten Wettbewerber • Klarheit über Differenzierungs-möglichkeiten und Allein-stellungsmerkmale des Leistungsangebots • Identifizierung der Entscheider auf Kundenseite • Strukturierung der Ist-Situation	„Dann haben wir einen weiteren Vorteil, nämlich die Module. Wenn der Kunde sagt: ,Ich bin bereit, mir hier vor Ort ein Ersatzteildepot anzulegen', dann kann [der Kunde], ähnlich wie bei der Hotline, zum Beispiel innerhalb einer Stunde reagieren, muss nicht auf den Techniker warten und hat keinen Produktionsausfall. Das kann man wieder beziffern" (LabelVD).
(4) Ableitung geeigneter Ansatz-punkte der Nutzen-rechnung	• An welchen Stellen ist es schwierig, technische Vorteile in finanziellen Werten auszudrücken? • Wo helfen unsere Produkte und Dienstleistungen dem Kunden? • An welchen Punkten können wir uns gegenüber unseren Wettbewerbern durchsetzen? • Wo hat der Kunde Schwierig-keiten mit uns?	• Abstimmung der Ansatzpunkte mit analysierter Ausgangs-situation • Darstellung, an welchen Punk-ten der Wertschöpfungskette eine Nutzenrechnung ansetzt • Dokumentation, wo eine Nutzenrechnung nicht sinnvoll ist oder keine Schnittstellen mit dem Kunden hat • Beschreibung der Ansatz-punkte zur Konzepterstellung	„Vielleicht ist die Lebensdauer noch ein Ansatzpunkt. Bei unseren Klipps können wir bestimmt zwei Millionen Reibpunkte bei Längs-schiebungen verkraften. Der Kon-kurrent vielleicht maximal 100.000. Umgerechnet bedeutet das, dass unser System wahrscheinlich auf 40 Jahre ausgelegt ist und das mit 100.000 Reibungen nur auf 10 Jahre" (BauLAT).
(5) Unterneh-mensspezi-fisches Konzept der Nutzen-rechnung	• Was sind die Zielgrößen einer finanziellen Nutzenrechnung? • Gibt es eine kundentypische Berechnungsgrundlage? • Wird die Nutzenrechnung generisch oder für ein spezi-fisches Produkt gestaltet? • Welche Nutzenargumente werden in Kategorien zusam-mengefasst?	• Grafische Zusammenfassung der analysierten Ausgangs-situation und identifizierten Ausgangspunkte • Darstellung eines Argumen-tationsgerüsts zur Diskussion mit den Interaktionspartnern • Aufzeigen der zusammen-gefassten Nutzenargumente und Gliederungsebenen der Nutzenrechnung	„Bevor wir über eine Nutzen-Kosten-Analyse sprechen, habe ich schon eine Idee zu ihrem Konzept. Die Vertragstreue der [E-Technik GmbH] ist sehr entscheidend. Im Auftrag der [E-Technik GmbH] ist immer alles drin, die Dokumente sind korrekt und vollständig und ich muss nicht jede Kleinigkeit prüfen oder nachbessern" (E-TechKundePL).
(6) Entwicklung eines Vor-modells der Nutzen-rechnung auf der Basis des abge-stimmten Konzepts	• Wie wird die Umrechnung von qualitativen über numerische in finanzielle Vorteilsargumente dokumentiert? • Welche internen und externen Daten benötigen wir für die Entwicklung eines Vormodells? • Welche Instrumente helfen bei der Nutzenquantifizierung? • Sind die beispielhaften finan-ziellen „Mini-Rechnungen" für den Kunden verständlich?	• Schrittweise Konzeptüber-führung in Nutzenrechnung • Sammeln aller Kosten- und Erlöspotenziale • Identifizierung relevanter Kostenarten und Umsatz-elemente des Kunden • Formulierung finanzieller „Wortgleichungen" • Festlegung von Intervallen oder Erfahrungswerten für unbekannte Variablen	„Ich würde jetzt zum Beispiel die letzte Rechnung der Fassadenre-klamation von [...] nehmen. Die beläuft sich auf [...] Euro. Bezogen auf die Projektgröße sind das [...] Euro pro Quadratmeter. Wenn wir jetzt hier unsere Rechnungsbei-träge anschauen und die Mittel-werte berechnen, würde ich an-nehmen, dass wir so auf [...] bis [...] Euro pro Quadratmeter Rekla-mationskosten kommen" (BauVL).

240

Fallstudienübergreifende Auswertung

Entwick-lungsstufe	Beispiele abzustimmender Fragestellungen	Angestrebte Ergebnisse der Stufe	Ausgewählte empirische Bezugspunkte
(7) Entwicklung der finalen Nutzen-rechnung auf der Basis des Vormodells	• Sind „Mini-Rechnungen" zu ergänzen oder zu streichen? • Wie lassen sich bisher un-genaue Datenwerte präziser parametrisieren? • Nutzen wir das Wissen des Innen- und Außendienstes? • Können wir die Nutzenrech-nung mit Experteneinschät-zungen parametrisieren? • Kann die Nutzenrechnung übersichtlicher gestaltet werden?	• Verfeinerung des Vormodells der Nutzenrechnung (z. B. Layout- und Datenanpassung, Reduzierung der Anzahl der Eingabefelder) • Integration der finanziellen „Wortgleichungen" zu einer finanziellen Nutzenrechnung • Sammlung von präziseren Daten und Einschränkung getroffener Annahmen • Einarbeitung der Verbes-serungsvorschläge von Kollegen und Kunden	„Wir versuchen mal, Feedback von einem Kunden zu bekommen, wo der Einkauf unser Angebot nur wegen des hohen Preises abge-lehnt hat und alle dreißig Geräte des Wettbewerbers defekt waren. [...] Das kostet alles viel Geld. Wahrscheinlich können wir hier in einem Gespräch genauere Infor-mationen bekommen, [...] wie wir das in unserer Rechnung noch besser darstellen können" (E-TechVP).
(8) Abstim-mung der Nutzen-rechnung mit der analy-sierten Ausgangs-situation	• Wie sind die Kernaussagen der Nutzenrechnung bezüglich der Ausgangssituation über-sichtlich zusammenzufassen? • Erfüllt die Nutzenrechnung die formulierte Zielsetzung? • Wie ist die Nutzenrechnung in die aktuelle Verkaufsargumen-tation und Vertriebsstrategie einzubetten?	• Dokumentation, wie die Nut-zenrechnung hilft, die aktuelle Verkaufsargumentation zu professionalisieren • Ausarbeitung einer Kommuni-kationsstrategie (z. B. Ziel-setzung, analysierte Aus-gangssituation, Konzept und Entwicklung der finanziellen Nutzenrechnung)	„Ich finde es am wichtigsten, dass wir [...] bei unseren Kunden Gehör finden für den Nutzen unserer neu-en Produktlinie und das am besten noch mit der Wirtschaftlichkeitsana-lyse kombinieren [...]. Zuerst sollten wir uns erst einmal unsere eigene Argumentationsstruktur überlegen" (ProthGF).
(9) Schritt-weise Verfei-nerung der Nutzen-rechnung	• Wie ist die Nutzenrechnung sukzessive zu verbessern? • Wo überzeugt die Rechnung? • Was sind wiederkehrende Kritikpunkte? • Was können wir aus der An-wendung der Nutzenrechnung im Außendienst lernen?	• Testläufe der Nutzenrechnung im Innen- und Außendienst • Sammeln von unternehmens-internem und -externem Feed-back zur genauen Anpassung der Nutzenrechnung • Spezifische Erweiterung der Nutzenrechnung infolge von Anwendungserfahrungen • Laufende Parameterkorrektur	„[Die Nutzenrechnung] kriegen dann vier oder fünf Vertriebsleute, die bitte ich, das mal Neues auszu-probieren, und dann sagen die hinterher, das ist gut und das ist schlecht angekommen, und dann machen wir hinterher noch ein bisschen Feintuning" (LabelVD).

Tabelle 6-5 zeigt, dass am Anfang jeder Entwicklungsstufe bestimmte Fragestellungen standen, deren Beantwortung zu jenen (angestrebten) Ergebnissen führten, welche die Entwicklung finanzieller Nutzenrechnungen vorantrieben. Je nach zeitlicher Verfügbarkeit der Interaktionspartner sowie unternehmensindividuellem Detailanspruch schlossen wir die Entwicklungsstufen unterschiedlich schnell ab.

In einigen Fallstudien war die Aufnahme der Ist-Situation (vgl. Prothesen GmbH) oder die Konzeptentwicklung der finanziellen Nutzenrechnung (vgl. Bau-stoff GmbH) zeitintensiver als die Parametrisierung (vgl. E-Technik GmbH) oder die Detailoptimierung für eine anwendungsorientierte Gestaltung (vgl. Labeling GmbH). Fallstudienübergreifend war es zielführend, die Entwicklungsstufen nacheinander zu durchlaufen, auch wenn sich diese teilweise überschnitten. Der Entwicklungsprozess einer Nutzenrechnung sollte jedoch zum Beispiel nicht mit einer Konzepterarbeitung beginnen, bevor nicht alle Interaktionspartner ein einheitliches Verständnis bezüglich der Ist-Situation sowie der identifizierten Nutzenargumente teilen.

In allen Fallstudien stellte die Parametrisierung der finanziellen Nutzenrechnung die Unternehmen vor eine wesentliche Herausforderung. Meine Wahrnehmung war es, dass mit dem Fokus auf einer anwendungsorientierten Nutzenrechnung (vgl. Labeling GmbH) das Vormodell schneller in eine finale Nutzenrechnung überführt werden konnte, als wenn der Fokus auf der Klärung kleinster technischer Details (vgl. Baustoff GmbH) lag, mit dem Anspruch, die Datenqualität zu maximieren.

6.3 Herausforderungen bei der Entwicklung finanzieller Nutzenrechnungen

Während der Entwicklung finanzieller Nutzenrechnungen waren unterschiedliche Herausforderungen zu bewältigen. Nicht alle Herausforderungen sind in den Fallstudien auf einer identischen Entwicklungsstufe oder in gleicher Intensität aufgetreten. Dennoch lassen sich die verschiedenen Herausforderungen meiner Einschätzung nach in zehn Kategorien ordnen. Tabelle 6-6 listet die identifizierten und kategorisierten Herausforderungen auf und beschreibt diese mittels ausgewählter empirischer Beobachtungen.

Tab. 6.6   Herausforderungen bei der Entwicklung finanzieller Nutzenrechnungen

Kategorie	Herausforderung	Ausgewählte empirische Beobachtungen
(1) Einsatzzeitpunkt und Anwendungsmöglichkeiten einer Nutzenrechnung	1.1: Unzulässigkeit von Nutzenrechnungen in Wettbewerbsvergleichen	*E-Technik GmbH:* Nutzenrechnungen werden in Ausschreibungssituationen nicht berücksichtigt.
	1.2: Desinteresse der angesprochenen Zielgruppe für eine Nutzenargumentation	*Baustoff GmbH:* Kleine handwerkliche Betriebe haben kaum Interesse an einer Nutzenrechnung.
	1.3: Nutzenrechnungen erreichen nicht den Entscheider auf der Kundenseite	*E-Technik GmbH:* Nutzenrechnungen können gegebenenfalls einen technischen Ansprechpartner auf Kundenseite überzeugen, was aber nicht bedeutet, dass das Top-Management die Rechnung akzeptiert.
	1.4: Ansprechpartner auf Kundenseite ist nicht an technischer Überlegenheit interessiert	*E-Technik GmbH:* Im Einkauf sitzen keine technischen Fachleute mehr, die mit Argumenten überlegener Technologie überzeugt werden.
(2) Unzureichende Datenqualität	2.1: Problematik einer defizitären Datenbasis	*Baustoff GmbH:* Es ist unklar, wie die Daten gesammelt werden, vor allem wenn Nutzen aus Dienstleistungen im Vergleich zum Wettbewerber abgeschätzt wird.
	2.2: Eingeschränktheit der Übersetzung qualitativer in finanzielle Nutzenargumente	*Prothesen GmbH:* Nur an konkrete Fallbeispiel beziffert, wo und in welcher Höhe dem Kunden Einsparungen entstehen.
	2.3: Aufwand der Bewertung von Nutzenvorteilen	*Baustoff GmbH:* Versuche und Tests zur Belegung des technischen Vorteils sind zu aufwendig.
(3) Anwendungsgerechte Aufbereitung der Nutzenrechnung	3.1: Transparenz in der Nutzenquantifizierung	*E-Technik GmbH:* In einem Projektablauf wird für den Kunden belegt, an welchen Schnittstellen Mehraufwand verursacht wird.
	3.2: Komplexität der Berechnung	*Labeling GmbH:* Nutzenrechnungen müssen einfach und schnell zu handhaben sein.
	3.3: Praktikabilität der Nutzenrechnung	*Labeling GmbH:* Eine praktikable Nutzenrechnung hat möglichst wenige Eingabefelder und kann mit einem Taschenrechner schnell nachvollzogen werden.
	3.4: Glaubwürdigkeit der Nutzenrechnung	*Baustoff GmbH:* Eine glaubwürdige Nutzenrechnung ist leicht verständlich und berechnet aus produktorientierten Fakten oder messbaren Dienstleistungsvorteilen Kostenvorteile für den Kunden.

Kategorie	Herausforderung	Ausgewählte empirische Beobachtungen
(4) Unsicherheiten im Verständnis der Kundensituation	4.1: Kundenwahrnehmung eines fairen, nutzenäquivalenten Preises	*Prothesen GmbH:* Den Kunden ist oft nicht bewusst, was das Leistungsangebot alles umfasst, weshalb sie den Preis als zu hoch wahrnehmen.
	4.2: Unzureichendes Verständnis der Kundenprozesse	*Prothesen GmbH:* Prozessvorteile in der Kundenzusammenarbeit können im Detail nur beim Kunden erfragt werden.
	4.3: Heterogenität der (Ziel-)Kunden	*Baustoff GmbH:* Bisher existiert keine Nutzenrechnung, da die Verkaufsargumentation über den Außendienst kundenindividuell und problemspezifisch erfolgt sowie ein einheitliches Argumentationsgerüst erst aufgebaut werden muss.
(5) Schwierigkeiten bei der Bestimmung des Zusatznutzens des eigenen Leistungsangebots	5.1: Defizite in der Dokumentation des Nutzens des eigenen Leistungsangebots	*Prothesen GmbH:* Das Problem ist nicht der Verlust von Top-Kunden, sondern die Gewinnung von Neukunden, weil diesen kaum gezeigt wird, was die Vorteile sind.
	5.2: Mangel eines technischen Produktvorteils	*Labeling GmbH:* Produkte werden immer schneller kopiert. Eine Verkaufsargumentation, die nur über Produktvorteile geführt wird, ist kaum überzeugend.
	5.3: Dienstleistungsvorteile dominieren Produktvorteile	*E-Technik GmbH:* Die Verkaufsargumentation beruht nicht auf einem Produkt, sondern auf technischem Know-how und umfassendem Service.
	5.4: Strukturierung der eigenen Nutzenargumentation	*Baustoff GmbH:* Eine Nutzenrechnung sollte mit einem Vergleich auf einer Produktebene beginnen und mit Nutzenvorteilen auf einer Dienstleistungsebene enden.
(6) Grundsätzlicher Methodik- und Kompetenzaufbau bei der Entwicklung finanzieller Nutzenrechnungen	6.1: Ausbildung der Mitarbeiter zur Führung einer finanziellen anstelle einer qualitativen Nutzenargumentation	*Baustoff GmbH:* Eine Mitarbeiterschulung ist genauso wichtig wie die Entwicklung einer Nutzenberechnung, um beim Kunden professionell zu argumentieren.
	6.2: Beteiligung der Mitarbeiter an der Einführung einer finanziellen Nutzenrechnung	*Labeling GmbH:* Geplant ist eine Vorstellung der Nutzenrechnung auf einer internen Vertriebstagung und eine Einführung über Testläufe mit ausgewählten Vertriebsmitarbeitern.
	6.3: Überwindung einer emotionalen Preisargumentation	*Prothesen GmbH:* Rein emotionale Argumente des Kunden können nur schwer in Preisunterschiede der verschiedenen Produktvarianten umgerechnet werden.
	6.4: Unsicherheit in der Kommunikation des finanziellen Kundennutzens	*Baustoff GmbH:* Nutzen ist schwer zu kommunizieren, wenn die Nutzenargumente eher weichere Dienstleistungsfaktoren anstatt leichter quantifizierbare Produktmerkmale umfassen.
	6.5: Vertrautheit mit nutzenquantifizierenden Rechnungen	*Labeling GmbH:* Nutzenrechnungen existieren zurzeit nicht, weil der Nutzen im Vertrieb bisher nicht greif- und berechenbar ist.
	6.6: Formulierung konkreter Beispielrechnungen	*Labeling GmbH:* Finanzieller Nutzen wird in Beispielrechnungen über die Quantifizierung von Dienstleistungen mittels abgefragter Prozentzahlen (z. B. wie oft eine Einschaltung zu vermeiden war oder wie hoch der Erfüllungsgrad der Liefertreue war) dokumentiert.
(7) Mangel an Zwischen-Feedback	7.1: Problematik, Kunden-Feedback zu erhalten	*E-Technik GmbH:* Problematisch ist, dass der Kunde keine Daten preisgibt, aber eine Nutzenrechnung an einem konkreten Kundenbeispiel erst realistisch wird.
	7.2: Zusatzaufwand, Kritik des Vertriebs einzuarbeiten	*Baustoff GmbH:* Bevor eine Nutzenrechnung beim Kunden zum Einsatz kommt, sind die Kritikpunkte der Vertriebsmitarbeiter einzuarbeiten.
	7.3: Möglichkeiten schaffen, Feedback zu integrieren	*Labeling GmbH:* Nur wenn eine Nutzenrechnung überschaubar und möglichst selbsterklärend ist, setzen sich Kollegen und Kunden mit der Rechnung auseinander.
(8) Mangel an detaillierten Markt- und Wettbewerberkenntnissen	8.1: Schwierigkeit der Wettbewerbsdifferenzierung	*Baustoff GmbH:* Eine Nutzenrechnung sollte gegenüber direkten und indirekten Wettbewerbern in Ausschreibungssituationen einsetzbar sein.
	8.2: Defizitäre Beurteilung des Wettbewerbsangebots	*Prothesen GmbH:* Vergleichsrechnungen mit dem Wettbewerb beruhen nur auf Annahmen, weil die genauen Daten des Wettbewerbers nicht herauszufinden sind.
(9) Ausräumung von Zweifeln	9.1: Überwindung der Skepsis der Kunden	*Baustoff GmbH:* Eine komplexe Rechnung wird von dem Kunden nicht akzeptiert. Wenn erst aufwendig alles erklärt werden muss, dann wird der Kunde skeptisch.
	9.2: Überwindung der Skepsis vereinzelter Interaktionspartner	*E-Technik GmbH:* Eine Nutzenrechnung macht nur Sinn, wenn zwei Projekte direkt miteinander verglichen werden, was aufgrund der Individualität der Projekte nur bedingt möglich ist.
	9.3: Gewinnung der Unterstützung des Top-Management	*Labeling GmbH:* Das Top-Management ist davon zu überzeugen, dass man sich mit einer Nutzenrechnung nicht selber angreifbar macht, indem in den Rechnungen vertrauliche Details offengelegt werden.
	9.4: Überzeugung der Mitarbeiter	*Prothesen GmbH:* Den Servicemitarbeitern wird gezeigt, dass eine Bepreisung von Dienstleistungen sinnvoll ist, wenn alle Zusatzleistungen aufgelistet werden.

Kategorie	Herausforderung	Ausgewählte empirische Beobachtungen
(10) Wechsel in der Nutzenargumentation von einer unternehmensorientierten zu einer kundenorientierten Perspektive	10.1: Verbesserungsbedarf in der Nutzenargumentation aus Kundenperspektive	*Labeling GmbH:* Dem Kunden ist nicht geholfen, wenn die Verkaufsargumentation ein großes Lager betont. Es sollte dem Kunden vorgerechnet werden, was eine überlegene Lagerkapazität für ihn an Zeit und Kosten in der Verschleiß- und Ersatzteilversorgung bedeutet.
	10.2: Abstimmung der eigenen Wichtigkeitseinschätzung mit jener der Kunden	*E-Technik GmbH:* Aus der Kundenperspektive sind eine zuverlässige Kundenbetreuung und projektbegleitende Dienstleistungen wichtiger als eine „Übererfüllung" eines bereits ausreichend hohen qualitativen Materialstandards.
	10.3: Kundenorientierte Gestaltung der Nutzenrechnung	*Baustoff GmbH:* Eine Rechnung mit zentralen Eingabefeldern fängt Einschätzungen des Kunden ein und argumentiert stärker aus der Kundenperspektive.

Mein fallstudienübergreifender Eindruck war es, dass die größten Herausforderungen bei der Entwicklung finanzieller Nutzenrechnungen eine anfangs defizitär erscheinende Datengrundlage (vgl. Kategorie 2), generelle Unsicherheiten im Verständnis der Kundensituation (vgl. Kategorie 4) sowie der Mangel an Zwischenfeedback (vgl. Kategorie 7) darstellten. Spannungen resultierten aus dem Konflikt, die Nutzenrechnung erst dann zu testen (vgl. Baustoff GmbH), wenn 100-prozentig exakte Daten vorliegen, ohne dabei im Austausch beim Kunden vorab Praktikabilität und grundsätzliche Eignung der Nutzenrechnung ausgelotet zu haben. Insbesondere die Parametrisierung des Wettbewerbsangebots stellten die Unternehmen vor eine Herausforderung, welche die Schwierigkeit, präzises Kundenfeedback einzusammeln, weiter verstärkte. Herausfordernd war zudem, dass in keiner der Fallstudien bereits Ansätze finanzieller Nutzenrechnungen in den Unternehmen existierten. Einige meiner Interaktionspartner waren daher anfangs eher skeptisch gegenüber finanziellen Nutzenrechnungen eingestellt. Darüber hinaus beobachtete ich, dass die Nutzenargumentation einiger Interaktionspartner fließend zwischen Produkt- und Dienstleistungsvorteilen wechselte, was die Strukturierung einer Nutzenrechnung erschwerte. Fallstudienübergreifend war es zudem herausfordernd, die unternehmensspezifische Nutzenargumentation mit der Kundenperspektive abzustimmen. Nicht immer stellten die von Unternehmensseite als kundenrelevant eingeschätzten Produkt- und Dienstleistungsvorteile auch diejenigen Vorteile dar, die beim Kunden die höchste Überzeugungskraft hatten.

6.4 Einwände und Handlungsempfehlungen zur Entwicklung finanzieller Nutzenrechnungen

Während der Entwicklung der finanziellen Nutzenrechnungen äußerten meine Interaktionspartner unterschiedliche Einwände. Fallstudienübergreifend beobachtete ich, dass verschiedene Wege dazu beitragen, die Einwände zu entkräften. Da es unser gemeinsames Ziel war, die Implementierung der finanziellen Nutzenrechnung im Vertrieb und Marketing voranzutreiben, konnte ich während der Umsetzungsphase der Nutzenrechnungen verfolgen, welche Maßnahmen halfen, Vorurteile auszuräumen. Auch wenn sich die Einwände meiner Kooperationspartner auf den ersten Blick nur auf die unternehmensspezifische Geschäftssituation bezogen, konnte ich bei der fallstudienübergreifenden Betrachtung erkennen, dass sich die Einwände inhaltlich ähnelten. Tabelle 6-7 gruppiert verschiedene Einwände nach ähnlichen Themengebieten mittels ausgewählter empirischer Bezugspunkte und spricht für jedes übergreifende Thema Handlungsempfehlungen aus, welche die Umsetzung finanzieller Nutzenrechnungen begünstigen.

Tab. 6-7   Einwände und Handlungsempfehlungen zur Entwicklung finanzieller Nutzenrechnungen

Übergreifendes Thema der Einwände	Ausgewählte empirische Bezugspunkte	Handlungsempfehlungen
Akzeptanz für finanzielle Nutzenrechnungen beim Kunden schaffen	*„Wenn ich das einem Kunden zeige, wird der immer fragen, wie ich darauf komme, und sagen, dass das bei ihm anders läuft und er eh billiger, besser und schneller ist"* (ProthPL). *„Eine so aufwendige Rechnung kann ich dem Kunden nicht zeigen. Das ist viel zu komplex. Wenn man das alles erklären will, dauert das zu lange. Der Kunde wird dann misstrauisch"* (BauLAT). *„Der Kunde ist nicht bereit, andere Dinge zu akzeptieren. Ein individuelles Angebot hat gegen eine Ausschreibung keine Chance"* (E-TechVP).	• Probieren Sie die finanzielle Nutzenrechnung hausintern aus. Mit den Erfahrungen der ersten Testläufe professionalisieren Sie Ihre eigene Nutzenargumentation im Vorfeld des nächsten Kundengesprächs. • Bauen Sie Ihre Nutzenrechnung modular auf. Wenn der Kunde bei einzelnen Bausteinen nicht Ihrer Meinung ist, können Sie die kritischen Module schnell entfernen und andere wieder hinzufügen. • Binden Sie den Kunden in den Entwicklungsprozesse der finanziellen Nutzenrechnung ein. Dazu sollte der Rechner überschaubar und interaktiv gestaltet sein sowie eine begrenzte Anzahl an Parametern haben. Je schneller der Kunde die Rechnung nachvollziehen kann, desto höher ist seine Akzeptanz. • Erfassen Sie in Ihrer Nutzenrechnung möglichst genau die Sprache der Kunden. Priorisieren Sie dazu Ihre gesammelten Nutzenargumente gemeinsam mit dem Kunden. Ziel sollte es sein, in Ihrer Nutzenrechnung möglichst genau die Argumentationslogik des Kunden widerzuspiegeln. Je genauer Sie es schaffen, die Sprache des Kunden zu sprechen, desto höher wird auch die Akzeptanz des Kunden gegenüber Ihrer Nutzenrechnung sein.

Übergreifendes Thema der Einwände	Ausgewählte empirische Bezugspunkte	Handlungsempfehlungen
Rechtfertigung der verwendeten Datenbasis der finanziellen Nutzenrechnung	*„Ich weiß nicht, ob das Sinn macht. Das sind alles nur weiche Argumente. Das kann ich nicht belegen und damit fühle ich mich unwohl"* (BauPM). *„Hier würde ich die Außendienstkollegen fragen. Die können doch abschätzen, was die Reklamationshäufigkeit bei [...] ist. Nur die genaue Höhe der Reklamationsbeträge ist schwer zu ermitteln, wenn das überhaupt möglich ist"* (BauPM). *„Bei den Punkten für die Dienstleistungen ist es natürlich schwer, Belege zu finden, die man nachweisen kann"* (BauVL).	• Machen Sie Ihren Kunden transparent, dass Sie in Ihrer Nutzenrechnung Durchschnittswerte, Intervalle oder das Wissen Ihrer Produkt- und Vertriebsexperten zur ersten Datenabschätzung verwendet haben. Viele Kunden neigen dazu, Sie zu korrigieren und rechtfertigen die Datenbasis selbst, indem Sie Ihnen die richtigen Zahlen zu geben. • Erfragen Sie spezifische Daten, bei denen Sie sich unsicher sind, direkt beim Kunden. Sprechen Sie darüber hinaus mit den Kunden Ihrer Kunden. Versuchen Sie auf diese Weise, Ihre verwendeten Daten mittels Feedback aus Anbieter- und Nachfragerperspektive auf eine breitere Basis zu stellen. • Recherchieren Sie typische Branchen- und Industriekennzahlen aus öffentlich zugänglichen Quellen. Diese kann der Kunde selber nachprüfen, wenn er sie anzweifelt.
Überwiegende Preisorientierung des Einkaufs	*„Der [Einkäufer] guckt doch auch nur auf den Preis und kann so seinem Boss immer sagen, dass er das günstigste Angebot gewählt hat. Den interessieren doch keine langfristigen Kosten"* (BauLAT). *„Wenn unsere Wettbewerber [...] einen Stundensatz von [...] Euro pro Stunde haben und wir hier unseren Facharbeitern [...] Euro pro Stunde zahlen, dann ist der Preisunterschied so groß, dass Einkäufer bei möglichen Produktunterschieden gar nicht mehr zuhören"* (E-TechVP). *„Mit einem Langzeitnutzen braucht man einem Einkäufer nicht zu kommen, wenn der nur nach dem Preis fragt"* (BauLAT).	• Entbündeln Sie Ihre Preise und bieten Sie Ihre Produkt- und Dienstleistungen nicht zu Pauschalpreisen an. Wenn Sie Ihre zusätzlichen Leistungen gesondert ausweisen, können Sie Preisunterschiede besser rechtfertigen. • Versuchen Sie sich nicht auf eine reine Preisargumentation einzulassen. Stellen Sie immer wieder den Kundennutzen in den Vordergrund der Diskussion und betonen Sie, wo Ihre Kunden Kosten sparen können und weshalb Ihr Leistungsangebot den Preisunterschied zum Wettbewerb rechtfertigt. • Entwickeln Sie die Nutzenrechnung an einem konkreten Produktbeispiel. Je genauer Sie die Produktunterschiede beschreiben können, desto eher können Sie den Einkäufer von Ihrem nutzenäquivalenten Preis überzeugen. • Sie müssen eine finanzielle Nutzenrechnung nicht zwangsläufig im Verkaufsgespräch mit dem Einkauf einsetzen. Verwenden Sie die Nutzenrechnung als Argumentationsleitfaden und tanken Sie so unternehmensintern Selbstbewusstsein für die nächste Preisverhandlung.
Anbieter- und nachfragerseitige Einschätzung des Leistungsangebots als commodity	*„Wenn [der Kunde] eine Energieverteilungsanlage sieht, sieht er zum Beispiel nur, dass überall das Licht brennt und alle Sicherungen funktionieren. Alles andere interessiert ihn nicht und das liefern andere Unternehmen auf den ersten Blick auch"* (E-TechVP). *„Die Vergleichbarkeit der Produkte ist hier sehr hoch. Wir können eigentlich nur andere Schrauben verwenden und das wars"* (BauLAT). *„Wenn, wie hier, beide Produkte voll funktionsfähig und für den Einsatzzweck beim Kunden identisch sind, dann kann ich ein Produkt auch nicht besser rechnen"* (BauLAT).	• Lösen Sie sich bei der Suche nach Alleinstellungsmerkmalen von einem reinen Produktfokus. Nicht selten stellen zum Beispiel die persönliche Betreuung und das Know-how einer professionellen Außendienstmannschaft einen Wettbewerbsfaktor dar, welcher gegenüber der Konkurrenz alles andere als eine commodity ist. • Analysieren Sie mit technischen und kaufmännischen Experten in interdisziplinären Workshops Ihr Leistungsangebot bis ins kleinste Detail. Oft deckt die Diskussion unterschiedlicher Perspektiven Nutzentreiber auf, mit denen auch vermeintliche commodities differenziert werden können. • Betrachten Sie den gesamten Wertschöpfungsprozess der Geschäftsbeziehung mit Ihren Kunden. Meistens werden Sie Nutzentreiber für den Kunden in vor- und nachgelagerten Wertschöpfungsschritten finden, mit denen Sie sich differenzieren können. • Entkräften Sie die commodity-Einschätzung des Kunden, indem Sie ihm verdeutlichen, wie Sie aktuelle Verkaufsargumente über qualitative Stärkenargumente in finanzielle Nutzenargumente umrechnen.
Schwer zu realisierender Detaillierungsgrad der finanziellen Nutzenrechnung	*„Wir können keine Lebenszykluskosten vorhersagen, um die höhere Qualität unserer Produkte vielleicht auf dieser Basis zu berechnen"* (E-TechGF1). *„Ich bin aber sicher, dass die Kunden gar nicht genau wissen, welche Werte sie in eine solche Rechnung eintragen sollten"* (LabelGF). *„Wir können jetzt auch keine neuen Versuche fahren, nur um zu zeigen, dass wir da und da besser sind. Das macht keinen Sinn"* (BauLAT).	• Erwarten Sie nicht, dass Ihre finanzielle Nutzenrechnung bereits zu Beginn alle Details enthalten muss. Eine Nutzenrechnung unterliegt einem dynamischen Anpassungsprozess bis der gewünschte Detaillierungsgrad erreicht ist. • Je detaillierter die Nutzenrechnung sein soll, desto stärker sollte die Interaktion mit Ihren Absatzmittelmitarbeitern und Kunden bereits während des Entwicklungsprozesses stattfinden. Schicken Sie Ihre Vertriebsmitarbeiter mit einem Recherche-Auftrag zum Kunden. Über die Zeit können Sie das gesammelte Feedback verwenden und die Nutzenrechnung im Detail optimieren. • Lassen Sie sich während der Implementierung der Nutzenrechnung von der Anwendung leiten. Wenn Ihre Daten nicht präzise genug sind, zeigen Sie unterschiedliche Szenarien auf. Wenn der Kunde im schlechtesten Szenario noch besser dasteht als im Referenzfall, haben Sie für den Anfang einen ausreichenden Detaillierungsgrad.

Fallstudienübergreifend gewann ich aus den unterschiedlichen Einwänden meiner Interaktionspartner den Eindruck, dass es den Unternehmen schwerfällt, sich allein mittels Nutzenvorteilen infolge technischer Produktvorteile gegenüber dem Wettbewerb durchzusetzen. Häufig ist eine rein produktorientierte Nutzenargumentation nicht mehr ausreichend, weshalb die Unternehmen ihre Vertriebsargumentation um finanzielle Kundenvorteile produktbegleitender Dienstleistungen ergänzen. Eine finanzielle Nutzenrechnung ist überzeugungsstark, wenn sie produkt- und dienstleistungsorientiert ist sowie einen einseitigen Fokus vermeidet. Finanzielle Nutzenrechnungen sollten daher auf der Quantifizierung des Kundennutzens aufgrund materieller Produktvorteile, wie Qualität oder Leistungs- und Output-Steigerungen, aufbauen, aber zusätzlich den finanziellen Nutzen der schwieriger zu quantifizierenden Dienstleistungsfaktoren (immaterieller Nutzenvorteile), wie kundenindividuelle Beratung, technische Betreuung oder Ausfallgarantien, für den Kunden berechnen.

Während des Implementierungsprozesses der Nutzenrechnungen beobachtete ich, dass die Umsetzung einer finanziellen Nutzenrechnung nicht an einer anfangs unzureichend erscheinenden Datenlage scheitert. In jeder der Fallstudien wurden im Detail unternehmensintern und -extern Daten zur Quantifizierung des finanziellen Kundennutzens recherchiert. Die Entwicklung der finanziellen Nutzenrechnung verlief reibungsloser, wenn der Fokus auf einer frühen Kundeninteraktion mit einer einfach zu bedienenden Nutzenrechnung anstatt auf einer von Anfang an absolut exakten Datenbasis lag. Meine Einschätzung ist es daher: Je datenorientierter eine Nutzenrechnung ist, desto früher sollen konstruktive Kritik von Vertriebsmitarbeitern sowie direktes Kundenfeedback eingearbeitet werden, sodass die Praktikabilität der Nutzenrechnung sichergestellt ist. Finanzielle Nutzenrechnungen mit vertriebsnaher Anwendung sollten daher die Quantifizierung überzeugungsstarker Nutzentreiber fokussieren und in leicht verständlichen Berechnungsschritten Kosten- und Erlösvorteile für den Kunden dokumentieren, sodass der Kunde die Nutzenrechnung in einem interaktiven Wechselspiel mit dem Vertrieb um seine Erfahrungen bereichern sowie mit eigenen Daten präzisieren kann.

In den Fallstudien entdeckte ich, dass die Unternehmen in ihrer Verkaufsargumentation die qualitative Überlegenheit ihrer Produkte und Dienstleistungen betonten, aber weder über ein konzeptionelles Argumentationsgerüst noch über konkrete Ansätze einer Nutzenrechnung verfügten, mit denen sie ihre Überlegenheit präzisieren konnten. Zu erkennen war, dass in Fallstudien, in denen finanzieller Kundennutzen auf technischen Produktmerkmalen aufbaute (z. B. Labeling GmbH) oder mittels technischer Produktüberlegenheit begründet wurde (z. B. Baustoff GmbH), die Kooperationspartner mit dem Konzept einer finanziellen Nutzenargumentation eher vertraut waren. Meine Vermutung ist daher, dass je eher bereits

Ansätze im Unternehmen existieren, welche dem Konzept einer finanziellen Nutzenrechnung ähneln, desto wahrscheinlicher ist es, dass finanzieller Kundennutzen infolge technischer Produktüberlegenheit mittels unternehmensinternem Know-how berechnet wird. Interne Dokumente, wie Kostenvergleichsrechnungen, Werkstoffkalkulatoren oder Produktdatenblätter zur Kostenabschätzung, stellten diesbezüglich eine Ausgangsbasis zur Entwicklung einer finanziellen Nutzenrechnung dar. Meine Vermutung ist, dass für Nutzenrechnungen, die vorwiegend auf Dienstleistungsvorteilen aufbauen, zuerst Grundlagenarbeit bezüglich der Recherche von Kundenvorteilen in Workshops mit Vertriebsmitarbeitern und Kunden erforderlich ist, die eine Basis für die Entwicklung der finanziellen Nutzenrechnung schaffen. Kundennutzen infolge produktbegleitender Dienstleistungen ist daher wahrscheinlich vorwiegend über zusätzliche Expertenbefragungen und Recherchearbeit des Vertriebs zu quantifizieren.

Fallstudienübergreifend beobachtete ich zudem, dass meine Interaktionspartner anfangs dazu neigten, während der Analyse der aktuellen Verkaufsargumentation sowie der Identifizierung der wichtigsten Nutzentreiber zu intensiv die interne Unternehmensperspektive und zu wenig die externe Kundenperspektive zu betrachten. Für die Berechnung des finanziellen Kundennutzens ist es aber notwendig, dass die Beteiligten nicht nur ihr Detailwissen bezüglich der Nutzenvorteile des eigenen Leistungsangebots abrufen, sondern umfassend über die aktuelle Wettbewerbssituation informiert sind und sich tief in die Wertschöpfungskette des Kunden hineindenken. Meiner Ansicht nach ist eine Nutzenrechnung Erfolg versprechend, wenn sich die Beteiligten in die Nutzenargumentation des Kunden hineinversetzen und aus Kundenperspektive überzeugungsstarke finanzielle Nutzentreiber quantifizieren. Finanzielle Nutzenrechnungen sind dann relevant, wenn die aus Unternehmensperspektive strukturierten Nutzenargumente des Produkt- und Dienstleistungsangebots idealerweise gemeinsam mit dem Kunden priorisiert werden. Die vom Kunden priorisierten Nutzenargumente ermöglichen einen Abgleich von Unternehmens- und Kundenperspektive und werden dann in der finanziellen Nutzenrechnung in Erlössteigerungs- oder Kostenreduzierungspotenzial für den Kunden umgerechnet.

Schlussbetrachtung

7

7.1 Zusammenfassung der konzeptionellen und empirischen Beiträge

Die vorliegende Arbeit ergänzt die vorhandene Vertriebsliteratur zur Konzeption von Kundennutzen und Entwicklung finanzieller Nutzenrechnungen auf verschiedene Weise: Die Einleitung beschreibt die Idee der finanziellen Nutzenargumentation und grenzt unterschiedliche finanzielle Nutzenrechnungen voneinander ab. Die Arbeit beleuchtet verschiedene Nutzendefinitionen und konzipiert Kundennutzen als Grundlage zur Entwicklung finanzieller Nutzenrechnungen. Die darauf aufbauende qualitativ-empirische Feldarbeit leitet einen generischen Entwicklungsprozess finanzieller Nutzenrechnungen aus den integrierten Beobachtungen einzelner Fallstudienkooperationen ab. Zudem werden mit Herausforderungen, Einwänden und Handlungsempfehlungen Implementierungsbedingungen finanzieller Nutzenrechnungen in der Unternehmenspraxis beleuchtet. Tabelle 7-1 greift die in der Einleitung beschriebenen Forschungsziele auf und strukturiert die Forschungsergebnisse entlang dieser. Die Erkenntnisse der vorliegenden Arbeit sind folgendermaßen zusammenzufassen:

Die Literaturauswertung zur Definition des Kundennutzens (vgl. Kapitel 2) grenzt zwei Perspektiven des Kundennutzens voneinander ab und verdeutlicht, welche Perspektive für die Entwicklung finanzieller Nutzenrechnungen relevant ist. Die Literaturanalyse zum Thema „Kundennutzen" deckt Unterschiede und Gemeinsamkeiten im Verständnis von Kundennutzen auf und leitet eine für diese Arbeit zielführende Definition des Kundennutzens ab. Sie arbeitet heraus, wie Kundennutzen konzipiert wird, und ermöglicht eine Konzeption des Kundennutzens als Grundlage für finanzielle Nutzenrechnungen.

Tab. 7-1   Forschungsbeiträge der Arbeit

Forschungsziel	Ziel 1: „Nutzen verstehen"	Ziel 2: „Nutzen berechnen"	Ziel 3: „Nutzenrechnungen umsetzen"
Übergeordnete Forschungsfrage	Was ist Kundennutzen?	Wie ist Nutzen zu berechnen?	Wie sind Nutzenrechnungen umzusetzen?
Forschungs- ergebnisse	• Unterscheidung der für diese Arbeit relevanten Perspektiven des Kundennutzens • Abgrenzung und Strukturierung verschiedener Definitionen des Kundennutzens • Detailuntersuchung von benefits und sacrifices als wesentliche Bestandteile der Nutzendefinitionen • Konzeption von Kundennutzen in Erweiterung der Nutzendefinitionen • Ableitung eines konzeptionellen Nutzenverständnisses für finanzielle Nutzenrechnungen	• Konzeptionelle Einführung in die finanzielle Nutzenrechnung mittels der Abgrenzung von verschiedenen Literaturbeispielen finanzieller Nutzenrechnungen • Literaturbasierte Diskussion, wie konzeptioneller in finanziellen Kundennutzen übersetzt wird • Literaturauswertung von Instrumenten der Nutzenquantifizierung als methodische Grundlage finanzieller Nutzenrechnungen • Konzeption einer beispielhaften finanziellen Nutzenrechnung in Ergänzung der vorhandenen Literaturbeispiele	• Fallstudienübergreifende Diskussion der Ergebnisse und Ableitung eines generischen Prozesses zur Entwicklung finanzieller Nutzenrechnungen • Identifizierung von Herausforderungen bei der Entwicklung finanzieller Nutzenrechnungen • Sammlung und Strukturierung von Einwänden während der Entwicklung finanzieller Nutzenrechnungen • Formulierung von Handlungsempfehlungen zur Überwindung der Einwände bei der Implementierung finanzieller Nutzenrechnungen
Kerngedanken	• Im Kontext finanzieller Nutzenrechnungen ist die Kundenperspektive relevant, das heißt der vom Kunden wahrgenommene Nutzen der Unternehmensleistung. • Nutzen wird überwiegend mittels des Trade-off aus benefits und sacrifices definiert. • Die meisten Nutzendefinitionen beschreiben Aspekte wie Kundenwahrnehmung, Geschäftsbeziehung zwischen Anbieter und Kunde, Produktbezug, Trade-off aus benefits und sacrifices sowie Wettbewerbsbezug. • Kundennutzen wird mittels der Differenz von finanziellen benefits und zu erbringenden finanziellen sacrifices konzipiert.	• Die Übersetzung von konzeptionellem in finanziellen Kundennutzen erfolgt mittels einer schrittweisen Umrechnung über technische Stärkenargumenten über numerische Kundenvorteilsargumente in finanzielle Vorteilsargumente. • Die Literatur versteht unter finanziellen Nutzenrechnungen Marketing- und Vertriebswerkzeuge, welche mittels eines Wettbewerbsvergleichs den finanziellen Kundenvorteil zweier konkurrierender Produkt- und Dienstleistungsangebote kalkulieren. • Trotz unterschiedlicher Bezeichnungen in der Literatur quantifizieren die meisten Nutzenrechnungen Vor- und Nachteile für den Kunden mittels möglicher Zusatzerlöse, Anwendungskosten, Anschaffungspreisen sowie zusätzlicher Folgekosten.	• Fallstudienübergreifend kann zwischen identischen, ähnlichen und unterschiedlichen Aspekten der Entwicklung finanzieller Nutzenrechnungen differenziert werden. • Ein generischer Prozess zur Entwicklung finanzieller Nutzenrechnungen folgt mehreren Entwicklungsstufen, welche über typische Fragestellungen und angestrebte Ergebnisse erläutert werden können. • Es treten verschiedene Herausforderungen bei der Entwicklung finanzieller Nutzenrechnungen auf, welche in zehn Kategorien strukturiert werden können. • In Ergänzung der kategorisierten Herausforderungen können verschiedene Einwände thematisch gruppiert sowie dazugehörige Handlungsempfehlungen zur Entwicklung finanzieller Nutzenrechnungen herausgearbeitet werden.

Die Literaturauswertung zur Konzeption finanzieller Nutzenrechnungen (vgl. Kapitel 3) strukturiert die Literatur bezüglich relevanter Instrumente der Nutzenquantifizierung. Die strukturierten Instrumente werden in Bezug auf finanzielle Nutzenrechnungen beschrieben, um methodische Ansätze zur Konzeption finanzieller Nutzenrechnungen genauer zu beleuchten. Die Diskussion relevanter Instrumente der Nutzenquantifizierung wird um ein fiktives Beispiel zur Konzeption einer finanziellen Nutzenrechnung ergänzt. Anhand des entwickelten Fallbeispiels wird die Konzeption einer finanziellen Nutzenrechnung detaillierter erklärt, als es mittels vorhandener Literaturbeispiele möglich ist. Kapitel 3 schafft damit die konzeptionellen und methodischen Grundlagen, die es ermöglichen, im qualitativ-empirischen Teil der Arbeit (vgl. Kapitel 5) finanzielle Nutzenrechnungen in Forschungskooperation mit ausgewählten Unternehmen zu entwickeln.

Die Brücke zwischen konzeptionellen Grundlagen und der qualitativ-empirischen Untersuchung schlägt die Diskussion des gewählten Forschungsansatzes sowie die Einführung in die empirische Feldarbeit (vgl. Kapitel 4). Die vorliegende Arbeit erläutert Beiträge sowie Prozessablauf des in der Forschung selten verwendeten Action-Research-Ansatzes. Die Einführung in die empirische Feldarbeit beschreibt Auswahl, Umfang sowie Struktur der Fallstudien.

Der qualitativ-empirische Teil der Arbeit umfasst die Untersuchungen zur Entwicklung finanzieller Nutzenrechnungen in vier bewusst ausgewählten Fallstudien (vgl. Kapitel 5). Die fallstudienübergreifende Zusammenfassung der empirischen Beobachtungen (vgl. Kapitel 6) ergänzt die Literaturauswertung zur Beleuchtung des Kundennutzens und ermöglicht die Ableitung eines generischen Prozesses zur Entwicklung finanzieller Nutzenrechnungen. Die Identifizierung von Herausforderungen sowie die Erarbeitung von Handlungsempfehlungen in Bezug auf thematisch gruppierte Einwände zur Entwicklung finanzieller Nutzenrechnungen liefern Einblicke in deren Implementierungsbedingungen in der Unternehmenspraxis.

Die Kombination konzeptioneller Grundlagen (Kapitel 2 und 3) sowie die fallstudienübergreifende Auswertung (Kapitel 6) der empirischen Feldarbeit (Kapitel 5) tragen dazu bei, finanziellen Kundennutzen sowie dessen Modellierung in finanziellen Nutzenrechnungen besser zu verstehen. Die vorliegende Arbeit hat sich damit zum Ziel gesetzt, einen Beitrag für die Forschung und für die Unternehmenspraxis zu leisten. Die folgenden beiden Kapitel erläutern die Implikationen für diese beiden Bereiche.

7.2   Implikationen für die Forschung

Die Forschungsbeiträge der vorliegenden Arbeit sind nach drei Aspekten geordnet: (1) Zusammenführung und Erweiterung der Literatur zum Kundennutzen und zu finanziellen Nutzenrechnungen, (2) Integration der Literatur zur Konzeption finanzieller Nutzenrechnungen sowie (3) Ableitung eines generischen Prozesses zur Entwicklung finanzieller Nutzenrechnungen und Beleuchtung praktischer Implementierungsbedingungen.

(1) Zusammenführung und Erweiterung der Literatur zum Kundennutzen und zu finanziellen Nutzenrechnungen

Ein erster Beitrag der Arbeit für die Forschung liegt in der Aufbereitung der Literatur zum Kundennutzen. Kapitel 2 analysiert unterschiedliche Definitionen des Kundennutzens und zeigt, dass als gemeinsamer Nenner Nutzen mittels fünf Schwerpunkten (1. Wahrnehmung, 2. Geschäftsbeziehung zwischen Anbieter und Kunde, 3. Produktbezug, 4. Trade-off aus benefits und sacrifices, 5. Wettbewerbsbezug) definiert wird. Das Kapitel findet mittels der Literaturauswertung eine Definition (Anderson, Jain und Chintagunta 1993; Anderson und Narus 1998), welche für die Konzeption des Kundennutzens und dessen Quantifizierung in finanziellen Nutzenrechnungen verwendet werden kann. Kapitel 2 umfasst darüber hinaus eine detaillierte Untersuchung, was die Literatur unter benefits und sacrifices als wesentliche Größen eines konzeptionellen Nutzenverständnisses versteht. Die Literaturauswertung arbeitet heraus, dass die abstrakten Begriffe in der Literatur sehr unterschiedlich interpretiert werden, jedoch nach finanziellen und nicht finanziellen Dimensionen strukturiert werden. Für zukünftige Forschungsbeiträge wäre hier zum Beispiel die Beantwortung folgender Fragen interessant: Wie werden benefits und sacrifices außerhalb des Kontextes finanzieller Nutzenrechnungen definiert? Wie lassen sich benefits und sacrifices messen?

Ferner analysiert Kapitel 2 konzeptionelle Grundlagen des Kundennutzens. Zu Anfang erklärt die vorliegende Arbeit Konzeptionen des Kundennutzens in der Literatur und beschreibt, worin sich diese unterscheiden. Darauf aufbauend konzipiert das Kapitel Kundennutzen im Kontext finanzieller Nutzenrechnungen als Differenz finanzieller benefits und sacrifices und verbindet damit die losgelösten Definitionen des Kundennutzens mit den separaten Erklärungsansätzen der benefits und sacrifices zu einem übergreifenden Nutzenverständnis. Das erarbeitete Nutzenkonzept erweitert die aktuell bestehende Literatur zum „customer value" (z. B. Busacca, Costabile und Ancarani 2008; Henneberg und Mouzas 2008; Woodside, Golfetto und Gibbert 2008), indem es eine konzeptionelle Grundlage für den Aufbau finanzieller Nutzenrechnungen und damit die Quantifizierung des finanziellen Kundennutzens schafft. Nach meinem Kenntnisstand wurden Konzeptionen, wie Kundennutzen in finanziellen Nutzenrechnungen quantifiziert wird, in der Literatur bisher kaum untersucht. Für zukünftige Forschungsbeiträge wäre in diesem Zusammenhang daher beispielsweise die Beantwortung folgender Frage interessant: Welche weiteren Ansätze sind möglich, um Kundennutzen zu konzipieren?

(2) Integration der Literatur zur Konzeption finanzieller Nutzenrechnungen

Ein zweiter Forschungsbeitrag der Arbeit liegt in der Aufbereitung der Literatur zu finanziellen Nutzenrechnungen. Bereits die Einleitung der vorliegenden Arbeit hat verdeutlicht, dass die wissenschaftliche Literatur nur vereinzelt im Detail diskutiert, wie finanzieller Kundennutzen berechnet wird. Die Einleitung grenzt hierzu ausgewählte Fallbeispiele finanzieller Nutzenrechnung voneinander ab und zeigt, worin diese sich im konzeptionellen Aufbau unterscheiden oder ähneln. Die Abgrenzung der Nutzenrechnungen verdeutlicht, dass diese trotz unterschiedlicher Bezeichnungen (z. B. value communication tool, value-added sheet, value calculator, customer value accounting) eine vergleichbare Zielsetzung haben: die Berechnung der im direkten Wettbewerbsvergleich möglichen Erlös- und Kostenvor-/nachteile zweier konkurrierender Angebote, mit dem Ziel, den finanziellen Kundenvor-/nachteil eines der beiden Angebote zu quantifizieren.

Mit der Konzeption finanzieller Nutzenrechnungen arbeitet Kapitel 3 Grundlagen heraus, welche Instrumente der Nutzenquantifizierung für die Entwicklung finanzieller Nutzenrechnungen relevant sind, und bezieht sich nach meinem Wissen damit auf ein in der Literatur bisher unterrepräsentiertes Forschungsfeld. Die Literaturstrukturierung unterscheidet verschiedene Instrumente der Nutzenquantifizierung und beschreibt diese detailliert, sodass aus der Integration einzelner Instrumente eine konzeptionelle Grundlage zur Entwicklung finanzieller Nutzenrechnungen geschaffen wird. Die Literaturauswertung grenzt die diskutierten Instrumente der Nutzenquantifizierung voneinander ab und deckt methodische Gemeinsamkeiten der Instrumente zur Konzeption finanzieller Nutzenrechnungen auf. Kapitel 3 ergänzt damit die Literatur zum value-based pricing (Hinterhuber 2004, 2008a, 2008b) sowie zu der in der Literatur beschriebenen Herausforderung der Kalkulation des finanziellen Kundennutzens (Forbis und Mehta 1981, 2000; Nagle, Hogan und Zale 2010; Smith und Nagle 2005) auf zwei Weisen: Erstens verdeutlicht Kapitel 3 mittels des detaillierten fiktiven Fallbeispiels einer finanziellen Nutzenrechnung, wie Nutzenrechnungen konzipiert werden, und erweitert die Beispiele der Literatur. Zweitens beleuchtet Kapitel 3, wie problematisch die Quantifizierung des finanziellen Kundennutzens ist, indem es methodische Ansätze der Nutzenquantifizierung bezüglich deren Stärken und Schwächen bewertet sowie geeignete Elemente für die Entwicklung finanzieller Nutzenrechnungen aufdeckt. Für zukünftige Forschungsbeiträge wäre in diesem Zusammenhang die Beantwortung folgender Fragen interessant: Welche Instrumente der Nutzenquantifizierung nutzen die Unternehmen am meisten und warum? Wie unterstützen sich die Instrumente der Nutzenquantifizierung gegenseitig bei der Professionalisierung der Nutzenargumentation?

*(3) Ableitung eines generischen Prozesses zur Entwicklung
finanzieller Nutzenrechnungen und Beleuchtung praktischer
Implementierungsbedingungen*

Ein dritter Forschungsbeitrag der Arbeit liegt in der Auswertung der fallstudienübergreifenden Beobachtungen der qualitativ-empirischen Feldarbeit. Die Literaturauswertungen in Kapitel 2 und 3 haben verdeutlicht, dass keine der bisherigen
Arbeiten gezielt untersucht, wie finanzielle Nutzenrechnungen entwickelt werden,
welche Herausforderungen im Entwicklungs- und Implementierungsprozess
auftreten sowie welche Handlungsempfehlungen in Bezug auf verschiedene Einwände für die Umsetzung finanzieller Nutzenrechnungen ausgesprochen werden
können. Die Heterogenität der Forschungskooperationspartner der vorliegenden
Arbeit sowie die Dokumentation der Forschungskooperationen in einheitlich
strukturierten Fallstudien ermöglichen es, einen generischen Prozess zur Entwicklung finanzieller Nutzenrechnungen abzuleiten. Der in Kapitel 6 dargestellte
Entwicklungsprozess ergänzt die Pricing-Literatur insofern, als er dokumentiert, wie
finanzieller Kundennutzen in der Praxis konkret in finanziellen Nutzenrechnungen
berechnet wird. Der generische Prozess gliedert sich in neun Entwicklungsstufen
und beschreibt auf jeder Entwicklungsstufe entlang ausgewählter empirischer
Bezugspunkte, welche Fragen gestellt sowie welche Ergebnisse angestrebt werden
sollten, sodass finanzieller Kundennutzen berechnet werden kann. Für ein höheres Maß an Generalisierbarkeit wäre in diesem Zusammenhang zukünftig zum
Beispiel die Untersuchung folgender Forschungsfragen interessant: Unterscheidet
sich der Entwicklungsprozess finanzieller Nutzenrechnungen mittelständischer
Unternehmen von dem weltweit agierender Großkonzerne? Werden finanzielle
Nutzenrechnungen, über Business-to-Business-Marketing hinausgehend, im Handel
oder im Business-to-Consumer-Marketing eingesetzt?

Der in der vorliegenden Arbeit gewählte Action-Research-Ansatz ermöglichte
es, während der Entwicklung und Implementierung der finanziellen Nutzenrechnungen Herausforderungen sowie Einwände und Handlungsempfehlungen
herauszuarbeiten. Die Beiträge der qualitativ-empirischen Feldarbeit ergänzen
diejenige Literatur, welche Hürden, Herausforderungen und Schwierigkeiten bei
der Umsetzung nutzenquantifizierender Berechnungsansätze untersucht (z. B.
Anderson und Narus 1999; Baker 2005; Hinterhuber 2008b; Michel und Pfäffli
2009; Simon, Butscher und Sebastian 2003; Simon 2004). Nach meinem Wissen
existiert in der Literatur keine fallstudienübergreifende Auswertung verschiedener
Action-Research-Projekte, welche die Implementierungsbedingungen finanzieller
Nutzenrechnungen beleuchten. Um die bereits bestehenden methodischen Ansätze
der Pricing-Literatur vor dem Hintergrund finanzieller Nutzenrechnungen weiter
zu ergänzen (z. B. Beutin 2000; Hinterhuber 2004; Homburg, Jensen und Schuppar

2004, 2005; Ingenbleek 2007; Jensen 2011; Jensen und Henrich 2010; Monroe 2003; Nagle, Hogan und Zale 2010; Schuppar 2006; Shapiro und Jackson 1978; Simon und Fassnacht 2009), wäre für die Zukunft die Untersuchung folgender Forschungsfragen interessant: Welche unternehmensbezogenen Organisationstrukturen begünstigen oder hemmen die Implementierung finanzieller Nutzenrechnungen? Welche weiteren Quantifizierungsinstrumente existieren, mit denen insbesondere immaterielle Nutzentreiber in finanziellen Nutzenrechnungen quantifiziert werden können?

7.3   Implikationen für die Unternehmenspraxis

Neben den Implikationen für die Forschung erläutert Kapitel 7.3 die Beiträge der vorliegenden Arbeit für die Unternehmenspraxis. Der praxisorientierte Forschungsansatz der Arbeit liefert Implikationen für Manager, die als Anregung und Ideengeber für die Vertriebs- und Marketingpraxis dienen sollen.

Literaturauswertung zum Kundennutzen und zu finanziellen Nutzenrechnungen

Die empirischen Beobachtungen der Fallstudien haben verdeutlicht, dass die Diskussion unterschiedlicher Konzeptionen des Kundennutzens für die Anwendung finanzieller Nutzenrechnungen in der Unternehmenspraxis weniger bedeutend ist. Dennoch bieten Kapitel 2 und 3 Managern, die sich mit der Thematik finanzieller Nutzenrechnungen auseinandersetzen, einen Überblick über konzeptionelle Grundlagen des Kundennutzens sowie eine Zusammenfassung zur Konzeption finanzieller Nutzenrechnungen. Die Kapitel erklären die Systematik der Übersetzung einer qualitativen Nutzenargumentation über numerische Kundenvorteilsargumente hin zu einer finanziellen Nutzenargumentation. Die praxisorientierten Fallbeispiele finanzieller Nutzenrechnungen aus der Literatur sowie das kreierte Fallbeispiel ermöglichen es Managern, sich sowohl einen Überblick über die in der Unternehmenspraxis verwendeten Nutzenrechnungen zu verschaffen als auch im Detail die Kalkulation und Argumentationslogik eines nutzenäquivalenten Preises nachzuvollziehen.

Orientierungshilfe zur Entwicklung finanzieller Nutzenrechnungen

Der abgeleitete generische Prozess zur Entwicklung finanzieller Nutzenrechnungen bietet Managern eine Orientierungshilfe, wie sie im eigenen Unternehmen eine finanzielle Nutzenrechnung entwickeln können sowie welche Projektschritte dazu aller Voraussicht nach zu durchlaufen sind. Der vorgeschlagene Entwicklungsprozess hilft den Unternehmern, neue Argumentationswege im internationalen Wettbewerb zu gehen. Die detailliert beschriebenen Beobachtungen der vier Unternehmensfallstudien können Manager als Referenzbeispiele nutzen, anhand derer sie nachzuvollziehen können, wie Kundennutzen finanziell bewertet wird und wie die Nutzenargumentation in ihren Unternehmen professionalisiert werden könnte. Der generische Prozess dient unternehmensübergreifend als Orientierungshilfe zur Entwicklung finanzieller Nutzenrechnungen und erlaubt es, das Ungleichgewicht zwischen Nutzengenerierung und Nutzenabschöpfung auszugleichen.

Herausforderungen bei der Entwicklung finanzieller Nutzenrechnungen

Während der Entwicklung finanzieller Nutzenrechnungen sind unterschiedliche Herausforderungen zu bewältigen. Die vorliegende Arbeit identifiziert und kategorisiert typische Herausforderungen, welche Manager während der Entwicklung finanzieller Nutzenrechnungen vermutlich überwinden müssen, und verdeutlicht diese mittels ausgewählter empirischer Bezugspunkte. Entscheider erhalten damit vorab eine Hilfestellung, welche Herausforderungen in ihren Unternehmen gegebenenfalls auftreten und können präventiv Maßnahmen ergreifen sowie idealerweise aufkommende Herausforderungen bei der Implementierung finanzieller Nutzenrechnungen vermeiden. Mittels der vorliegenden Arbeit können Unternehmer frühzeitig ausloten, welche herausfordernden Konflikte für ihre unternehmensspezifische Situation wahrscheinlicher oder unwahrscheinlicher sind. Umgekehrt bedeutet ein frühes Wissen über mögliche Herausforderungen, dass Manager gewisse Konflikte im Sinne konstruktiver Reibungspunkte gezielt verstärken können, um die unternehmensspezifische Entwicklung einer finanziellen Nutzenrechnung voranzutreiben.

Einwände und Handlungsempfehlungen zur Entwicklung finanzieller Nutzenrechnungen

Die vorliegende Arbeit erläutert mittels der fallstudienübergreifenden Auswertung der vier Forschungskooperationen, welche Einwände während der Entwicklung finanzieller Nutzenrechnungen zu entkräften sind. Sie ordnet die Einwände nach übergreifenden Themen und spricht verschiedene Handlungsempfehlungen aus, welche die erfolgreiche Implementierung finanzieller Nutzenrechnungen begünstigen. Entscheidern der Unternehmenspraxis wird mittels der kategorisierten Herausforderungen und Einwände nicht nur ein mögliches Problemszenario beschrieben. Vielmehr bietet die vorliegende Arbeit in einem nachgelagerten Schritt mit Handlungsempfehlungen erstens konkrete Lösungsansätze möglicher Probleme bei der Entwicklung finanzieller Nutzenrechnungen und nennt zweitens die Voraussetzungen, welche die Implementierung finanzieller Nutzenrechnungen fördern.

Zusammenfassend hat die vorliegende Arbeit eine Brücke zwischen Wissenschaft und Praxis geschlagen. Literaturbasiert hat sie dazu beigetragen, unterschiedliche Definitionen und Konzeptionen des Kundennutzens in einem praktikablen Nutzenkonzept im Kontext finanzieller Nutzenrechnungen zu integrieren. Zudem hat die vorliegende Arbeit das in der Literatur bisher nur am Rande diskutierte Themenfeld finanzieller Nutzenrechnungen aufgearbeitet. Mittels des Action-Research-Ansatzes kombiniert die Arbeit konzeptionelle Grundlagen mit qualitativ-empirischen Beobachtungen zur Beleuchtung der Entwicklungs- und Implementierungsbedingungen finanzieller Nutzenrechnungen. Die Verknüpfung von wissenschaftlicher und managementorientierter Literatur mit qualitativ-empirischen Untersuchungen setzt hoffentlich Anreize zu weiterführenden Untersuchungen finanzieller Nutzenrechnungen, welche zukünftig zusätzliche wissenschaftliche und praxisrelevante Forschungsbeiträge liefern.

Literaturverzeichnis

Adelman, Clem (1993), „Kurt Lewin and the Origins of Action Research", *Educational Action Research*, 1 (1), 7-24.

Ahlert, Dieter, Tobias Heußler, Manuel Michaelis, Kornelia Möller, Carsten Schwab und Mischa Seiter (2008), „Instrumente zur Quantifizierung des Kundennutzens als Basis für die Preisfindung bei hybriden Produkten", *Controlling*, 20 (8-9), 473-487.

Alexandre, Jorge, Anabela Maia, David Camocho, Fátima Rodrigues, João Henriques und Justina Catarino (2007), „How to Measure the Value from a Sustainable Point of View", *SAVE International*, 30 (3), 1-9.

Ancarani, Alessandro (2009), „Supplier evaluation in local public services: Application of a model of value for customer", *International Journal of Purchasing and Supply Management*, 15 (1), 33-42.

Anderson, James C., Dipak C. Jain und Pradeep K. Chintagunta (1993), „Customer Value Assessment in Business Markets: A State-of-Practice Study", *Journal of Business-to-Business Marketing*, 1 (1), 3-29.

Anderson, James C., Nirmalya Kumar und James A. Narus (2007), *Value Merchants: Demonstrating and Documenting Superior Value in Business Markets*, 1. Auflage, Boston, MA: Harvard Business School Press.

Anderson, James C. und James A. Narus (1995), „Capturing the Value of Supplementary Services", *Harvard Business Review*, 73 (1), 75-83.

Anderson, James C. und James A. Narus (1998), „Business Marketing: Understand What Customers Value", *Harvard Business Review*, 76 (6), 53-65.

Anderson, James C. und James A. Narus (1999), *Business Market Management: Understanding, Creating, and Delivering Value*, 1. Auflage, London, N.J.: Prentice-Hall International.

Anderson, James C., James A. Narus und Das Narayandas (2009), *Business Market Management: Understanding, Creating and Delivering Value*, 3. Auflage, Upper Saddle River, N.J.: Pearson Prentice-Hall.

Anderson, James C., James A. Narus und Wouter van Rossum (2006), „Customer Value Propositions in Business Markets", *Harvard Business Review*, 83 (3), 90-99.

Anderson, James C. und Finn Wynstra (2010), „Purchasing Higher-Value, Higher-Price Offerings in Business Markets", *Journal of Business-to-Business Marketing*, 17 (1), 29-61.

Argyris, Chris (1980), *Inner Contradictions of Rigorous Research*, New York: Academic Press.

Argyris, Chris (1982), *Reasoning, Learning, and Action: Individual and Organizational*, 1. Auflage, San Francisco: Jossey-Bass Press.

Argyris, Chris (1993), *Knowledge for Action: A Guide to Overcoming Barriers to Organizational Change*, 1. Auflage, San Francisco: Jossey-Bass Press.

Argyris, Chris (1997), „Field Theory as a Basis for Scholarly Consulting: Kurt Lewin Award Lecture, 1997", *Journal of Social Issues*, 53 (4), 811-827.

Argyris, Chris, Robert Putnam und Diana Smith (1985), *Action Science*, 1. Auflage, San Francisco: Jossey-Bass Press.

Argyris, Chris und Donald A. Schön (1991), „Participatory Action Research and Action Science Compared: A Commentary", in: *Participatory Action Research*, William Foote Whyte, Hrsg., Newbury Park, California: Sage Publications, 85-96.

Arnould, Eric J. und Melanie Wallendorf (1994), „Market-Oriented Ethnography: Interpretation Building and Marketing Strategy Formulation", *Journal of Marketing Research*, 31 (4), 484.

Avison, David, Richard Baskerville und Michael Myers (2001), „Controlling Action Research Projects", *Information Technology and People*, 14 (1), 28-45.

Backhaus, Klaus (2006), „Vom Kundenvorteil über die Value Proposition zum KKV", *Thexis, Marketing Review St. Gallen*, 1 (3), 7-10.

Backhaus, Klaus, Jörg Becker, Daniel Beverungen, Margarethe Frohs, Ralf Knackstedt, Oliver Müller, Michael Steiner und Matthias Weddeling (2010), *Vermarktung hybrider Leistungsbündel: Das ServPay-Konzept*, Auflage 2010 (19. Mai 2010), Berlin: Springer.

Backhaus, Klaus und Markus Voeth (2009), *Industriegütermarketing*, 9. Auflage, München: Vahlen.

Bagozzi, Richard P. (1995), „Reflections on Relationship Marketing in Consumer Markets", *Journal of the Academy of Marketing Science*, 23 (4), 272-277.

Baker, Ronald J. (2005), *Professional's Guide to Value Pricing*, 6. Auflage, Chicago: CCH Incorporated.

Baker, Walter L., Michael V. Marn und Craig C. Zawada (2010), *The Price Advantage*, 2. Auflage, Hoboken, N.J.: John Wiley and Sons.

Baraldi, Enrico und Torkel Strömsten (2008), „Configurations and Control of Resource Interfaces in Industrial Networks", in: *Creating and Managing Superior Customer Value (Advances in Business Marketing and Purchasing)*, Arch G. Woodside, Francesca Golfetto und Michael Gibbert, Hrsg., Bingley: Emerald Group Publishing Limited, 251-316.

Barker, James R. (1993), „Tightening the Iron Cage: Concertive Control in Self-Managing Teams", *Administrative Science Quarterly*, 38 (3), 408-437.

Barth, Thomas und Daniela Barth (2008), *Controlling*, 2. Auflage, München: Oldenbourg-Verlag.

Baxter, Roger (2008), „Intangible Value in Buyer-Seller Relationships", in: *Creating and Managing Superior Customer Value (Advances in Business Marketing and Purchasing)*, Arch G. Woodside, Francesca Golfetto und Michael Gibbert, Hrsg., Bingley: Emerald Group Publishing Limited, 27-98.

Beckhard, Richard und Reuben T. Harris (1987), *Organizational Transitions: Managing Complex Change*, 2. Auflage, Reading, Massachusetts: Addison-Wesley Publication Company.

Belz, Christian und Thomas Bieger (2006), *Customer-Value: Kundenvorteile schaffen Unternehmensvorteile*, 2. Auflage, Landsberg am Lech: Verlag Moderne Industrie.

Berger, Paul D., Ruth N. Bolton, Douglas Bowman, Elten Briggs, V. Kumar, A. Parasuraman und Creed Terry (2002), „Marketing Actions and the Value of Customer Assets: A Framework for Customer Asset Management", *Journal of Service Research*, 5 (1), 39-54.

Berger, Paul D., Naras Eechambadi, Morris George, Donald R. Lehmann, Ross Rizley und Rajkumar Venkatesan (2006), „From Customer Lifetime Value to Shareholder Value: Theory, Empirical Evidence, and Issues for Future Research", *Journal of Service Research*, 9 (2), 156-167.

Best, Roger J. (2008), *Market-Based Management*, 5. Auflage, Harlow: Prentice-Hall.

Beutin, Nikolas (2000), *Kundennutzen in industriellen Geschäftsbeziehungen*, 1. Auflage, Wiesbaden: Deutscher Universitäts-Verlag.

Beverland, Michael und Adam Lindgreen (2010), „What Makes a Good Case Study? A Positivist Review of Qualitative Case Research published in Industrial Marketing Management, 1971-2006", *Industrial Marketing Management*, 39 (1), 56-63.

Bonoma, Thomas V. (1985), „Case Research in Marketing: Opportunities, Problems, and a Process", *Journal of Marketing Research*, 22 (2), 199.

Breuer, Franz (1996), *Qualitative Psychologie: Grundlagen, Methoden und Anwendungen eines Forschungsstils*, Opladen: Westdeutscher Verlag.

Bryman, Alan (2006), „Integrating Quantitative and Qualitative Research: How is it Done?", *Qualitative Research*, 6 (1), 97-113.

Busacca, Bruno, Michele Costabile und Fabio Ancarani (2008), „Customer Value Metrics", in: *Creating and Managing Superior Customer Value (Advances in Business Marketing and Purchasing)*, Arch G. Woodside, Francesca Golfetto und Michael Gibbert, Hrsg., Bingley: Emerald Group Publishing Limited, 149-204.

Butz, Howard E. und Leonard D. Goodstein (1996), „Measuring Customer Value: Gaining the Strategic Advantage", *Organizational Dynamics*, 24 (3), 63-77.

Carson, David, Audrey Gilmore, Chad Perry und Kjell Grønhaug (2001), *Qualitative Marketing Research*, 1. Auflage, Thousand Oaks, California: Sage Publications.

Checkland, Peter und Sue Holwell (1998), „Action Research: Its Nature and Validity", *Systemic Practice and Action Research*, 11 (1), 9-24.

Christopher, Martin (1982), „Value-In-Use-Pricing", *European Journal of Marketing*, 16 (5), 35-46.

Coghlan, David und Teresa Brannick (2010), *Doing Action Research in Your Own Organization*, 3. Auflage, Los Angeles, California: Sage Publications.

Coughlan, Paul und David Coghlan (2002), „Action Research for Operations Management", *International Journal of Operations and Production Management*, 22 (2), 220-240.

Cooper, Robert G. (2001), *Winning at New Products: Accelerating the Process from Idea to Launch*, 3. Auflage, New York: Basic Books Press.

Cooper, Robert G. und Peter B. Turney (1989), „Hewlett-Packard: Roseville Networks Division", *Harvard Business School*, Case Study (9-189-117), 1-15.

Cooper, Robin und Robert S. Kaplan (1988), „Measure Costs Right: Make the Right Decisions", *Harvard Business Review*, 66 (5), 96-103.

Cooper, Robin und Robert S. Kaplan (1991), „Profit Priorities from Activity-Based Costing", *Harvard Business Review*, 69 (3), 130-135.

Corey, Stephen Maxwell (1953), *Action Research to Improve School Practices*, New York: Bureau of Publications.

Cornelsen, Jens und Hermann Diller (2000), *Kundenwertanalysen im Beziehungsmarketing: Theoretische Grundlegung und Ergebnisse einer empirischen Studie im Automobilbereich*, 1. Auflage, Nürnberg: Gesellschaft für Innovatives Marketing.

Cova, Bernard und Robert Salle (2008), „Creating Superior Value through Network Offerings", in: *Creating and Managing Superior Customer Value (Advances in Business Marketing and Purchasing)*, Arch G. Woodside, Francesca Golfetto und Michael Gibbert, Hrsg., Bingley: Emerald Group Publishing Limited, 317-341.

Cunningham, B. (1976), „Action Research: Toward a Procedural Model", *Human Relations*, 29 (3), 215-238.

D'Aveni, Richard A. (1994), *Hypercompetition: Managing the Dynamics of Strategic Maneuvering*, 1. Auflage, New York: The Free Press.

DeMarle, David J. (1970), „A Metric for Value", *Save Proceedings*, 1 (1), 135-139.

Denzin, Norman K. und Yvonna S. Lincoln (2005), „Introduction: The Discipline and Practice of Qualitative Research", in: *The Sage Handbook of Qualitative Research*, Norman K. Denzin und Yvonna S. Lincoln, Hrsg., Thousand Oaks, California: Sage Publications, 1-30.

Dodds, William B. (1991), „In Search of Value: How Price and Store Name Information Influence Buyers' Product Perceptions", *Journal of Services Marketing*, 5 (3), 27-36.

Dolan, Robert J. (2003), „Pricing: A Value-Based Approach", *Harvard Business School*, 81 (11), 1-10.

Drummond, John S. und Markus Themessl-Huber (2007), „The Cyclical Process of Action Research: The Contribution of Gilles Deleuze", *Action Research*, 5 (4), 430-448.

Eden, Colin (1995), „On Evaluating the Performance of 'wide-band' GDSS's", *European Journal of Operational Research*, 81 (2), 302-311.

Eden, Colin und Chris Huxham (1996), „Action Research for Management Research", *British Journal of Management*, 7 (1), 75-86.

Eden, Colin und Chris Huxham (2006), „Researching Organizations Using Action Research", in: *Handbook of Organization Studies*, Stewart R. Clegg, Cynthia Hardy und Walter R. Nord, Hrsg., London: Sage Publications, 388-408.

Eggert, Andreas und Wolfgang Ulaga (2002), „Customer Perceived Value: A Substitute for Satisfaction in Business Markets?", *Journal of Business and Industrial Marketing*, 17 (2/3), 107-118.

Eisenhardt, Kathleen M. (1989), „Building Theories from Case Study Research", *The Academy of Management Review*, 14 (4), 532-550.

Eisenhardt, Kathleen M. (1991), „Better Stories and Better Constructs: The Case for Rigor and Comparative Logic", *The Academy of Management Review*, 16 (3), 620-627.

Eisenhardt, Kathleen M. und Melissa E. Graebner (2007), „Theory Building from Cases: Opportunities and Challenges", *Academy of Management Journal*, 50 (1), 25-32.

Elden, Max und Morten Levin (1991), „Cogenerative Learning: Bringing Participation into Action Research", in: *Participatory Action Research*, William Foote Whyte, Hrsg., Newbury Park, California: Sage Publications, 142-147.

Elden, Max und Rupert F. Chisholm (1993), „Emerging Varieties of Action Research: Introduction to the Special Issue", *Human Relations*, 46 (2), 121-142.

Elliot, John (1978), „What is Action-Research in Schools", *Journal of Curriculum Studies*, 10 (4), 355-357.

Ellram, Lisa M. (1993), „Total Cost of Ownership: Elements and Implementation", *Journal of Supply Chain Management*, 29 (4), 3-11.

Ellram, Lisa M. (1994), „A Taxonomy of Total Cost of Ownership Models", *Journal of Business Logistics*, 15 (1), 171-191.

Ellram, Lisa M. (1995), „Total Cost of Ownership: An Analysis Approach for Purchasing", *International Journal of Physical Distribution and Logistics Management*, 25 (8), 4-23.

Ellram, Lisa M. und Sue P. Siferd (1993), „Purchasing: The Cornerstone of the Total Cost of Ownership Concept", *Journal of Business Logistics*, 14 (1), 163-184.

Ellram, Lisa M. und Sue P. Siferd (1998), „Total Cost of Ownership: A Key Concept in Strategic Cost Management Decisions", *Journal of Business Logistics*, 19 (1), 55-84.

Engel, James F., Roger D. Blackwell und Paul W. Miniard (1993), *Consumer Behavior*, 6. Auflage, Fort Worth: Dryden Press.

Fals-Borda, Orlando (2011), „Participatory (Action) Research in Social Theory: Origins and Challenges", in: *The Sage Handbook of Action Research: Participative Inquiry and Practice*, Peter Reason und Hilary Bradbury, Hrsg., London: Sage Publications, 27-37.

Fekete, John (1987), *Life after Postmodernism: Essays on Value and Culture*, 1. Auflage, New York: St. Martin's Press.

Ferrin, Bruce G. und Richard E. Plank (2002), „Total Cost of Ownership Models: An Exploratory Study", *Journal of Supply Chain Management*, 38 (3), 18-29.

Flint, Daniel J., Robert B. Woodruff und Sarah F. Gardial (1997), „Customer Value Change in Industrial Marketing Relationships: A Call for New Strategies and Research", *Industrial Marketing Management*, 26 (2), 162-175.

Flint, Daniel J., Robert B. Woodruff und Sarah F. Gardial (2002), „Exploring the Phenomenon of Customers' Desired Value Change in a Business-to-Business Context", *Journal of Marketing*, 66 (4), 102-117.

Forbis, John L. und Nitin T. Mehta (1981), „Value-Based Strategies for Industrial Products", *Business Horizons*, 1 (1), 32-42.

Forbis, John L. und Nitin T. Mehta (2000), „Economic Value to the Customer", *The McKinsey Quarterly*, 37 (3), 49-52.

Fornell, Claes, Michael D. Johnson, Eugene W. Anderson, Jaesung Cha und Barbara E. Bryant (1996), „The American Customer Satisfaction Index: Nature, Purpose, and Findings", *Journal of Marketing*, 60 (4), 7-18.

Fox, Jeffrey J. und Richard C. Gregory (2005a), *The Dollarization Discipline: How Smart Companies Create Customer Value and Profit from It*, 1. Auflage, Concordville, PA: Soundview Executive Book Summaries.

Fox, Jeffrey J. und Richard C. Gregory (2005b), „The Dollarization Discipline", *Soundreview Executive Book Summaries*, 27 (Part 1), 1-8.

French, Wendell L. und Cecil H. Bell (1990), *Organisationsentwicklung: sozialwissenschaftliche Strategien zur Organisationsveränderung*, 3. Auflage, Bern: Haupt.

French, Wendell L. und Cecil H. Bell (1999), *Organization Development: Behavioral Science Interventions for Organization Improvement*, 6. Auflage, Upper Saddle River, NJ: Prentice Hall.

Gale, Bradley T. (2002), „How Much Is Your Product Really Worth?: Optimize your Pricing with Value Accounting and the Value Scorecard", *Customer Value Inc.*, Boston, MA, 1-20.

Gale, Bradley T. und Donald J. Swire (2006a), „Value-Based Marketing and Pricing", *Customer Value Inc.*, Boston, MA, 1-19.

Gale, Bradley T. und Donald J. Swire (2006b), „Customer Value Accounting for Value-Based Pricing", *The Journal of Professional Pricing*, 15 (3), 30-33.

Gale, Bradley T. und Robert Chapman Wood (1994), *Managing Customer Value: Creating Quality and Service that Customers Can See*, 1. Auflage, New York: The Free Press.

Galunic, Charles und Kathleen M. Eisenhardt (1996), „The Evolution of Intracorporate Domains: Divisional Charter Losses in High-Technology, Multidivisional Corporations", *Organization Science*, 7 (3), 255-282.

Gebhardt, Gary F., Gregory S. Carpenter und John F. Sherry (2006), „Creating a Market Orientation: Longitudinal, Multifirm, Grounded Analysis of Cultural Transformation", *Journal of Marketing*, 70 (4), 37-55.

Gephart, Robert P. (2004), „Qualitative Research and the Academy of Management Journal", *Academy of Management Journal*, 47 (4), 454-462.

Gerhardt, Don J. (2006), „Managing Value Engineering in New Product Design", *Value World*, 29 (2), 26-32.

Gibbert, Michael, Winfried Ruigrok und Barbara Wicki (2008), „What Passes as a Rigorous Case Study?", *Strategic Management Journal*, 29 (13), 1465-1474.

Golfetto, Francesca, Fabrizio Zerbini und Michael Gibbert (2008), „Computer-Based Value Framing for Business-to-Business Customers", in: *Creating and Managing Superior Customer Value (Advances in Business Marketing and Purchasing)*, Arch G. Woodside, Francesca Golfetto und Michael Gibbert, Hrsg., Bingley: Emerald Group Publishing Limited, 343-377.

Gray, David E. (2009), *Doing Research in the Real World*, 2. Auflage, Los Angeles: Sage Publications.

Greenwood, Davydd J. und Morten Levin (2005), „Reconstruction the Relationships Between Universities and Socienty Through Action Research", in: *The Sage Handbook of Qualitative Research*, Norman K. Denzin und Yvonna S. Lincoln, Hrsg., Thousand Oaks, California: Sage Publications, 85-107.

Grønhaug, Kjell und Olov Olson (1999), „Action Research and Knowledge Creation: Merits and Challenges", *Qualitative Market Research: An International Journal*, 2 (1), 6-14.

Grönroos, Christian (1997), „Value-Driven Relational Marketing: From Products to Resources and Competencies", *Journal of Marketing Management*, 13 (5), 407-419.

Gummesson, Evert (2000), *Qualitative Methods in Management Research*, 2. Auflage, Thousand Oaks, California: Sage Publications.

Gupta, S., D. Hanssens, B. Hardie, W. Kahn, V. Kumar, N. Lin, N. Ravishanker und S. Sriram (2006), „Modeling Customer Lifetime Value", *Journal of Service Research*, 9 (2), 139-155.

Gustavsen, Bjørn (2003), „Action Research and the Problem of the Single Case", *Concepts and Transformation*, 8 (1), 93-99.

Hamel, Gary und C. K. Prahalad (1994), *Competing for the Future*, 1. Auflage, Boston, MA: Harvard Business School Press.

Hart, Elizabeth und Meg Bond (1995), *Action Research for Health and Social Care: A Guide to Practice*, Buckingham: Open University Press.

Henneberg, Stephan C. und Stefanos Mouzas (2008), „Final Customers' Value in Business Networks", in: *Creating and Managing Superior Customer Value (Advances in Business Marketing and Purchasing)*, Arch G. Woodside, Francesca Golfetto und Michael Gibbert, Hrsg., Bingley: Emerald Group Publishing Limited, 99-127.

Herr, Kathryn und Gary L. Anderson (2005), *The Action Research Dissertation*, Thousand Oaks, California: Sage Publications.

Heskett, James L., W. Earl Sasser und Leonard A. Schlesinger (1997), *The Service Profit Chain: How Leading Companies Link Profit and Growth to Loyalty, Satisfaction, and Value*, 1. Auflage, New York: The Free Press.

Hinterhuber, Andreas (2004), „Towards Value-Based Pricing: An Integrative Framework for Decision Making", *Industrial Marketing Management*, 33 (8), 765-778.

Hinterhuber, Andreas (2008a), „Value Delivery and Value-Based Pricing in Industrial Markets", in: *Creating and Managing Superior Customer Value (Advances in Business Marketing and Purchasing)*, Arch G. Woodside, Francesca Golfetto und Michael Gibbert, Hrsg., Bingley: Emerald Group Publishing Limited, 381-448.

Hinterhuber, Andreas (2008b), „Customer Value-Based Pricing Strategies: Why Companies Resist", *Journal of Business Strategy*, 29 (4), 41-50.

Hogan, John E. (2001), „Expected Relationship Value", *Industrial Marketing Management*, 30 (4), 339-351.

Holbrook, Morris B. (1994), „The Nature of Customer Value: An Axiology of Services in the Consumption Experience", in: *Service Quality: New Directions in Theory and Practice*, Roland T. Rust und Richard L. Oliver, Hrsg., Thousand Oaks, California: Sage Publications, 21-71.

Holter, Margrethe I. und Donna Schwartz-Barcott (1993), „Action Research: What Is It? How Has It been Used and How Can It Be Used in Nursing?", *Journal of Advanced Nursing*, 18 (2), 298-304.

Homburg, Christian und Ove Jensen (2008), „Configurations of Marketing and Sales: A Taxonomy", *Journal of Marketing*, 72 (2), 133-154.

Homburg, Christian, Ove Jensen und Björn Schuppar (2004), *Pricing Excellence: Wegweiser für ein professionelles Preismanagement*, Arbeitspapier Nr. M90, Reihe Management Know-how, Institut für Marktorientierte Unternehmensführung: Universität Mannheim.

Homburg, Christian, Ove Jensen und Björn Schuppar (2005), *Preismanagement im B2B-Bereich: Was Pricing Profis anders machen*, Arbeitspapier Nr. M097, Reihe Management Know-how, Institut für Marktorientierte Unternehmensführung: Universität Mannheim.

Homburg, Christian, Heiko Schäfer und Janna Schneider (2006), *Sales Excellence: Vertriebsmanagement mit System*, 4. Auflage, Wiesbaden: Gabler.

Homburg, Christian, Matthias Staritz und Stephan Bingemer (2008), *Wege aus der Commodity-Falle – Der Product Differentiation Excellence-Ansatz*, Arbeitspapier Nr. M112, Reihe Management Know-how, Institut für Marktorientierte Unternehmensführung: Universität Mannheim.

Horngren, Charles T., M. Sirkant Datar und George Foster (2005), *Cost Accounting*, 12. Auflage, Upper Saddle River, N.J.: Prentice-Hall.

Hurkens, Krisje und Finn Wynstra (2006), „The Concept 'Total Value of Ownership': A Case Study Approach", Erasmus University Rotterdam, Rotterdam, 51-62.

Huxham, Chris und Siv Vangen (2000), „Leadership in the Shaping and Implementation of Collaboration Agendas: How Things Happen in A (Not Quite) Joined-Up World", *Academy of Management Journal*, 43 (6), 1159-1175.

Ingenbleek, Paul (2007), „Value-Informed Pricing in Its Organizational Context: Literature Review, Conceptual Framework, and Directions for Future Research", *Journal of Product and Brand Management*, 16 (7), 441-458.

Isabella, Lynn A. (1990), „Evolving Interpretations as a Change Unfolds: How Managers Construe Key Organizational Events", *Academy of Management Journal*, 33 (1), 7-41.

Janesick, Valerie J. (2005), „The Choreography of Qualitative Research Design: Minuets, Improvisations, and Crystallization", in: *The Sage Handbook of Qualitative Research*, Norman K. Denzin und Yvonna S. Lincoln, Hrsg., Thousand Oaks, California: Sage Publications, 379-400.

Jelsy, Joseph und A. Vetrivel (2012), „Time Driven Activity Based Costing for Spinning Mills to Improve Financial Performance", *Advances in Management*, 5 (3), 40-45.

Jensen, Ove (2011), „Strategische Aspekte des Preismanagements im Vertrieb", in: *Handbuch Vertriebsmanagement*, Christian Homburg und Jan Wieseke, Hrsg., Wiesbaden: Gabler, 123-140.

Jensen, Ove (2013), „Finanzielle Nutzenrechnungen als Basiskompetenz im technischen Vertrieb", *Sales Management Review*, 1 (9/10), 38-46.

Jensen, Ove und Michael Henrich (2010), „Grundlegende preisstrategische Optionen auf B2B-Märkten", in: *Preismanagement auf Business-to-Business-Märkten: Preisstrategie, Preisinstrumente, Preisfindung*, Christian Homburg und Dirk Totzek, Hrsg., Wiesbaden: Gabler, 69-96.

Johnson, Burke und Robert Gray (2010), „A History of Philosophical and Theoretical Issues for Mixed Methods Research", in: *The Sage Handbook of Mixed Methods in Social and Behavioral Research*, Abbas Tashakkori und Charles Teddlie, Hrsg., Los Angeles, California: Sage Publications, 69-94.

Kaplan, Robert S. (1998), „Innovation Action Research: Creating New Management Theory and Practice", *Journal of Management Accounting Research*, 10 (Vol. 1998), 89-118.

Kaplan, Robert S. und Robin Cooper (1999), *Prozesskostenrechnung als Managementinstrument*, 1. Auflage, Frankfurt am Main: Campus-Verlag.

Kelle, Udo und Susann Kluge (2010), *Vom Einzelfall zum Typus: Fallvergleich und Fallkontrastierung in der qualitativen Sozialforschung*, 2. Auflage, Wiesbaden: VS Verlag für Sozialwissenschaften.

Kemmis, S., D. Anderson und C. Blakers (1981), „Research Approaches and Methods: Action Research", in: *Transition from School: An Exploration of Research and Policy*, D. Anderson und C. Blakers, Hrsg., Canberra: Australian National University Press, 210-229.

Ketterer, R., R. Price und R. Politser (1980), „The Action Research Paradigm", in: *Evaluation and Action in the Social Environment*, Richard H. Price und Peter E. Politser, Hrsg., New York: Academic Press, 3-15.

Khozein, Ali, Morteza Dankoob und Ghasem Barani (2011), „Major Factors Affecting Launching and Implementing Activity Based Costing System", *International Research Journal of Finance and Economics*, 71 (August), 112-117.

Kieser, A. und L. Leiner (2012), „Collaborate With Practitioners: But Beware of Collaborative Research", *Journal of Management Inquiry*, 21 (1), 14-28.

Kleinaltenkamp, Michael und Wulff Plinke (2000), *Technischer Vertrieb: Grundlagen des Business-to-Business Marketing*, 2. Auflage, Berlin: Springer.

Kohli, Ajay K. und Bernard J. Jaworski (1990), „Market Orientation: The Construct, Research Propositions, and Managerial Implications", *Journal of Marketing*, 54 (2), 1-18.

Kothandaraman, Prabakar und David T. Wilson (2001), „The Future of Competition", *Industrial Marketing Management*, 30 (4), 379-389.

Kotler, Philip und Friedhelm Bliemel (2006), *Marketing-Management: Analyse, Planung und Verwirklichung*, 11. Auflage, München: Pearson Studium.

Krafft, Manfred (1999), „Der Kunde im Fokus: Kundennähe, Kundenzufriedenheit, Kundenbindung und Kundenwert?", *Die Betriebswirtschaft*, 59 (4), 511-530.

Krafft, Manfred (2007), *Kundenbindung und Kundenwert*, 2. Auflage, Heidelberg: Physica-Verlag.

Kumar, V. und Morris George (2007), „Measuring and Maximizing Customer Equity: A Critical Analysis", *Journal of the Academy of Marketing Science*, 35 (2), 157-171.

Kumar, V., Katherine N. Lemon und A. Parasuraman (2006), „Managing Customers for Value: An Overview and Research Agenda", *Journal of Service Research*, 9 (2), 87-94.

Kumar, V., J. Aandrew Petersen und Robert P. Leone (2013), „Defining, Measuring, and Managing Business Reference Value", *Journal of Marketing*, 77 (1), 68-86.

Lai, Albert W. (1995), „Consumer Values, Product Benefits and Customer Value: A Consumption Behavior Approach", *Advances in Consumer Research*, 22 (1), 381-388.

Lapierre, Jozée (2000a), „Development of Measures to Assess Customer Perceived Value in a Business-to-Business Context", *Advances in Business Marketing and Purchasing*, 9 (1), 234-286.

Lapierre, Jozée (2000b), „Customer-Perceived Value in Industrial Contexts", *Journal of Business and Industrial Marketing*, 15 (2), 122-145.

Lay, Günter (2003), „Möglichkeiten der verursachungsgerechten Erfassung und Zurechnung der Kosten produktbegleitender Dienstleistungen", in: *Controlling produktbegleitender Dienstleistungen: Methoden und Praxisbeispiele zur Kosten- und Erlössteuerung*, Steffen Kinkel, Petra Jung Erceg und Günter Lay, Hrsg., Heidelberg: Physica-Verlag, 13-25.

Lee, Donald D. (1978), *Industrial Marketing Research, Techniques & Practices*, 1. Auflage, Westport, CT: Technomic Publications Company.

Lepak, David P., Ken G. Smith und M. S. Taylor (2007), „Value Creation and Value Capture: A Multilevel Perspective", *The Academy of Management Review*, 32 (1), 180-194.

Lewin, Kurt (1946), „Action Research and Minority Problems", *Journal of Social Issues*, 4 (2), 34-46.

Lewin, Kurt (1947), „Frontiers in Group Dynamics: Concept, Method and Reality in Social Science; Social Equilibria and Social Change", *Human Relations*, 1 (1), 5-41.

Lewin, Kurt und Gertrud Weiss Lewin (1948), *Resolving Social Conflicts: Selected Papers on Group Dynamics*, London: Souvenir Press.

Lilien, Gary L., Rajdeep Grewal, Douglas Bowman, Min Ding, Abbie Griffin, V. Kumar, Das Narayandas, Renana Peres, Raji Srinivasan und Qiong Wang (2010), „Calculating, Creating, and Claiming Value in Business Markets: Status and Research Agenda", *Marketing Letters*, 21 (3), 287-299.

Lindgreen, Adam und Finn Wynstra (2005), „Value in Business Markets: What Do We Know? Where Are We Going?", *Industrial Marketing Management*, 34 (7), 732-748.

Lüscher, Lotte S. und Marianne W. Lewis (2008), „Organizational Change and Managerial Sensemaking: Working through Paradox", *Academy of Management Journal*, 51 (2), 221-240.

Macdonald, Emma K., Hugh Wilson, Veronica Martinez und Amir Toossi (2011), „Assessing Value-in-Use: A Conceptual Framework and Exploratory Study", *Industrial Marketing Managemen*, 40 (5), 671-682.

Malnight, Thomas W. (1995), „Globalization of an Ethnocentric Firm: An Evolutionary Perspective", *Strategic Management Journal*, 16 (2), 119-141.

Mansor, Nur N. A., Michael Tayles und Richard Pike (2012), „Academic Journal Information Usefulness and Usage in Business Decision-Making: An Activity-Based Costing (ABC) Perspective", *International Journal of Management*, 29 (1), 19-32.

Matthyssens, Paul und Koen Vandenbempt (2008), „Moving from Basic Offerings to Value-Added Solutions: Strategies, Barriers and Alignment", *Industrial Marketing Management*, 37 (3), 316-328.

Matthyssens, Paul, Koen Vandenbempt und Sara Weynes (2008), „Value Creation Options for Contract Manufactures: Market Strategy Transition and Coevolution in Networks", in: *Creating and Managing Superior Customer Value (Advances in Business Marketing and Purchasing)*, Arch G. Woodside, Francesca Golfetto und Michael Gibbert, Hrsg., Bingley: Emerald Group Publishing Limited, (14), 449-477.

Michel, Stefan und Patrick Pfäffli (2009), „Implementierungshürden des Value Based Pricing", *Marketing Review St. Gallen*, 26 (5), 26-31.

Miles, Matthew B. und A. Michael Huberman (1994), *Qualitative Data Analysis: An Expanded Sourcebook*, 2. Auflage, Thousand Oaks: Sage Publications.

Miles, Matthew B., A. Michael Huberman und Johnny Saldaña (2014), *Qualitative Data Analysis: A Methods Sourcebook*, 3. Auflage, Thousand Oaks, California: Sage Publications.

Mohrman, Susan A., Cristina B. Gibson und Allan M. Mohrman (2001), „Doing Research that Is Useful to Practice: A Model and Empirical Exploration", *Academy of Management Journal*, 44 (2), 357-375.

Möller, Kristian E. K. und Pekka Törrönen (2003), „Business Suppliers' Value Creation Potential", *Industrial Marketing Management*, 32 (2), 109-118.

Monroe, Kent B. (2003), *Pricing: Making Profitable Decisions*, 3. Auflage, Boston, MA: McGraw-Hill.

Mumford, Enid (2001), „Advice for an Action Researcher", *Information Technology and People*, 14 (1), 12-27.

Nagle, Thomas T., John E. Hogan und Joseph Zale (2010), *The Strategy and Tactics of Pricing: A Guide to Profitable Decision Making*, 5. Auflage, Harlow, N.J.: Pearson Education.

Nagle, Thomas T. und Reed K. Holden (2002), *The Strategy and Tactics of Pricing: A Guide to Profitable Decision Making*, 3. Auflage, New York: Pearson Higher Education.

Narong, David K. (2009), „Activity-Based Costing and Management Solutions to Traditional Shortcomings of Cost Accounting", *Cost Engineering*, 51 (8), 11-22.

O'Brien, Rory (2001), „An Overview of the Methodological Approach of Action Research", in: *Theory and Practice of Action Research*, Roberto Richardson, Hrsg., Joao Pesso, Brazil: Universidade Federal da Paraíba, 1-20.

O'Malley, Lisa und Caroline Tynan (2000), „Relationship Marketing in Consumer Markets: Rhetoric or Reality?", *European Journal of Marketing*, 34 (7), 797-815.

Ozanne, Julie L. und Bige Saatcioglu (2008), „Participatory Action Research", *Journal of Consumer Research*, 35 (3), 423-439.

Ozcan, Pinar und Kathleen M. Eisenhardt (2009), „Origin of Alliance Portfolios: Entrepreneurs, Network Strategies, and Firm Performance", *Academy of Management Journal*, 52 (2), 246-279.

Parasuraman, A. (1997), „Reflections on Gaining Competitive Advantage Through Customer Value", *Journal of the Academy of Marketing Science*, 25 (2), 154-161.

Parolini, Cinzia (1999), *The Value Net: A Tool for Competitive Strategy*, 1. Auflage, Chichester: John Wiley and Sons.

Payne, Adrian und Sue Holt (1999), „A Review of the 'Value' Literature and Implications for Relationship Marketing", *Australasian Marketing Journal*, 7 (1), 41-51.

Payne, Adrian und Sue Holt (2001), „Diagnosing Customer Value: Integrating the Value Process and Relationship Marketing", *British Journal Management*, 12 (2), 159-182.

Payne, Adrian, Sue Holt und Pennie Frow (2001), „Relationship Value Management: Exploring the Integration of Employee, Customer and Shareholder Value and Enterprise Performance Models", *Journal of Marketing Management*, 17 (7-8), 785-817.

Perlow, Leslie A., Gerado A. Okhuysen und Neslon P. Repenning (2002), „The Speed Trap: Exploring the Relationship between Decision Making and Temporal Context", *Academy of Management Journal*, 45 (5), 931-955.

Perry, Chad und Evert Gummesson (2004), „Commentary: Action Research in Marketing", *European Journal of Marketing*, 38 (3/4), 310-320.

Peters, Michael und Viviane Robinson (1984), „The Origins and Status of Action Research", *The Journal of Applied Behavioral Science*, 20 (2), 113-124.

Pindyck, Robert S. und Daniel L. Rubinfeld (2009), *Mikroökonomie*, 7. Auflage, München: Pearson Studium.

Piscopo, Gabriela H., Johnston Wesley und Dan N. Bellenger (2008), „Total Cost of Ownership and Customer Value in Business Markets", in: *Creating and Managing Superior Customer Value (Advances in Business Marketing and Purchasing)*, Arch G. Woodside, Francesca Golfetto und Michael Gibbert, Hrsg., Bingley: Emerald Group Publishing Limited, 205-220.

Plank, Richard E. und Bruce G. Ferrin (2002), „How Manufactures Value Purchase Offerings: An Exploratory Study", *Industrial Marketing Management*, 31 (8), 457-465.

Rackham, Neil und John R. DeVincentis (1999), *Rethinking the Sales Force: Redefining Selling to Create and Capture Customer Value*, 1. Auflage, New York: McGraw-Hill.

Rapoport, Robert N. (1970), „Three Dilemmas in Action Research: With Special Reference to the Tavistock Experience", *Human Relations*, 23 (6), 499-513.

Ravald, Annika und Christian Grönroos (1996), „The Value Concept and Relationship Marketing", *European Journal of Marketing*, 30 (2), 19-30.

Reason, Peter und Hilary Bradbury (2001), „Introduction to Groundings", in: *The Sage Handbook of Action Research: Participative Inquiry and Practice*, Peter Reason und Hilary Bradbury, Hrsg., California: Sage Publications, 15-30.

Reason, Peter und Hilary Bradbury (2011), „Introduction", in: *The Sage Handbook of Action Research: Participative Inquiry and Practice*, Peter Reason und Hilary Bradbury, Hrsg., California: Sage Publications, 1-11.

Reckenfelderbäumer, Martin (1995), *Marketing-Accounting im Dienstleistungsbereich: Konzeption eines prozesskostengestützten Instrumentariums*, 1. Auflage, Wiesbaden: Gabler.

Reilly, Thomas P. (2003), *Value-Added Selling: How to Sell More Profitably, Confidently, and Professionally by Competing on Value, Not Price*, 1. Auflage, New York: McGraw-Hill.

Reilly, Thomas P. (2010), „The Value-Added Philosophy", *Tom Reilly Training*, Chesterfield, MO, 1-8.

Reinecke, Sven (1997), „Preise am Kundennutzen orientieren", *Thexis, Marketing Review St. Gallen*, 14 (2), 40-45.

Revans, Reginald W. (1982), *The Origins and Growth of Action Learning*, Bromley: Chartwell-Bratt.

Ritter, Thomas und Achim Walter (2008), „Functions, Trust, and Value in Business Relationships", in: *Creating and Managing Superior Customer Value (Advances in Business Marketing and Purchasing)*, Arch G. Woodside, Francesca Golfetto und Michael Gibbert, Hrsg., Bingley: Emerald Group Publishing Limited, 129-146.

Rowan, John und Peter Reason (1981), „On Making Sense", in: *Human Inquiry: A Sourcebook of New Paradigm Research*, Peter Reason und John Rowan, Hrsg., Chichester, England: John Wiley and Sons, 113-140.

Sachdev, Harash J. (2010), „Understanding Total Cost Ownership Issues from a Value Analysis Perspective", *Journal of Management and Marketing Research*, 4 (1), 1-11.

Sandford, N. (1981), „A Model for Action Research", in: *Human Inquiry: A Sourcebook of New Paradigm Research*, Peter Reason und John Rowan, Hrsg., Chichester, England: John Wiley and Sons, 173-182.

Schönsleben, Paul (2007), *Integrales Logistikmanagement: Operations und Supply Chain Management in umfassenden Wertschöpfungsnetzwerken*, 5. Auflage, Berlin, Heidelberg: Springer.

Schröder, Regina und Friederike Wall (2004), „Customer Perceived Value Accounting: Konzeption, Beiträge und Entwicklungsstand", *Controlling*, 16 (12), 669-676.

Schuppar, Björn (2006), *Preismanagement: Konzeption, Umsetzung und Erfolgsauswirkungen im Business-to-Business-Bereich*, 1. Auflage, Wiesbaden: Deutscher Universitäts-Verlag.

Seiter, Mischa, Carsten Schwab, Dieter Ahlert, Tobias Heußler und Manuel Michaelis (2008), „Nutzenmessung von produktbegleitenden Dienstleistungen im Industriegüter-Pricing: erste empirische Ergebnisse", *Proceedings of the 1st Rostock Conference on Service Research*, Rostock 2008, 1-27.

Shapiro, Benson P. und Barbara B. Jackson (1978), „Industrial Pricing to Meet Customer Needs", *Harvard Business Review*, 56 (6), 119-127.

Shillito, M. Larry und David J. DeMarle (1992), *Value: Its Measurement, Design and Management*, 1. Auflage, New York: John Wiley and Sons.

Simon, Hermann (2004), *Think: Strategische Unternehmensführung statt Kurzfrist-Denke*, 1. Auflage, Frankfurt am Main: Campus-Verlag.

Simon, Hermann, Stephan A. Butscher und Karl-Heinz Sebastian (2003), „Better Pricing Processes for Higher Profits", *Business Strategy Review*, 14 (2), 63-67.

Simon, Hermann und Andreas Damian (1999), „Preispolitik für industrielle Dienstleistungen", in: *Wettbewerbsfaktor Dienstleistung*, H. Corsten und H. Schneider, Hrsg., München: Vahlen, 157-188.

Simon, Hermann und Martin Fassnacht (2009), *Preismanagement*, 3. Auflage, Wiesbaden: Gabler.

Simpson, Penny M., Judy A. Siguaw und Thomas L. Baker (2001), „A Model of Value Creation", *Industrial Marketing Management*, 30 (2), 119-134.

Sivakumar, K. und S. P. Raj (1997), „Quality Tier Competition: How Price Change Influences Brand Choice and Category Choice", *Journal of Marketing*, 61 (3), 71-84.

Slater, Stanley F. (1997), „Developing a Customer Value-Based Theory of the Firm", *Journal of the Academy of Marketing Science*, 25 (2), 162-167.

Smith, Barbara H. (1987), „Value without Truth-Value", in: *Life after Postmodernism: Essays on Value and Culture*, John Fekete, Hrsg., New York: St. Martin's Press, 1-21.

Smith, Gerald E. und Thomas T. Nagle (2005), „A Question of Value", *Marketing Management*, 14 (4), 38-45.

Sostrom, Carolyn P. (2000), „Strategic Cost Management Programs: What's the Plan to Follow", *Purchasing Today*, 42 (September), 38-50.

Storbacka, Kaj, Lynette Ryals, Iain A. Davies und Suvi Nenonen (2009), „The Changing Role of Sales: Viewing Sales as a Strategic, Cross-Functional Process", *European Journal of Marketing*, 43 (7/8), 890-906.

Strauss, Anselm L. und Juliet M. Corbin (1998), *Basics of Qualitative Research: Techniques and Procedures for Developing Grounded Theory*, 2. Auflage, Thousand Oaks: Sage Publications.

Stringer, Ernest T. (2007), *Action Research*, 3. Auflage, Los Angeles: Sage Publications.

Styhre, A. (2009), „The Phantom Menace: Conducting Practitioner-Informed Research Without Losing Academic Liberties", in: *Critical Management Studies at Work: Negotiating Tensions between Theory and Practice*, Julie Wolfram-Cox, Tony G. LeTrent-Jones, Maxim Voronov und David Weir, Hrsg., Cheltenham, UK: Edward Elgar, 29-39.

Surprenant, Carol F. (1987), *Add Value to Your Service: The Key to Success*, 1. Auflage, Chicago, IL: American Marketing Association.

Susman, Gerald (1983), „Action Research: A Sociotechnical Systems Perspective", in: *Beyond Method: Strategies for Social Research*, Gareth Morgan, Hrsg., Beverly Hills, California: Sage Publications, 95-113.

Susman, Gerald I. und Roger D. Evered (1978), „An Assessment of the Scientific Merits of Action Research", *Administrative Science Quarterly*, 23 (4), 582.

Torbert, William R. (1991), *The Power of Balance: Transforming Self, Society, and Scientific Inquiry*, Newbury Park, California: Sage Publications.

Turney, P. B. (1991), „How Activity-Based Costing Helps Reduce Cost", *Journal of Cost Management*, 4 (4), 29-35.

Tzokas, Nikolaos und Michael Saren (1999), „Value Transformation in Relationship Marketing", *Australasian Marketing Journal*, 7 (1), 52-62.

Ulaga, Wolfgang (2001), „Customer Value in Business Markets: An Agenda for Inquiry", *Industrial Marketing Management*, 30 (4), 315-319.

Ulaga, Wolfgang (2003), „Capturing Value Creation in Business Relationships: A Customer Perspective", *Industrial Marketing Management*, 32 (8), 677-693.

Ulaga, Wolfgang und Samir Chacour (2001), „Measuring Customer-Perceived Value in Business Markets: A Prerequisite for Marketing Strategy Development and Implementation", *Industrial Marketing Management*, 30 (6), 525-540.

Ulaga, Wolfgang und Andreas Eggert (2005), „Relationship Value in Business Markets: The Construct and Its Dimensions", *Journal of Business-to-Business Marketing*, 12 (1), 73-99.

Ulaga, Wolfgang und Andreas Eggert (2006a), „Relationship Value and Relationship Quality: Broadening the Nomological Network of Business-to-Business Relationships", *European Journal of Marketing*, 40 (3/4), 311-327.

Ulaga, Wolfgang und Andreas Eggert (2006b), „Value-Based Differentiation in Business Relationships: Gaining and Sustaining Key Supplier Status", *Journal of Marketing*, 70 (1), 119-136.

Ulaga, Wolfgang und Andreas Eggert (2008), „Linking Customer Value to Customer Share in Business Relationships", in: *Creating and Managing Superior Customer Value (Advances in Business Marketing and Purchasing)*, Arch G. Woodside, Francesca Golfetto und Michael Gibbert, Hrsg., Bingley: Emerald Group Publishing Limited, 221-247.

van Burg, Elco, A. Georges L. Romme, Victor A. Gilsing und Isabelle M. M. J. Reymen (2008), „Creating University Spin-Offs: A Science-Based Design Perspective", *Journal of Product Innovation Management*, 15 (2), 114-128.

Varian, Hal R. (2007), *Grundzüge der Mikroökonomik: Dozentenausgabe*, 7. Auflage, München: Oldenbourg-Verlag.

Velmurugan, Manivannan S. (2010), „The Success and Failure of Activity-Based Costing Systems", *Journal of Performance Management*, 23 (2), 3-33.

Vermeulen, Freek (2005), „On Rigor and Relevance: Fostering Dialectic Progress in Management Research", *Academy of Management Journal*, 48 (6), 978-982.

Walter, Achim, Thomas Ritter und Hans G. Gemünden (2001), „Value Creation in Buyer-Seller Relationships: Theoretical Considerations and Empirical Results from a Supplier's Perspective", *Industrial Marketing Management*, 30 (4), 365-377.

Webster, Frederick E. (1994), „Defining the New Marketing Concept", *Marketing Management*, 4 (2), 22-31.

Whyte, William Foote (1991), „Introduction", in: *Participatory Action Research*, William Foote Whyte, Hrsg., Newbury Park, California: Sage Publications, 1-7.

Whyte, William Foote (1995), „Encounters with Participatory Action Research", *Qualitative Sociology*, 18 (3), 289-299.

Wickramasinghe, Danture und Chandana Alawattage (2007), *Management Accounting Change: Approaches and Perspectives*, 1. Auflage, London: Routledge Pess.

Wilson, David T. und Swati Jantrania (1994), „Understanding the Value of a Relationship", *Asia-Australia Marketing Journal*, 2 (1), 55-66.

Winter, Richard (1998), „Managers, Spectators and Citizens: Where Does 'Theory' Come from in Action Research?", *Educational Action Research*, 6 (3), 361-376.

Winter, Richard und Sue Burroughs (1989), *Learning from Experience: Principles and Practice in Action-Research*, London, New York: Falmer Press.

Woodall, Tony (2003), „Conceptualising 'Value for the Customer': An Attributional, Structural and Dispositional Analysis", *Academy of Marketing Science Review*, 12 (Vol. 2003), 1-44.

Woodruff, Robert B. (1997), „Customer Value: The Next Source for Competitive Advantage", *Journal of the Academy of Marketing Science*, 25 (2), 139-153.

Woodruff, Robert B. und Sarah Gardial (1996), *Know Your Customer: New Approaches to Customer Value and Satisfaction*, 1. Auflage, Cambridge, MA: Blackwell Business Press.

Woodside, Arch G., Francesca Golfetto und Michael Gibbert (2008), „Customer Value: Theory, Research, and Practice", in: *Creating and Managing Superior Customer Value (Advances in Business Marketing and Purchasing)*, Arch G. Woodside, Francesca Golfetto und Michael Gibbert, Hrsg., Bingley: Emerald Group Publishing Limited, 3-25.

Workman, John P., Christian Homburg und Kjell Gruner (1998), „Marketing Organization: An Integrative Framework of Dimensions and Determinants", *Journal of Marketing*, 62 (3), 21-41.

Wouters, Marc, James C. Anderson und Finn Wynstra (2005), „The Adoption of Total Cost of Ownership for Sourcing Decisions: A Structural Equations Analysis", *Accounting, Organizations and Society*, 30 (2), 167-191.

Yakura, Elaine K. (2002), „Charting Time: Timeless as Temporal Boundary Objects", *Academy of Management Journal*, 45 (5), 956-970.

Yin, Robert K. (2013), *Case Study Research: Design and Methods*, 5. Auflage, Los Angeles, California: Sage Publications.

Zeithaml, Valarie A. (1988), „Consumer Perceptions of Price, Quality, and Value: A Means-End Model and Synthesis of Evidence", *Journal of Marketing*, 52 (3), 2-22

Druck: KN Digital Printforce GmbH · Schockenriedstraße 37 · 70565 Stuttgart